KENNETH R. WESTPHAL

黑格尔研究译丛

布莱克维尔
《精神现象学》指南

The Blackwell Guide to Hegel's
Phenomenology of Spirit

〔美〕肯尼斯·韦斯特法尔 编　胡传顺 译

上海人民出版社

目　录

撰稿人

弗里德里克·拜塞尔（Frederick C. Beiser）是纽约雪城大学哲学教授。他专长于从莱布尼茨到韦伯的经典德国哲学和早期近代哲学史。他的近期著作有《德国观念论：反主观主义的斗争（1781—1801）》（*German Idealism: The Struggle against Subjectivism: 1781–1801*, 2002），《浪漫的命令：德国早期浪漫主义的概念》（*The Romantic Imperative: The Concept of Early German Romanticism*, 2003），《黑格尔》（*Hegel*, 2005），以及《作为哲学家的席勒》（*Schiller as Philosopher*, 2005）。

马丽娜·贝科娃（Marina F. Bykova）是北卡罗来纳州立大学的哲学教授以及《俄罗斯哲学研究》期刊的主编。她已经撰写了《逻辑的奥妙与主体性的秘密》（*The Mysteries of Logic and the Secrets of Subjectivity*, 俄语, 1996），《黑格尔的思维解释》（*Hegel's Interpretation of Thinking*, 1990），以及与克里切夫斯基（A. Kirchevsky）合著的《黑格尔哲学中的绝对理念和绝对精神》（*Absolute Idea and Absolute Spirit in Hegel's Philosophy*, 1993），并且她用俄语、德语和英语写了很多有关德国观念论的文章。她已经新编辑了俄语版的黑格尔《精神现象学》（2000），并有新评论。

弗兰考·切尔金（Franco Chiereghin）是意大利帕多瓦大学的哲学教授。他的专长是德国观念论。他的著作包括《绝对辩证法与主体性本体论》（*Dialettica dell'assoluto e ontologia della soggettività*, 1980），《康德的自由问题》（*Il problema della libertà in Kant*, 1991），以及《洞穴回声：逻辑与心灵的哲学研究》（*L'eco della caverna.*

Ricerche di fi losofi a della logica e della mente, 2004)。

辛齐亚·费里尼(Cinzia Ferrini)是意大利德里亚斯特大学的研究员。她撰写了《"奥比蒂斯"指南》(*Guidaal "De orbitis"*, 1995),《早期德国观念论的自然哲学与经验科学》(*Scienze empiriche e fi losofi e della natura nel primo idealismo tedesco*, 1996),《从早期的黑格尔主义者到黑格尔》(*Dai primi hegeliani a Hegel*, 2003),以及论文《考察康德前批判著述中的机械论解释的限度》("Testing the Limits of Mechanical Explanation in Kant's Precritical Writings", 2004)和《黑格尔自然哲学中的存在与真理》("Being and Truth in Hegel's Philosophy of Nature", 2004)。她还编辑了《康德遗产(1804—2004):新出现的问题与悬而未决的问题》(*Eredità kantiane (1804–2004): questioni emergenti e problemi irrisolti*, 2004)。

乔治·迪·乔瓦尼(George di Giovanni)是蒙特利尔的麦吉尔大学哲学教授,他的专长是德国观念论以及晚期的德国启蒙。他出版的代表作有《康德及其直接继承者的自由和宗教:人类的使命(1774—1800)》(*Freedom and Religion in Kant and His Immediate Successors: The Vocation of Humankind, 1774–1800*, 2005)。他与哈里斯(H. S. Harris)合作编译了《在康德与黑格尔之间:后康德的观念论发展读本》(*Between Kant and Hegel: Texts in the Development of Post-Kantian Idealism*, 2000),他还翻译了《雅各比主要哲学著作及全部小说》,并写了研究性的导论(*Friedrich Heinrich Jacobi: The Main Philosophical Writings and the Novel, Allwill* (tr.) 1994)。

大卫·库岑斯·霍伊(David Couzens Hoy)是加州大学圣克鲁斯分校的哲学教授以及人文科学杰出教授。他近期的主要著作有《批判性抵制:从后结构主义到后批判》(*Critical Resistance: From Poststructuralism to Post-Critique*, 2004)以及《我们生活的时代:"时间性"的批判史》(*The Time of Our Lives: A Critical History of "Temporality"*, 2009)。当前,他正在撰写从康德到当下的意识史研究。

乔斯林·霍伊（Jocelyn B. Hoy）是加州大学圣克鲁斯分校的哲学讲师。他出版的作品有《黑格尔的罗尔斯批判》（"Hegel's Critique of Rawls", 1981），并且在《现代美国哲学家词典》（*Dictionary of Modern American Philosophers*, 2005）中撰写了论及安妮特·拜尔（Annette Baier）、菲利帕·福特（Philippa Foot）和理查德·瓦瑟斯特罗姆（Richard Wasserstrom）的论文。

阿莱格拉·迪·劳伦蒂斯（Allegra de Laurentis）是加州大学石溪分校的副教授，她的专长是19世纪的德国哲学。她出版的著作有《古代与现代世界的主体：论黑格尔的主体性理论》（*Subjects in the Ancient and Modern World: On Hegel's Theory of Subjectivity*, 2005），论文有《黑格尔"视角"中的〈巴门尼德〉和〈论灵魂〉》（"The *Parmenides* and *De Anima* in Hegel's Perspective", 2006）以及《非黑格尔故事》（"Not Hegel's Tales", 2007）。她当前正在研究黑格尔"人类学"。

弗雷德里克·纽豪瑟（Frederick Neuhouser）是纽约哥伦比亚大学巴纳德学院的哲学教授以及维奥拉·曼德菲尔德德语教授。他的著作有《费希特的主体性理论》（*Fichte's Theory of Subjectivity*, 1990），《黑格尔社会理论的基础：实现自由》（*The Foundations of Hegel's Social Theory: Actualizing Freedom*, 2000），以及《卢梭自爱的神正论：邪恶、合理性与承认的动力》（*Rousseau's Theodicy of Self-Love (Amour-propre): Evil, Rationality, and the Drive for Recognition*, 2008）。

特里·平卡德（Terry Pinkard）是华盛顿特区乔治城大学的哲学教授，他的著作包括：《黑格尔的现象学：理性的社会性》（*Hegel's Phenomenology: The Sociality of Reason*, 1994），《黑格尔传》（*Hegel: A Biography*, 2000），以及《德国哲学1760—1860：观念论的遗产》（*German Philosophy, 1760–1860: The Legacy of Idealism*, 2002）。

于尔根·斯托尔岑伯格（Jürgen Stolzenberg）是哈尔维滕伯格的马丁路德大学哲学教授。他的专长包括康德、德国观念论、新康德主义、主体性理论以及美学。他已经出版了《费希特的理智直观概念：1793/94 到 1801/02 的知识学中的发展》(*Fichtes Begriff der intellektuellen Anschauung. Seine Entwicklung in den Wissenschaftslehren von 1793/94 bis 1801/02*, 1986)，以及《起源与体系：赫尔曼·科恩，保罗·纳托普和早期马丁·海德格尔著作中体系哲学的基础问题》(*Ursprung und System. Probleme der Begründung systematischer Philosophie im Werk Hermann Cohens, Paul Natorps und beim frühen Martin Heidegger*, 1995)。

肯尼斯·韦斯特法尔(Keneth R. Westphal)是坎特伯雷的肯特大学哲学教授以及东安格利亚大学的教授级研究员。他是《康德实在论的先验证明》(*Kant's Transcendental Proof of Realism*, 2004)和《黑格尔的认识论》(*Hegel's Epistemology*, 2007)的作者，并有论文《规范性的建构主义：黑格尔的激进社会哲学》("Normative Constructivism: Hegel's Radical Social Philosophy," *SATS*, SATS, 2007)。他正在撰写一部著作《黑格尔认知判断力：从纯然的实在论到知性》("Hegel's Critique of Cognitive Judgment: From Naïve Realism to Understanding")。

参考文献

　　康德和他的后继者们著作的近期译本都包含了关键德文本的页码。当译文不包括相关关键版本的页码时，才会被提供英译本参考文献的页码。多卷本版本的引用按照卷页码引用。如果有可能，多卷本的引用按照卷页码、行数引用。被划分为多节的著作的引用按照节（§）数引用。

　　黑格尔《精神现象学》的引用根据的是关键版本即《黑格尔全集》第9卷（参见下文）。页码也提供了米勒（A. V. Miller）的译本页码，虽然撰稿人已经提供了他们自己的翻译或者修改了米勒的译本而没有注释。有两个新的而且无疑有更多改进的英译本现在正在准备中，它们将标明黑格尔《精神现象学》关键版本的页码。

　　黑格尔的《哲学科学百科全书》和《法哲学原理》是由讲课纲要组成的。它们包含了三个不同的文本：主要部分，黑格尔附加在这些主要部分上的评论，以及 "*Zusätze*"（附录），这部分是黑格尔的编者们附加到黑格尔的主要部分或者评论上的讲课笔记。引用了黑格尔出版的评论部分，节数后面都会加上词尾 "R"，如在 "§345R"。引用了黑格尔讲稿的学生笔记的地方，节数后面加上词尾 "Z"，如在 "§345Z" 中。主要部分和评论部分或者讲课笔记都被引用的地方，插入 & 的符号："§345&R" 或者 "§345&Z"。（任何情况下，这三种文本都不会一起引用。）

康德

Ak   *Kants Gesammelte Schriften*, 29 vols. Königlich Preußische (now Deutsche) Akademie der Wissenschaften. Berlin: G. Reimer, now De Gruyter, 1902–.

CPR   *Kritik der reinen Vernunft*: 1st ed., 1781 (A), Ak 4; 2nd ed., 1787 (B), Ak 3.

         The Critique of Pure Reason, tr. P. Guyer and A. Wood. Cambridge: Cambridge University Press, 1998.

Prol.   *Prolegomena zu einer jeden künftigen Metaphysik, die als Wissenschaftlich wird auftreten können* (1783), Ak 4.

         Prolegomena to Any Future Metaphysics, ed. Günter Zöller. Oxford: Oxford University Press, 2003.

MFNS   *Metaphysische Anfangsgründe der Naturwissenschaft* (1786), Ak 4. *Metaphysical Foundations of Natural Science*, ed. and tr. M. Friedman. Cambridge: Cambridge University Press, 2004.

CPrR   *Kritik der praktischen Vernunft* (1788), Ak 5.

         Critique of Practical Reason, tr. M. Gregor, in M. Gregor (ed., tr.), Immanuel Kant, *Practical Philosophy* (pp. 133–272). Cambridge: Cambridge University Press, 1997.

CJ   *Kritik der Urteilskraft* (1790), Ak 5.

         Critique of the Power of Judgment, ed. and tr. P. Guyer. Cambridge: Cambridge University Press, 2000.

MM   *Metaphysik der Sitten* (1797), Ak 6.

         Metaphysics of Morals, tr. M. Gregor, in M. Gregor (ed., tr.), Immanuel Kant, *Practical Philosophy* (pp. 353–604). Cambridge: Cambridge University Press, 1997.

(Note: 'MM' without italics is used to designate Moldenhauer and Michel (eds.), *Werke in 20 Bänden*. Confusion is avoided by the context of the citation—one involves an attribution to Hegel, the other to Kant—and by the use or lack of italics.)

Rel. *Die Religion innerhalb der Grenzen der bloßen Vernunft* (1793), Ak 6.

Religion within the Boundaries of Mere Reason, tr. G. di Giovanni, in A. Wood and G. di Giovanni (eds., trs.), Immanuel Kant, *Religion and Rational Theology* (pp. 39–216). New York: Cambridge University Press, 1996.

费希特

FNW *Johann Gottlieb Fichtes nachgelassene Werke*, 3 vols., ed. I. H. Fichte. Bonn: Adolph-Marcus, 1834–35.

FSW *Johann Gottlieb Fichtes sämtliche Werke*, 8 vols., ed. I. H. Fichte. Berlin: Veit, 1845–46.

FGA *J. G. Fichte—Gesamtausgabe der Bayerischen Akademie der Wissenschaften*, ed. R. Lauth and H. Jacob. Stuttgart-Bad Cannstatt: frommann holzboog, 1965–.

SK *The Science of Knowledge*, ed. and tr. P. Heath and J. Lachs. Cambridge: Cambridge University Press, 1982.

EPW *Early Philosophical Writings*, ed. and tr. D. Breazeale. Ithaca, NY: Cornell University Press, 1988.

FTP *Foundations of Transcendental Philosophy: Wissenscahftslehre novo methodo*, ed. and tr. D. Breazeale. Ithaca, NY: Cornell

University Press, 1992.

IWL   *Introduction to the Wissenschaftslehre*, ed. and tr. D. Breazeale. Indianapolis, IN: Hackett, 1992.

谢林

SW   *Schellings Werke*, ed. M. Schröter. München: Beck, 1958.

HKA   *Werke: Historisch-Kritische Ausgabe*, ed. W. G. Jacobs and W. Schieche. Stuttgart: frommann-holzboog, 1976–.

Heath   *System of Transcendental Idealism* (1800), tr. P. Heath. Charlottesville: University Press of Virginia, 1978.

H&L   *The Science of Knowledge with the First and Second Introductions*, tr. P. Heath and J. Lachs. Cambridge: Cambridge University Press, 1982.

黑格尔

GW   *Gesammelte Werke*, 21 vols. Deutsche Forschungsgemeinschaft, with the Hegel-Kommission der Rheinisch-Westfälischen Akademie der Wissenschaften and the Hegel-Archiv der Ruhr-Universität Bochum. Hamburg: Meiner, 1968–.

MM   *Werke in 20 Bänden*, ed. K. Moldenhauer and K. Michel. Frankfurt am Main: Suhrkamp, 1970.

(Note: 'MM' with italics is used to designate Kant's *Metaphysics of Morals*. Confusion is avoided by the context of the citation—one involves an attribution to Hegel, the other to Kant—and by the use or lack of italics.)

Diff.   "Differenz des Fichte'schen und Schelling'schen Systems der Philosophie," *Kritisches Journal der Philosophie* 1.1 (1801): 111–84; rpt. *GW* 4:3–92. *The Difference between Fichte's and Schelling's System of Philosophy*, ed. and tr. H. S. Harris and W. Cerf. Albany, NY: State University of New York Press, 1977.

Skept.   "Verhältniß des Scepticismus zur Philosophie, Darstellung seiner ver-schiedenen Modifi cationen, und Vergleichung des neuesten mit dem alten," *Kritisches Journal der Philosophie* 1.2 (1801): 1–74; rpt. *GW* 4:197–238. "Relationship of Scepticism to Philosophy, Exposition of Its Different Modifi cations and Comparison to the Latest Form with the Ancient One," tr. H. S. Harris, in H. S. Harris and G. di Giovanni (eds.), *Between Kant and Hegel: Texts in the Development of Post- Kantian Idealism* (pp. 311–62). Rev. ed. Cambridge, MA: Hackett, 2000.

F&K   "Glauben und Wissen oder die Refl exionsphilosophie der Subjectivität, in der Vollständigkeit ihrer Formen, als Kantische, Jacobische, und Fichtesche Philosophie," *Kritisches Journal der Philosophie* 2.1 (1802): 3–189; rpt. *GW* 4:313–414. *Faith and Knowledge*, ed. and tr. W. Cerf and H. S. Harris. Albany, NY: State University of New York Press, 1977.

SEL   *System of Ethical Life (1802/3) and first Philosophy of Spirit*, ed. and tr. H. S. Harris and T. M. Knox. Albany, NY: State University of New York Press, 1979.

Phil. Prop. "Kurse. Manuskripte und Diktate," *GW* 10:523–818. [Formerly designated "*Texte zur Philosophischen Propaedeutik*

(1801–13)."]

The Philosophical Propaedeutic, ed. M. George and A. Vincent, tr. A. V. Miller. Oxford: Basil Blackwell, 1986.

L&M   The Jena System, 1804–5: Logic and Metaphysics, ed. and tr. J. W. Burbidge, G. di Giovanni, and H. S. Harris. Kingston: McGill-Queen's University Press, 1986.

PS   Phänomenologie des Geistes (1807). In: GW 9.

M   Phenomenology of Spirit, tr. A. V. Miller. Oxford: Clarendon Press, 1979. (Cited by page, not paragraph, number; translations revised without notice.)

Phänomenologie des Geistes, ed. H.-F. Wessels and H. Clairmont, with an Introduction by W. Bonsiepen. Hamburg: Meiner, 2006. Based on GW 9; provides a page concordance among the standard German editions of Hegel's Phenomenology (pp. 621–7).

SL   Wissenschaft der Logik (1st ed.: 1812–16, 2nd ed: 1832), 2 vols. GW 11, 12, 21 (Bk. 1, 2nd ed.).

Science of Logic, tr. George di Giovanni. Cambridge: Cambridge University Press, forthcoming. (Contains pagination from GW.)

PR   Grundlinien der Philosophie des Rechts. Naturrechtslehre und Politikwissenschaft im Grundrisse. GW 14.

Elements of the Philosophy of Right, ed. A. Wood, tr. H. B. Nisbet. Cambridge: Cambridge University Press, 1991.

Enc.   Enzyklopädie der philosophischen Wissenschaften (1st ed.: 1817, 2nd ed.: 1827, 3rd ed.: 1830), 3 vols., GW 13, 19, 20; cited by §, as needed with the suffi x 'R' for Remark (Anmerkung), or 'Z' for Zusatz (addition from student lecture notes).

Hegel's Encyclopedia Logic (Enc. 1), tr. T. Geraets, W. Suchting, and H. S. Harris. Cambridge, MA: Hackett, 1991.

Hegel's Philosophy of Nature (Enc. 2), tr. A. V. Miller. Oxford: Clarendon Press.

Hegel's Philosophy of Nature (*Enc.* 2), 3 vols., ed. and tr. M. J. Petry.

London: George Allen & Unwin; New York: Humanities Press, 1970.

Hegel's Philosophy of Mind (*Enc.* 3), tr. W. Wallace and A. V. Miller. Oxford: Clarendon Press, 1976.

Hegel's Philosophy of Subjective Spirit (*Enc.* 3, §§377–482), 3 vols., ed. and tr. M. J. Petry. Dordrecht: D. Reidel, 1978. (Also contains the 'Berlin *Phenomenology*'.)

VGP   *Vorlesungen über die Geschichte der Philosophie*, ed. P. Garniron and W. Jaeschke, Vorlesungen vols. 6–9. Hamburg: Meiner, 1986, 1984, 1996.

H&S   *Hegel's Lectures on the History of Philosophy*, tr. E. S. Haldane and F. H. Simson. New York: Humanities Press, 1955.

B/HP   *Lectures on the History of Philosophy: The Lectures of 1825–1826*, ed. R. F. Brown, tr. R. F. Brown and J. M. Stewart. Berkeley: University of California Press, 1990.

Briefe *Briefe von und an Hegel*, 4 vols., ed. J. Hoffmeister. Hamburg: Meiner, 3rd ed., 1981.

B&S   *Hegel: The Letters*, tr. C. Butler and C. Seiler. Bloomington: Indiana University Press, 1984.

导论

〜〜〜〜〜〜〜

这本书是为了庆祝、纪念黑格尔 1807 年《精神现象学》出版
两百周年而作。这类两百周年纪念已经进行了很多，很多会议和文
集都专论黑格尔的第一部杰作。当前这本著作的独特性在于，这本
书是集体性地、连续性地论述了黑格尔《精神现象学》的全部内容。
该书的团队由不同的国际专家组成，他们基于共同的影响——黑格
尔的著作——提供了对黑格尔现象学的丰富而密切相关的解释。本
书撰稿人分别来自加拿大、英格兰、德国、意大利以及美国。

黑格尔的《精神现象学》第一次印制了 750 册，很快，它就
为黑格尔赢得了德国主要哲学家的声望。[1] 虽然，这本著作在 19
世纪晚期和 20 世纪早期还没得到足够重视，但是，战后的学术界
重新确定了黑格尔《精神现象学》在哲学上的里程碑地位。例如，
反笛卡尔主义在近期的心灵分析哲学、语言哲学和认识论上已经成
为一个主要的主题。然而，哲学上第一次以及最尖锐的反笛卡尔主
义的革命是康德所进行的，他的教诲被黑格尔进一步发展。黑格尔
已经涉及的哲学主题跨度令人惊奇，黑格尔已经到达之处是我们仍
需要向之进发的。例如，黑格尔并不为个体或者社会群体何者更为
基础所困惑。他论证到，两种选择都是错误的，因为个体和社会是
相互依赖的，任何一方都不比另一方更为基础。启蒙运动已经遗赠
给我们这个观念，如果我们的知识是一种社会的或者历史的现象，
那么我们必须接受相对主义。黑格尔也批判这种二分，他论证到，

对人类理性和知识的一种冷静的社会和历史解说，要求知识对象的
实在论以及实践准则的严格客观性。

黑格尔的《精神现象学》在他成熟哲学体系中的地位已经引起
了诸多质疑，尤其，黑格尔的《逻辑学》以及由此他的哲学体系的
恰当的导论是什么？虽然，黑格尔给他的《逻辑学》提供了各种不
同的"导论"，但是，唯一被他指定为其立场的"辩护""演绎"和
"证明"（Rechtfertigung, Deduktion, Beweis）的导论是这本 1807 年
的《精神现象学》。[2]（黑格尔这里使用的一个术语"演绎"是法律
意义上的，由康德带进哲学：一项权利的正当理由。）尽管，黑格
尔曾评价说《精神现象学》是其时代的产物，在 1831 年死于霍乱
之前，他仍计划出版《精神现象学》第二版的修订版本。虽然，老
年黑格尔不再主张，《精神现象学》构成他的逻辑学、自然哲学和
精神哲学的哲学体系第一部分——也就是说，是哲学体系内的，但
是，他并没有把第一部杰作清除出他的体系哲学。[3]

黑格尔的《精神现象学》始于著名的序言"论科学认知"，这个
序言是在著作主体内容完成之后撰写的。黑格尔这个序言的范围非常
广阔，涵盖他所预计的逻辑学、自然哲学和精神哲学体系，它并不单
单是《精神现象学》的序言。我们赞同劳尔（Lauer 1993:2）的观点，
他认为，黑格尔的《精神现象学》最好是从导论开始，黑格尔的序言
最好是在结尾时阅读。黑格尔序言的核心主题在第 13 章中被考察。

研究黑格尔的学者们很茫然，《精神现象学》是否或者如何是统
一的？我们的集体评论就黑格尔的文本和问题的完整性达成了重大的
共识。这一点在第 1、12 以及 13 章中得到明确论述，同时，在第 10
和 11 章中，也谈论了很多。就黑格尔《精神现象学》的统一，这里
可以提供的首要的是，审视接下来各个章节以及它们之间的关系。

黑格尔的《精神现象学》是一部令人印象深刻的著作。在这
本书中，黑格尔意图通过详细地、内在地批判其他哲学的观点来阐
释和论证他自己的哲学，以至每种哲学观点的疏忽都可以得到补

救，同时那些哲学的洞见可以被融入一种充分的哲学解说中。《精神现象学》的这种大规模的结构得以反思，肇始于黑格尔批判和回应这种共同的设想，即优先性必须要么给予个体，要么给予社会整体。相反，他论证，个体及其共同体因其实存和独特性而是相互依赖的。任何一方都不比另一方更为基础，或者"优先于"另一方。《精神现象学》第四部分"精神"一开始，黑格尔就主张，他已经向读者阐明了，前面三个部分"意识""自我意识"以及"理性"，已经在个体层面上考察了我们的认知能力和实践能力，而这些能力，根本上而言，是在社会层面上被奠基的（PS 239.15-23/M 264）。（黑格尔的目录表如下以概述形式呈现，pp. 28-29）。在"精神"部分，黑格尔首先认为希腊阿提卡地区的城邦（Attic Greek polis）是一种"直接的"的公共精神形式，因为它缺少充分的理性资源以评估和论证其根本性的规范原则，即奠基于未成文的和实证法律。这样，黑格尔论证到，理性的反思和评估对于建立充分的规则是必然的。然后，他重新认为我们的认识能力和实践能力与其社会处境和社会基础相关，虽然，我们认知和实践生活的这些社会维度以各种不同方式被现代意识形式，特别是启蒙运动的形式，所忽视、否定和扭曲。黑格尔在接下来次一级的章节"精神""自我异化的精神"以及"自我确定的精神"中考察了这些意识形式。黑格尔对这些个体主义观点的批判声称要明确地向现代个体主义者们论证，我们的推理以及因此我们的合理性的能力，根本上而言，是交互主体的，以及因此是社会性的。因此，黑格尔在"精神"部分结尾处的这个我们集体的、共同的自我理解的问题明显是针对现代个体主义者们的。黑格尔争辩到，"宗教"以及其历史，表现了人类最重要的和最明确的共同自我理解，它表现了我们自己与他者以及与我们宇宙之间的关系。虽然，黑格尔论证，宗教的神是人类的投射——它们是表象（Vorstellungen）而不是概念（Begriffe）——他声称，宗教表象表现了人类的合法需求和愿望。根据黑格尔，宗教的最终形式是一种"启示宗教"的后启蒙形式，当它与我们先前考察的人类认识行动的理性资源结合起来时，就能使我们理解，我们认识世界之所是，我们认识我们自身之所是。这就是"绝对认识"，黑格尔《精神现象学》的最后阶段。黑格尔的"观念论"是一种温和的整体主义，根据此，整体和部分因其实存和独特性而是相互依赖的。[4] 相应地，正如我们获得更为全面的世界整体的知识，而世界整体通过我们获得更为全面的自我知识。可以说，我们是精神（Geist）中的侏儒。然而，世界整体不是我们唯一要选取的地方。唯一存在的是当下，虽然，当下存在一些老旧的对象、现象和体系，它们坚持以及继续发挥着作用或者它们在将来恶化。只有通过我们的调查、重构、认知以及理解，世界整体才可能明确地作为精神而实存。鉴于这种心灵结构，我们更为细致地考虑黑格尔宏大分析中的个别阶段。

在第1章《黑格尔的现象学方法和意识的分析》（Hegel's Phenomendogical Method and Analysis of Consciousness）中，肯尼斯·韦斯特法尔表明，黑格尔是一位重要的（虽未被承认）认识论主义者：黑格尔的导论提供了他的现象学方法的关键，这种方法表明，这个皮浪的标准困境驳斥了传统的融贯论和基础主义的论证理论。然后，黑格尔通过分析建构自我和相互批判之可能性而解决了这个困境。"感性确定性"对"熟知"进行了透彻的内在批判，因此，破除了概念经验主义的一条关键原则。黑格尔表明，一系列非逻辑的先天概念必须被用于确定经验的任一具体对象，从而进一步破除了这一观点，最重要的是，辨护了一种重要的反怀疑主义意蕴的单一认知指称的语义学。"知觉"延伸了黑格尔对概念经验主义的批判，他揭露了现代知觉理论（以及感知数据理论）的不充分性，它们不能给可知觉的事物提供一个同一性的合理概念。黑格尔阐明，这个概念是一种先天的概念，并且它整合了两个相互对立的次级概念，"一"和"多"。黑格尔对这个概念的考察显示，他清晰地意识到什么是现在被称为知觉神经生理学的"绑定问题"（binding problem），这一问题只是最近才被认识论主义者们所注意到。"力与知性"（force and understanding）揭露了传统实体概念的致命的模糊性，这一概念干扰了我们知性的力和因果互动。黑格尔消除了这种模糊性，指出那种概念能使我们理解，关系如何可能对物理的具体物是根本性的。黑格尔论辩到，牛顿的万有引力表明，引力关系对于物理具体物是根本性的，接着，他批判了一系列回避这个结论的企图——包括臭名昭著的"颠倒的世界"（inverted world）。黑格尔认知的语义学支持牛顿哲学的第四定律，这个定律拒斥仅以逻辑的可能性作为经验假设的反例。最后，黑格尔的认知语义学揭示了，皮浪和笛卡尔的怀疑主义与经验主义的反实在论在科学哲学内的因果关系上有着一种先前没有注意到的关联：对前提、假设或者纯然逻辑可能性的所有三种诉求，原则上都缺少完满的确定意义、认知上的合法意义。韦斯特法尔总结、概括了黑格尔在《精神现象学》中的那种概莫能外的认识论分析。

在第 2 章《欲望、承认以及主奴关系》（Desire, Recognition, and the Relation between Bondsman and Lord）中，弗雷德里克·纽豪瑟重新建构了意识结构的连续性。意识结构构成了《精神现象学》第二个主要部分"自我意识"的第一部分。其核心主题是，通过现象学的经验，这个自我意识的主体如何朝着目标取得进展，它的目标是把自我和世界统一称为一个融贯的概念，这两者看似矛盾的自我描述承自于"意识"中的经验：作为根本性的、立法的主体—客体成双的一极，以及作为一个主体，同时，这一主体必然与一个客体相关，除了自身，没有任何实在性。纽豪瑟重新建构了黑格尔的论证以显示，一个主体不可能满足其愿望，即通过与其对象的关系以欲望的模式（通过摧毁一个并不被当作具有主体地位的他者）获得在世界上自我满足的实存，并且显示，为什么体现自我满足的愿望，只有通过寻求另一个存在者承认其高高在上的地位，才可能获得，相应地，也承认另一个存在者是一个主体。本章最后延伸分析这种互惠的优缺点，虽然描述主奴关系的承认是不对称的。获得自我满足的这些实践策略的失败，因此就在"自我意识"的余下部分产生了一系列获取自我满足的理论策略。

在第3章《自由与思想：斯多亚主义、怀疑主义以及不幸的意识》（Freedom and Thought: Stoicism, Skepticism and Unhappy Consciousness）中，弗兰考·切尔金考察了"自我意识"的第二部分。黑格尔把自我意识细分为三种形式：斯多亚主义、怀疑主义和不幸的意识。黑格尔把这些当作是这个部分的总主题"自我意识的自由"的进一步的具体内容。在导论的几页中，黑格尔展示了他对思想的解说。思想的活动表现了存在与知识、主体与客体以及各种多样性统一为整体，这一整体独自地和自在地被清楚表达——黑格尔在"意识"中论证了这一观点。现在，自我意识的三种形式都无法实现这些特征。斯多亚主义的思想自由仅仅是抽象的自由思想，怀疑主义无法摆脱仅仅是消极的和破坏性的辩证法。最后，这种不幸的意识是其自身不幸的原因，因为它分离于自身，并且归因于一种对自身根本性的、无法触及的"超越"，以及自身堕落成最鄙陋的平庸。因此，实现思想的自由要求一种完全新颖的策略，这种策略由"理性"所展现。

在第4章《理性的挑战：从确定性到真理性》（The Challenge of Reason: From Certainty to Truth）中，辛奇亚·费里尼考察了黑格尔"理性"那冗长的一章中精炼的、含沙射影的、重要的以及令人惊奇的导论"理性的确定性与真理性"。核心问题是理性观念论的恰当意义，即其确定性是所有现实性的抽象开端。这一节的辩证运动显示，真理性的理性以及直观的理性仅仅是事物的普遍性，它企图在自然事物中直接占有自身是矛盾的，因为它的认识把自然事物对立于"我"，并且相信真理存在于它们的可感知的存在中。费里尼挑战了这种标准观点，即首次出现的这个现象呈现的是费希特的"我"。她主张，黑格尔谈及了这个一般的现代洞见，即思想在其规定中自由地进展，它使得这些思想规定成为内在的、客观的自然实体，并且把实在论的原则与自我意识的绝对自由运动联系起来。一种思想得以共享，得通过理性主义的经验方面、"具体"经验主义的观念论方面，以及通过主观的观念论，虽然主观观念论只抓住了这个关系的一个方面。

在第 5 章《观察自然的理性》(Reason Obsening Nature) 中，辛奇亚·费里尼表明，黑格尔的核心关注点在于，揭露在科学的知识中理性的信念与其现实进程之间的矛盾。在经验的科学中，当理性寻求确定法则、力、纯化的化学物质以及种属时，它实际上在概念上高于可感事物的多样性。辛奇亚·费里尼回顾了，黑格尔反对在矿物学、生物学、心理学以及颅相学文献中的描述、分类以及寻求规律；展现了，黑格尔如何既解释了工作中的科学家们的方法论的自我意识，又积极参与了各种竞争的科学理论之间的争论，公开地支持某些当代自然科学的思路以反对其他的思路，并且为它们提供思辨的证成和基础。她表明，自然科学以及我们对自然科学的理解是黑格尔《精神现象学》的核心，以及是他批判康德的核心。并且，她详细叙述了，黑格尔对于把人类科学地解释为人类身体的批判，是如何通过归谬法表明，理解人类要求考查人类的行动和行为，黑格尔的这个主题在"理性"篇的余下部分展开。

在第 6 章《积极理性诸形态：心之规律，恢复德性以及事情本身》(Shapes of Active Reason: The Law of the Heart, Retrieved virtue and What Really Matter) 中，特里·平卡德表明，黑格尔"理性"章中的令人困惑的本质具有重要的基本根据，兴许不太明显。第一，黑格尔的这一章提出了这个论点，即，对权威的个体主义解说都经历了部分的失败，从而迫使他们朝向更为社会性的解说。第二，这个次级的章节为黑格尔的下述论点提供了支撑，即，我们只有理解了理性在历史中的作用，才能最好地理解个体主义解说的失败。尤其是，一旦我们理解，当历史从作为我们自我解释的动物的观点，历史中岌岌可危的东西就是规范性权威本身的本质。第三，黑格尔声称，随着历史的推移，我们已经更好地了解如何确定什么算作规范性的权威，以及理解对我们所要求的这个东西等同于"精神达到了充分的自我意识"，这最好被描述为一种"绝对的"观点。

这就导致黑格尔提出，理解一个规则如何控制我们的最好方式，就是要通过观察公认的、"积极的"规则如何失去对我们的控制来发现。这就是为什么黑格尔现象学地考察如此之类的规则，以之为它们在各种不同的实践中起作用，或者"实现的"（黑格尔说的是，wirklich）。一旦我们以这个方式理解规范性的支配，我们就理解黑格尔的主张，即理性本身必须也被理解为社会性的，并且，我们只有以某种规定的方式承担起对彼此的责任才能以一种非常复杂的、"辩证的"方式承担起对世界的责任。这么做的最显著方式就是通过运用康德绝对命令来检验，黑格尔在"理性"篇最后的次级章节予以考虑。

在第 7 章《自由的伦理：黑格尔论立法的理性和审查法则的理性 》(The Ethics of Freedom: Hegel on Reason as Law-Giving and Law-Testing) 中，大卫·库岑斯·霍伊重新审视了《精神现象学》"理性"篇的第五部分的最后两节。下一个部分的标题很简单，就是"精神"。"理性"篇的这些结论性的次级部分，论"作为立法者的理性"以及"作为审查法则的理性"，因此，就是有关于此的，即理性变得意识到自身就是精神。这里，"理性"和"精神"是什么意思呢？理性本质是个体的理性，但是，个体的理性展现自身为普遍的。理性是"我"，这个"我"认为每个其他的人应该知道其知道什么并且赞同他。相反，精神是"我们"，这个我们使得理性的个体形式得以可能。精神提供文化和历史的背景，以使得一个人能够成为其所是的人。这两个结论性的次级章节因此是非常重要的，因为这两节表现了个体理性转化成道德的这一环节。道德意味着明白人们自己的行为准则与其他人的行为准则是相同的。这个观点的最为著名的样式就是康德实践理性理论。黑格尔提供了反例以表明，康德著名的程序空洞性。通过康德的程序，我们可以审查我们的准则以明白，是否它们可以一贯地被视为道德法则。霍伊声称，黑格尔并不是简单转换从我到我们的叙述。相反，他提出一种强有力的论证，没有我们就是没有我。因此，黑格尔并不是简单的从理性跳跃到精神，他对从（个体的）理性过渡到（集体的）精神提供了一种解释性的解释。

在第 8 章《黑格尔、〈安提戈涅〉以及女性主义批判：古希腊精神》（Hegel, Autigone, and Feminist Gitique: The Spirit of Ancient Greece）中，乔斯林·霍伊聚焦于古希腊世界中的精神现象。她首先呈现了黑格尔考察的"真实的精神，伦理"中精神现象"历史"的简略解说。她反思了黑格尔对戏剧形式的运用，尤其是，以向我们介绍精神，而后她考察了当代女性主义对黑格尔在《精神现象学》这个章节的《安提戈涅》解读的解释。她指出，关于性别歧视、文学人物以及历史实例的问题，并不是哲学上毫无相干或者无关痛痒的问题。探究当前女性主义对这个章节的批判抓住了黑格尔的现象学项目的核心，并且可以很好地支持对黑格尔《精神现象学》的一般解释，即其潜在地有益于女性主义和社会理论，也有益于当代哲学。黑格尔论证道，"人的"和"神的"（或者法定的和自然的）法在希腊阿提卡社会的"直接的"精神范围内不可避免地相互冲突，因为它们是明显有别的，虽然，实际上，它们是相互融合的。"合法状态"通过放弃"神的"（或者自然的）法解决这个冲突，相反，它聚焦于实定的人法，这就是现代理性的个体主义的、虽然自然异化的精神的前奏。

在第 9 章《黑格尔在"启蒙与迷信的斗争"中对启蒙的批判》（Hegel's Critique of the Enlightenment in "The Struggle of the Enlightenment with Superstition"）中，于尔根·托尔岑伯格考察了黑格尔在"启蒙

与迷信的斗争"中对启蒙运动最清晰的评价。黑格尔在他的精神理论的语境范围内提出了他对启蒙运动的批判。黑格尔挑战性的、晦涩的论点是，启蒙对迷信的批判实际上是一种无意的自我批判。斯托尔岑伯格基于黑格尔在《精神现象学》中系统地发展精神概念，而重新建构了黑格尔对这个论点的论证。黑格尔通过统一精神与其自身的以及与他者的关系而定义了精神，这就是说，这个"他者"仅仅是精神自身的对象化。在这个阶段，黑格尔的关注点从"意识的诸形态"转换到"一个世界的诸形态"上。黑格尔对精神概念的说明要求多个阶段。第一个阶段是与一个对象的简单意向关系，且没有意识到这个对象是精神自身的对象化。这个阶段对应于《精神想象学》中启蒙与信仰的关系。在黑格尔的重构中，启蒙因此没有意识到，它与信仰的关系事实上仅仅是它与自身的关系。因此，启蒙与信仰的斗争就是一种与自身的无意斗争。启蒙聚焦于它与时-空对象的关系，虽然它的个体主义掩盖了它与对象的关系如何起到集体的、文化的自我理解的作用。信仰聚焦于在宗教共同体范围内它与上帝的关系，同时，无视这些关系的作用在于它如何与时-空对象发生关系。双方都不能正确地或者充分地理解涉及与对象关系的自身关系，也不能正确地或者充分地理解涉及与自身关系的对象关系。因此，双方都不可能恰当地解释自身，也不能辩护其主张和行动。这些失败戏剧性地出现在启蒙自然神论的道德和政治对应物上，即法国的恐怖统治。

在第 10 章《黑格尔〈精神现象学〉中的"道德"》(Morality in Hegel's Phenomenology of Spirit) 中，弗里德里克·拜塞尔考察了，黑格尔对"道德"的处理在"精神"篇，即"我就是我们，我们就是我"的发展中，如何是一个非常独特的阶段。道德的世界是一个人，作为个体，表达普遍意志。在《精神现象学》中，这就具有了超越之前考虑的行动形式的一种重大进展。虽然，它在极端的特殊性和主体性中表现精神。黑格尔的目的是，表明这个极端必须恰当地与精神的普遍性和实体性相融合。这里，黑格尔考察了康德的和费希特的道德世界观、良心以及最后的优美灵魂，这些是渐次呈现出来的道德个体主义的三种极端样式。道德世界观的核心是道德与自然之间的区分以及道德对自然的支配。因此道德既独立于自然又依赖于自然，以之为义务的一种来源以及其道德行为的背景。然而，人类行为者不可能放弃他们主张的幸福，虽然，幸福要求自然的配合。这种张力就在康德解说的道德行为中产生了一系列的矛盾，产生了　xxiii
一系列的虚伪形式，其中哪种形式都不可能解决或者掩盖这种原初的矛盾。良心主张，它是规定正当行为的唯一的和有效的基础。它声称通过修改它的普遍性要求而避免了道德世界观的问题，因此把纯粹的义务与道德行为融合起来。然而，基于个体的信念而主张认定什么是任何情形下都普遍正当的行为，是不可能的。因为，特殊的环境难以契合良心的简单性，并且行为者对于在何种情形下何种行为是正当的信念是不同的。在面临这些困难时，维系道德个体主义的最终企图，就是优美灵魂的道德天才所做的，这就是歌德和卢梭所描述的，他们把自身置于具体的道德法则之上。这个假定的道德优越性要求从道德行为的世界中撤退出来，为了恪守对诚实、率真和真实的要求。然而，即使优美灵魂与精心挑选的同伴一起撤出，而进入一个微小共同体，与其他人一同生活也会迫使其走向虚伪，因此，扰乱了其自身的诸原则。因此道德个体主义的缺点证明了重新融合行为者与他们的共同体是正当的，并且证明了黑格尔在《精神现象学》剩余部分以及在这个章节中的结尾处转向"精神"篇是合理的。

在第 11 章《黑格尔〈精神现象学〉中的宗教、历史与精神》（Religion, History, and Spirit in Hegel's Phenomenology of Spirit）中，乔治·迪·乔瓦尼表明，尽管黑格尔仅仅在《精神现象学》倒数第二章中处理了宗教，但是这个现象在他分析意识的形态和世界的形态时随处可见。宗教对人类生存是如此根本性的，以及是如此遍及的，以至我们（这些现象学的读者们）只有到最后才能够反思得了它，也就是，在我们已经理解了黑格尔在"理性"和"精神"篇中呈现的实例之后。黑格尔的这些实例表明，当我们每个人承认，我们是人类共同体之成员时，这些理性的关键的、合理的资源才可能恰当地起作用。这种人类共同体要求人们彼此之间的批判性评估，以为了辩护我们自己的各种主张既是理论的知识也是实践的知识。宗教关切个体的经验，个体既是作为"个体的"，也是作为"社会的个体"，经验则在自然和精神的交界面自身产生的。这个交界面包含"狂热"和"信仰"两个方面，每个方面都为转化一个不同的纯然自然世界成为一个人类家园提供情感的和表象的手段。迪·乔瓦尼重新阐述了黑格尔哲学中的"信仰"与"知识"问题，她追溯了第四章（"自我意识"）的战争（agere bellum）到第六章（"精神"）结尾处的感谢（agere gratias）的转变过程，也就是说，从一个早期文化到一个个体的社会。在早期文化中，社会身份是通过诸神庇护下的战争建构起来的；而个体的社会中，个体之间承认暴力是不可避免的，但是也能在精神的庇护下、在忏悔和宽恕中控制和救赎它。如此理解的"启示的"宗教，为"恶与宽恕"中"道德"的结尾处达成的各种理性判断之间的相互承认，以及为启蒙中困扰的理性与信仰的这些冲突的主张之间的和解，提供社会和历史的背景。

在第 12 章《绝对认知》（Absolute Knowing）中，阿莱格拉·迪·劳伦蒂斯指出，黑格尔的结论性的章节（第八章"绝对认知"）恰恰是回应现象学知识在概念理解的路途中"失去其真理"的问题。她指出了在黑格尔的章节中意识与其对象的很多关系的两个关键性概述。现在，黑格尔指出的关系是作为思想与对象的思辨的或者"绝对的"关系的准备。黑格尔坚持，出于逻辑的理由，这个思辨的特征在所有的认知模式中都存在，虽然仅仅是隐性的。她指出了这个主张的形而上学基础（最初是亚里士多德），也就是，思想与其内容之间的必然的逻辑同一性（Gleichheit）。远远超过了亚里士多德，然后黑格尔解释，这种"绝对关系"就是自我形式（selbstische Form）中精神的基本逻辑结构。迪·劳伦蒂斯重构了这个现象意识的"绝对根据"以及其与黑格尔理解的精神朝向自我运动的关联。然后，她指出，这个动态的精神概念是通过时间和空间同时扩张和内在化（inwardization）的过程。这个过程得以可能是由于判断的推理式的、首要的三段论式的结构，这种结构能使得我们认识具体的对象（无论规模或者种类），因为这种结构可以把握对象之间的相互关系以及把握它们具体方面之间的相互关系。理解这些关系以及理解我们如何能够作出如此之类的认知判断，是理解我们世界的自然、社会和历史方面知识的核心所在，相应地，这就成为我们自我知识的核心。同样，它是作为世界体系的精神的自我知识的核心，它是通过我们实现的。迪·劳伦蒂斯重点强调，《精神现象学》结尾处（精神通过它自己的形式的"懒惰运动"以及"消化"它自己的形式）的著名隐喻如何期望黑格尔在他的哲学体系中作出这种类型的认知。

在第 13 章《黑格尔〈精神现象学〉中的精神与具体的主体性》（Spirit and Concrete Subjectivity in Hegel's Phenomenology of Spirit）中，马丽娜·贝科娃分析了黑格尔《精神现象学》中的主体性这个核心主题。重点是序言，她考察了黑格尔对个体的（具体的）主体性的讨论以及其在普遍的（"宇宙的"）精神的诸形态中的发展。她的路径意义重大，不同于两种传统的、杰出的对黑格尔著作的解释。传统的路径，要么过于强调《精神现象学》的普遍的（"宇宙的"）方面，要么过于强调个体主义的方面，因此都表现出不完整地、片面地误解黑格尔著作的观点。贝科娃表明，在《精神现象学》中，黑格尔既强调了集体的和历史现象的宽度，也强调了参与这些现象之中的个体的具体维度，并且，按照黑格尔的观点，大规模的集体和历史现象的发生只有通过个体才能进行。在《精神现象学》中，我们观察到一种双重运动："宇宙"精神在个体中具体体现和实现以及个体发展自身上升为"宇宙的"精神。这两种相反的运动在历史上和实践中都是一致的。它们只有置于一起，才可能重构黑格尔《精神现象学》中体现的人类精神历史发展的真正过程。这个运动必须同时在两个方向上解读。个体的自我通过吸收精神而成为自身——以世界上各种不同的形式和形态（Gestalten）——成为他或她自己的具体结构。相反，精神达成其自我实现是通过和在彼此以及与世界相互作用的诸个体的具体体现中进行的。集体精神与个体精神之间这种复杂的调解过程，黑格尔称为人类历史。他坚持认为，个体与共同体的发展只有被当作一个相互的过程，我们才可能在人类历史范围内理解普遍性以及维护社会行为者们的自主。通过回顾如此理解的精神发展的关键阶段，贝科娃指出，黑格尔《精神现象学》主题内容考虑的哲学和历史素材（贯穿整篇评论），如何符合对宗教共同体的解说以及迪·乔瓦尼和迪·劳伦蒂斯提供的绝对认知的解说。

我们把这部评论献给亨利·哈里斯（Henry S. Harris），他深深地触动以及极大地启迪了对黑格尔哲学感兴趣的一代一代学生和学者。现在，我们这些研究黑格尔早期观点以及特别是研究《精神现象学》的人，极为有幸地受教于他的三部大部头著作——《黑格尔的发展 I：朝向阳光 1700—1801》(Hegel's Development I: Towards the Smlight 1770–1801, Oxford, 1972)，《黑格尔的发展 II：黑暗思想 1801—1806》(Hegel's Development II: Night Thoughts Jena 1801–1806, Oxford, 1983)，以及《黑格尔的阶梯》(2 卷)[Hegel's Ladder (2 vols), Hackett, 1997]——以及他发表的大量文章。特别值得赞赏的是，他细致而全面地重构了黑格尔的著述，以确定黑格尔如何理解、评估以及运用他的原始素材。哈里斯同样关注黑格尔频繁以及通常戏剧性的方式。黑格尔以这些方式重新提出或者修订了他之前的主题、观点或者后来的更成熟作品中的分析。自始至终,哈里斯无所畏惧地重新评估和修改了关于黑格尔观点的"公认的睿智"。例如,《黑暗思想》阐明,黑格尔的实在论和自然主义的出现比现在普遍认可的要更早,并且,深深植根于黑格尔的哲学之中。《黑格尔的阶梯》则是一部里程碑式的著作。黑格尔的文本出了名的丰富、精炼、体系化以及充满典故。哈里斯确定了黑格尔资料的丰富来源,并且表明黑格尔为什么以及如何运用它们。他的评论阐明了,黑格尔文本应有的必要的压缩和详细解释。然而,哈里斯也承认他的某些局限,例如,他对当代自然科学了解不够,不足以恰当地把握黑格尔的耶拿自然哲学。他身上非常特别地结合了理智上的大胆,对黑格尔素材和问题的耐心以及个人的谦逊,这些都是并且应该依然是典范。

这部集体的评论大多本着哈里斯榜样的精神而进行的。黑格尔在《精神现象学》中融合了惊人的、大量的问题和素材,这要求不同领域的专家以及哲学敏感性,实际上就是要求一项集体的哲学事业,并且事实上就是一种国际性的,因为每个领域的研究界都贡献了特殊的、互补的优势。自始至终,黑格尔的哲学都是西方的哲学,他充分利用了东方的素材和阿拉伯素材。到第二次世界大战,哲学探究的国际性特征遭受干扰,这对我们的哲学极为不利,探究不可能只是提供一些区域性的东西。我们希望这个评论展现了国际合作的优势以及从事黑格尔问题和文本研究的益处。如果这本书是第一次这种类型的努力,我希望并相信它应该不是最后一次。如果我们所做的比哈里斯更为简明,那我们希望通过解释黑格尔在《精神现象学》中分析的结构,解释每一部分的地位而所有弥补,以及通过解释黑格尔的分析对该领域的历史和当代问题的影响而有所弥补。

致谢

我很感激布莱克维尔的哲学编辑杰夫·迪恩（Jeff Dean）和尼克·贝洛里尼（Nick Bellorini）诚恳地邀请我编辑这本文集。与这本文集的撰稿人一起工作是荣耀以及非常愉悦的事情。当编辑所有的首选都欣然接受并且自发地赞同恰当的分工时，这确确实实令人欣喜。我深深地感激他们的杰出努力以及——与编辑们一起——当生活打断哲学，极大地耽搁本文及时完成时，感激他们的极大克制。我也非常感谢辛奇亚·费里尼，她责无旁贷地帮助编辑了第4章和第5章。最后，我希望感谢威利布莱克维尔的利兹·克雷莫纳（Liz Cremona）和瓦莱尼·罗斯（Valery Rose），他们是我的文案编辑，他们的工作高度专业、高效和宝贵。

注释

1. 黑格尔的生活年表由 Beiser (2005，xix-xx), Kaufman (996, 21-5) 以及 Pinkard (2000, 754-49) 提供，也参见 Harris (1993)。
2. SL, *GW* 11:20.5-18, 20.37-21.11, 33.5-13; 21:32.23-33.4, 33.20-34.1, 54.28-55.5。这些段落出现在黑格尔《逻辑学》的第一版和第二版中（分别是 1812 年，1832 年）。
3. 富尔达（Fulda 1975）对这个情况研究的最好。黑格尔也在他后来的很多著述中积极地谈论、借鉴以及引用 1807 年的《精神现象学》予以论证。例如，SL (2nd ed. 1832), *GW* 21:7.25-8.2, 37.27-32, 11:351.3-12, 12:36-198.11, 232.30-17, 6:544-5, PP§§35R, 57R, 135R, 140R & note, *Enc.*(3rd ed., 1831) §25。
4. Westphal (1989, 140-5)。

参考文献

Beiser, F. C. (2005) *Hegel*. London: Routledge.

Fulda, H.-F. (1975) *Das Problem einer Einleitung in Hegels Wissenschaft der Logik*, 2nd ed. Frankfurt am Main: Klostermann.

Harris, H. S. (1993) "Hegel's Intellectual Development to 1807," in F. C. Beiser (ed.), *The Cambridge Companion to Hegel* (pp. 25–51). Cambridge: Cambridge University Press.

Hegel, G. W. F. (1807) *System der Wissenschaft, Erster Theil, die Phänomenlogie des Geistes*. Bamberg and Würzburg: Goebhardt.

Kaufmann, W. A. (1966) *Hegel: Reinterpretation, Texts, and Commentary*. London: Weidenfeld & Nicolson. xxvii

Lauer, Q. (1993) *A Reading of Hegel's Phenomenology of Spirit*, 2nd rev. ed. New York: Fordham University Press.

Pinkard, T. (2000) *Hegel: A Biography*. Cambridge: Cambridge University Press.

Westphal, K. R. (1989) *Hegel's Epistemological Realism: A Study of the Aim and Method of the Phenomenology of Spirit*. Dordrecht: Kluwer.

第1章

黑格尔的现象学方法与意识的分析

肯尼斯·韦斯特法尔

1. 导论

　　黑格尔 1807 年的《精神现象学》被广泛解释，鉴于它的序言 1

而不是导论。这是不幸的。黑格尔那出了名的丰富的、野心勃勃的

以及令人激动的序言不仅仅是《精神现象学》的序言，也是黑格尔

规划的整个哲学体系的序言，它所要涵盖的有作为第一部分的《精

神现象学》，以及作为第二部分的包括逻辑学、自然哲学和精神哲

学的第二部著作。因此，黑格尔的序言极大地超过了《精神现象

学》本身的问题和目标。[1] 如黑格尔自己在回顾性地撰写序言时坚

持认为，真理只能在探究的结果中获得，不是从最初的规划中获

得。[2] 黑格尔前瞻性地撰写的导论包括了有关黑格尔的问题和方法

的宝贵信息，尤其是关于贯穿《精神现象学》都谈及的认识论问

题，它考察了，"绝对认识"或者"真理之本质"的真实知识的可

能性[3]，也就是说，知识不再被纯然现象和真实实在之间的任何区

分所限定。[4]

　　黑格尔的文本极大地满足了传统释义学的要求，它要求一种充

分的解释得整合对一个文本的全部原文的、历史的以及系统的分析

（也就是，问题导向的哲学分析）。满足这些要求会导致一些异质性

的解释，然而，也会最大程度地辩护它们。我在其他的地方已经提

供了详细的分析。这里，我概述黑格尔导论（§2）以及前三章"感性确定性"（§3）、"知觉"（§4）以及"力与知性"（§5）的核心观点。然后，我总结黑格尔在《精神现象学》（§6）中对人类知识的总体分析。

2. 黑格尔的导论

2.1 关于知识与证成的诸问题

黑格尔在导论中提出的一个关键认识论问题是，如何合法地评估或者确定各种竞争哲学的真理或者谬误（PS 55.12, 58.10-22/ 48, 52）。黑格尔承认解决关于知识的各种主张的争论，不管是常识、自然科学的或者哲学的知识，都要求判断争辩的充分标准，虽然争论通常也关注那些标准。恶性循环和循环论证[5]的这个威胁典型地被塞克斯都·恩披里克（Sextus Empiricus）构想出来的，以之为标准的困境：

> 为了判定已经提出来的真理标准的这一争辩，我们必须拥有一个公认的标准，通过这个标准，我们应该能够判断争辩。并且，为了拥有一个公认的标准，有关这个标准的争辩必须首先被判定。并且，当这种争论因此自身还原为一种循环推理的形式，那就发现这个标准变得不切实可行了，由于我们不允许（那些做出知识主张的人）采取一个假设的标准，同时，如果他们通过一个标准来判定这个标准，我们就迫使他们无限倒退。进一步而言，由于阐释要求一个阐释的标准，同时这个标准要求一个被认可的阐释，那他们就被迫陷入循环推理之中。（塞克斯都·恩披里克，PH 2:4; cf. 1:14§§116-17）

2

黑格尔在他 1801 年论怀疑主义的论文中顺便提到了这个困境（之后称为"这种困境"），虽然，他之后赞同谢林，认为只有理解的"有限"主张才会面临这个问题，通过理智直观获得的理性的"无限"主张超越了这个问题。对理智直观的讽刺性批判导致黑格尔意识到，任何实质形式的直觉主义[6]，包括谢林的，在认知上都是要崩盘的，因为它可能仅仅提出主张而没有辩护理由，并且"一个纯然的主张与另一个主张价值等同"（*PS* 55.21-24/M 49）。各种相互冲突的主张足以表明，至少它们中有一个是错误的，虽然没有任何一个主张提供基础以规定哪个主张是错误的？如果有的话，哪个主张是正确的呢？[7]

黑格尔在导论的中间部分重申了塞克斯都的困境（*PS* 9:58.12-22/M 52）。黑格尔承认，它是一个真正的哲学疑难。它同时处理了融贯论和基础主义的论证模式，并且因此处理了两种传统的知识模式（科学与历史），虽然这个困境最终并没有辩护怀疑主义的日常的、科学的或者哲学的知识。

这种困境提出了恶性循环的指控以反对融贯论。单单以融贯为基础，无法以任何有原则的方式甄别我们知识中的真实的进步，相反，仅仅是信念的改变。融贯论的最有能力的和坚持不懈的当代倡导者劳伦斯·邦乔（Laurence BonJour），已经承认，融贯论不可能应对这个挑战。[8]

基础主义的论证模式典型地区别了历史和科学。历史的知识（historia）源自感官的和记忆的数据；理性的知识（scientia）从第一原理合乎逻辑地演绎得来。[9] 两种模式都涉及通过单方面地从根本性的基础得出结论而辩护结论：论证从根本性的基础流向其他的、派生的主张，而不是相反。这个论证所涵盖的，不论论证关系是不是严格演绎的或者是否它们涉及其他种类的推理规则（例如，归纳、溯因）或者较弱形式的基础关系。

这种困境暴露了，论证的基础主义模式是独断论的以及循环论证的，因为如此这般的模式不可能得到下述这些人的辩护，他们根本上质疑任何基础主义理论或者基础主义模式本身所援用的基础或者基础性的关系，因为这个模式对论证的理解仅仅根据不管何种形式的第一原理派生而来的。原则上，基础主义宣扬的（几乎）等同于皈依式的东西，并且以循环论证来反对那些有异议的人。一旦有异议，基础主义就不可能辩护其真理或者论证的标准。[10]

黑格尔认识到，要解决这种困境，要求对合理论证进行一种易谬主义（fallibilist）的、实用主义的、社会-历史的解说，这与知识的对象的实在论是一致的（以及与规范性原则的严格客观性相一致）。黑格尔对合理论证的解说部分地基于他的现象学方式，基于黑格尔对意识结构的自我批判式的解说，这些都融入在黑格尔对意识形式的解说中。

2.2 意识的形式

意识的一种"形式"（Gestalt）由两个基本原则构成，它们被其理想的拥护者应用到预期的领域。[11] 一个原则规定形式假定具有的知识种类，另一个原则规定形式假定认识的对象的种类。黑格尔称这两个原则为意识的"确定性"（Gewißheit）的形式。不言而喻，这些原则规定，意识的形式确定世界和世界的知识是怎样的。

如此被规定的一种意识形式，是中立于个体的观点和群体的集体见解，以及中立于历史性地可识别的观点和只能是人类知识及其对象的观点。黑格尔认为，历史时代和现存的哲学都是《精神现象学》中考察的各种意识形式的变种，因为意识的各形式与历史性地可识别的各种观点，都是从人类意识的核心特征中演变而来。这就是黑格尔下述主张的一个关键所在，即《精神现象学》呈现了"灵魂通过自身的系列转变，正如通过其本质所规定的驿站，而塑造自身的道路……"（*PS* 55.36-39/M 49）。

通过把握作为一位认知者自身某个方面的本质，每一种意识形式都采用了一种特殊的原则以关注知识是什么。这个认识论原则暗示对知识对象的某种限制。因此，采用一种认识论就带来了一种伴随而来的本体论原则。要把认识论的和本体论的原则当作一种意识的**形式**，就许可了从较低层次的样式到较复杂的样式的发展幅度。要把如此这样的一对原则考虑为**一种意识**的形式，就只有在它们可以被意识，在企图理解其预期对象而采用和运用时，考察它们。[12]

黑格尔提出要考察这样的概念，如"主体""客体""知识"以及"世界"。这些抽象的术语本身没有什么规定性。因此，黑格尔，通过考察这些概念被每种意识形式理想地运用，而考察这些概念的特殊具体的样式。要解决这种困境以及避免循环论证（petitio principii），黑格尔对他自己观点的辩护源自对每种意识形式的内在的、自我批判的评价（参见下文，§6）。考察每种意识形式的洞见以及疏见，能使得我们这些黑格尔的读者们理解，黑格尔在《精神现象学》结尾处提供的这些抽象概念的充分详细说明。

2.3 建构性的自我批判的可能性

为了反对"融贯论的""循环的"或者"辩证的"论证理论，塞克斯都的困境提出了恶性循环的比喻。然而，这个困境的号角（horn of the Dilemma）被黑格尔解说的建构性的自我批判以及相互批判的可能性击败了，并且显示为仅仅是一种怀疑主义的比喻。黑格尔解说中的关键点就是这些。

在导论中，黑格尔分析了人类意识的这个非假定的主张：

　　　意识把自身与某物区别开来，同时又与它相联系，或者像这样来表达，意识是某种为意识的东西，而这种联系，或某物的为一个意识的存在，其确定的方式就是认知。但是我们把自在的存在跟这种为一个他者的存在区别开来；同样地，与认知相联系的东西也跟认知区别开来，并且即使在这种联系之外也被建立为存在着的。（*PS* 58.25-31/M 52）

黑格尔分析这一点常识以把对象本身与我们对它的概念区别开来，并且，我们自己作为现实的认知主体也区别于作为认知主体的自我概念。黑格尔分析了我们对一个对象的经验以及我们作为认知主体对我们自己的经验，这源自我们使用了我们的概念以试图认识我们预期的对象：我们对对象的经验源自我们在试图认识对象本身时运用我们对对象的概念。同样，我们的自我经验作为认识的存在者，源于我们在认识活动中试图认识我们自己时对我们认知的自我概念的使用。黑格尔区分了作为一种与对象具有认识关系的意识的这些方面：

A．我们对对象的概念　　1.我们认知的自我概念

B．我们对对象的经验　　2.我们认知的自我经验

C．对象本身　　　　　　3.我们认知的结构本身

相应地，我们对对象的经验（B）是被我们对对象的概念（A）和对象本身（C）构造出来的。同样，我们作为认识者的自我经验（2）是被我们认识的自我概念（1）和我们显示的认知结构（3）构造出来的。黑格尔的分析表明了，我们没有无概念的经验知识或者自我知识，也表明了，我们并没有陷入我们的概念图式中。可以肯定，我们对对象的经验（B）有可能符合对象本身（C），只要我们对对象的概念（A）也符合对象本身（C）。同样，我们认知的自我经验（2）符合我们显示的认知能力（3），只要我们认知的自我概念（1）也符合我们现实的认知能力。相反，只要我们对对象的

概念（A），或者，同样我们认知的自我概念（1）不符合于它们的对象（C，3），我们可能发现和纠正这个符合论的缺失，我们这样纠正缺失，持续地试图在我们经验这些对象（B，2）时通过运用我们的概念（A，1）理解我们的对象（C，3）。这么做可能告诉我们，我们的概念（A，1）是否以及如何能够被修正，以为了提高它们与其对象之间的符合程度。

此外，我们对对象的概念（A）以及我们认知的自我概念（1）必定不仅仅是一致的，而且必定彼此相互支持的。同样，我们对对象的经验（B）以及我们认知的自我经验（2）也一定相互支持。最后，我们对对象的概念（A）必定致使我们认知的自我经验（2）是可理解的，并且，我们认知的自我概念（1）必定致使我们对对象的经验（B）是可理解的，因此就致使我们的经验以及我们对它的解说更加融贯、全面，并且更好地适于评估和论证我们知识的和其他认知的承诺。要实现这点就要求，我们的概念（A）和（1）符合于它们的对象（C）和（3）。在知识论的广泛层面上而言，知识对象的不同模式要求不同的知识模式，这个复杂的符合论是认识论真理的一条有效标准。

黑格尔回应这个循环的要义是要表明，当通过重新考察推理的基本证据、推理的诸原则以及这些证据和原则的运用而评估或者重新评估任一合理推理时，我们可以修订、取代或者重新证实合理推理范围内所需要的任何构成成分以及构成成分之间的任何联系。因为自我批判和建构性的相互评估两者都会犯错误，以及（幸运地是）都可以修正。黑格尔对理性论证的解说基本上都是易谬主义的（fallibilist）。黑格尔认识到，关于论证的谬误主义与关于经验知识对象的实在论是一致的。

认知证成要求相互批判性评估，因为我们理性的能力是有限的：我们没有无所不知的以及全知全能的能力，并且我们只能把我们的判断建立在我们实际使用的各种信息、原则、证据、例子以及推理的基础上，尽管我们作出的任何主张所具有的意蕴远远超出一个人可能经验的东西。我们偏爱于聚焦某些活动、问题、探究或者方法而不是另一些，这就产生了认知劳动的分工，这些多种多样的意蕴连同这些偏爱需要其他人具有我们没有的有关合理评估和论证或者修正我们自己判断的信息。[13]

黑格尔的天才之处就在于他有能力辨别这些哲学观点的核心原则，精确地理解它们，并且有能力准确地陈述从它们推断出来的东西。通常推断出来的东西都是不太明显的。黑格尔对这些意蕴的陈述可能是令人困惑的。黑格尔的关键在于激励我们反思我们已经隐约地假定的东西以及归因于下述那种观点的东西，即并不是在其原则中公开被陈述的那种观点，但是要求让它们表面看起来是合理的。黑格尔的现象学方法旨在诱使意识的各种形式去更加细致地反思它们的最初原则（它们的"确定性"）。同样，它也旨在诱使读者们不仅仅更细致地反思他们自己对意识的任何一种形式的理解，而且也反思他们自己偏爱的原则和观点。出于所有这些理由，建构性的自我批判的可能性对于黑格尔的整个哲学，特别是对于《精神现象学》而言是基础性的。[14]

2.4 黑格尔的导论对精神的期待

黑格尔对意识各种形式的内在批判旨在辨别意识的每种形式的洞见以及疏见，以至这些疏见可能被意识的后继形式所修正，这些后继的意识最终把这些洞见整合到人类认识的精确、全面的解说之中（参见下文，§6）。

有关黑格尔《精神现象学》完整性的争议，要求注意，黑格尔计划从一开始就把他的"意识的经验科学"和他的"精神现象学"整合进《精神现象学》之中，如他在导论的最后几行所指出的，以及在"绝对认知"中所重申的。[15]

3. 感性确定性

3.1 "感性确定性"的文本与目标

在"感性确定性"篇中，黑格尔寻求辩护他在导论中暂定的主张，即非概念的"熟知"对于人而言是不可能的。[16] 因此，黑格尔批判了概念经验主义，它的观点是，一门语言中每一个富有意义的术语要么是一个逻辑术语，简单感知属性的一个名称，要么可以被两种术语的相加结合所精确地定义。黑格尔的批判既谈到了非概念的特殊知识（朴素实在论）也谈到了感性数据的非概念知识（例如，休谟的简单感觉印象或者罗素的感性数据）。更富有建设性的是，在"感性确定性"中，黑格尔重构了以及辩护了康德认知指称的语义学，同时从康德的先验观念论中解放出这种语义学。

"感性确定性"篇分为五个部分：一个导论（1—5 段），三个分析阶段（6—11, 12—14, 15—19 段），以及一个结论（20—21 段）。[17] 第一阶段和第二阶段都侧重于通过使用指示性类型的（索引性的）表达的标记来指示特殊，例如"这个""那个""我"。第三阶段侧重于通过实物的手势来指示特殊。从"感性确定性"到"知觉"的过渡就是奠基于结合语言表达与实物的手势。黑格尔的论点是：通过指示性术语的标记的单一语义指称或者通过实物的手势彼此之间是相互依赖的，并且只有通过关于指示个体的以及其占有的时-空领域的概念上建构的确定思想，才能获得单一的认知指称。顺便说下，黑格尔通过把它们假定的同一还原为荒谬而论证了同一性的"是"和述谓的"是"之间的区别。最初，感性确定性混用了这两种含义的"是"，这个混用就是黑格尔还原论证以反驳它们混用的前提。

近期的语义学理论已经表明，一个索引性类型的术语的标记的部分意义在于，一位特定的言说者在确定时间和空间领域范围内指示一个特定的物。[18]黑格尔论证支持这个论点，这就是对感性确定性的否定。黑格尔表明，规定相关的指称系统（这位言说者）的起源以及指示特殊的时间-空间领域的范围，可能只有通过使用"空间""诸空间""时间""诸时间""我"以及"个别化"的概念，这可能只有也通过使用至少是某种被指示物的明显特征（被谓词所指示的各种属性）的诸概念而被恰当使用。因此，实物的指示和单一认知指称都不可能建立在无概念的"熟知"之基础上，也就是说，感性确定性。

感性确定性坚持，我们感知特殊的知识是直接的、非概念的。它的"确定性"在于，我们可以有以及确实有如此的知识（*PS* 63.1-5/M 58）。要论证他的反题，黑格尔必须严格地内在地评估感性确定性。因此，黑格尔的主要问题是，是否任何声称的感性确定的知识的对象实际上对于"感性确定性"是以及显现为"直接的"。为了理解感性确定性，黑格尔无视描述或者述谓，而是聚焦于索引性表达的标记，例如"这一个""现在"，或者"这里"，等等，这些感性确定性所使用的表达在罗素意义上是逻辑上恰当的名称。

3.2 "感性确定性"的三个阶段

黑格尔有关"现在"的第一个例子是"现在是晚上"（*PS* 64.32-33/M 60）。这里的"是"声称表达了一种同一性。黑格尔提出，我们可以通过保存它来评估这第一个例子：到天亮，它就是假的。因此，感性确定性不可能没有索引其暂时的主张（如在某段时间内是真的）而把握时空中具体物的简单真理。感性确定性仅仅坚持，它认识的这个对象"是"（*PS* 63.28/M 58）。然而，感性确定性不可能调和其未凝练的、未区分的"是"的使用与其自身暂时限制的和短暂的对特殊物的经验。因此，我们的感知特殊的知识要求，具有和使用"时间"的和可确定的"诸时间"的概念，以及类似的

"空间"和"诸空间"。因此，对人类感知特殊的知识的站得住脚的任何分析，都必须承认普遍的、可确定的概念。

在第二阶段，感性确定性通过承认其使用类型和索引性表达的标记的语境依赖性作出回应，但是它主张，真正的感性确定性仅仅存在于其自身对一个对象的认知指称：

> 这个确定性的真理存在于作为我的对象的对象之中，或者我的意谓之中。它是如此，因为我认识它。（PS 66.7-8/M 61）

8

因此，感性确定性聚焦于任何一个感性确定性的实例，例如"这里是一棵树"（PS 66.17/M 61）。然而其他人会主张："这里是一栋房子"。[19] 这是一个反例吗？黑格尔的第一个关键点是，感性确定的纯然感觉（PS 66.12-13/M 61）不可能在认知主体之间做出区分。其次，黑格尔表明，"我"这个术语并不是一个逻辑上恰当的名称。它也是一个索引性的表达，这种表达只有通过区别其类型和标记而才能被使用，因为它的标记只能通过其语境依赖的人物或者角色指示一位特殊的言说者（在特殊的使用场合）。

在第三阶段，感性确定性把其之前的困难归因于其语言的使用，这种语言通过向他者通报而从其直接的语境中导出其感性确定的知识（PS 67.27-30/M 63）。现在，它把直接的知识限制到直接的语境上，在这种语言中，它把握了任何一种特殊物，而这只能表面上被指出（PS 67.19-27/M 63）。黑格尔的关键点在于，凭其自身，实物的手势无法确定其声称指示的相关时间和空间范围。任何准时准点的"这里""这时""这一个"或者"那个"缺少时间的和空间的延伸和扩展。因此，它不能包含、一致于或者挑选出任何时间-空间的特殊。任何诸如此类的特殊只能通过确定它在某个相关的时期占据相关的空间体积而实物地被指示。然而，甚至，对相关的空间领域和时间的期间的粗略的具体说明，都要求使用"时

间""诸时间""空间""诸空间""我"和"个别化"等概念。关于
时间，黑格尔陈述：

> 因此，指出本身就宣告这时在真理之中的运动，也就是
> 说，一个结果，或者多个这时被放到一起。（PS 68.18-20, cf.
> 68.22/M 64）

如果我们理解，一个预先假定的时空系统与指示个体的具体的
时空领域相协调，我们只能理解或者正确地解释一种实物的手势的
任一使用。纯然的感觉、纯然的感知对任何时空特殊物的感性知识
都是必然的，虽然并不足够，因为感知独自不可能确定也不能显而
易见地详细说明哪个个体声称被认识，无论何时、无论何地以及无
论何处，它可能被声称认识它的无论何人所认识。因此，我们的个
体感知对象的知识既不是直接的也不是非概念的。

在"感性确定性"篇的结尾处，黑格尔提出了他的主要观点。
直接知识的辩护者们谈道：

> 外在对象的存在，可以仍然更精确地被规定为现实的、绝
> 对个体的、完全个人的、个别事物，任何一个对象都没有一个
> 精确的副本……（PS 69.35-70.1/M 66）

黑格尔注意到，诸如此类的谈论不可能详细说明任何具体的
特殊物，因为这些术语同样描述任何和每一个特殊物。以清晰的描
述论证如此模糊不清的术语，无论多么详细，都不可能解决这个问
题。不管多么详细，任何描述本身都无法确定，是否没有相应的个
体存在，还是只有这样的唯一个体存在，或者不只一种个体存在。
这同样是世界内容的一种功能。因此，要认识任何一种特殊物都要
求描述以及在时间和空间中定位它。只有通过实物的指示，我们才

能把在描述中使用的意谓归因于任何一个假定定位了的和已知的特殊。因此，黑格尔表明，对任何时间-空间的特殊的单一感性指称都要求述谓，并且述谓要求单一的感性呈现。只有通过述谓，任何人才可以详细说明（甚至是粗略地）被人们声称所指示的对象所占据的相关时空领域（假定地）。只有以此方式，我们才可以确定，为了把握这一个（意指的、实物所指的）个体，要指示哪个时空领域。[20] 以此，黑格尔阐明了，"述谓的这个'是'"区别于"同一性的这个'是'"，并且，甚至是在我们的感知特殊的知识之最简单的情形中，述谓也是根本性的。

3.3 黑格尔分析的反怀疑主义和本体论意蕴

黑格尔的语义学有一种重要的本体论意蕴。皮浪的一个主要比喻是，我们不能认识实在，因为我们经验到的一切都是变动的，都是可变的、相对的以及短暂的。这个推论假定了巴门尼德的真理和存在概念，根据巴门尼德，事物是"真的"，只有它是永恒的、不变动的、独立的（非相对的），以及因此是可靠的以及值得信赖的。如果这样，我们可能就没有真理的知识，因为我们经验到的每一事物都是短暂的。黑格尔的语义学关键在于，任何概念只有指称特殊物，才能起到合法的认知作用。这适用于"存在"这个概念（*PS* 65.1-19/M 60）。然而，因为特殊物以及我们对它们的经验是可变的以及短暂的，巴门尼德的真理和存在概念就没有合法的认知运用。要假定它具有合法的认知运用，就要遭受认知上的超验幻象。这个关键点具有重要的本体论意蕴，因为它部分地关注我们可能合法地构想人类知识和经验的对象。这些意蕴对于黑格尔接下来对怀疑主义的批判非常重要，也对"力与知性"很重要（下面，§5）。[21]

4. 知觉

4.1 黑格尔在"知觉"中的问题以及目标

在"知觉"章中，黑格尔照面了现代人的"观念的新方式"以及传统的感性数据的一个核心问题：我们如何能够在众多感性属性之中知觉任何一种统一的对象？黑格尔寻求显示三个要点：（1）指示术语和观察术语对于人类的世界知识是不够的，也要求先天的"可知觉事物"和"力"的实体性概念的合法运用；（2）"事物/属性"的这种关系不可能被定义、替换、还原为"一/多""整体/部分"、集合关系或者组成部分/产品的这些关系，或者被这些关系所取代；（3）可知觉事物之同一性的这个先天概念整合了两种对立的定量次级概念"一"和"多"。这就是黑格尔予以对立于表象（Vorstellungen）的真正概念的特征，也就是说，对立于普遍物，它们缺少这种相互对立的次级概念的内在统一。黑格尔把表象与"抽象、有限的知性"结合在一起，而概念与"具体的、无限的理性"结合在一起。任何一种表象都是"受限制的"或者有限的，因为它被其未承认的对立面所限定——并且它的运用是不可分离的形式。知性的表象运用是受限制的或者"有限的"，因为它对任何一种表象的运用都要求隐性地要求依赖其相反的情形。相反，概念融合了两种相互对立的次级概念，因此，它们以此方式是不受限制的。因此理性的概念运用是不受限制的或者"无限的"，因为概念把握了它认识的东西的对立面，因此概念真正地认识它们。[22]

黑格尔在"知觉"章中批判的主要目标是休谟对"身体"的分析，也就是说，我们对于物理对象的概念和知觉知识以及它们的同一性（*Treatise* 1.4.2-3）。休谟在我们相信的物理对象中辨别出"矛盾"，这与黑格尔在知觉中辨别出的矛盾是一致的。休谟无法解释我们的"物理对象"的概念符合于他自己的概念经验论，而表明我们的可知觉事物的统一性概念是先天的，黑格尔的分析利用了休谟的失败。

4.2 作为一种意识形式的知觉

一旦感性确定性表明，我们使用的标记-索引性的术语要求使用普遍的概念（"空间""诸空间""时间""诸时间""我""事物"以及"个别化"），那么任何类型的描述性概念都可以被纳入任何相关的人类认识论之中。因此，知觉通过以意谓来描述对象以及以标记的-指示的术语来指示对象，而声称认识可知觉的对象。[23] 这包括，"我"指示一个人类认知的主体，"对象"指示被认识的东西（*PS* 71.5-8/M 67），以及包括诸意谓。一个普遍的东西可以不同地被实例化，虽然它不能被任何一种实例辨别，也不能被任何一系列的实例辨别，并且，它相反于其他如此之类的普遍物以及它们的实例（*PS* 65.11-13/M 60）。知觉是感性确定性的合适的和必然的继任者，因为它的认识原则承认如此之类的普遍物的使用，虽然仅仅是如此之类的普遍物，以此认识特殊的可知觉的对象（*PS* 71.8-11, cf63.4-5/M 67, cf. 58）。黑格尔对"普遍"的注解与休谟的相仿（ *Treatise*, 1.1.7.18 ）。

黑格尔注意到，这个被感知的对象本身在这个意义上是一个普遍物，因为这个对象结合了其"环节"，其可知觉的质，以成为一个统一体。这个对象仅仅存在于其质中，以及通过其质而存在，虽然它不能以其质来辨别或者还原为质。知觉本身算作普遍，因为它差异于、区别于这个对象的这些"环节"，并且它也把它们把握到一起（*PS* 71.14-16/M 67）。知觉认为自身是非本质的，对象是本质的（*PS* 71.22-25/M 67）。像感性确定性，知觉的意识开始于对实在论的承认。

黑格尔注意到感性确定性与知觉之间的对立：

11

　　　　感性本身在［知觉中］仍然出现，但是不是作为它应该在
　　直接确定性中出现的样子，如个体所意谓的，而是，相反，作
　　为普遍的东西，或者作为那种将确定自身为一种属性的东西。
　　（ *PS* 72.3-6/M 68 ）

　　最初，事物的可感属性还并不算作属性。[24] 这个限定标示了一
个关键的问题，各种属性并不是事物的部分或者构成成分。为了理
解一个可感的对象，我们需要的不仅仅是描述性的概念和仅仅定量
的概念或者指示。

　　被感知的质之对应物就是"物性"（ *PS* 72.23/M 68 ），即知觉
对其对象的概念。这些概念的一个实例，也就是，一个对象，构成
一个"媒介"，在这一媒介中，感知质的各种不同的实例出现。到
此为止，这个对象就是一个时间和空间的领域，在这个领域范围
内，多样的可感知的质的实例出现了（ *PS* 72.22-26/M 68 ）。

　　黑格尔用许多属性描述一个事物似乎不太充分。这是他的核
心：一个可感知事物和我们对它的知觉知识的进一步条件或者前提
究竟是什么？黑格尔起初的描述符合现代对实体概念的解说。类似
于笛卡尔的蜡块，黑格尔考虑了盐：

　　　　这里的这点盐是一个简单物，然而它也是杂多。它是白
　　的，也是尖利的，也是立方体性状，也有确定的重量等等。
　　（ *PS* 72.26-28/M 68 ）

　　这个被知觉的事物具有三个方面：（1）这个"也"或者这个
"冷漠的被动媒介"，在这种媒介中，物的各种可感觉的质出现了。
这个"物性"的被动性和冷漠性暂时暗示了因果关系在可知觉事物
的同一性中起到作用。这个被动性标志着黑格尔还原论证的一个假

设。（2）这些聚集在事物中的"属性"，更确切地说，是"物质"。这些"物质"是确定的材料，类似于当代物理学的"热物质"或者"磁性物质"。这个类比表明，知觉意识如何把一个事物的质视为独立的构成部分。称它们为"物质"，强调的是，作为一个事物的构成部分，普遍质的这些被知觉的实例也并不适合于这个被知觉的事物。（3）这个事物作为一个个体的"统一体"，区别于其他事物，并且将它们排除在其领域之外（*PS* 73.19-26/M 69）。

如果意识把它的对象构想为刚才详细说明意义上的一个"物"。然而，这种概念并不解释对象的这三个方面如何相关的，尤其是在知觉的经验中。知觉意识到任一知觉之可能对象的多样属性，并且承认，它一定恰当地把一个对象的这些不同的质结合起来。相应地，它视这个对象为"自我同一的"，并且承认，在理解它时，它可能不恰当地把一个对象的各种不同质结合起来（*PS* 74.1-11/M 70）。

承认这点就意味着，所谓知觉的被动性是站不住脚的，并且也意味着，上面提到的问题是：我们如何能够把一组感觉的质结合到某一个对象的知觉中？这个对象的概念对于如此的结合要求的是什么？知觉意识到欺骗的可能性。相应地，它使用"自我同一性"，以之为其真理的标准。为了获得其对象的真理知识，知觉必须保存这个事物的"自我同一性"，同时理解其各种不同的质。缺少自我同一性就表明是错误的。

最初，知觉的意识只具有"统一"（数字的同一）以及"多样"（数字）的概念，以构想可知觉事物的同一。黑格尔认为，"同一"只能意味着"数字的同一"（"一以及等同于"或者"="）。他的目的是要表明，数字同一的概念，在结合一个具有多样特征的单一事物的整体概念时，仅仅提供可知觉事物之同一的一个站得住脚的概念。事物之如此之类的整体概念最初并不被知觉意识所承认。没有消除其公开的认知被动性以及其概念经验主义，它不可能承认这点。

4.3 知觉自我考察的三个阶段

"知觉"章还可划分为五个部分：导论（1—6 段），三个分析阶段（阶段 I：7—8 段，阶段 II：9—12 段，阶段 III：13—18 段），以及一个总结和结论（19—21 段）。[25]

在第一阶段，知觉开始于休谟的一个观念："我接受的对象呈现自身为纯粹的一。"（PS 74.15-16/M 70; cf. Treatise, 1.4.2.26）然而，知觉也意识到这个事物的许多可感知的质（或者假定的属性）的多样性。黑格尔的目的是要展现，它失败于整合其对象的三个方面（上面提到的），这如何导致知觉使用其统一于多样的概念去具体化这个事物的质成为仅仅考虑它们纯然的数字的多样。因此，知觉被其自己的原则和标准导进错误和欺骗（Täuschung）之中。黑格尔在次级标题"知觉""或者物与欺骗"章节中提到了这个欺骗，这个欺骗就是：根据知觉与其对象的现代哲学观念，我们通过相信我们完全可知觉物理对象而欺骗我们自己，这完全就是休谟的结论。这并不是关于知觉的间接的、表征主义的理论的一个问题，而是指潜伏在感性观念和感性数据理念的现代观念的核心中的一个问题：如果我们直接感觉到的一切都是各种不同的感性的质，我们究竟如何能够确定任何一个物理对象呢？

因为知觉缺少"物理对象"的一致性概念，它混淆了一个物理对象的同一与纯粹量的统一。因此，知觉致力于把"事物 / 属性"的关系还原为"一 / 多"（或者"整体 / 部分"）的关系。知觉概念的这种不充分性直接出现在它自我考察的第一阶段：在试图知觉一个事物时，知觉被其严格的量的统一概念所主导，以区别事物各种不同的感知的质，相应地，确定每一质以之为一个（统一）可知觉的对象。因此，知觉认为这个假定的事物仅仅是一个"媒介"，在这一媒介中，它的各种不同的（假定的）属性出现了（PS 74.34, cf. 72.17-26/M 74, cf. 68）。这无法理解这个被知觉的事物的统一，因此，这个可知觉的事物不可能被恰当地设想为其属性的一个"媒介"。因此，知觉无法在其（所谓的）多样性的属性中感知任何一个事物。

很显然，某个方面出了很严重的问题。黑格尔的核心是要在知觉中显明这点。补救措施在于接受洛克的观点，即一个事物的每种可感觉的质，都通过我们各种不同的感官通道进入我们的心灵，作为一种完全独立的、简单的、纯粹的以及特殊的感觉观念（Essay 2.2.1，*PS* 75.35-39/M 72），在休谟解说的简单感觉印象中也可发现这一观点。因此，知觉改善了其知觉的概念，因此，通过承认知觉涉及某种精神的过程而消除了知觉的完全被动性的信念。

这些修正是知觉维系其对被知觉对象最初概念的第二策略的核心。在第二阶段，知觉划分了事物统一性与多样性的轨迹。最初，它认为被知觉的事物是统一的，但是，现在它把被感知的多样性的质归因于其自身各种不同的感官通道。相应地，知觉担负起"普遍媒介"的作用，在这个"普遍媒介"中，没知觉的质的多元性出现了，因此，保留了知觉的概念即被知觉的事物是统一的（*PS* 75.29-76/M 72-3）。

现在，问题是，任何可知觉的事物仅仅是某一个独特的和确定的事物，因为它具有多样化的确定特征，以区别于其他事物（已经确定它占据的领域）。因此，它自身承担着事物属性的多样性就违背了知觉的最初论点，即它知觉着确定的、可辨别的、相互不同的个别的事物（*PS* 76.4-23/M 72-3）。要纠正这个错误，知觉把单一性归于这个被知觉的事物，不是以之为一个没有差异的统一，而是以之为一种时-空的领域，在这一领域中，"自由物质"（在当代的术语中，"比喻"）的多元性出现了。这些对知觉观点的修正重点强调了它深思熟虑的、反思性的以及因此积极主动的特征。它们也表明，知觉从而把统一归因于事物，而把质的多元性归因于自身，然后，反过来，把统一归因于自身，把质的多元性归因于被知觉的事物。因此，知觉通过它的经验而意识到，被知觉的事物呈现自身为具有多元性特征的统一事物。相应地，知觉必须涉及一条路径以把这两个方面都归因于它知觉的这个事物上（PS 76.24-39/M 73-4）。

在第三阶段，知觉把统一和多元性的特征都归因于这个被知觉的对象上，同时，通过隔离统一性与多元性而避免它们之间的矛盾。具体这么做，通过把事物特征的多元性归因于它与其他事物之间的关系上（相同与相异），同时，在这个事物与其他事物的隔离中，把统一归因于这个事物（PS 77.13-32/M 74-7）。解决事物的统一性与多元性之间的这个矛盾，要求给予统一的、自我同一的事物这个两个方面其中之一以优先性。因此，知觉假定事物的统一是本质的，而认为其多元的特征的是非本质的（PS 77.33-78.13/M 75）。[26]

这个策略是失败的，因为重点强调任何一个被知觉事物的全然统一，无法把握任何一个如此之类的事物，因为任何一个被知觉的事物本质上都是一个统一的个体。这个策略把可知觉的事物的概念还原为纯粹的"物性"。任何可知觉的事物都仅仅因其特殊的特征（仅凭借这些特征，我们可以指出它占据的领域）而被知觉、被经验已经确定为一个特殊的个体。因此，知觉在被知觉事物的本质的统一性和其特征的非本质的多元性之间做出的这个区分证明仅仅是名义上的，而不是真实的（PS 78.14-79.2/M 75-6）。

黑格尔总结，可知觉事物的这种同一性概念要求内部复杂的事物的整体概念，它整合了量上的次级概念"统一"与"多元"。黑格尔阐明，没有事物的多元性就不可能理解事物的统一性，没有事物的统一性也不可能理解事物属性的多元性。

这就提供了黑格尔的下述主张的基本观点，他的主张是，可知觉事物的同一性概念包含了一个客观上有效的矛盾。米歇尔·沃尔夫（Michael Wolff）已经表明，黑格尔的"辩证的"矛盾观既不否认也不违背非矛盾律。相反，黑格尔认为，某些重要的真理只能（或者至少可以最好）通过使用一种形式上的矛盾而得以表达。[27] 照目前这个情况，它可以表明——如休谟所做的，作为一位概念经验主义者——这两个量上的片面概念包含在可知觉事物的同一性概念中，也就是说，彼此矛盾的同一性和多元性。在可知觉的事物和事物 / 属性关系的情形中，情况并非如此。相反，任何可知觉事物的两个方面都是相互依赖的。没有事物属性的多元性就没有统一的可知觉的事物，以及，相反，没有它们限定的统一事物就没有属性。黑格尔的核心点可以使用一种双向的陈述来表达：当且仅当某物统一了属性的多元性，它才是一个可知觉的事物——以及，反之，当且仅当多元之质被统一到某个可知觉的事物中时，它们才是属性。可知觉事物的充分概念整合了两个量的对立的次级概念"统一"与"多元"。仅当可知觉事物具有一个整体概念时，人们才可以把握它们的同一性。[28]

接下来，关于认知中涉及的活动有两个重要的、相关联的核心点。第一，仅当我们整合在我们之中产生的各种不同的感觉时，我们才可以知觉事物。这是在我们这方面而言的认知活动。第二，要求整合感觉或者知觉的可知觉事物的同一性概念是先天的，因为它不可能根据概念经验主义来定义或者派生。

4.4 绑定问题

黑格尔对可知觉事物的同一性概念的核心关切在哲学上具有重要意义。什么把任何一组感觉统一为任何一个对象的一种知觉的这个问题，出现在每一种感觉模式中，以及在我们的诸多感觉模式中。它同时性地出现在对一个对象的任何瞬间的知觉中，也历时性地作为整合相继感觉或者对相同对象的知觉的一个问题。这些问题在理智层面上重复出现：我们如何可能，通过感知一个和同一个对象的丁点信息，辨识出丁点不同的感觉信息，无论是在任何时刻或者任何时间段内？这些有关感觉的问题蛰伏在现代"观念的新方式"的核心中，以及在感觉数据的传统之中，虽然它们仅仅被三位现代哲学家休谟、康德和黑格尔所承认。它们已经被未经批判的诉求我们"注意"的东西所广泛掩盖。这些有关感觉的问题今天重新出现在知觉的神经生理学中，作为一系列问题的版本，现在被称为"绑定问题"，它仅仅在近期才得到认识论者们的关注。[29]

5. 力与知性

5.1 黑格尔在"力与知性"中的本体论革命

黑格尔的第三章"力与知性"出了名的晦涩难懂。黑格尔辨别出传统实体概念中的一个至关重要的混淆，从希腊人直到康德都未引起争议的混淆，即混淆了"内在的"（或者"内部的"）这个术语的两种意思，它被用来描述个体实体的各种属性。在一种意义上，一个特征如果对一个实体是本质性的，那么它就是"内在的"。在另一种意义上，"内在的"对立于"关系性的"。在这个意义上，一个"内在的"特征仅仅包含在个体实体之内的，它是非关系性的。混淆"内在的"这两种意思就产生了这一标准假设，即关系性的属性对于个体实体不可能是本质性的——西方哲学（广泛地）"原子主义"倾向的原因，也即个体在本体论上是基础，同时，关系是派生的，因为它们取决于个体，因此个体并不取决于它们的关系。

黑格尔在"力与知性"章中的核心论点有这些：

1. 力对于物质是本质性的，以及因此对于个体的物理实体是本质性的。

2. 力在本质上是相互的关系，（i）个体的物理实体之构成要素之间的关系，以及（ii）相互作用的个体的物理实体之间的关系。

3.（1）和（2.ii）已经被牛顿的万有引力经验地证明。

4. 传统的本体论假设即关系性的特征对于个体实体不可能是本质性的，阻挠了我们对因果必然性的理解，它使得构想（1）和（2.ii）的异质性成为不可能。

5. 因果必然性可以被恰当地理解，只要拒斥传统上对"内在的"两种意思的混淆，以致我们可以承认，关系性的特征对于个体实体可以是本质性的。

6.（1）以及（2.ii）[以及因此（3）和（4）也]可以通过哲学的论证，以"力和知性"章中尝试的方式，被证明。

论点（1）是来自康德的，虽然黑格尔辨别出康德证明的关键缺陷，并且试图更合理地辩护它。黑格尔如此辩护论点（2.ii），他论证，唯有因果性的力和"原因"概念能够使得我们在任何一个可知觉事物多样性属性中理解它的同一性。论点（2.ii）表明黑格尔试图在哲学上重新分析和辩护康德的论点，即所有因果性行为（在空间和时间内）都是因果性的相互作用。人们可以把作为关系的"力"（forces）与产生它们的"力量"（powers）区别开来。黑格尔论证，这种区分是名义上的，不是实在的，并且是误导性解释的一个极好来源。非常简单，黑格尔声称，各种倾向不可能是单子的各种属性，因为各种倾向部分地受到各种引发条件决定（大致是，引发的原因），这些条件属于其他对象或者事件的倾向。黑格尔也声称，把倾向当作单子的属性取决于混淆他所区分的两种意思的"内在"。

5.2 对论点（1）和（2.ii）的牛顿式证明

黑格尔的第三个论点令人吃惊，经验主义老生常谈的是，有关本质的各种主张都不可能得到经验方法的辩护。更让人吃惊的是，黑格尔主张，牛顿提出的方法辩护了关于经验性本质的某些主张（牛顿没有使用"经验性本质"这个术语）。更令人吃惊的还有，黑格尔对牛顿方法的理解比经验主义者们的理解更好，并且赞赏这些令人吃惊的和重要的结果。[30] 这是一个复杂的问题，幸好，可以化繁为简，只需考虑牛顿同罗伯特·胡克（Robert Hooke）和克里斯蒂安·惠更斯（Christiaan Huygens）争辩颜色及其恰当的科学研究。

胡克（Hooke 1667, 49-56，尤其是 54 页）明确地辩护了笛卡尔的光理论，以之反对牛顿的理论。克里斯蒂安·惠更斯（Anon 1673）参照了胡克的研究，同样批判了牛顿的颜色理论，并论证黄色和蓝色是两种基础性的颜色。他指责，牛顿哲学性的解说只是分析了光的"偶然性"，虽然是"相当重要的"分析，尽管如此，以牛顿理论要求的方式，折射性在量上并不一致。

牛顿（Newton 1673）回应，显现为白色的光，可能是被各种不同颜色的光结合产生的，以致各种白色的光可能有各种不同的构成部分（Newton 1673, 6088-89）。另外，事实是，任何两种颜色的光的结合显现为白色，不可能就证明，任何一对颜色就是独一无二的"原始的"颜色，所有其他的颜色都是由它们构成（Newton 1673, 6089）。然后，牛顿概括性地陈述了他探究光的颜色的方法（Newton 1673, 6090-91）。这个陈述对于当前的主题非常具有启发性。牛顿首先根据光相等的折射性定义了"同质性的"光，并且根据光线的不相等的折射性定义了"异质性的"光。然后，他声称发现了各种光线仅仅在它们的折射性、反射性和颜色上是不同的，以及发现，在任何一个方面相同的任何两种光源在其他两个方面也相同。牛顿避免使用形而上学术语以及诸如"本质"与"偶然性"之间区分，虽然他明确地以精确测量折射和反射之量的术语来定义光的颜色的同质性。卡西尔（Cassirer 1971, 2:407）遵从布洛赫（Bloch 1908, 353-6, 451-2），指出牛顿的观点关注了光的"物理本质"。[31] 牛顿避免此类术语。然而，牛顿对其方法的简短陈述清楚地指出，只有光的性质或者特性属于科学探究和理解，这些是完全可以量化的，并且他批判惠更斯的方法是"不切实际的"，因为测量这些量的任务是非常困难的（Newton 1673, 6091）。如布洛赫注意到的，在《光学》的第 31 个疑问中，牛顿重申了这些量化的方法以及它们对分析光的运用。[32]

初看起来，胡克和惠更斯对牛顿颜色理论的回应，以及牛顿对他们的回应，看上去都是在反对对立观点时不断重申他们对自己观点的坚持，因为他们不赞同，是否或者如何量化物理探究，以及是否仅仅算作为物理科学仅提供精确量化的一种探究。因此，这个科学上的异议，可能也显示为，不可避免的循环论证（petitio principii）的另一个实例，因为根本上不赞同相关的辩护标准，如在黑格尔的导论中被讨论的。这个辩护标准的问题在牛顿哲学化的第四定律中有所显现：

> 在实验哲学中，通过归纳从现象中获取的诸命题，应该更精确地被考虑，或者非常接近正确的，尽管有些相反的假设存在，知道其他现象也做出如此之类的命题，或者更精确或者有例外存在。（Newton 1999, 796）

牛顿补充："这个定律应该被遵循，以致以归纳法为基础的论证不可能被假设所否定"（Newton 1999, 796）。哈珀（Harper）（随即）表明，牛顿的第四定律是反笛卡尔主义的，因为它排除了科学上不合法，仅仅逻辑上可能的替代"假设"，因为它要求，任何真正科学竞争的假设，不仅仅具有经验的证据，而且有充分的证据和精确性，以使得公认的科学假设"更加精确"，或者通过阐述现实的"例外"来限定或者限制它。牛顿的第四定律，因此，拒绝了科学的演绎主义的论证理想，并且它仅仅是逻辑上的可能性，是陈述一个科学假设之命题的充分基础，或者是陈述科学上合法反对一个假设之命题的充分基础。

反笛卡尔主义的牛顿第四定律，可能看上去仅仅是否认理性主义，并且支持自然科学的经验主义。一般而言，经验主义者们倾向于认为物理理论涉及的仅仅是最大化的精确测量，以及精确地公式化地数学式描述自然科学，虽然不承认任何产生被测量规律之任何特殊的因果性本体论。甚至，非经验主义者恩斯特·卡西尔（Ernst Cassirer）都以这种方式误解了约翰·凯尔（John Keill）的牛顿方法。[33]

18　　然而，哈珀表明，这个紧缩式的观点严重误解了牛顿的方法和成就。牛顿设计了分析的方法，这个方法即把行星运动的现象运用到越来越精确地测量每个行星产生的引力的强度。这个越来越高精确性源自重复使用解释性资源以逐步地排除最初近似使用的各种理想化。牛顿理论充分性的标准要求在准确性上不断地增加，超过了当前科学哲学家们之间的其他的理论充分性解释的要求。有意义的是，牛顿的理论充分标准适用于从牛顿力学到爱因斯坦力学的转换。这仅仅是关于牛顿引力理论的目标和方法的最简单不过的说法而言，需要大部头的著作来解释［例如，哈珀的《力之旅》(tour de force)］。

在"力与知性"中，黑格尔论证，牛顿的引力理论，基于分析（计算）而得到修正，它提供了独一无二的和充分的基础，因为它把重力作为物质的基本特征。[34] 在这个方面，黑格尔认为，自然科学可以辨识出自然对象和事件的本质，总而言之，这些本质是物理或者物质的或者自然的，而不是超自然的或者形而上学的。在这个方面，黑格尔的论证代表了牛顿，例如，在与胡克和惠更斯关于颜色及其科学探究的争辩中。黑格尔是这样做的，他把牛顿第四定律的一种重要结果运用到他在"感性确定性"中辩护的认知指称的语义学上，从而辩护了这个定律。

5.3 黑格尔对牛顿第四定律的语义学支持

康德对前批判的形而上学的拒斥根植于他的认知语义学。康德认知语义学认为，先天的概念可以对它们自身具有内容和意义，而且也要求，对任何使用先天概念的命题或者判断的规定的、真正的认知内容，要求意义的另一构成部分，这个构成部分通过把那些命题或者判断指称空间-时间确定的（定位的）特殊而得以提供。指称特殊的语义学要求，因此，就获得了把我们的认知主张限制到我们可以经验的领域的这个经验主义目标上。同时废弃站不住脚的意义的证实理论。

黑格尔承认，康德认知指称的语义学也对于由经验概念构想的判断或者命题具有重要的意蕴：要具有规定性的和认知上合法的意义，它们也要求指称空间-实践确定的（定位的）特殊。可不是！直接的意蕴是，一种自然-科学的理论或假设的纯粹逻辑一致性的假定替代方案，对于它的认知合法性并不足够！要在认知上合法，一种替代方案必须也指称（以及不纯粹是"原则上可指称的"）空间—时间确定的（定位的）特殊。黑格尔的认知语义学，因此，排除了经验辩护的科学的演绎主义模式，以及因此排除了纯粹逻辑的可能性，以之为经验的——或者哲学的——主张的反例。

黑格尔的倾向牛顿的认知语义学，对于理解"力与知性"中一个最重要的和费解的陈述非常重要。黑格尔承认，牛顿的理论提供了充分的根据，因为它把重力直接归于物质，物质在下述这种意义上"在本质上是重的"，因为物质体朝向——它们受重力作用——另一方（*Enc.* §§262, 269）。就逻辑的或者形而上学的必然性而言，自然现象都可以实例化为任何一种数学函数，不同场合下的不同数学函数，或者根本就没有这类的函数。然而，事实是，一种自然现象规律地展现为一种精确的数学函数表明，没有其他任何可能，在那种现象中的某种东西符合于数学函数而被构造。这个

"某种东西"就是现象的因果性结构，基本的因果性力量或者倾向的结构，产生了相关的现象。一个共同的普遍法则（不仅仅是一个共同的数学函数）带出各种不同的具体现象，根据共同的解释性因素（例如重力）而被构想表明，这些现象是相互关联的，它们不是相互独立的、自足的对象或者事件（PS 92.23-26/M 91-2）。因此，"像关系的法则"和"力"的概念要求相互定义的要素，这些因素使得现象可以得到分析（PS 93.7-94.28/M 92-4）。总而言之：

> 力的构成完全像法则那样。（PS 95.12-13/M 95，着重部分原文所有）

这个陈述表明，黑格尔的关注显示，充分的科学解释，对规定自然对象和事件的本质性和本质上因果性的特征，提供了充分的基础。理解它们的本质性特征就提供了解释性的洞见。[35]

对这个主张的标准反对在于，这些"潜在的"因果性因素导致的任何自然规律，不管是完全被测量的和数学式被描述的，都可能是非常不同的被构造的，而不是我们构思的自然法则所陈述或者表明。这就是笛卡尔主义所说的，纯粹而简单！是的，在自然法则的任何陈述和产生这种陈述指定的规律的任何东西之间存在一种"逻辑的"鸿沟。然而，这个逻辑鸿沟并不一定就造成，有充分根据的因果法则和产生那种法则描述的规律的自然现象之因果结构之间的一种认知鸿沟。要认为一种"逻辑的"鸿沟一定造成未加批判的认知鸿沟，就要预先假定，前牛顿的、笛卡尔式的科学辩护的演绎主义理想。相反，我们的最佳辩护的因果性法则与自然现象的现实因果性结构之间的任何差异，只有通过进一步的科学探究才可能发现。经验主义哲学家们对演绎主义的挑剔在于，黑格尔的反笛卡尔主义的认知语义学所表明的，即先验思辨认识的空洞性。

5.4　黑格尔对他的认知语义学的先验支持

这些结果给黑格尔的认知语义学带来了相当大的证明负担。　20
"感性确定性"给黑格尔的认识语义学提供了强有力的、合理的辩
护——我在其他地方已经论证了。黑格尔的《精神现象学》也声称
提供了真正地先验的实在论证明以支持他的认知语义学。到 1802
年，黑格尔意识到，康德先验观念论遭受到内部的批判，这表明，
真正地先验证明不需要先验观念论，并且，一个如此之类的证据阐
明了心灵内容的外在主义，即这个论点，至少某些我们的"心灵
的"内容，根据外在于心灵的对象或者事件，才可能得到规定和理
解。事实上，黑格尔论证，我们人类不可能是自我意识的，以及不
可能意识得到任何"心灵的"内容，除非我们意识得到以及至少确
定我们周围的对象或者事件的某些特征，这些周围的对象或者事件
无视我们所说、所想的或者对它们所相信的。[36] 黑格尔在撰写《精
神现象学》之前，就对此有所发现，并把它们融入该书中。

非常简单，黑格尔在前三章即"意识"中的目标就是，证明我
们可以意识得到我们周围世界中的对象，只要我们是自我意识的。
在接下来的主要部分"自我意识"中，黑格尔的目标是要证明，我
们可以是自我意识的，只要我们意识得到我们周围世界的对象。以
这个方式，黑格尔《精神现象学》的目标是要重建康德的"观念论
的驳斥"的这个结论，不过黑格尔没有诉求先验观念论。如果黑格
尔可以确定这些主张，那么这些主张提供的真正地先验实在论证
明，也支持他的认知语义学，这是我规定任何特殊的意识所必要
的。牛顿第四定律的意蕴就在于，黑格尔的认知语义学支配着任何
所谓的缺少合法认知界限的支持证据的假设，因此也是科学界限。
通过确定实证的经验支持对于任何规定的、认知的重要假设是必要
的，黑格尔的认知语义学，从牛顿的第四定律中，卸下了大量的论
证重担，这（鉴于黑格尔的认知语义学）就非常合理的要求，要成

为一个合法的反-假设，一个假设必须具有充分的经验支持，以呈现一个已建立的假设，或者"更为精确的"或者通过确定这个假设的"例外"而限制其范围。[37]

5.5 概述"力与知性"

"力与知性"是很别扭的，虽然它也有一个导论（1—4段），三个分析阶段（I: 5—10段，II: 11—17段，III: 18—30段），以及结论（32—34段）。[38] 知觉的三个阶段寻求使得事物的统一孤立于其特性的多元性，它把它们具体化为不同的、相互独立的可知觉事物的诸方面而进行的。而知性的所有三个阶段也寻求孤立各种因果性关系的关系项，它把它们具体化为不同的、相互独立的实体。

"知觉"章的结尾处，知觉，通过发展和使用一种无条件的普遍概念，也就是一个整合两个对立的次级概念的概念，而成为"知觉性的知性"（ PS 79.24/M 77 ）。知性（作为意识的一种形式）所面临的主要问题是，它无法把握，事物的统一性是如何与多元性的属性相结合的（ PS 83.4-6/M 80 ）。在第一阶段，对这个问题的一般解决，就是要引入力的概念。这么做的保证在于，通过任何一个可知觉事物与其多元性的属性之间的互惠关系，以及通过这些互惠关系如何在被知觉的诸特殊之间的关系中显现的（ PS 83.31-85.8/M 81-3 ）。知性区分了"压制的"和"表现的"（或者潜在的和现实的）力，并且把潜在的力归于相互独立的特殊。这就引起了力的实体性观念（而不是关系性的），这包含在内在于前牛顿的因果性机械模式中的不对称的或者单向的力的概念（ PS 85.9-13/M 83 ）。因此，在（所谓的）"实在的"潜在的力及其现实化地显现的现象之间获得这种严格对立，就要求，任何个别的力都被其他的、介入的对象所引发而表现自身，这些对象"引诱"那种力活动起来（ PS 85.9-30/M 83 ）。

"引诱"（solicitation）这个术语被莱布尼茨和康德在它们的力学理论中使用。然而，黑格尔批判的靶子是，赫尔德（Herder）对他们观点的看法。赫尔德拥护这个论点，即"诸事物"是我们感性经验的未被感觉的原因。这一观念在普罗泰戈拉、皮浪、塞克斯都·恩披里克、洛克、康德中被发现，以及在普特南论证的"内在实在论"中也被发现。[39] 赫尔德寻求辩护这个论点，或者至少寻求通过拥护科学，通过具体化因果性相互作用的这些方面成为不同的介入式实体而使得他的论点牢不可破，以致（据称）我们只能观察任何实在力的显现，虽然我们不可能确定它的场所或者它真正的、内在的特征。赫尔德的反科学主义的怀疑主义乐于接受设定引诱力所产生的明显的无穷后退，这种力本身就要求也被其他的引诱力所引诱，以致无穷。

简言之，黑格尔对立的分析回应了这个观点，他表明，引入具体化的"引诱"（可以说）无法避免力—相互作用的原始关系，据称要替代这种关系。相反，每个"引诱——事件"（可以说）要求两个特殊之间因果性的相互作用（也就是，因果关系），包括假设的"引诱"。因此，通过引入"引诱"，增加特殊以避免分析因果性相互作用，无法与因果性相互作用的原始现象达成一致，这个反对的线索预先假定而不是排除这种相互作用。这种排除特殊之间的基本因果性相互作用的失败突出强调，力本质上是由因果性的相互作用构成。因果性的相互作用涉及（大体上）两个或者更多的特殊引发每一个他者潜在的（倾向）积极地显现自身。这就要求，每一个特殊都是同一的，以及产生多元性的积极的、偶发的、关系性的性质（*PS* 86.12-87.8/M 84-5）。黑格尔暂时的结果是，力仅仅在诸多特殊之间的因果性相互作用中是现实的。对它们自身来说，倾向同样仅仅是潜在的力。要把它们当作"潜在的力"是毫无根据的解释（*PS* 87.9-39/M 85-6）。

还不需要准备去承认黑格尔临时的结论，在第二阶段（12—

18 段），知性把统一的、内在的力——中心归于超验的领域，并且把它们杂多的显现归于现象的领域（*PS* 88.1-89.3/M 86-8）。这就普遍化了赫尔德的观点。对象"自在的"是超验的，"自我的"则仅仅是其（所谓的因果性的）显现。虽然，很明显暗指康德的"自在之物"，黑格尔的目标是要表明，不区分"自为的"事物和自在之物有助于理解力，不管这个区分是经验地获得还是先验地获得。

因此，现象的领域就介入于我们与自在之物之间，现象是它们对我们的唯一影响，它们提供给我们唯一通达实在的，是超验的对象（*PS* 89.4-15/M 87-8）。黑格尔首先指出，这个超验的领域是我们自己的投射。在它与现象之间的这种对立是以如此方式造成的，即原则上，现象可能对归于（所谓的）超验对象之特征的任何规定都无法提供基础。因此，我们彻底地无视超验实体对如此之类的实体并没有表明什么，也不表明人类认知的限制，而仅仅表明，现象与超验的东西之间的这个区分已经被它的拥护者们设计出来了（*PS* 89.16-90.7/M 88-9）。因此，广泛地（不管是经验地还是先验地）区分现象领域与自在之物的领域对于理解显明的因果性相互作用一点帮助都没有。其次，黑格尔指出，对于假定存在一个超验的领域，或者它以一种方式而不是另一方式被描述，我们唯一可能的基础就是现象的领域。然而，它们之间的这个区分被设计出来，阻碍了从现象到超验东西的任何规定性的推论。

要补救这个境况，在第三阶段（19—31 段），知性以"力的法则"形式抓住了因果性力的规定性具体样式（*PS* 90.32-91.26/M 89-91）。现在，因果性法则为知性提供了规定性内容，它在和平的超验领域中设定这些法则，相反于被这些法则支配的诸现象之间的不停地变化（*PS* 91.27-30/M 90-1）。以这种方式区分因果性法则的超验领域与自然中显现的无休止变化这个问题是，现象本质上是因果性法则的具体显现，因为任何因果性法则在不同条件下都不同地显现自身（*PS* 91.33-35/M 91），现在，被称为引发性条件。要适应这些条件，就要增加特殊的因果性法则，然后，必须解释性地被整合在更普遍的法则之下，例如牛顿的万有引力定律（ *PS* 92.8-10/M 91 ）。黑格尔主张，牛顿的定律是：

> 非常重要的，因为它直接反对无思想的表象（ Vorstellung ），根据表象，每一事物都以偶然性形式呈现自身，而规定性具有可感觉的自足的形式。(*PS* 92.23-25/M 91)

这里，黑格尔批判的这种"可感觉的自足的形式"是假定的本体论原子主义，根据这种原子主义，空间–时间中的特殊是相互独立的，因此，本身是自足的以及仅仅偶然地彼此相关联的。这里，黑格尔主张，牛顿的引力理论证明这个显然很明显的、常识的原子主义是虚假的，因他的理论表明，物理的诸特殊被内在于物质的引力根本性地相互联系着，即使它们是关系性的力。不过黑格尔陈述的这个关键结论是临时性的。[40]

现在，知性把所有特殊的规则都归到现象领域，同时，纯粹形式的法则被归到超验领域，这个法则意味着"每一事物都展现出与其他事物恒常的差别"(*PS* 92.26-95.17/M 92-5)。这个路径就造成了"涵盖法则"或者"假设—演绎"的科学解释模式，黑格尔巧妙地表明，这是循环的和解释上空洞的（ *PS* 94.26-95.24/M 94)。因此，知性就失去其假定地把握偶然发生的事件，知性提出要以因果性法则去理解（ *PS* 95.24-39/M 95)。因此，知性通过修正了它对超验领域的解释，它把"纯粹变化的法则"引入超验领域，并且基于一种非常不同的超验领域来解释显现变化的表面世界，这个超验的领域由一切表面的、偶然性的对立性质构成。例如，显现为甜是被超感性的酸产生，显现为黑是被超感性的白产生，等等。因此，这个超感性世界的不同样式是显现的现象世界的颠倒（ *PS* 96.1-97.35/M 95-8)。因此，知性的策略试图根据逻辑的排除关系来分

23

析因果必然性。（这个观点在某些方面类似于布兰顿的推理主义。）

哲学上，这个新的超验世界，同样是现象领域和因果性概念的一种歪曲。现在，知性确定了正电与负电，或者电解槽中的氧极和氢极，或者一个磁铁的两极之间的相关对立，其关键的区分，"内在/外在"以及"现象/超验"，只不过毫无用处。因为它所确定的这种极的现象不可能被合理地配置到任何两个实体中去，不管它们是数字上的区分还是形而上学上的区分，至少，没有回到之前知觉批判性的拒斥的物化策略上。这样的一个超验世界仅仅是相反于感性世界的一种投射，原则上，它本身根本不可能被感知（*PS* 97.39-98.10/M 98）。

一旦这些原子化的和物化的策略崩溃了，我们可能会赞赏，产生北磁极的东西，产生相同磁铁的南极，同样其他极的现象也是如此，黑格尔认为这是典型的因果关系：这些关系的术语以各种方式是相互规定的，因为它们反映了处于因果关系中的诸特殊的相互依赖的同一性条件。黑格尔认为，这也适用于空间和时间，以及适用于距离与速度，它们作为任一引力运动的各方面而相互界定（*PS* 95.15-21/M 99)。如果黑格尔根据"矛盾"来描述这种类型的相互关系（*PS* 98.33/M 99），这是因为此类关系必定对任何原子主义者都显现矛盾，部分原因在于曾经普及的假设，即逻辑同一律使得原子主义的本体论成为必要。这个假设是错误的，并且，黑格尔使用"矛盾"这个术语并不违反逻辑的不矛盾律。[41]

总而言之，黑格尔的论点是，事物的因果性特征是它们同一性条件的核心，以及它们的同一性条件是相互界定的，因为它们本质性的因果关系。他的论点通过展现原子主义的、物化策略对面对牛顿万有引力时避免这个结论的无效性而得到辩护。[42]而且，黑格尔论辩，因果现象的相关的相互界定的方面不可能通过不切实际的哲学反思得到详细说明，而只有通过因果现象的经验性的、自然的—科学的探究来实现。[43]因此，自然科学对于确定和辩护这些相关的概念区分是本质性的（必要的，如果不是完全充分的）。

6. 黑格尔在《精神现象学》中的认识论分析

6.1《精神现象学》的一个统一盔甲：认识论

黑格尔在《精神现象学》中总体的认识论分析可以简略地概括。在"感性确定性"中，黑格尔通过归谬法（reductio ad absurdum）论证以反对朴素的实在论，认为我们的"时间""诸时间""空间""诸空间""我"以及"个别化"等观念是先天的，因为它们对于辨识和认知任何特殊的对象或者事件都是必要的，在这个观念基础上，我们才可以学习、定义或者使用任何一种经验概念。因此，这些概念是概念经验主义的先决条件，而不是被它所定义。进而，黑格尔论证，定位空间和时间中的一个特殊对象或者事件，以及赋予其特征，是相互补充述谓的组成成分，这是单一的认知指称所要求的，也要求单一的感性呈现。因此，非概念的"熟知的知识"或者感性确定性对于人来说是不可能的。

在"知觉"中，黑格尔进一步论证以反对概念经验主义，认为观察术语加逻辑对经验知识并不够，因为，我们的概念"物理对象"不可能被定义为符合概念经验主义，它对于辨识和认识任何特殊的对象或者事件都是先天的和必然的。更具体而言，黑格尔论证，"事物／属性"的关系不可能还原为"一／多""整体／部分"、集合成员，或者"组成部分／产品"之间的关系，以及不可能根据这些关系得到充分的分析。因为，一个可知觉事物的同一性概念整合了两个对立的量上的次级概念"统一"与"多元"。

在"力与知性"中，黑格尔论证，我们"原因"的概念是纯粹先天的，以及对于辨识和认识任何一个对象或者事件都是必要的；

25 自然法则的陈述是概念式的以及表现了自然的现实结构；时空中的特殊之同一性条件是在它们本质性的因果关系基础上相互界定的；并且，我们对对象的意识是可能的，只要我们是自我意识的。

在"自我意识"的导论性讨论中，黑格尔论证，生物学的需求包含分类，以及因此就需要关于对象满足那些需求的实在论。在"主人与奴隶"中，黑格尔论证，自然世界不是由意志所构成，即实在论中的一个第二重要的教训。在"自我意识的自由"中，黑格尔论证，意识的这些内容是来自公共世界，以及自我意识对人而言是可能的，只要我们意识得到独立于心灵的对象。因此，黑格尔《精神现象学》的前两个主要部分，"意识"以及"自我意识"，就取代了康德纯粹知性概念的"客观"演绎，他证明了，在关于时空中的对象和事件的合法认知判断中，我们可以以及必须使用先天的概念。黑格尔辩护了康德的"观念论的驳斥"的结论，即"一般的内在经验只有通过一般的外在经验才有可能"（*CPR* B277, cf. B275），但他没有依赖于康德的先验观念论。

在"理性的确定性和真理"中，黑格尔论证，分类的思想预先假定在必定被我们发现的（而不是被创造或者立法的）世界上的自然结构。在"观察的理性"中，他论证，分类的、范畴的思想不仅仅是一种自然的现象。在"理性"章接下来的两个部分，"理性自我意识自身的实现"以及"自在和自为实在的个体性"，黑格尔论证，范畴思想不仅仅是一种个体的现象。"理性"中的这些还原论证的这个隐性的认识论结果是，一些个体的思想家仅仅在自然和社会的背景中才存在。黑格尔表达的结果是，《精神现象学》之前的每一个部分都已经分析了一个具体社会整体的各个不同方面，包括它的自然环境。

在"精神"中，黑格尔分析了个体推理与习俗实践之间的张力和相互作用。在"真实的精神，伦理"中，黑格尔论证，范畴和辩护的思想不仅仅是由习俗或者命令所构成或者辩护。在"自我异化的精神"和在"自我确定的精神，道德"中，黑格尔论证，范畴和

辩护的思想不只是先天的可更正的（以及因此是个体主义的）。在
"精神"的总结部分"恶与宽恕"中，范畴和辩护思想的这种可更
正性是一种社会现象，并且也与认识论知识对象的实在论相一致
（以及关于实践规范的严格客观性）。

　　这就是黑格尔在"恶与宽恕"中分析两个道德裁判者所获得
的精确的要点。这里，一个行为者和一位观察者争辩，谁具有恰当
的、合法的权威以判断行为者的行为。在以各种不同方式争辩这个
问题之后，这两位道德裁判者，最终都废弃了各自假定的霸权以及
对他们自己之前信念和立场的自我满足。并且，他们承认，他们都
同样容易犯错误，以及同样有能力判断特殊行为（不管是他们自己
的还是其他人的行为），以及承认他们各自都要求对方的评价，以
为了仔细审查以及因此评价和辩护他或者她自己对于任何特殊行为
的判断。[44] 以这个洞见，这两位裁判者彼此之间达成和解，并且符
合真正理性的、辩护的判断之根本性的社会维度。很明显，这是黑
格尔《精神现象学》中真正相互承认的第一个实例。[45]

　　有意义的是，黑格尔也指出，这个成就就是"绝对精神"的出现：

> 　　［两位裁判者］之间的和解这个语词是现存的精神，它把
> 纯粹知识本身看作是其对立面中的普遍本质，看作作为自在实
> 存的绝对个体性之纯粹知识本身中的普遍本质——一种互惠的
> 承认就是绝对精神。（ *PS* 361.22-25/M 408）

　　这里提到的"普遍本质"是一个社会群体内共享的知识、原
则、实践以及行为背景（社会的和自然的）。所有这些都是需要的，
以及对所有这些的理解都是需要的，以为了合理地判断"我判断"，
而不仅仅是说出话语"我判断，"从而，说出"我判断"仅仅是虚
假的合理性。[46]

　　在"宗教"中，黑格尔主张（非常粗略地），宗教的历史是，

起初的、寓言式的、成熟的承认，我们范畴式地理解世界的社会和历史基础。《精神现象学》三个主要的部分"理性""精神"以及"宗教"，因此就形成了黑格尔对康德"主观的"范畴演绎的取代，它们解释了，我们如何能够在黑格尔之前的客观演绎（在"意识"和"自我意识"）的分析中做出这些合法的、可辩护的判断，它们表明了，我们可以做出如此之类的判断，因为如果我们不可以的话，我们就不可能是自我意识的。

黑格尔在他的结论章"绝对认知"中，把这些线索都勾画到一起。他重点强调了，《精神现象学》如何提供给我们，反思性地概念式理解我们范畴式理解世界的社会和历史基础。这个结果是一种社会–历史地奠基认识论实在性的复杂样式。[47]

6.2 黑格尔《精神现象学》认识论论证的结构

黑格尔认识论分析的结构很容易与他的目录相比对。这么做，就提供了黑格尔《精神现象学》中认识论的一项有用的概要，并且也可能有助于读者转向这个论文合集接下来的其他章节。参见下文，pp. 28-29（原文页码）。

7. 结论

27　　与其他哲学一样，认识论者们必须注意这种"吻合原则"：删繁就简。然而，认识论者们通常没有注意到爱因斯坦对奥卡姆剃刀的解释："一切都必须尽管可能的简单，不能再简单。"[48]黑格尔在《精神现象学》中的认识论分析的范围、问题以及内容是非常庞大的以及空前的。如果黑格尔下述观点是正确的，即概念经验主义和先验观念论是错误的；标准的两难困境在于融贯论和基础主义（或者作为科学或者作为历史）；认识论必须注意我们作为认识的存在者的认知有限性以及相互依赖性；认识论与自然科学紧密联系；

（要避免未解决的问题作为证据以及解决两难困境）实证的观点的辩护必须严格内在地批判所有相关的替代方案。那么，就必须有一个像黑格尔《精神现象学》那样的认识论项目承担其重任。[49]

　　可以确定黑格尔认识论的一个主要贡献，如黑格尔在他的前三章中所做的，皮浪和笛卡尔怀疑主义之间的一种之前未注意到的但核心的关联，这也被科学哲学内的反对因果实在性的经验主义所共享：原则上，它们的所有关键前提或者假设都不具有合法的认知意义，因为它们都无法指称定位于时空之中的确定之特殊。巴门尼德不变化的真理和存在观念原则上缺少这样的可指称性，笛卡尔的怀疑主义假设的设计缺少如此之类的可指称性，同时，经验主义对因果实在性的反对仅仅基于辩护鸿沟的逻辑可能或者其他的因果情况，都缺少如此之类的可指称性。这些结果存在于黑格尔接下来的分析中，他分析了怀疑主义（以及最终的相对主义）如何以任何形式都涉及根本上异化于我们的自然和社会世界，这两种世界植根于对人类知识的自我异化。黑格尔在第二部分"自我意识"中直接考虑了这些问题，这些问题至少在"观察的理性"中还是隐性的，在"自我异化的教化"中涌现出来。这个主题把黑格尔的认识论与他因之而来的教化批判联系起来。[50]

　　对认识论的第二个主要贡献在于，解决了标准的两难困境；第三个主要贡献在于，表明了真正的先验证明可以被提供而不诉求康德先验观念论，并且可以用来辩护实在论，这部分地通过辩护心灵内容的外在主义进行。黑格尔的第四个贡献在于，以其认知的语义学支持了牛顿的第四定律。最后，持续地怀疑科学哲学家们中的因果性观念——因为因果关系不可能"被知觉"——这是休谟概念经验主义和知觉理论的遗迹。黑格尔尖锐地批判这两种观点表明，如此之类的怀疑是多么的没有根据。关于黑格尔否定认识论或者误解自然科学的臭名昭著的指控反映了对黑格尔实际观点的无视，如此之类的指控在仔细考察之后就无法幸免。黑格尔的认识论如今要比过去更为重要，它利于我们挖掘它的哲学财富。[51]

黑格尔认识论的结构
黑格尔《精神现象学》的目录

《精神现象学》中的论证

黑格尔在《精神现象学》中辩护的主要认识论论点 [52]

---

t. s.：（1）我们的"时间""诸时间""空间""诸空间""我"以及"个体化"概念是纯　　29
　　　　粹先天的，以及
　　　（2）对于辨识和认识任何特殊的对象或者事件都是必要的。
t. s.：（1）仅仅观察对经验知识是不够的；
　　　（2）我们的"物理对象"的概念是纯粹先天的；
　　　（3）它整合了两个对立的次级概念"统一"与"多元"，以及
　　　（4）它对于辨识和认识任何特殊的对象或者事件都是必要的。
t. s.：（1）通过承认本质性的属性可以是关系性的，我们只能恰当地构想因果性
　　　　的力；
　　　（2）自然法则的陈述是概念式的，并且表达了现实的自然结构；
　　　（3）我们对对象的意识是可能的，只要我们是自我意识的。

---

t. s.：生物需求包含分类，这就需要关于满足那些需求的对象的实在论。
t. s.：自然世界不是由意志构成的：实在论中的一个教训。
t. s.：（1）意识的内容来自公共世界；
　　　（2）自我意识是可能的，只要我们意识得到对象。
　　　（意识＋自我意识＝黑格尔取代康德范畴的客观演绎）

---

t. s.：分类思想预先假定世界上的自然结构必须以及可能被发现。
t. s.：分类的、范畴的思想不仅仅是一个自然现象。

t. s.：范畴的和辩护的思想不仅仅是个体的现象。
　　　（理性隐含的结果：（1）个体思想家只有在一个自然的和社会的背景中存在；
　　　（2）前面每一节已经分析了一个具体社会整体的不同方面。）
t. s.：习俗或者命令都不足以构成真正的范畴或辩护思想。
　　　（对个体推理和习俗实践之间的张力和相互作用的分析贯穿"直接精神"。）
t. s.：范畴和辩护的思想不仅仅是先天可更正的。
t. s.：康德道德判断和行为的个体主义理论是不充分的。
t. s.：（1）个体的判断，要求所有种类的理性辩护，它是社会性的，因为我们只有识
　　　　别出我们自己的易错性才可能完全理性地进行判断，以致我们要求对他者的建
　　　　构性批判（以及他们要求我们也是如此），以为了评价和支持我们自己的理性
　　　　判断。因此（2）范畴和辩护思想的可更正性是一种社会的现象。

---

t. s.：宗教是起初的、寓言式的、成熟的、集体的承认，范畴式理解世界的社会和历
　　　　史基础。
　　　（理性＋精神＋宗教＝黑格尔社会的-历史的取代康德范畴的"主观演绎"。）

---

t. s.：通过《精神现象学》，我们获得了，对范畴式理解世界的社会和历史基础的反
　　　　思性概念式理解（＝社会地-历史地奠基认识论的实在论。）

注释

1. 黑格尔序言的核心问题在下文的第 13 章中被讨论。

2. *PS* 19.12-23, 19.34-20.4/M 11, 12.

3. 这就是，黑格尔最初对'绝对'的定义（*PS* 53.1-2/M 46）。注意：单引号的引用用来提及在当前语境中没有使用的术语。

4. 所有译文都是作者自己翻译的。

5. "诉诸问题"或者"回避问题"可以称为逻辑上循环论证的谬误。

6. 被省略的是逻辑学或者数学上的直觉主义。

7. 评价和解决冲突主张的这个问题引起了关于个体合理判断的规范充分性的关键问题。它在《精神现象学》中反复出现，例如，在"主人和奴隶"、"怀疑主义"、"观察的理性"、"心之规律"、"精神的动物王国"、安提戈涅 VS. 克里翁、启蒙 VS. 信仰以及"意识"中。参见下文 pp. 2-3, 17-18, 25-26, 37-53 等各处，60-64, 178-80, 229-30, 239-40（原著页码）。

8. BonJour (1997, 14-15). 不经意间，邦乔尔（BonJour）承认了冯·朱霍斯（von Juhos）和艾耶尔（Ayer）在反对亨佩尔（Hempel）时已经提出的观点。参见 Westphal (1989, 56-7)。

9. 从亚里士多德直到现代都很常见，这个区分仍然影响今天，如，从分析哲学家们继续在种类上区分"概念的"和"经验的"问题的这种程度上看就很明显。

10. 对认识辩护的外在主义解释，例如可靠主义或者信息-理论的认识论，旨在消除内在主义对辩护的担忧。然而，外在主义对辩护的解释仅仅适合感性知识，同时，辩护和辨识我们对原则的主张，不管是认识的还是道德的，都在此引出这些问题。黑格尔的知觉知识的理论包括了关于我们知觉神经心理学的可靠主义。

11. 其他的供稿人对黑格尔的术语"Gestalt"（形态、形式）做出了不同的翻译，例如，译为"shape"或者"figure"。——编者

12. 黑格尔在下面的陈述中指出这点，"真理呈现自身的环节，不是作为抽象的、纯粹的环节，而在存在的特殊规定性中，作为对意识而言的环节，或者作为意识自身，显现在它们的关系中。"（*PS* 61.33-36/M 56）

13. 关于黑格尔在导论中对怀疑主义的进一步讨论，参见 pp. 60-64。（原著页码）

14. 想起了黑格尔在序言中的名言："一般而言熟悉的东西（bekannt），完全是因为它是熟悉的，而不是已认识的（erkannt）"（*PS* 26.21/M 18）. Cf. MM 20: 352, H&S 3: 444, B/HP 3: 237.

15. 黑格尔陈述道："在那点上，它的现象与它的本质相同一，因此，意识的呈现，

在恰当的精神科学中，将汇聚到这个完全相同的点上。并且，最终，由于意识本身把握了它的这个本质，它将指出绝对知识本身的本性。"（*PS* 61.31-62.5/M 56-7; cf. *PS* 431.36-432.1, 432.14-16/M 490, 491）。

16. "感性确定性"是黑格尔章节的名称，感性确定性（不加引号）指出了这个章节中所考察的意识形式，感性确定性（不加引号）指出了，感性确定性的哲学的观点、关键的观念——以及黑格尔接下来的两章也类似于此。

17. 这些段落编码指示的是黑格尔章节内的段落，它们不同于米勒（Miller）的段落编码。导论：*PS* 63-64.28/M 58-9，第一阶段：*PS* 64.29-66.11/M 59-61，第二阶段：*PS* 66.12-67.8/ 61-2，第三阶段：*PS* 67.9-68.33/M 62-4，结论：*PS* 68.34-70/M 64-6。

18. 参见 Evans (1982)，第 6 章；Kaplan (1989)；Perry (1979)。一个"记号"就是一个具体的实例，具体的使用一个可重复的语词（"类型"）。

19. *PS* 66.18-19/M 61. 黑格尔的例子是审慎的。"树"以及使用频次更少的"房子"，通过现代经验主义者们，而成为物理对象或者特殊物的最为常见的例子。洛克和贝克莱都使用"树"作为一个物理实体所意指的东西的一个明显的例子（Locke 1975, 174, 330, cf. 409）；（Berkeley 1975, 23, 77, 173 , 180 , 186）。在当前的语境中，最重要的是，"树"和"房子"是海拉斯（Hylas）的物理对象的关键例子，它们明显没有心灵而实存，非洛诺斯（Philonous）的论证支持贝克莱反对之（Berkeley 1975, 158）。而后，休谟（Hume 1975, 152）使用了相同的例子以支持这个来自贝克莱的论证。（辛奇亚·费里尼亲切地提醒我，海拉斯对这些例子的使用。）

20. 这里，黑格尔的分析与伊万斯（Evans 1975）一致，参见 Westphal (2006)。

21. 关于黑格尔对怀疑主义的批判，参见下文 pp. 60-64。（原著页码）

22. 黑格尔对立表象和概念（Begriffe）是他对立"知性"和"理性"的核心，以及是他从"宗教"过渡到"绝对认知"的核心（*PS* 422.3-10/M 479）。参见下文 pp. 23-24, 55-58, 77-78, 249-250, 254-255。（原著页码）

23. "丰富的感官知识，属于知觉，而不属于直接的确定性，……因为只有知觉在其本质内具有否定性、差异性或者杂多性"（*PS* 71.30-33/M 67）。最后的这三个特征都根源于对普遍概念的承认，以为了理解事物的普遍属性。

24. 尽管黑格尔谈到了"属性"（*PS* 72.12-14/M 68），但他直接补充："这些规定性……严格来说，只有它们首先获得进一步的规定，才是属性……"（*PS* 72.14-16/M 68）。

25. 导论：1—6 段 *PS* 71-74.11/M 67-70；第一阶段：7—8 段，*PS* 74.12-75.28/M 70-2；第二阶段：9—12 段，*PS* 75.29-77.12/M 72-4；第三阶段：13—18 段，*PS* 77.13-79.10/M 74-6；结论：19—21 段 *PS* 79.11-81.14/M 76-9。

26. 动词"设定"在英语和德语（"setzen"）中具有完全日常的、恰当的意义，它通过设定而"获取一种立场"，例如，一个前提或者一个假设。这个动词本身并不隐含着意图对象成为实存的。

27. Wolff (1981, 35-6).

28. 总而言之，黑格尔的"辩证的"矛盾（事物对立的各方面中相互依赖的关系），是谈论中的现象之可能所要求的。它们不同于足以表明事物之不可能性的形式逻辑的矛盾。

29. Roskies (1999), Cleeremans (2003).

30. 我非常感激哈珀（Harper 2002a, 2002b, 即将出版），我很感谢哈珀亲切地与我分享了他还没出版的手稿。

31. Cassirer (1971, 2: 407)："物理本质"，Bloch (1908, 452)："光物质的本质"。

32. Newton (1952, 404-5, cf. 376). 卡西尔和布洛赫都聚焦于自命不凡地从定性的物理学转向定量的物理学，同时否定这里的这个核心问题，即恰当地解释量化的法则和规律如何通过（合理的）定量物理学而获得。

33. 参见 Cassirer (1971, 2: 405-6), Keil (1725, 8/1726, 6-7)。Cf. Cohen (1999) 论"牛顿风格"。

34. 黑格尔对牛顿的大量批判直接指向了他的数学方法，一旦牛顿的力学被约翰·伯努利（Johann Bernoulli）运用分析重写，黑格尔注意到的这些问题就会得到解决。（黑格尔对牛顿的某些批判在下文中被讨论，第 5 章。）

35. 黑格尔观点的一些微妙之处没有在"力和知性"中发展。黑格尔为了彻底的分析明确地指出了逻辑科学（PS 101.27/M 102），虽然他也在"观察的理性"中讨论了这些问题的一部分（参见下文，第 5 章，§1.2）。非常简短，黑格尔主张，自然科学的这些关键的概念和原则，要求细致地哲学重建。黑格尔的观点即哲学的阐述不可能是近似的，与物理科学近似的、逐渐精确的定量和解释一致，因为黑格尔辩护的哲学要点关注合法的自然科学把根本性特征归于物质，例如引力。这个哲学要点不受牛顿力学转向爱因斯坦力学的影响。

36. 出人意外的是，维特根斯坦在他的《哲学研究》的后面部分提出了相同类型的论证，参见 Westphal (2005)。

37. 对牛顿第四定律的这种相同的先验的和认知的语义学支持，被康德自己的认知语义学所提供，如我在 Westphal (2004) 中重构的。这就是我对比尔·哈珀（Bill Harper 2007, 734）这种问题的迟来的回应，这种问题即是否康德如此重构的认识论对牛顿的自然哲学之丰富的方法提供了重要的支持。

38. 导论：1—4 段，PS 82-83.30/M 79-81；第 一 阶段：5—10 段，PS 83.31-87/M 81-86; 第二阶段：11—17 段，PS 88-91.16/M 86-90；第三阶段：18—30 段，PS 91.17-99.29/ M 90-100；结论：32—34 段，PS 99.30-102/M 100-103。

39. 参见柏拉图，Theatetus 182; Sextus Empiricus, PH 1: 87, 2: 72-73；Locke, Essay 1.4.18, 2.23.2, 2.23.28; Kant, *CPR* A251；以及 Putnam（1980, 475-6；1981，第 1、3 章，尤其是 60-3; 1977, 125, 127, 133）。至于阐明赫尔德观点的讨论，参见 Proß（1994），Westphal（2008-09, §4.5）。

40. 牛顿引力对于黑格尔分析的重要性在这里不可能考察，参见 Westphal（2008）。

41. 最近关于逻辑同一性与本体论的原子主义之间的明确的争辩，就我熟悉的而言，发生在威尔（Will 1940）和切奇（Church 1942）之间。关于黑格尔对"矛盾"的使用，参见 Wolff（1981）。

42. 黑格尔在"力与知性"中塑造的认识论与自然科学之间的紧密联系，在"观察自然的理性"中得到进一步发展，参见下文第 5 章。

43. 因此，黑格尔肯定了自然科学对象的实在论，而布兰顿否定了它，参见 Rosenkranz（2001）。

44. *PS* 359-62/M 405-9, Westphal（1989, 183）.

45. *PS* 359.9-23, 360.31-361.4, 361.22-25, 362.21-29/M 407-9.

46. 对于讨论，参见 Westphal（2009b）。

47. 读者可以参考下面的章节，它们考察了黑格尔《精神现象学》的每个部分。

48. Einstein（2000, 314）.

49. 黑格尔对人类知识考察的体系特征不同于分析的认识论者们中仍然占主导地位的解决或消解问题的这种碎片化方法。然而，这个碎片化方法被卡尔纳普（Carnap 1950）破坏了。参见 Wick（1951），Westphal（1989, 第 4 章）。

50. 黑格尔的认知语义学似乎为他在第二部分"自我意识"中思想解释提供了他的前提，参见下文，第 3—6 章。

51. 我非常感谢亚历山大·冯·洪堡基金会为我研究"知觉"（1995）和"力与知性"（2007）提供的经费支持。我也希望分别感谢汉斯·弗里德里希·富尔达和马丁·卡里尔（Martin Carrier），谢谢他们主持以及富有成效地参与我的研究。

52. "T. s."是逻辑上的"表明（to show）"的缩写，跟在其后的是，一个论点（结论）被陈述。对此，黑格尔通过归谬法予以论证，通过内在现象学批判意识的这种或者这些形式以支持对立的论点。这个图表根据以前的版本修正过的。

　　当诸概念不能被定义也不能单独基于感觉经验而习得的话，这些概念就是先天的，如经验主义者们所理解的（概念经验主义）。当它们要求我们学习、定义或者使用任何根据感觉经验习得的或者定义的概念时，它们是"纯粹"先天的。

　　黑格尔两次确定"精神"部分的主题"精神"就是"直接精神"（*GW* 9:240.1-4, 365.23/M 265, 413）。

参考文献

Anon. (Christian Huygens) (1673) "An Extract of a Letter Lately Written by an Ingenious Person from Paris, Containing Some Considerations upon Mr. Newtons Doctrine of Colors, as Also upon the Effects of the Different Refractions of the Rays in Telescopical Glasses," *Philosophical Transactions* 8:6086–6087 (DOI: 10.1098/rstl. 1673.0034).

Berkeley, George (1975) *Philosophical Works, including the works on vision*, ed. M. R. Ayers. London: Dent; Totowa, NJ: Rowman & Littlefield.

Bloch, Léon (1908) *La philosophie de Newton*. Paris: F. Alcan. Rpt. by The Canadian Libraries Internet Archive, http://www. archive.org/details/ laphilosophieden00blocuoft (accessed May 8, 2008).

Bonjour, Laurence (1997) "Haack on Justification and Experience," *Synthese* 112: 13 -23.

Carnap, Rudolf (1950) "Empiricism, Semantics and Ontology," *Revue International de Philosophie* 4; rev. ed. in Rudolf Carnap (1956) *Meaning and Necessity* (pp. 205–21). Chicago: University of Chicago Press.

Cassirer, Ernst (1971) *Das Erkenntnisproblem in der Philosophie und Wissenschaft der neueren Zeit*, 4 vols. Hildesheim: Olms.

Church, Ralph (1942) "Bradley's Theory of Relations and the Law of Identity," *The Philosophical Review* 51.1: 26–46.

Cleeremans, Axel (ed.) (2003) *The Unity of Consciousness: Binding, Integration and Dissociation.* Oxford: Oxford University Press.

Cohen, I. Bernard (1999) "A Guide to Newton's *Principia*," in Newton (1999), pp. 1–370.

Descartes, René (1964–) *Oevres de Descartes*, 13 vols., ed. C. Adam and P. Tannery, rev. ed. Paris: Vrin/C. N. R. S.

Descartes, René (1984–) *The Philosophical Writings of Descartes*, 3 vols., tr. J. Cottingham, R. Stoothoff, and D. Murdoch. Cambridge: Cambridge University Press.

Einstein, Albert (2000) *The Expanded Quotable Einstein*, ed. A. Calaprice. Princeton: Princeton University Press.

Evans, Gareth (1975) "Identity and Predication," *Journal of Philosophy* 72.13: 343–63; rpt. in Gareth Evans (1985), *Collected Papers* (pp. 25–48). Oxford: The Clarendon Press.

Evans, Gareth (1982) *The Varieties of Reference*, ed. J. McDowell. Oxford: The Clarendon Press.

Harper, William (2002a), "Howard Stein on Isaac Newton: Beyond Hypotheses?," in D. Malament (ed.), *Reading Natural Philosophy* (pp. 71–111). Chicago: University of Chicago Press.

Harper, William (2002b) "Newton's Argument for Universal Gravitation," in I. B. Cohen and G. Smith (eds.), *The Cambridge Companion to Newton* (pp. 174–201). Cambridge:

34

Cambridge University Press.

Harper, William (2007) "Comments on Westphal," *Dialogue* 46: 729–36.

Harper, William (forthcoming) *Isaac Newton's Scientific Method: Turning Data into Evidence for Universal Gravity.* New York: Oxford University Press.

Hooke, Robert (1667) *Micrographia or some Physiological descriptions of minute bodies.* London (n. p.); rpt. by The University of Wisconsin Digital Collection, http://digicoll.library.wisc.edu/cgi-bin/HistSciTech/HistSciTech-idx?type=turn&entity=HistSciTech 001303260108&isize=M (accessed May 8, 2008).

Hume, David (1975) *An Enquiry Concerning Human Understanding,* in P. H. Nidditch (ed.), *Enquiries Concerning Human Understanding and Concerning the Principles of Morals,* 3rd ed. Oxford: The Clarendon Press.

Hume, David (2000) *A Treatise of Human Nature,* ed. D. F. Norton and M. J. Norton. Oxford: Oxford University Press.

Kaplan, David (1989) "On Demonstratives" (1977), in J. Almog et al. (eds.), *Themes from Kaplan* (pp. 481–563). New York: Oxford University Press.

Keill, John (1725) *Introductio adveram physicam,* 3rd ed. Oxford: Bennet.

Keill, John (1726) *Introduction to Natural Philosophy,* 2nd ed. London: Innys.

Locke, John (1975) *An Essay Concerning Human Understanding,* ed. P. H. Nidditch. Oxford: The Clarendon Press.

Newton, Sir Isaac (1673) "Mr. Newton's Answer to the Foregoing Letter Further Explaining His Theory of Light and Colors, and Particularly That of Whiteness; together with His Continued Hopes of Perfecting Telescopes by Reflections Rather than Refractions," *Philosophical Transactions* 8: 6087–6092 (DOI: 10.1098/rstl. 1673.0035).

Newton, Sir Isaac (1952) *Opticks.* New York: Dover (rev. ed. 1979).

Newton, Sir Isaac (1999) *The Principia: Mathematical Principles of Natural Philosophy,* tr. I. Bernard Cohen and Anne Whitman, with assistance from Julia Budenz. Berkeley: University of California Press.

Perry, John (1979) "The Problem of the Essential Indexical," *Nous* 13: 3–21.

Plato (1997) *Complete Works,* ed. J. M. Cooper, with D. S. Hutchinson. Cambridge, Mass.: Hackett Publishing Co.

Proß, Wolfgang (1994) "Herders Konzept der organischen Kräfte und die Wirkung der *Ideen zur Philosophie der Geschichte der Menschheit* auf Carl Friedrich Kielmeyer," in K. T. Kanz (ed.), *Philosophie des Organischen in der Goethezeit. Studien zu Werk und Wirkung des Naturforschens Carl Friedrich Kielmeyer (1765–1844)* (pp. 81–99). Stuttgart: Steiner.

Putnam, Hilary (1977) "Realism and Reason," *Proceeding and Addresses of the American*

Philosophical Association 50 (1976–77); rpt. in Hilary Putnam, *Meaning and the Moral Sciences* (pp. 123–40). London: Routledge & Kegan Paul.

Putnam, Hilary (1980) "Models and Reality," *Journal of Symbolic Logic* 45.3: 464–82.

Putnam, Hilary (1981) *Reason, Truth, and History*. Cambridge, Mass.: Harvard University Press.

Rosenkranz, Sven (2001) "Farewell to Objectivity: A Critique of Brandom," *The Philosophical Quarterly* 51.203: 232–7.

Roskies, Adina (ed.) (1999) "The Binding Problem," *Neuron* 24: 7–125.

Sextus Empiricus (1934) *Outlines of Pyrrhonism* [cited as '*PH*'], tr. R. G. Bury, in *Works*, 4 vols., vol. 1. Cambridge, Mass.: Harvard University Press.

Westphal, Kenneth R. (1989) *Hegel's Epistemological Realism: A Study of the Aim and Method of Hegel's Phenomenology of Spirit*. Philosophical Studies Series in Philosophy, ed. K. Lehrer, vol. 43. Dordrecht and Boston: Kluwer.

Westphal, Kenneth R. (2004) *Kant's Transcendental Proof of Realism*. Cambridge: Cambridge University Press.

Westphal, Kenneth R. (2005) "Kant, Wittgenstein, and Transcendental Chaos," *Philosophical Investigations* 28.4: 303–23.

Westphal, Kenneth R. (2006) "Contemporary Epistemology: Kant, Hegel, McDowell," *The European Journal of Philosophy* 14.2: 274–302; rpt. in J. Lindgaard (ed.), *McDowell: Experience, Norm and Nature* (pp. 124–151). Oxford: Blackwell, 2008.

Westphal, Kenneth R. (2007) "Force, Understanding and Ontology," *Bulletin of the Hegel Society of Great Britain* 57/58.

Westphal, Kenneth R. (2007–08) '*Intelligenz* and the Interpretation of Hegel's Idealism: Some Hermeneutic Pointers,' *The Owl of Minerva* 39.1–2: 95–134.

Westphal, Kenneth R. (2009a) "Philosophizing about Nature: Hegel's Philosophical Project," in F. C. Beiser (ed.), *The Cambridge Companion to Hegel and Nineteenth Century Philosophy* (pp. 281–310). Cambridge: Cambridge University Press.

Westphal, Kenneth R. (2009b). "Urteilskraft, gegenseitige Anerkennung und rationale Rechtfertigung," in H.-D. Klein (ed.), *Ethik als prima philosophia?* Würzburg: Königshausen & Neumann.

Wick, Warner (1951) "The 'Political' Philosophy of Logical Empiricism," *Philosophical Studies* 2.4: 49–57.

Will, Frederick L. (1940) "Internal Relations and the Principle of Identity," *The Philosophical Review* 49.5: 497–514.

Wolff, Michael (1981) *Der Begriff des Widerspruchs. Eine Studie zur Dialektik Kants und Hegels*. Königstein/Ts.: Hain.

35

延伸阅读

黑格尔的导论

Westphal, Kenneth R. (1989) *Hegel's Epistemological Realism: A Study of the Aims and Methods of Hegel's Phenomenology of Spirit*. Dordrecht and Boston: Kluwer.

Westphal, Kenneth R. (1998) "Hegel's Solution to the Dilemma of the Criterion," rev. ed. in J. Stewart (ed.), *The Phenomenology of Spirit Reader: A Collection of Critical and Interpretive Essays* (pp. 76–91). Albany: State University of New York Press.

"感性确定性"

de Vries, Willem (2008) "Sense Certainty and the 'This-Such'," in D. Moyar and M. Quante (eds.), *Hegel's 'Phenomenology of Spirit': A Critical Guide* (pp. 63–75). Cambridge: Cambridge University Press.

Westphal, Kenneth R. (2000) "Hegel's Internal Critique of Naïve Realism," *Journal of Philosophical Research* 25: 173–229.

Westphal, Kenneth R. (2002) "'Sense Certainty', or Why Russell Had No 'Knowledge by Acquaintance'," *The Bulletin of the Hegel Society of Great Britain* 45/46: 110–23.

Westphal, Kenneth R. (2005) "Hume, Hegel, and Abstract General Ideas," *Bulletin of the Hegel Society of Great Britain* 51/52: 28–55.

"知觉"

Westphal, Kenneth R. (1996) "Vom Skeptizismus in Bezug auf die Sinne oder das Ding und die Täuschung," in H. F. Fulda and R.-P. Horstmann (eds.), *Skeptizismus und Spekulatives Denken in der Philosophie Hegels* (pp. 153–76). Stuttgart: Klett-Cotta.

Westphal, Kenneth R. (1998) *Hegel, Hume und die Identität wahrnehmbarer Dinge. Historisch-kritische Analyse zum Kapitel "Wahrnehmung" in der Phänomenologie von 1807*. Frankfurt am Main: Klostermann.

Westphal, Kenneth R. (1998) "Hegel and Hume on Perception and Concept-Empiricism," *Journal of the History of Philosophy* 33.1: 99–123.

36

"力与知性"

Westphal, Kenneth R. (2006) "Science and the Philosophers," in H. Koskinen, S. Pihlström, and R. Vilkko (eds.), *Science: A Challenge to Philosophy?* (pp. 125–52). Frankfurt am Main: Lang.

Westphal, Kenneth R. (2008) "Force, Understanding and Ontology," *Bulletin of the Hegel Society of Great Britain* 57/58.

Westphal, Kenneth R. (2008) "Philosophizing about Nature: Hegel's Philosophical Project," in F. C. Beiser (ed.), *The Cambridge Companion to Hegel and Nineteenth Century Philosophy* (pp. 281–310). Cambridge: Cambridge University Press.

黑格尔《精神现象学》中的认识论

Westphal, Kenneth R. (1998) "Harris, Hegel, and the Spirit of the *Phenomenology*," *Clio* 27.4: 551–72.

Westphal, Kenneth R. (2002/2003) "Die Vielseitigkeit von Hegels Auseinandersetzung mit Skeptizismus in der *Phänomenologie des Geistes*," *Jahrbuch für Hegel-Forschungen* 8/9: 145–73.

Westphal, Kenneth R. (2003a) *Hegel's Epistemology: A Philosophical Introduction to the Phenomenology of Spirit*. Cambridge, Mass.: Hackett Publishing Co.

Westphal, Kenneth R. (2003b) "Hegel's Manifold Response to Scepticism in the *Phenomenology of Spirit*," *Proceedings of the Aristotelian Society* 103.2: 149–78.

Westphal, Kenneth R. (2006) "Contemporary Epistemology: Kant, Hegel, McDowell," *The European Journal of Philosophy* 14.2: 274–302; rpt. in Jacob Lindgaard (ed.), *McDowell: Experience, Norm and Nature* (pp. 124–151). Oxford: Blackwell, 2008.

Westphal, Kenneth R. (2009) "Urteilskraft, gegenseitige Anerkennung und rationale Rechtfertigung," in H.-D. Klein (ed.), *Ethik als prima philosophia*? Würzburg: Königshausen & Neumann.

Westphal, Kenneth R. (2009) "Consciousness, Scepticism and the Critique of Categorial Concepts in Hegel's 1807 *Phenomenology of Spirit*," in M. Bykova (ed.), *Сущность, Явление и Феномен. К Юбилею Нели Васильевны Мотрошиловой* (*Essence, Appearance, and Phenomena. Festschrift for Nelly V. Motroshilova*). Moscow: Hermeneutics & Phenomenology Press.

第2章

欲望、承认与主奴关系

弗雷德里克·纽豪瑟

"意识"向"自我意识"的过渡是《精神现象学》的最重要的转折点之一。它也是最令人困惑的问题之一，也许因为它产生的不仅仅是现象学考虑的一个新对象——意识自身——而且也是与世界关系的一种新模式，也就是说，作为一个实践的而不是纯粹的理论主体。从而，在之前的章节中，意识的目标是要认识其对象——一个它认为不同于以及独立于自身的对象——自我意识的目标似乎根本上就是不同的：它寻求"满足自身"，并且通过改造世界，而不仅仅是认识世界的活动而这么做的。

这些差异中的第一个比第二个要容易把握。占据《精神现象学》第一章的各种不同的意识结构统一于这个信念，"真实的东西"——意识的每种形式认为是独立的或者自足的（selbständig）的实在——完全不同于主体或者"主体之外的东西"。根据这个观点，知识的构成在于，主体如对象自在之所是来表象其对象，而没有把任何其自身的东西引入到那种表象中。当然，"意识"表明，主体和对象之间没有诸如此类的关系存在，在认识世界时，主体，在把其对象构造成一个认识对象时，必然起到重要的作用。向"自我意识"的过渡是被这个洞见所激发的：如果知识的对象总是一个"对主体而言"的对象（同样被主体所构造），那么，知识的对象，就其自身而言，就不是一个"真实的"——也就是说，一个完全独立的——实在。这个理解就必然需要对主体所理解的实在之所是和认识实在之所是进行根本性修正：什么是自足，这个概念现在必须考虑主体与其对象之间的必然关系。这就意味着，从这点出发，"真实的东西"将不是被定位在一个孤立的对象上，而是定位于一个主体与对象的关系上，它仅仅作为一个整体才是自足的。那么，自我意识，就不是简单对其前任的颠倒，现在，它是主体，被构想为完全独立于其对象的主体，并且显现为"真实的东西"。更确切地说，这个主体，现在把自身理解为主体—客体中的本质性的、立法的这一极，同时认识到它与一个对象的关系——它与某种实在的关系而不是与自身的——是必然的而不仅仅是附带性的。"自我意识"声称要涉及的故事是，主体如何把自身的这两种描述结合为一个自我和世界的融贯概念。

　　"意识"章结尾处的这个解说，应该有助于澄清，为什么自我意识本质上是实践的。如果，在"意识"章结尾处，这个主体认为自身是真实的东西（作为自其认识世界时结合它的唯一规范来源），但同时认识到它与某些其他的东西之间的必然关系，那么，这个主体必定找到一条维系它与他者之间关系的道路，这与它的作为自足的自身概念相一致。完全是因为，要面临这个任务，黑格尔把自我意识理解为一种运动，在这一运动中，主体寻求主张它与对象的关系中的自主权地位：

> 　　自我意识具有双重对象：一个是直接的对象……，对它来说，具有一种消极的特征。另一个是它自身，它是真实的本质，最初它的出现仅仅是与第一个对象对立的。自我意识呈现自身为运动，在运动中，这个对象被克服，并且它与自身相同一而成为为它的。(*PS* 104.24-31/M 105)

　　现在，应该很清楚，黑格尔在"自我意识"这个名字下处理的内容完全不同于康德关于这个术语的意思。相反于他的前辈，黑格尔把自我意识的主体之特征看成为一个目标——通过克服自身与他者之间的对立显示它的自主权与自我同一性——并且，这个主体实现这个目标的动力解释了它的实践本性。一旦我们意识到，这里的"自我意识"并不指，把自身意识为一个自我同一的经验主体，相反，而是指可以被称为自我概念的东西，这就开始有意义了。一个拥有自我概念的主体把某种东西归于自身，而不仅仅是康德定义理论的自我意识的形式统一：自我概念超越了"我思"的这种纯粹形式思想，包括关于一个主体认为自身是谁或是什么的一个有丰富内容的主张。而且，一个自我概念是一个主体对自身评价的一种描述，它表达了一个主体渴望谁或者什么，因此，自我概念对于这些拥有它们的主体具有实践的意蕴：把自身构想为自由的（以主体"自我意识"的方式）意指，人们想要以一些实现、表现独立自主权的价值之方式去行动。那么，这种自我意识的主体，如黑格尔所认为的，是实践的，而不仅仅是理论的，因为它的特征是一种基本的动力——这个动力完全是自足的、自由的或者仅仅由它自己的自主活动所构成。

　　通常，黑格尔把一个自我意识主体的目标描述为"自我满足"。花点时间来澄清这个目标对于理解黑格尔在"自我意识"章从事的哲学项目是不可或缺的。这个基本的理念是，"真实的"自我意识要求的不仅仅是以一种特定的方式构想自身，或者仅仅渴望成为这样那样。它也要求成功地实现那个概念，同时意识到人们已经在这么做了。黑格尔的观点是，一个自我意识的主体不可能满足自身，除非，在自身作为它意识的对象之前，它真正地"拥有它"——也就是说，除非它发现自身在世界上得到实现，正如它对自身所构想的那样。（黑格尔有时候完全以这些术语来描述理性和自由，如主体"重新发现在世界之中的自身"，*ENC.* §424Z.）借用一个萨特的例子：如果我设想自身是一位杰出的小说家，但是我没有写书，或者我写的一切都被其他人判定为普普通通，那么，我可以认为自己是一位杰出的小说家，但是我不可能真正地意识到自己就是这么一位。我对我自己的主观的看法并没有在我之外的世界中得到承认——或者，如黑格尔会说的，我的"确定性"不符合我的"真理"。把客观性赋予我的自我概念——使得它真实——就构成了满足，因为，在成为我所渴望的什么东西时，我实际上确定了，我认为自己是一位杰出的小说家时对自己要求的有价值的身份（或者一位自主权的主体）。

那么，"自我意识"的目标是讲述一个主体的"经验"，如它逐渐揭示它有可能实现自身作为自由的自我概念（或者自足）的这些条件，以及因此同样在世界之中发现自身。然而，对一个主体实现自身作为自由的这些必然条件的这个解释，并不直接就是康德在证明知性范畴的先天有效性时提供的这种类型的先验论证。与康德先验论证不同，黑格尔的论证是辩证的，意思是，它并不是从一个完全规定的对一个主体是自由的东西之概念出发，然后认为那种固定的观念，演绎出自由的主体性得以可能所必须满足的这些条件。对于黑格尔来说，一个主体所构成的东西之完整概念只在他论证的最后才出现，并且，它只在这个时候才出现，即自我意识的自由之真正可能性得以确立。仅当我们看到自由主体性是可能的以及如何可能时，我们就完全认识到，对于一个自由的主体，它是什么。

如果我们认为《精神现象学》只是开始于自由是什么的最基本概念，开始于黑格尔有时称之为自由之"形式定义"，那我们就可以明白这种类型的论证是如何进行的。在"意识"和"自我意识"中，这个简单的自由概念是被这个术语 Selbständigkeit（独立性）所标示，它的字面意思是"自我–站立性"（self-standingness）。虽然它通常被翻译为"self-sufficiency"（自足）或者"independence"（独立性）。这些翻译不恰当的，因为 Selbständigkeit 的核心观念指

的是，一个存在者不依赖于自身之外的任何"他者"——不依赖于
自身之外的或外在于自身的某种东西——以为了成为它之所是。一
个主体的独立性，黑格尔对此所意谓的一个重要部分是，它在两项
核心的事务中——它的认识和它的意愿——不依赖于任何外在于
自身的东西。换句话说，"自我意识"的辩证法开始的这个基本的
自由概念包括了这个观念，即一个主体的信念和行动没有被任何不
是自身的东西所规定（或者限制）——不管是世界还是其他主体。
对人们自己的意志和信念的完全自主权的这种需要，对于黑格尔来
说，就构成了一个自我意识主体的明确目标。

　　一个主体本质上的独立性的观念，存在进一步的组成成分。这   40
就是这种思想，即一个主体是自足的，不仅仅因为它是一种自主权
的权力——约束它的这些规范的最终来源——而且因为本体论上
而言：一个主体为了成为它之所是而不依赖于它自身之外的任何东
西。这个观念，即一个主体本体论上是自足的，与费希特关于描
述主体与事物之间区别的这种实存之核心主张有关：对于费希特而
言，主体恰恰是其自己的自发的、无基质的自我设定的活动——不
是除此之外的任何东西。当然，这个观点本身就运用了某种康德的
学说，尤其是，康德否认，主体要被理解为实体，同时，他也主
张，一个主体的标志在于它的意识活动的能力，这种意识活动是被
内在于自身的规范所支配，而不是被意识的对象外在地规定。在这
些主张中，被区分的两个主体的特征——自主权权力以及本体论的
独立性——似乎要融合：如果支配这些活动的这些规范是内在于主
体性，而不是源自外在的某种东西，那么，这两种类型的独立性就
融合了。

　　那么，"自我意识"，就是黑格尔回答这个问题的尝试："在何
种条件下，一个主体完全满足它对自足或者自由的愿望？"满足的
标准是，是否一个主体可以在世界上找到对自身的稳定反思，并符
合其自身作为自由的概念。相应地，在"自我意识"中被观察到的

辩证经验由三个环节构成。第一个环节涉及一个假定的主体（我们现象学观察的对象），它把一个特殊的自足概念归于自身。在第二个环节，这个相同的主体试图实现它的自我概念，并且我们这些现象学家们观察到，要在世界上实现如此之类的一种自我概念需要什么。也就是说，我们希望看到，这个方式构想自身的一个主体，在努力"证明"它在其自我概念中塑造的精确意义上的自主权时，建立了与世界的何种关系。最后，我们对比了实现一个特定自我概念的东西与那种自我概念的内容，以看看是否两者相互匹配——换句话说，看看是否那种自我概念可以以与它归于一个主体的一种特定自足概念相一致的方式得以实现。仅当我们发现，前两个环节是完全一致的，是自我意识的满足，只有这样，我们才可以主张认识构成一个主体之自由的两者，以及它与外在世界的何种关系——与事物的关系和与其他主体的关系——如果这个自由是实在的，它必须具有的关系。相反，如果这两个环节无法达成一致，这个辩证法就得以继续，它修正自由的概念，考虑经过之前的失败而已经学到的有关自由的东西，并且，刚刚被描述的诸环节的这种继续得不断重复，直到自我意识的"确定性"完全一致于它的"真理"。

自我意识的经验开始于这个最简单的主体可以归于自身的自足概念："我本身是完全自足的。任何在我面前的我所具有的对象，可能似乎都独立地实存（以及因此就把外在的限制加在我的知识或者意志之上），但是我确定，我的对象不是独立的存在（以及因此我不屈从于如此之类的限制）。而且，我可以证明，我的对象不是自足的东西——我是自足的，它不是——因我的对象显示出它是非常依赖于我的存在（依赖于我的知识或者意志）。"黑格尔主张，这个态度的最好的例子就是，一个受驱动而否定——毁坏（*PS* 107.30/M 109）或者消耗（*Enc.* §427Z.）——一个有生命的但没有自我意识的"他者"，它的目标就是使得它在其依赖性的、非本质的对象之关系中主张的自主权是真实的。换句话说，自我意识，对于现象学的考虑而言，首先显现为"欲望"。

"自我意识"的最令人困惑的方面之一是，黑格尔坚持，欲望的对象不仅仅是任何对象而且是"有生命的事物"（*PS* 104.38/M 106）。这个主张的主要意义似乎是，尽管欲望自身仍然意识不到这个事实——它仅仅对"我们"这些现象学家们是显明的——欲望的对象即生命，实际上不是不同于欲望的主体，如这个主体所认为的那样。更准确地说，欲望的这个对象可以被我们看成，展示了与自我意识自身相同的基本结构——当然，有重要差别，生命不像自我意识，它没有意识到它的结构，或者，事实上，对自身根本没有任何意识。要认为欲望与其对象共享一个基本的结构，就是说生命也在（某种意义上）是自足的。更具体地说，它的自足，像自我意识的自足，包含了它的"被反映到自身中"（*PS* 104.32-33/M 106），或者，同样地，包含了它作为一种"自我发展的整体，消融它的发展以及在这个运动作为简单的事物保存自身［或者自我同一的］"（*PS* 107.8-9/M 108）。黑格尔的观点是，生命，被当作一个整体——有生命存在的全体——保持着自身，仅仅作为一种自我繁殖的循环，作为不断运动的过程，在运动中，个体的生物诞生，并与它们的环境相互作用、繁殖，然后消失。生命，像自我意识（以后是精神），算作一种自我同一的"不同环节的统一体"（*PS* 105.1-2/M 106），因为它仅仅是通过它不同的个体成员的活动、相互作用以及最终的消失而保存自身。

欲望的对象具有复杂的结构，这个原则可以解释，即黑格尔辩证法的前面的环节不是简单地被抛弃，而是保留在后面的环节中。欲望的对象具有生命的复杂性，那是因为它接收了意识最后阶段"力与知性"之对象的复杂性。知性在解释自然时设定的这些力近似于生命的结构，因为描述那些力的法则展现了描述生命的相同的"无限性"，或者通过差异保持的同一性。（例如，引力定律通过设定各种"对立的"经验属性之间的必然关系——通过建立一种本质上的"统一"——而解释运动，这些经验属性例如，空间和时间中的位置，或者距离与速度。）

这里，更为重要的是，即使"我们"意识到欲望与其对象之间的这种结构的相似性，欲望本身却意识不到。相反，欲望的这个主体把自身构想为根本上不同于生命，这个区分对于理解什么使得它优先于它的对象是核心的。这个个体的欲望主体认为自身是完全自我规定的以及独立的，同时它把这些是其欲望对象的有生命存在者看成是对立面：为了生存，完全依赖于其他的有生命存在者，也依赖于它们的无机环境。生命是需要、有限性和依赖性的领域，并且出于这个理由，生命向欲望的自我意识显现为它自己自足的反题。（由此来看，紧接着，这个欲望的主体将不得不否认它自己在生命中的根基性，以维系其自身作为独立的概念。在后面的为寻求承认的斗争中，这个否认将在这个主体的态度中表现出来，即它自己的生命对于主体并不是本质性的，同时，相反，它的自主权是一切。）黑格尔复杂化了这幅图景。他补充说，这个欲望主体的这些对象，尽管向自足的主体呈现它们自身，它们在某种意义上——从欲望的观点看——做出了一项是自足的主张，即使这个欲望的主体"确定"它们不是。欲望受驱动而否认其对象的部分是独立的迹象。因为，在这个主体看来，它们是自足的就会与主体自己的自足相矛盾。黑格尔的主张是，在自我意识的这个早期阶段，这个主体必须认为任何与其他事物的关系是对它自己的独立性的威胁。在欲望中，对一个对象的渴望就表明在欲望的主体中的一种缺失——对某种其他事物的需要就是为了获得满足——对主体而言，这就代表着，失败于成为完全自足的主体，因此与它的自我概念相互矛盾。

那么，对黑格尔来说，这个欲望的主体是一个构想自身以及仅仅是自身为自足的单一自我意识。不同的表述：欲望赋予"主体"崇高地位的唯一存在是自身，以及它认为一切不是自身的洞识绝不是一个主体，一个单纯的（依赖性的）事物。然而，重要的是，欲望的自我意识认为自身是唯一的自我满足的存在，不是因为它认为宇宙恰好包含唯一的如此存在，更确切地说，是因为，即使它认为自我满足由之构成，也不可能是唯一的。换句话说，黑格尔辩证法以之开始的这个自我满足的概念是，在摆脱对其行动和信念的所有限制——不受约束——的意义上，一个认为自由主体是绝对的或者无条件的（两者都是"自我满足的"另外的表达）概念。然而，这个纯粹欲望的主体，认为它的自主权包括承认没有什么法则或者权力超越它自己的直接欲望。

理解欲望失败的两个理由，能使我们解释自我意识辩证法中的下一次运动，从欲望到寻求承认的过渡。这个过渡是黑格尔全部著作中最有影响力的论证之一。黑格尔如下描述这个关系：

> 确信［它的］他者的虚无，［这个欲望的主体］明确肯定，这个虚无对它而言就是他者的真理。它破坏了这个自我满足的对象，因此给予自身作为真实的确定性之自身确定性。（*PS* 107.29-31/M 109）

然后，欲望试图通过采取这个态度来满足自身："我是唯一的自我满足的存在，每一个他在仅仅'为了我'而实存。"尽管，黑格尔把欲望描述为寻求其对象的破坏，这可能引起误导。更准确地说，欲望寻求的东西，是完全否认他者对自我满足的一切主张，而不是它自己。它寻求表明，每一个他者都"算作虚无"，"没有真实的实在性"，并且"不值得为了自身而实存"（*Enc.* §426&Z。补充强调）。换句话说，欲望的目标不是要表明，没有其他任何东西实存，而是要表明没有任何东西具有这种对它施加限制（对它的意志和信念）的存在。

遵循我们早先对《精神现象学》方法的解释，我们应该期望发现对这个影响的下一个论证，即鉴于它的自我概念以及概念隐含的与世界的关系，欲望不可能满足自身（不能恰如其对自身构想的那样在世界上找到已实现的自身）。这完全就是接下来的段落所主张的：

> 在欲望的满足中获得的欲望和自身确定性受到对象的限制，因为那种自身确定性是通过扬弃（aufheben）这个他者而出现的：为了这个扬弃得以实现，这个他者必须存在。因此，自我意识，通过否定与[对象]的关系，是不可能扬弃对象的。相反，因为那种关系，它再次产生对象，也产生欲望。事实上，正是自我意识之外的某种东西才是欲望的本质。（*PS* 107.34-39/M 109）

这段话表明了两个不同但相容的对欲望的计划为什么是自相矛盾的。也就是，欲望的自我意识为了证明自身的独立性而必须做的，为什么掩饰了它归于自身独立性的概念，有两个理由。如果我们要把握像下一个自我意识结构运动之必然性，理解每一个理由是根本性的，在下一个自我意识结构中，欲望成为一个主体，它寻求得到另一个主体的承认。

根据一条思想线索，欲望陷入一种表演性的矛盾中：在试图证明自身的自我满足时，它被迫认可这些对象的重要性，它认为自身要优于这些对象，而它的自我概念也不可能承认这些对象。在构想自身是独立的时，这个欲望的主体认为自身是凌驾于所有其他存在者之上的（任何人的欲望和主张对它来说都算是虚无），但是，在证明它的崇高地位时，它得依赖于这些它主张凌驾其上和独立于它们的存在者。这里，这个思想是，因为欲望需要使得它的主张自为的是真实的——需要在世界上发现如其构想自身那样的自身——它只有通过与他者领域（外在世界）的关系才可能找到满足，在这个他者的领域中，它必须否定其他人对独立地位的各种主张。然而，为了维系自身的形象，在依赖于这些他者时，欲望的自我意识表明自身，并具有它渴望的自我满足，因为它依赖于自身之外的某种东西，以为了实现它本质上之所是的概念。或者，更贴近黑格尔自己的话语：因为欲望的满足受到它的他者的限制，他者对它就是本质性的。然而，这就与欲望的确定性即它是绝对自我满足的，相互矛盾。

　　欲望的困境是矛盾，其第二个原因是，它唯一可实现的满足是暂时的或者稍纵即逝的，因为这个理由，它陷入一种永无止境的重复循环中，"永远无法……实现其目标"（*Enc.* §428Z）。这里遴选的欲望例子的这个特征得对其失败负责，这个特征是欲望建立起的与其对象之间关系的纯粹否定性特征。黑格尔的主张是，一旦欲望完全否定或者破坏它的对象，这个要对其自我满足的状态进行反思的存在不再实存，随着这个对象的消失，这个主体崇高地位的所有世上的证据也都消失了。[1] 由于它与其对象之间的纯粹否定关系，那么，欲望满足自身的这个环节也是它失去它所寻求的东西的环节。这个失去就造成了，需要寻求一个新的对象，自我意识可能在与它的关系中证明它的自我满足，因此，只要它继续以相同的方式构想自我满足，它就陷入一种永无止境的满足与空虚的循环之中，接着，通过重新寻求另一个与之关联的对象，它可以再次宣示自己的自主权。根据这个第二条思想线索，那么，欲望就不可能实现满足，因为它不可能在世界上找到对它所寻求的对这种类型独立性的任何稳定的反映。

　　这个论证似乎取决于这个观念，一旦被否定，欲望的对象就不存在了。但是，如果我们不从字面上来解释这个显示为虚无的对象——如这个主张，被否定的这个对象什么都不算，它对欲望的目的不施加任何限制——黑格尔的主张仍然坚持：一旦这个对象在其自我满足完全被否定的意义上被消灭，那么，在欲望的世界里，就没有什么东西留下以足够的地位（或者"存在"）来反映欲望认为

44

自身具有的价值。然后，欲望就对它的卑微对象失去兴趣，并且被迫去寻求在另一个对象中的确证，另一个对象做出了自我满足的可信主张，因此，是值得欲望否定的。如果我们认为欲望的态度被一位强迫性的引诱者所例证，即使不完美[2]，那么，黑格尔这里的思想可以被表述得更具体。这位引诱者试图通过摧毁——破坏荣誉——他引诱的牺牲品而表现或者证明，他自己具有高级地位的观念。这位引诱者对于他的对象的态度类似于欲望的态度，因他试图证明在一个他者的关系中他的高级地位，这个他者对他来说，大体上，只算作一个物。更确切地说，这位引诱者的对象，最初只呈现自身为一个特定地位的存在——一个有荣誉的人——以及他的满足完全得通过破坏他的对象的荣誉而废除那种主张。当被引诱者屈服于这位引诱者的欲望之时，她或者他就不再作为一个有价值的主体而实存。然后，这位引诱者就体现出这个态度"我是一切（一切重要的东西），以及我的对象什么都不是。"但是，当他指定这个自我概念时，他显示，他是一切——他现实地证明之——取决于存在某个他者的存在，这是他自己的自我满足的主张为他而要否定的东西。这位引诱者显示自身并不是他所认为的那样的自我满足——这就是上面描述的第一个主张——但是也存在这种情况——这是第二个主张——满足对于引诱者来说可能仅仅是暂时性的。一旦他的已破坏的对象站立在他面前，对于他自信的计划就是没有用的。因为，完全不主张任何地位，它就不可能再作为一个与这位可以建立他自己价值的引诱者相关联的存在者。一旦他的对象已经被还原为一个虚无，它就不再适合这个反映自我满足主体之价值的任务。

在自我意识辩证法的下一个运动中，从欲望过渡到寻求承认，包含着黑格尔全部著作中最有影响力的论证之一。它隐含的主张是，主体间性——处于与一个特定种类的其他主体之间的关系中——是自我意识的一个必然的条件（充分的，客观被证实的作为一个自我满足的主体的自身知识）。这点也可以被描述为这个主张，没有主体间性，可能不存在主体，或者，如黑格尔所认为的，自我意识的存在仅当"我是我们，以及我们是我"（ *PS* 108.39/M 110）之时。这里的这个本质性的主张是，只有另一个主体可以提供自我意识以令人满意地确证它自己的自我满足。重建黑格尔论证的关键在于，理解作为对象的另一个主体如何补救欲望的双重失败。

超越欲望立场的进步要求我们追问，关于一个对象如果要满足一个主体必须像什么，对此，现象学的经验已经教给我们的东西是什么。在这个方面，我们已经学到的东西直接来自欲望的两个缺陷。第一，我们现在知道，一个得到满足的主体不可能避免以某种方式依赖外在于它自身的东西，即使它需要证明它在世界上的自我满足。这就意味着，一个令人满足的对象必须是一个主体可以以如此方式依赖的对象，主体的依赖性并不破坏它对自我满足的主张。也就是说，这个主体必须找到一个它可以依赖的对象，以反映它的地位而不在这个过程中贬低自身，因此这个主体就失去了它寻求证明的地位。（这听起来像一个逻辑上自相矛盾的要求，并且因此的确是，直到后来，这个主体在辩证法中修正了它对什么使得它是自我满足的观念。）第二，为了满足一个主体，一个对象必须能够提供持久的而不仅是暂时的满足。它在自身没有消失或者化为乌有的情形下必须能够持续否定（反映另一个主体的价值）。

黑格尔主张，唯有另一个主体满足这两个标准，因为唯有一个主体能够否定自身（ *PS* 108.4-5/M 109）。一个主体否定自身以及"为另一个主体"而存在，无论何时，它都承认另一个主体是一个有价值的存在，它的欲望或者信念以某种方式都很"重要"，或者对它施加限制。不过，为什么一个主体自我否定的能力提供了摆脱欲望疑难的路径呢？首先，通过承认另一个主体否定自身，就不需要隐含自我牺牲，或者确实地或者隐喻地。在承认另一个主体的地位时，一个主体（通常）并不会不存在，并且，对于黑格尔来说，更为重要的是，通过对自身的否定，一个主体坚持一种特定的尊严或者地位，即使它站在那里，"为了另一个主体"而被否定。这就是，因为，即使这个自我否定的主体被否定，它也是它否定条件的创造者，以及因此，在一种特定的意义上，它仍然是自我规定的（*PS* 108.7, 23/M 109, 110）。很明显，这就回应了这个欲望主体遭遇的第二个问题——一个自我否定的对象可以其完好无损的肯定价值的能力进行持续的否定——但是，不太清楚的是，它也与第一问题相关。

似乎，关于第一个欲望的问题——第一个主体何以依赖于其他东西以证明它的独立性，且并不破坏它对自我满足的主张——寻求来自另一个主体的承认并不代表任何进步。因为，在寻求承认时，一个主体为了实现自我意识，仍然依赖于其他东西（依赖于数量上不同的个体）。那么，似乎，对于如此之类的一个主体来说，不可能既满足自身，又要避免依赖于其他东西。然而，重要的是要明白，自我意识的新对象在一个重要的方面不同于欲望的对象，即，它改善了这个欲望主体在依赖类似物的对象以证明其自我满足时遭遇的问题。两个对象之间的差异在于，现在，在寻求承认时，这个主体隐性地承认，它的对象——另一个主体——也有一个凌驾于纯粹事物之上的地位。要认为一个主体来自其对立的东西的承认，就意指，它承认后者作为这种类型的存在者，能够规定自身"为了另一个主体"而实存，因此，后者具有相同的描述主体性的能力——因此具有高等地位——它认识自己所具有的。这就解决了，欲望和解依赖性与自我满足的问题，因为，即使这个主体现在依赖一个数量上不同于自身的存在者，它的依赖性也没有像欲望所做的那样降低它，因为它依赖的这个存在是，它认为属于与它具有相同荣誉物种的存在。这个主体心照不宣地承认其对象的类的身份，它寻求来自对象的承认，标示着一个集体性主体之构成开始了（虽然仅仅是开始）——一个我们的意识——黑格尔主张是自

我意识的一个条件。这个观念更充分地被发展为表明辩证法的进
展——这一观念在卢梭对具有普遍意志如何使得我们自由的解释中
有其来源——这个观念是，一旦一个主体开始认为自己是我们的一
部分，那么，在依赖于也构成那个"我们"的他者时，那个主体依
赖的只是它自身（依赖于它所认同的一个集体性的主体）。要期盼
一段非常长的故事的结局，自我意识依赖于一个外在的他者的问题
就不能通过回避自我满足的理想来解决，也不能通过逃避对他者的
依赖来解决，相反，而是要通过认同主体所依赖的这个对象，它废
除的并不是对象本身而仅仅是它的他者性。

　　因此，自我意识辩证法迄今为止取得的进步，不仅仅产生了对
这种主体必须为了获得满足而与之关联的对象之洞见，而且也产生
了对主体渴望实现的理想的一种概念式修正。欲望经验教给我们的
一个关键教训是，一个主体的真实的自我满足——给予充分和稳定
满足的自我满足——并不是由绝对独立于任何其他事物所构成，相
反，是涉及对其他（数量上不同的）主体的依赖，人们在某种意义
上承认其他的主体就是自身。换句话说，只要人们在其理解一个主
体主张自我满足所要求的东西时假定相应的修正，那么对承认的寻
求就是自我意识的一个重要的步骤：一个主体依赖于一个他者相容
于一种类型的自我满足，只要那个主体能够明白，它所依赖的这个
存在完全就像它自身一样（作为相同的崇高类型——主体而不仅仅
是物）——它认为自身之所是的。就这个主体认同这个它为了自
身的满足而要求的对象而言，它只是依赖于自身，也就是说：依赖
于一个与自身相同种类的对象，这个确定的特点——否定自身的
能力——允许依赖于如此之类的一个对象，而不需要贬低这个寻
求承认的主体为了自身而主张的地位。然而，对于我们这些现象学
家来说，自我满足的理想甚至已经进一步扩大了。因为我们可以看
到——虽然我们打算在它们寻求承认时观察的这些个体的主体仍然
不可能看到——一旦，欲望已经被寻求承认所取代，完全的自我满

47

足性（独立性）就不可能栖居于一个个体的主体中，而只能栖居于整体的主体之中，同时，它们在寻求满足它们承认之需要时在它们之间建立这些关系。换句话，正是这个我们，而不是这个我，才是这里真实的自我满足，虽然，后来的发展将表明，完全自我满足的我们也为每一个个体的我的（相对的）自我满足性给予一个重要的衡量尺度。

在黑格尔的"自我意识的自我满足性和非自我满足性（独立性和非独立性）"的导论中（*PS* 109.8-110.29/M 111-12），黑格尔分析了这个总是在诸多主体之间进行的复杂动态，一旦至少有两个自我意识出现，每一个自我意识都会寻求另一个自我意识的承认。这个分析的出发点就是这种现实：一旦一个主体通过承认寻求证明它的自我满足性，就可能不再完成它的愿望，同时不"外在于自身"，而作为另一个主体的一个对象而实存。这个关于寻求承认的真理是根本性"分歧"的源头——每一个行为的双重意义——这种"分歧"弥漫于一切承认关系之中，以及产生接下来辩证法的很多反反复复。

双重意义的一个来源是，这个成功获得另一个主体承认的主体"失去自身，因为它发现自身是另一个存在者"（*PS* 109.20-21/M 111）。一个被承认的主体在这个世界上发现对它认为自身之所是的确证，但是，在这么做时，它也已经（从它的观点来看）放弃了它的自主权。因为，就它发现承认而言，它把权力让渡给他者的观点而不是自己的，也就是，赋予价值之于它的他者。对绝对自主权的这个让渡，在这个主体中，引起冲动，以否认他者对它赋予价值的权力（*PS* 109.24-27/M 111）——也许通过回避，也许以某种方式通过否认他者之独立的权力——但是，这个冲动的行动，仅仅使得，它者提供给它所寻求的承认，是不可能的，因此，妨碍了它自己的满足。换句话，一个主体在寻求承认时，寻求的是被一个自我满足的他者所承认，但是，为了那个对它而言很重要的承认，它需要明白，这个承认由之所来的存在，占有足够的权力（自主权）以赋予它所寻求的地位。这点阐明了，试图被承认的每一方占有的双重意义的一个方面：不管寻求承认的一个主体对它的对立方做了什么，实际上，也是它对自己所做的。由于，完全是在它寻求的这个其他的主体中，发现了一个它认识自己之所是的确证的形象——由于它"在这个他者中……看到自身"（*PS* 109.22-23/M 111）——它如何对待它的他者，最终影响它在世界上能够找到的这种对自身的反映。

当人们注意到这种进一步的复杂性，即一个寻求承认的主体做的一切事情，都是如此，"它所做的与他者所做的同样"（*PS* 110.3-4/M 112），双重意义的第二个来源进入视野。这里，黑格尔指的不是这个事实，即第一个主体从之寻求的承认的这个存在本身是一个（第二个）主体，它也从第一个主体寻求相同的东西。相反，他正在引起我们注意寻求承认的一个特征，当仍然仅仅从一个主体的目标视角来看时，这个特征可以被看到。黑格尔的见解是，第一个主体在寻求承认时所做的一切都符合它同时对它的对立方所要求的，这个对立方（第二个主体）也以特定方式如此行动。这里，问题的关键就隐含在黑格尔的这个见解中。双重意义的这个类型被说成是反映了这个事实，即鉴于承认的这个目标，"一种纯粹单方面的行动将是没有用的"（*PS* 110.12/M 112）。黑格尔说，所有这些都与环境有关，一旦承认是它的目标，自我意识的对象就在根本上不同于欲望的对象。也就是说，区别于它早期显示的形式，自我意识现在需要把它的他者看作为与自身一样的"自我满足的、自我封闭的"——看作为一个存在，的确，"在它之内没有什么不是［通过它自己的行动］而在那里"（*PS* 110.4-5/M 112）。那么，这第二个双重意义源自这个熟悉的点，即，这个寻求承认的主体不能仅仅通过强加一个否定的地位予以它的他者而找到满足（因为这么做侵犯了它需要在它的对象中找到的自我地位，以至它对那个他者的依赖并不涉及对比自身低级的某东西的依赖）。如果这个他者被否定的地位要算作承认，那么，这个主体必定使得这个他者否定自身，第一个主体在寻求承认中进行的每一种活动都必定引出第二个主体进行相应的、自由的活动。那么，承认的任何一个实例，立刻就包括要求承认的第一个主体的活动和第二个主体对那种要求的自由默认。两个主体甚至为了单一（单方面的）承认行为而必须采取步调一致的行动。

关于相互承认行为的双重意义的这些点，在下面的段落中变得更为清楚，承认的抽象模式（*PS* 109.8-110.29/M 111-12）假定它的第一个具体形态是生死斗争。黑格尔通过回忆引入后者，他回想起，在其发展的这个阶段，自我意识已经"双倍化了"，因为，如我们已经看到的，一个单一主体"只有在另一个自我意识中获得满足"（*PS* 108.13-14/M 110）。我们准备考察的这两个主体中的每一个一开始都认为它的特征是纯粹的自我意识——在"排除一切他者"的"简单的自为的存在"（*PS* 110.35-36/M 113）——是它的本质属性，是它必须为了找到满足而证明自身之所是的东西。当然，实际上，每一方的实存也是某种超过纯粹自我意识的东西，因为它们在世界上得到满足的可能性取决于它们彼此呈现自己的身体，因此也取决于它们的生活历练以及物质依赖性的领域。这个事实的具体体现，连同每一方坚持的对自我满足性的完全否定的概念——自我意识在这里被认为不由与他者的任何特殊关系的界定构成——意味着，每一个主体被激发以向自身以及向它的他者证明，任何物质，甚至是它自己的身体（或者生命），对它都不是本质性的。在辩证法的这点上，冒着生命危险寻求承认似乎表明自我意识是证明其自我满足性的唯一路径。

如果我们严格对待上文描述的相互承认行为的双重意义，那么，每一个冒着生命危险的主体必须被理解为，不仅仅试图宣称它并没有执着于生命，而且也引出在自由回应它的他者时对它自主权

地位的承认。另外，由于，不管一个主体对它的对立方做了什么，　49
它也是对自身所做的，每一方——在一种具有双重意义的单一行为
中——既冒着自己生命的危险也追逐着它的他者的生命。这就是，
因为参与到斗争中的每一方都寻求证明自身也证明它的他者，每一
方"都必须把自己的自我确定性提高到……［既］在他者中也在自
身中的真理"（PS 111.28-29/M 114）。如我们从黑格尔对承认之基
本结构的解释中所知道的，每一个斗争的主体必须开始冒着生命的
危险，也引起其对手的相同的行为。因为，为了得到满足，它必须
能够在它的承认者中看到一个值得赋予它所寻求的自主权地位的存
在（一个愿意在寻求被承认的自主权时冒生命危险的存在）。

　　重要的是，要注意到，即使每一种承认行为都涉及某种程度的
互惠（由于我寻求得到你的承认，这就表明，我认为你足够值得你
的承认），互惠的承认不需要是平等的。事实上，每一位参与生死
斗争的主体都寻求被它的对立方所承认，不是最为平等的主体，而
是作为唯一"绝对的"主体。（一个自我满足的主体必须是一个单
一的个体，区别于所有其他的东西，它遵循上文描述的否定性界定
的自我概念，自我意识在其发展的这个点上具有这种自我概念。）
换句话，每一个主体寻求完全（自我）否定他者，虽然不是在下
述意义上，即涉及破坏生存，或者甚至他者的价值赋予能力。相
反，每一个主体想要它的对立方自由的践行这个态度："你对一切
都很重要，我对什么都不重要。"更准确地说，每一方的目标都是
要在这个意义上被承认（被一个它也承认是一个主体的存在，具有
自我否定的能力）为绝对，这种意义是，它——它的特殊欲望和信
念——对任何主体的欲望和信念都是无条件的权威。

　　生死斗争可能以各种不同的方式结束，但是，唯一的现象学产
生的结果如此出现，在面临死亡时，两位斗争者之一接受生命比它
的荣誉对它而言是更为本质性的，并且为了不死亡而服从他者。这
种情形的结果如下：

两种对立的意识结构：一种是，一种自我满足的意识，对它来说，为自我的存在是本质性的；另一种则是，一种非自我满足的意识，对它来说，生命或者为另一个存在而存在是本质性的。前者是主人，后者是奴隶。（*PS* 112.30-33/M 115）

《精神现象学》，也是黑格尔全部著作中最有影响力的部分由此开始：所谓的主奴辩证法。[3]

我们开始考虑，如黑格尔所做的，主人在战胜奴隶的过程中赢得了什么。这个主人最明显的成就是，他的自我概念作为一个自我满足的主体，不再仅仅是"确定的"，而且是"真实的"。这就是说：作为一个自主权主体，他的地位现在得到另一个意识的承认，通过另一个意识的服从，继续证明着主人欲望的权威。不太明显但恰好有意义的是，这个主人也已经获得了对"存在"——物的世界——的掌控。因为，首先，在坚持生死斗争中，主人已宣称他对生命的优先性（这完全就是奴隶承认的基础，因为他，不同于主人，已证明不能否认他受制于生命）。其次，在消耗奴隶为他准备的对象时，主人获得对物的掌控，这让人想起而且也改进了欲望对相同之物的寻求。因为主人与他所消耗的物的关系是被奴隶中介的——奴隶必须劳作于物，主人才可以享用——主人能够完成对欲望所渴求的物之纯粹否定，但是以一种更加令人满足的方式。黑格尔对此给出的理由是，由于奴隶劳作于事物以使得它们适合于人类消耗，正是他，而不是主人，必须与物之自我满足性相互作用以及适应之。相反，主人能够"纯粹地享用物"以及"在享用中与物打交道以及满足自身"（*PS* 113.19-20, 23/M 116）。但是，我们之前对欲望失败的解释暗示了，主人与物的关系比欲望与物的关系更加令人满意的另一个理由：因为主人，不同于欲望，对物的消耗并不会导致失去在世界上确证他的自主权地位。主人的满足比欲望的满足更持久，因为，甚至，当他的对象已经被消耗了，在世界上，也仍然存在另一个主体继续担负起证明他的崇高地位的任务。[4]

尽管主人取得了这些成就，但，黑格尔著名的见解是，奴隶，而不是主人掌握了自我满足的主体性的未来发展之关键。他对此的论证援用了奴隶境况的三个"环节"：恐惧、劳动和服从（或者服务）。然而，实际上，在这些环节之前，黑格尔提到了还存在第四个优点[5]：这个奴隶在他面前具有"自我满足的……作为真理的意识，虽然真理的确为了这个奴隶而实存，而在他身上还没有"（*PS* 114.18-19/M 117）。自我满足的主体性构成了奴隶的"真理"，因为，不像它的对立方，他在他的眼睛里始终都有主人成为一位自主权主体的一幅画面，这个主人自己的意志和观点对其他的主体具有权威。在与他的主人互动时，奴隶经验到自主权的主体性——可以说，来自外部——自主权对他来说算作是"本质性的"。即使奴隶还不明白自我满足性是他自己的潜在属性，但他与主人的关系提供给他自主权的活生生的范例，尽管是不完整的，但将在他未来的精神发展中起到一种引导性理想的作用。

对于黑格尔来说，那种发展的可能性取决于环境，即使奴隶还不认为自己是一个自主权的主体，他与主人的互动以各种方式改变着他，不是改变他的知识，这些方式将使得他能够实现一个比主人能够实现的更加完整的自我满足的形式。这就是黑格尔这句话所意指的，他说，"为自我的存在的……真理隐含地［潜在地］属于"奴隶（*PS* 114.19-20/M 117）。正是他的恐惧、服从和劳动解释了，为什么自我满足的主体性已经存在在奴隶身上，即使他仍然没有意识到那种潜在。

这里，恐惧的问题并不是指努力对他的特殊主人的恐惧，而是他对绝对主人的恐惧，即死亡。这里，回想下奴隶与主人的关系奠基于他自己与存在的关系上，具有现实意义：完全是因为他不能够放弃他对生命的执着，奴隶在生死斗争中成为主人的奴仆。然

51

而，在经验这个恐惧时，奴隶要求一种能力，这种能力是主人所缺乏的，但是对于自我满足的主体性却是本质性的，这就是"绝对否定性"的能力。这是因为，在遭遇自己可能死亡时，奴隶恐惧的不仅仅是缺失了这个或者那个特殊的性质，而且更是缺失"他的整个存在"（*PS* 114.22-23/M 117）。在死亡的恐惧中，之前似乎固定的和稳定的关于一个人的一切都被动摇了和消解了，似乎规定那个人的每一个特殊属性现在都不是与一个最高的、最重要的价值相关联的问题：继续活着。那么，在死亡的恐惧中，出现的东西就是一种"普遍的消解"———一种绝对的否定——一个人当前的一切，黑格尔认为这是自由主体性的本质。一个充分自我满足的主体——"一个人，在他之内的任何东西都是他自己行为的结果"（*PS* 110.5/M 112）——必须能够从其每一种单纯给予的属性中后退一步[6]，以为了追问是否它有这样的一个属性就是好的。实际上，奴隶都是从一个最高的价值的视角来判断所有他的特殊性质，以及在这个方面，他已经超越了主人。然而，就他仍然是一个奴隶而言，他的这个好的标准仅仅是生命。如果他要成为真实的自我满足，那个标准必须最终被自主权主体性的理想所取代———一个更充分样式的标准——现在，他明白和重视的自主权主体性在主人身上，还不在他自己身上。

通过区分努力的服从与他的劳动，黑格尔吸引我们关注这个事实，努力的劳动是为另一个人进行的，他的劳动是被一个外在的意志命令所规定的活动。黑格尔对于奴隶这个方面境况的意义谈论的很少，但是它含沙射影地指出了"服务的纪律"（*PS* 115.29/M 119），这就有可能猜测他的观念的主旨[7]：要服从一个外在权威的纪律，就必然要求真正的自主权要求的自律能力。在服务他的主人时，奴隶学会对他自己的特殊的、纯粹自然的欲望说不，相反，为了某种更高的目的而行动，因为这些目的来自他承认是自我满足的以及因此是权威的一个主体的意志。那么，努力的服从就发展了他身上的这种掌控自身的能力（最终的），这里的自我掌控或者自我规定就包括了使得一个人的意志——服从某个人的特殊的给予的欲望——服从于一个某种意义上源于自身的更高理想的权威。当然，就他仍然还是一个奴仆而言，奴隶无法获得自我规定性，因为他服务的这个更高的目的缺少普遍性，也就是说：他的劳动所满足的仅仅是另一个个体的特殊和任意的目的，而不是为了绝对的、真正权威的目的，即自由本身的目的。

　　黑格尔对奴隶劳动的讨论要比对恐惧和服从的讨论更加广泛以及更为出名。它可以被划分为两个主张，一个关注的是劳动的"积极的"意义，另一个关注的是劳动的"消极"作用（*PS* 115.12-14/M 118）。对第一个主张的定位和理解要更为容易。它开启了这个观念，奴隶的劳动提供给他的与存在领域的关系，要比主人或者更早的欲望所可能提供的，更加令人满意。奴隶与存在的关系要优先于欲望与存在的关系，因为他否定（改变了）他以一种不需要灭绝它们的方式劳作的物。劳动通过塑造它们而否定物（以及以符合一个主体目的的方式塑造它们），但是，当它完成时，它的对象不是不再存在，而是相反，仍然矗立于世界上，以之为对劳动者主体性的客观检查。奴隶根据他自己的计划（即使这个计划最终被他的主人的目的所规定）重塑这个给予的世界，以及在这么做时，他把他的主体性刻入物的世界中，以及在其中发现对他作为一个主体之自主权的客观反映——他的对对象世界"立法"的权力。相反，由于主人仅仅"享用"，而不劳作于他享用的对象，它无法经验到自身是一个完全自我满足的主体，这个主体有能力把自己的印记，把其所有的特殊性，注入世界之中。

　　第二个主张，劳动的消极意义表现在黑格尔的下述主张中，即劳动否定或者"消磨"奴隶境况的第一个环节，即他对死亡的恐惧（*PS* 115.14/M 118）。理解这一点的关键在于，黑格尔在前一个段落的结尾中的陈述，"通过他的劳动，意识明白自我满足的存在就是自身"（*PS* 115.9-11/M 118）。这里，黑格尔的主张是，奴隶的劳动完成的事情不仅仅是提供给他的主体性的客观证据。通过重塑这个物的世界，它也使得那个世界与他不是那么陌生。相反于认为物的领域是敌视的和外来的，他明白它"作为自身"，是一个适应主体性之愿望的领域，而不是阻挠主体性的愿望。

不过，即使劳动消灭了存在的陌生性，对死亡之恐惧的否定是怎么进行的呢？黑格尔的回答既是直接的又是令人困惑的："这个客观的否定［例如，劳动否定的存在之形式］完全就是陌生的存在，奴性的意识在它面前会颤抖。"（*PS* 115.16-17/M 118）这个回答带来的困惑是，为什么奴隶对死亡的恐惧等同于对外来存在的恐惧。回想下未来的奴隶首次经验对死亡的恐惧的那个时刻，将是有益的。物的世界对他来说（如对未来的主人来说）具有外来事物的意义。也就是说，在寻求承认的斗争中，两个竞争者认为那个世界上的成员是对立于他们要成为一个主体的愿望。因为，对于他们来说，要认为自身本质上与物质世界相关联——与某种"外在"的事物——就是要失去其自我满足性的明确特征。在谈到外来的存在恐吓了这个未来的奴隶时，黑格尔表明，这个在生死斗争中经验到的恐惧，实际上，是双重的：一个是对死亡的恐惧，一个是对失去自己的自我的（一个人作为一个主体的地位）的恐惧。如我们已经看到的，奴隶的劳动通过下述宣示夺去了它外来的特性，他宣示，在接受被奴隶强加给它的形式时，这个物质世界可以适应以及反映主体性，而不仅仅是对立于它。但是，除了要证明自我满足的主体性可以和解于与物的本质上的关系，这一成就也否定了奴隶对死亡的恐惧。因为，奴隶现在明白，物质世界对他构成性活动的接受性也永恒化他的主体性，因为它能使得后者要求在一个比任何个体自我意识可能更为持久的世界上实存。把他的主体性置于存在的领域中，就得接受，对奴隶最为重要的是拯救他的身体死亡，以及要实现这个就要减少对身体死亡远景的恐惧。这标志着自我意识的一次重要的精神进步，因为，一旦一个主体不再被死亡的恐惧占主导地位，它就更自由地去做一个自我满足的主体必须做的：以所有物质都重视的方式规定它的行动——不管是快乐还是生命本身——都服从于这个自由的更高的、精神性的目的。

　　在引入辩证法的下一个阶段时，黑格尔挑选出主人和奴隶的两个环节作为自我意识主体性发展中的主要进步：第一，奴隶已经明白了，在他所塑造的物中的对他的主体性活动的客观反映；第二，他在主人身上看到认为自身之所是的意识的一个具体例子，并且他被认为是一个自主权的主体（ *PS* 116.15-17/M 119）。这个问题——以及未来发展的这个动力——是，这两个环节还没有被整合到一起。接下来的自我意识的结构代表着不同尝试，即尝试把主人—奴隶关系的这两个环节综合为一个单一的意识。从我们在"自我意识"部分开始考察到的经验来看，我们知道关于这样一种综合将涉及什么：一个充分自我满足的主体必须能够明白自身——它自己主体性的证据——渗透到它必然与之关联的他者之中（与物的世界之关系以及与其他主体之间的关系）。在这个事业中获得满足的一个条件是，个体的主体放弃他们对绝对自主权的主张（作为个体），并且相反，确认他们自身具有集体的意志（或者视角），这种集体的意志在两种意义上是普遍的：它的构成是，考虑组成它的所有个体主体之视角，并且视之为同等价值。以及，它认之为它最终的权威不是快乐或者生命的被给予的、自然的目的，而是一个单一的、高于一切的精神价值，即自由的实现。

注释

1.　这个论证思路在后面得到证实，当黑格尔解释，为什么劳动代表了比欲望与对象的关系更为令人满意的关系："欲望为自身保留了对对象的这种纯粹的否定，以及因此保留了一种自我的纯粹的情感。但是，那就是，为什么这个满意本身就仅仅是稍纵即逝的，因为它缺少客观性的一面，或者持久性。"（ *PS* 114.39-115.3/M 118）

2. 一个明显的差异是，这位引诱者的对象是另一个人，而不是一个微不足道的有生命之物，但是，这个类比仍然具有启发意义，因为这位引诱者实际上认为他的对象就是一个物，是某种没有对他自己的欲望施加任何限制的事物。

3. 由于 "lord" 和 "bondsman" 比熟悉的 "master" 和 "slave" 更能准确地翻译 Herr 和 Knecht，我这里应该使用前面一对词语。

4. 被后面一段话支持的这个解释强调了 "消失" 或者稍纵即逝，欲望满足的本性以及与主人的物之经验进行对比（ *PS* 114.39-115.3/M 118）。

5. 这里谈到的优点不应该被理解为，表明了，奴隶比主人 "过得更好"。奴隶的处境更好，仅仅是从他受压迫的条件使得未来主体性的发展有可能的视角。

6. 这是归于自由意志的普遍性的环节，在 *PR,* §5。

7. 在 *Enc.* §435Z 中，黑格尔关于服从的意义更为明确。

延伸阅读

Neuhouser, F. (1986) "Deducing Desire and Recognition in Hegel's *Phenomenology of Spirit*," *Journal of the History of Philosophy* 24.2: 243–62.

Siep, L. (1992) "Der Freiheitsbegriff der praktischen Philosophie Hegels in Jena," in L. Siep, *Praktische Philosophie im Deutschen Idealismus* (pp. 159–71). Frankfurt am Main: Suhrkamp.

Siep, Ludwig (2006) "Die Bewegung des Anerkennens in Hegels *Phänomenologie des Geistes*," in O. Pöggeler and D. Köhler (eds.), *G. W. F. Hegel: Phänomenologie des Geistes*, rev. edn. (pp. 109–129). Berlin: Akademie Verlag.

Westphal, K. R. (2009) "Urteilskraft, gegenseitige Anerkennung und rationale Rechtfertigung," in H.-D. Klein (ed.), *Ethik als prima philosophia?* Würzburg: Königshausen & Neumann.

第3章

自由与思想：斯多亚主义、怀疑主义以及不幸的意识

弗兰考·切尔金

1. 导论

　　自我意识环节的 B 部分被划分为三种意识形态（Gestalten des 55
Bewußtseins）：斯多亚主义、怀疑主义和不幸的意识。根据黑格尔
的意图，它们被呈现为这个部分的一般主题"自由的自我意识"的
进一步具体叙述。在黑格尔对这个主题的导论性概述中，"自由"
这个词并没有出现。更确切地说，黑格尔使用的是形容词"自由
的"，一次用来限定自我意识，一次用来限定思想。实际上，思想
构成这个导论的核心主题。似乎挺奇怪的，黑格尔现象学的探究
中，只在这点上，思想被当成一个明确的主题。实际上，人们可以
找到一些好的理由来解释，为什么思想，在黑格尔的特殊意义上，
并没有构成诸如"感性确定性"或者"知觉"这样显现的意识形
态。进一步而言，要在像"知性"这样的形态中接受没有思想似乎
更加困难。可是，如黑格尔表明的，只要知性或者理智被确认为是
这种抽象的活动，把主体和客体分离的活动，隔离部分与整体的或
者把它们具体分为相互独立的实体的活动，就可以正确地认为，理
智准确地说并不思考。思想的活动，如黑格尔所认为的，被呈现
为知识工作的补充。实际上，思想的目标是，聚集和表达存在与

存在的知识之间的统一，主体和客体之间的统一，以及在自身被表达为全体之内的部分之多样性的统一。甚至，在自我意识 A 部分的诸形态中，思想在生命的更加自然的方面以及在欲望和渴望的运动中，仍然是潜在的，在承认的斗争中和在主奴辩证法中，也是如此。然而，完全是通过这个辩证法，所有这些要素，在被观察到的意识经验中，都成熟了，并且，一旦它们被整合起来，它们就使得思想的显现成为可能。

这些要素通过主奴辩证法如下发挥着作用：一方面，有作为"自为存在"的主人，意味着一种与自身是直接关系的意识，同时享受着奴隶的劳动；另一方面，有奴隶的意识，它通过劳作，把它自己的形式，"自在存在"印到物上以及印到一般的客观性上。奴隶意识越是在主人面前恐惧，不是因为这个或者那个特殊的物，而是因为它的整体存在都处于恐惧之中，它的劳作就越是不仅仅处理个体的特殊物，而关注的是客观性的整体领域，而是一种普遍的构形。思想的这种塑造所取决的关键主要是奴隶意识。当它意识到，主人的"自为存在"不再是某种外在于自身的东西，而是以一种绝对否定的形式（对思维的恐惧）在自身之内，以及，当在它自己劳作所形成的客观性的"自在存在"中，他意识到它自己的形式，以及在一种肯定的意义上意识到自身，那么，通过统一"自为存在"和"自在存在"，思想可以被塑造出来。因为，要成为思想就要求，物的"自在存在"与意识的"自为存在"不再被划分成为分离的和独立的实体。它要求，它们在意识的统一中被认为是同一的。仅当，这种形式通过劳作收获的"自在存在的方面或者物性，不是意识之外的其他实体"，黑格尔说，一种新的"自我意识形态就……诞生了"（*PS* 116.22-25/M 120）。[1] 这种新形态之本质并不取决于另一个意识或者一般而言的物性，如主人和奴隶中的情况，它们都互惠地取决于彼此以及物。由于这个意识单单取决于它自己的本质，并且这个本质被表述为"无限性，或者意识的纯粹运动"（*PS*

116.25-26/M 120），现在当下的这个意识就是一种"思考的意识，或者是自由的自我意识"（*PS* 116.26-27/M 120）。

要考虑考虑黑格尔这里提出的两种等同性，一方面，意识的无限与意识的纯粹运动之间的等同性；另一方面，思考的意识与自由的自我意识之间的等同性。两种等同性有助于澄清，对他来说，思想的本质是什么。我们知道，对于黑格尔而言，尤其是在他的耶拿时期，无限性在他的辩证法中是一个关键的词语。[2] 无限，对于黑格尔来说，并不是被置于有限旁边或者之外的"某种东西"。更确切地说，它是每一个有限的东西，以及因此每一个限制的东西，在其自身中超越自身的行动。因此无限是运动，它是绝对的辩证的不休止，它不允许有限本身保持满足，而是鞭策它超越自身，以把它与其恰当的对立面整合起来。这个自我超越的运动给予意识以最纯粹的洞见，不是作为其他属性中的一种特殊属性，而是作为它本质的构成。实际上，如果无限制和无限没有出现在意识之中，意识不可能占有有限的或者确定的知识。那么，这就是思想。限制思想是不可能的（改换 Wittgenstein 1922，前言的措辞）。因为考虑限制的双方是必要的，然后，超越我们设定的和这种限制。由于意识赢得了独立性，这个克服限制和有限的运动不再屈服于一个外在的权力，它是自由行动的自我意识。如我们可能看到的，自由的自我意识和自由的思想这段话的关键在于，意识与客观性的关系。首先，意识必须形成事物，通过自身在那些事物中意识自身，然而，它只可以作为思考的自我意识把握自身（参见 Westphal 1989，160-2）。

在这个方面，黑格尔可以呈现思的定义：

　　　　因为，不是作为抽象的"我"，而是作为"我"立刻就具有了自在存在的意义，自身成为对象，或者以这样的一种方式与客观的本质相关联，使得这个客观的本质具有它所针对的意

识的自为存在的意义，这就被称为思。（*PS* 116.27-30/M 120）

这是非常重要的定义，它概括了主奴辩证法的结构。在运思中，这个我是自身的对象，虽然不像抽象的"我思"，如康德所言，它伴随着一切我的表象（*CPR* B 131）。正是一个我在客观性中找到自身，以及，相反，它把客观性当作属于这个我的"自为存在"的相同运动所描述。这个主体与客观之间的同一性，是黑格尔所称的"概念"（Begriff），主体性的形式在这个同一性中表达了与客体性相同的结构。黑格尔强调了这个同一性的两个方面。

关于概念与客体性的同一性，黑格尔陈述：

> 对象……在概念中，也就是，在一种有区别的自在存在中向思想运动，因为意识直接的就不是什么不同意识的东西……一个概念即刻就是某种现存的东西——以及，这个不同的［存在］，就它是自在的而言，它是概念的规定内容——然而，因为这个内容立刻被概念式地理解，意识仍然直接地在与这个规定的和有区别的现存存在的统一中意识自身……（*PS* 116.30-117.6/M 120）

如人们能看到的，根据黑格尔，这个概念不是抽象的和空洞的，而是自在地被规定的和有区别的。它立刻呈现于意识的诸多差别，并不同于何所是的具体表达，即什么存在于世界之中。

这里，如在黑格尔思想的其他每个地方，他恰到好处地区分了"概念"（Begriff）和"表象"（Vorstellung）。这个区分并不表明，这两个概念，即概念和表象，是相互不相干的。相反，对于黑格尔来说，哲学的义务本质上就是要把表象转换成为概念。特别有意义的是，他完全是在这个环节提到这个关系的，即自我意识，自由的自我意识，被提高到思想的环节。根据黑格尔，表象的一个关键特征是，在表象中，意识尤其必须牢记，一个规定的表象就是"它的"表象（*PS* 117.6-8/M 120）。意识，意识到一个表象的内容是作为"被置于它面前"（Vor-gestellt）的某种不同于自身的东西，某种被发现的和外在的东西。在意识接受那种内容为自身，以之为自己的产品之前，一个特殊的媒介是必要的。有一个表象就要求把某物的内在形象与外在的、引起它的显现的感性直观的记忆联系起来。仅仅通过认识到，这种形象、直观的记忆以及彼此联系的过程，属于其内在的存在，意识可以从外在存在中重新获得表象，并且设定它是"它"自己的。这是完全不同的方式，以此，一个概念存在于意识之中。一个概念是纯粹的思想，不与诸表象或者感觉形象混合。它具有一种规定的内容，这种内容构成了它的不同于意识的"存在"。由于这个内容被把握为一个概念（而不是一个表象），它不是不同于意识，而是直接地与之相统一。换句话说，拥有概念的意识不需要制定一种特殊的反思，以回忆这种表象"具有成为某种其他东西的形式"。一个概念是意识自身的产品："概念，对我而言，直接就是我的概念"（*PS* 116.30-117.8/M 120）。因为这个理由，意识提升到思想，就不仅仅是自我意识，而且是自由的自我意识。它是"自由的"，因为它，作为一个思想的规定内容，是独特的以及不同于意识的东西，尽管，它是意识能意识得到的东西，以及是与自身相统一的东西。因此，根据黑格尔，自由之所是，就是能够承认在他者中的自身，以及因此甚至自身仍然存在，因为它呈现为他者：

> 在运思中，我是自由的，因为不是在一个他者中，而仍然简单的与我自己在一起，对象，对于我而言，是本质，它在未划分的统一中就是我的自为存在，而在我的概念中运动是在我自身内的运动。（*PS* 117.8-12/M 120）

根据这个活跃于整个现象学过程的特殊辩证法，黑格尔小心谨慎地强调思想与存在的同一性仅仅自在的和自为的显现（*PS* 116.20/M 120）。也就是说，这个同一性对于下述这种知识是显而易见的，即它不是意识限制的因徒，而是它已经在绝对知识的层面上运动。另一方面，这种观察到的意识在它可以实现那种目标之前有一条长长的道路要走，因此自在存在和自为存在的这种同一性在这里以一种非常普遍的方式被呈现出来。意识是对它自身而言的"一般思维意识"的对象。它还远不知，如何在其完满的清晰表达中，"在其杂多存在的运动和发展中"（*PS* 117.17-18/M 121）发展它的目标。它认为，思想"最初仅仅是一般而言的普遍本质"（*PS* 117.16-17/M 121）。从历史上来看，这个思辨性的立场已经在斯多亚主义中被实现，这个部分的第一个现象学形态。

2. 斯多亚主义

参照历史上斯多亚主义和怀疑主义的确定哲学立场，在黑格尔的现象学过程中，是独一无二的。他的现象学过程中随处可见的与传统哲学思想的不间断地对话。然而，即使黑格尔的对话者的身份有时是绝对清楚的，他一般也避免明确地确定哲学家或者哲学学派的思想。现象学不是一部哲学的历史编纂学的著作，而是一部历史性地显的哲学著作，它使用了很多可能在不同历史时期出现的意识形态的例子。

斯多亚主义的典范价值首先在于它的原则，它所宣称的正确信念是："意识本质上是一种思维的存在，某东西对他来说，要算本质的或者真实的或者善的，只要在它内，意识作为以一种思维的存在与自身关联。"（*PS* 117.21-23/M 121）然而，这就有了一个直接的对立观点："对于这个问题什么是善的和真实的，它通过重复无内容的思想予以回应，即真实的和善的东西由理性构成。"（*PS* 118.29-31/M 121）因此，斯多亚主义的思想并没有采用生活世界中近切的具体形式。相反它是一般的思想，抽象于事物之间的差异，并且变成为其纯粹的形式，"在这种形式中，没有什么东西规定（或者具体化）自身"（*PS* 118.32-33/M 122），并且它漠视自然的存在（*PS* 118.11-12/M 122）。出于这个理由，因为它受到纯粹思想形式和现实存在的世界之间的未被解决的二元性的影响，斯多亚主义是一种意识的形式，它的特征就是主体和客体的二元论，这是意识本身的典型特征。[3]

斯多亚主义对之前那种主人和奴隶的形态表现出否定的态度。它实际上既不认同主人的形态，也不认同奴隶的形态，在主人的环节中，发布命令的他以某种方式找到自身，却依赖于被命令的东西；在奴隶的环节中，奴隶则通过恐惧而服从于主人的劳动。斯多亚主义者知道，要承认为真正自由的人，不可能命令或者被命令，以及他相信，只要"它不断地从生存的运动、从效果以及从激情中撤回自身，而成为简单本质性思想"（*PS* 117.37-39/M 121），实现这个条件是有可能的。通过从世界中回撤，斯多亚主义者是"自由的，不管头戴皇冠还是脚负锁链，在他个体生存的一切依赖性内，是自由的"（*PS* 117.36-37/M 121）。这并不意味着，斯多亚主义完全脱离了主奴辩证法。相反，对它的否定行为，表明了它与主奴辩证法之间的持久的本质性关系。当黑格尔强调这个撤回到纯粹的普遍性思想中时，他是多么明显地呈现这点："这种思想可能只在普遍恐惧和奴役时代显现为一种世界精神的普遍形式，虽然普遍文化已经达到了思想的层面。"（*PS* 118.3-6/M 121）

即使这些现象学的形态并不一般地表明这个历史性的导论是一种"本质的踪迹"（Sherman 1999, 104），很明显，黑格尔这里暗指的普遍恐惧和奴役的时代，就是在罗马历史的这个时期，伴随着帝国专制主义，丰富的文化生活得以绽放，包括哲学。实际上，它不得不以某种意义上说是输入的哲学打交道，因为这种哲学诞生于其他地方。它诞生于希腊，以及，在它的形成时期，就以一种特定的方式，注定是为了未来的世界的。伟大的斯多亚主义的、怀疑主义的和伊壁鸠鲁主义的大师们的哲学，实际上，完全符合罗马世界，尤其是帝国时代。当国家的结构变得足够压迫和独裁，以致更加高贵的精神对现实感到厌恶时，就会出现，在自身内寻求现实生活中遭到无视的善和公正之事的需要。和谐的罗马文化阶层感到，斯多亚主义的基础在于找到了自由，而他们已经在自身的意识中和在抽象的普遍性思想中被剥夺了这种自由。但是，现在，这个意识已经失去了在他们可能承认彼此以及也被他们承认的共同体中产生联系的能力。取而代之的是，需要撤回来成为自身，以为了通过把它锚定在纯粹形式的思想上而试图坚持他们的个体性（ *PS* 261.16-33/M 290）。但是，因为纯粹思想缺少"充实的生活"（ *PS* 118.14/M 122），因此，以这个方式获得的思想自由就仅仅是自由的思想，不能够以任何具体形式实现自身。

　　根据黑格尔，在抽象的自由思想中躲避现实世界，就构成了斯多亚主义的根本性局限。这个局限明显很尴尬，因为，当被问到关于思想内容的真理标准时，它就崩溃了。一旦斯多亚主义的思想造就出每种抽象内容时，它的回应可能就只有空洞、乏味的态度（ *PS* 118.27-36/M 122）。对现实的模式，彻底地脱离激情和具体目标，实际上，就导致事物是其本身之所是，因此就并不构成对世界的真正和极端的否定，虽然这个否定是斯多亚思想的本质所要求的。真正来说，这个否定将不得不以如此之类的方式渗透到自然存在的全体之中，如消除极端的每个残余，以及允许意识以丰富的具体生活充实自身。实际上，因为意识从其存在中撤回到自身，"它并没有实现对自身内的他者的绝对否定"（ *PS* 118.38-119.1/M 122）。思想否定性的这个经验，在斯多亚主义中，呈现自身为一种单方面的和没有充分实现的自由，它在这个部分的第二个形态即怀疑主义中得到充分的表达。

3. 怀疑主义

　　与之前的诸现象学形态相比，斯多亚主义符合主人形态所要求的这种独立性，而怀疑主义符合的那些态度是如此，意识实现了对他者的否定性行为，尤其是对奴隶的欲望和制作。然而，如抽象思想中的斯多亚主义实现了仅仅被主人所预示的那种独立性的第一个阶段，怀疑主义克服了，奴隶在欲望和制作中无能实现对意识之外的任何他者的整体否定。怀疑主义可能终结了他者性的消解和物的独立性，因为它并不认为它们来自一种最初有限的、限制性的立场，反而，来自已经被宣称为自我意识之本质的东西：思想或者无限性。对于无限性的思想而言，所有独立的实存以及它们的差异，"都仅仅是作为消失的量"（ *PS* 119.12-22/M 123 ）。"消失的量"这个表述，是黑格尔从牛顿的微积分术语借用的，它的意思是清除定量规定的环节：在它消失的这个环节中，一个量同时以及以相同方式，是无以及不是无。因此，它是现实存在的矛盾或者（以黑格尔术语）是无限性，作为对立面的整合。[4] 任何具有规定实存的东西之消失，就是怀疑主义的普遍工作。它能够向意识阐明有效性的实效以及每个实存实在的不一致性。在怀疑主义中，"思想实现了对杂多规定世界之存在的完全消灭，以及自我的自我意识的否定性实现了，在杂多生命结构中，真正的否定性"（ *PS* 119.9-12/M 123）。

　　在之前的诸多意识形态中，它仅仅"发生在它身上，而不知道它的真理和实在是如何消失的"（ *PS* 120.1-2/M 124 ）。然而，怀疑主义的自我意识以其否定性的能量不仅仅否定世界本身的客观性以及它与之的关系，而且也否定自身。因此，"通过这种自我意识的否定，它为自身创造了它的自由的确定性，它带来了这个确定性的经验，因此把它提升到真理"（ *PS* 119.39-120.9/M 124 ）。从这个肯定来看，容易理解怀疑主义在黑格尔认识论中的绝对重要性。一旦从经验和理智要素的混合和单面性中解放出来，就使得它成为一

61

种意识的形态，怀疑主义构成了辩证法的核心要素，以及对实在性进行恰当的哲学理解之核心环节。在《精神现象学》的导论中，黑格尔仔细地、恰当地区分了，使得"精神首次可以评价什么是真理"（*PS* 56.31/M 50）的怀疑主义，以及因此构成哲学科学的怀疑主义，作为"不完全的意识"的特殊形态的怀疑主义（*PS* 57.5-6/M 51）。这个区分完全与归于怀疑主义否定的意义和作用相关，它呈现自身为一种作为意识形态的怀疑主义的抽象，虽然是作为那种特殊的"自我完成的怀疑主义"中的一种规定的否定，黑格尔认同这种"自我完成的怀疑主义"是他的现象学科学（*PS* 56.12-13/M 50）。怀疑主义，作为不完全的意识之形态，它的进程是为了否定。但是，在否定某物时，它所认为的都是纯粹虚无，在其中，每种规定性都消失了。它的抽象部分，以及因此它呈现它的抽象否定性，就是这个事实，即这个无"就是它由之产生结果的那个东西的无"（*PS* 57.11/M 51），因此，就是"某种规定的东西以及具有一个内容"（*PS* 57.11/M 51）。如果我们认为一个否定的结果是它真理和完整性之所是，也就是说，"是一种规定的否定"，那么，"因此就立即出现一个新的形式"（*PS* 57.15-16/M 51）。相反，"怀疑主义以抽象的无或者空洞而结束，它不可能从这个获得任何进一步的进展，而是必须等待和看看，是否有任何新东西出现在它面前，以及这就是为了抛进相同的空洞深渊。"（*PS* 57.11-14/M 51）

确定的否定的这种产生能力基于对黑格尔来说容易理解的一个事实。为了生存，某种东西必须是规定的：不可能说或者认识任何完全没有规定性的东西。规定性，如斯宾诺莎教导的，是否定，"determination negation est"（Spinoza 1995: Letter 50），因为，任何个体化的事物都是通过比较把自身与其他一切区别开来的。然而，这些相反的他者，就是它的规定的否定，不可能被清除出去，以之为非本质的。相反，只有通过涵盖任何事物之规定内的那种明确否定它的东西，我们才可能认识事物的整体以及真理。在我们肯定某种事物时，也必须理解它的否定，这个事实并不简单构成导致无的矛盾。它允许我们获得一个更高层次的内容，即对某物以及与那种否定它的事物之必然关系的抽象肯定，一起流入统一中。[5]

　　这就是从怀疑主义中掇拾的方法，在黑格尔早期的耶拿文章"怀疑主义与哲学的关系"中，黑格尔已经把它融合进辩证法，作为它的本质环节。在这篇文章中，黑格尔处理了柏拉图《巴门尼德》集中体现的一种怀疑主义，根据黑格尔，这种怀疑主义的科学功能隐含地出现在每种真正的哲学体系中（Skept, GW 4:207.15-209.3）。他认识到，产生怀疑主义的东西以及引导它发展的每一个阶段的东西是，等价（isoostenia）的原则，即等效力，即任何一种对话，以某种它们相互彼此宣称对方无效的方式，可能被一种相反的对话所对立。这个原则是皮浪和他的直接后继者们的怀疑主义的基础。它具有所谓的十个比喻的典型辩证法武器，根据黑格尔，它指向的不是反对理性和哲学，而是反对常识意识的确定性以及理智的有限规定性（Skept, GW 4:213.27-217.34）。这个原则的理论优势，也在《精神现象学》中被使用，符合这种所谓的相对性的比喻。它包括表明，每种规定，每种有限的实存以及同样每种差异，都如何不可能被当作任何坚固的和不可改变的东西。因为，它们的本质总是某种它们自身之外的东西以及仅仅在这种东西中发现自身。绝对的无，因此，可能仅仅在有限规定的层面才可能被发现，因为任何被设定为区别于和不同于某种其他事物的东西，正是通过排除下述关系发现自身与这个其他的事物密切相关，这种排除关系排除了某物作为自身绝对的实存。消失的东西就完全是绝对与相对之间的差异，并且，这个差异"必定消失于思维之中，因为那种被区分的东西恰恰是，这个不是在自身之中存在的东西，而仅仅是在一个他者中有其本质性的东西"（PS 120.10-14; cf. 80.24-81.14/M 124, cf. 78-79）。

　　每种规定都服从于对立面，这个向完全对立面的转变，根据黑格尔，表明，自由的经验对于怀疑主义何以是根本性的："因此，怀疑主义的自我意识经验到，在想要自为地被固定下来的每个事物的变化中，它自己的自由是被自身或者通过自身给予和保留的。"（*PS* 120.16-18/M 124）唯有自由的行动可以使得意识摆脱对有限的奴役，并因此而使得思想认识对其本质的占有。黑格尔明确地命名为"不变性"，"不动心地思考自身"（*PS* 120.18/M 124），以之为这种形式，即怀疑主义的自我意识以此获得"自身不变的和真理性的确定性"（*PS* 120.18-19/M 124）。自我意识获得这个结果而不抛弃或者遗忘它如何获得的，即使这个方式展现的特征相反于自身确定性的不变性和真实性，以及，相反呈现自身为"绝对辩证的不定"（*PS* 120.22/M 124）。

不变性和绝对不定是怀疑主义内的两种运动。不动心就构成了怀疑主义的积极一面，它并不具体化为一种特殊的学说，而是提供给自身一种 agoghé，即一种生活方式。正是这种绝对的宁静包含和主导着不断地自我否定有限规定的消极和无效的一面。这种生活方式并不是一种规定优于其他的规定，而是把它们都还原为它们的有限。这是可能的，因为在其积极的生存中，怀疑主义表达了这种理性的自由。黑格尔在《精神现象学》导论中肯定了怀疑主义的这个方面，在那里，对不断地自我否定的被观察形势的这些经验的补充，是我们"纯粹观察"的不变性（*PS* 59.30/M 54）。这个纯粹的观察避免干预有关通过被观察意识具有的经验的发现物或者其特殊思想。它把这些放到一边，作为交换，它获得权力以把被观察意识的生命考虑为，自在的和自为的（*PS* 59.22-25/M 53-4）。

黑格尔的见解，怀疑主义的自我意识被一种二元论所影响，即一方面自身的不动心和不变的确定性与另一方面无止尽的变化和绝对的不定之间的二元论。他的见解构成了这个部分发展的重要环节，因为它首先宣称这种两极是最后的形态"不幸的意识"的特征。不完美的、被观察意识的怀疑主义（不是这种构成辩证法环节的怀疑主义）被划分为这两个不可能统一的极端：与自身同一的普遍意识经验到自由被提升到偶然的和有限的事物以及自身经验的一面之上，自身的这种经验的一面被迫根据对它没有实在性和本质性的所有事物生活，并且自身被迫忙于混淆感性表象和思想的混合物（PS 261.34-262.27/M 291-2）。黑格尔并没有限制他对这种形式的怀疑主义的嘲讽，它最终因禁于它所否定的不一致性和不幸之中。从这个否定构成其本质的环节来看，它需要获取以及不停地寻找偶然的和非本质的规定，这完全是为了继续否定它们。怀疑主义的意识"以这个方式认为自己就是一种单一的、偶然的以及事实是动物性的生命，并且失去了自我意识。"（PS 120.32-34/M 125）"因此，它就是这种无意识的废话，来回摇摆于自身同一的自我意识之一端与偶然的、困惑的和混淆的意识之另一段之间。"（PS 120.39-121.3/M 125）以此方式，尽管意识到它不变的一面和它非本质的一面，它继续保持这个彼此分离的矛盾的两极，因此不可能经验自身为一个自身内与自身矛盾的意识：这种怀疑主义的意识是"自在的"矛盾的，但还不是"自为的"矛盾。当这些怀疑主义保持分离的这两阶段被意识在一个单一的个体经验中联系起来，那么，这就是一个新类型的现象学形态，"不幸的意识"。

64

4．不幸的意识

一种自由的、不可改变的意识和一种迷惑、颠倒自身的意识，这两种模式，现在，绝对被确认为一个单一地意识到其自己矛盾的意识的诸方面。总结这个路径迄今为止都是以一种极其扼要的方式进行的。黑格尔把自由当作思想的一个特征，自我意识被提高到自由上。在斯多亚主义中，"自我意识是它自身的简单自由"（PS 121.31-36/M 126），而在怀疑主义中，斯多亚主义的自由出自于抽象，以及它的实现在于积极地否定一切规定的存在。同时，把自身提高到它否定的东西之上。怀疑主义的意识展现它内在的二元性，以及因此为在自身内的自我复制奠定了基础：这就是不幸的意识。在黑格尔之前的形态中，黑格尔总是区分那些"它们自身"的或者"对我们而言"的因素的"本体论的"意义与那些作为意识的观察到的形式的、主观地"为了他们自身"而经验的人"现象学的"意义（后面的意义的出现是作为现象学形态之有缺陷的真理价值）。现在，同样的情况也会发生在不幸的意识的形态中。在它之内，它已经"自在的"或者"自为的"而成熟为一种"对精神概念是本质性的"行动（*PS* 121.36-37/M 126），并且，意识也把它经验为产生了一个它不可能克服的矛盾。这个无能完全就构成了它的不幸。

要理解自我意识的这个最后的形态对精神概念是某种本质性东西的意义，就要考虑它如何发展。如我们将看到的，这个形态的特点不仅仅是，在主奴辩证法中被分为两种分离意识的东西之重新统一，或者在怀疑主义中保持分离的东西之重新统一（*PS* 121.32-35/M 126）。不可改变的方面和可改变的方面现在发展了，以至它们都似乎在对方中出现：甚至在它们的极端对立中，它们也被统一起来，因为它们中的每一方都被设定为与另一方相统一。现在，这个的确就是，对于精神概念必要的东西。形象地表述，黑格尔争辩，精神具有在其自己根本的差异性中发现自身的这个能力。因此，它有能力接受、维持以及克服它自身内的矛盾。当矛盾的两个对立方对于塑造另一方是本质性的时，这个矛盾就被维持和掌控。这个形式的精神概念结构也在黑格尔认识论的更重要的思辨性运动中起到根本性的作用。这种辩证法，当它从它们的相互分离中收获实在性的概念规定时，它就完全展现了它的认识潜能。在这种分离中，它们被一种抽象的理智考虑所维持，以及能够表明，对实在的精确、具体的理解何以必须知道如何把握，每个事物，就其规定而言，包括在自身之内的否定性之整体发展。这个发展，现在具有了它的顶峰环节，如已经说过的，在这个环节，两种对立的规定中的每一种都被发现对于塑造对方是本质性的。

完全是因为自我意识的这个最后形态实现了这个"自在的"发展，黑格尔可以肯定，随着这个形态一道，已经变得至关重要的精神概念，已经形成了（*PS* 122.5-7/M 126）。事实上，在它之内发生的是，作为一种不可改变的意识，它也总是在它之内具有可改变的意识，

> 作为统一的未划分的意识，它是一种双重的意识，它自身就是对另一种自我意识的凝视的一种自我意识，以及它自身就是两种自我意识，以及两者的统一对它而言也是本质，虽然，它对它自身而言还不是自为的就是这个本质，也还不是两者的统一。（*PS* 122.7-11/M 126）

这种持续存在的局限和不足，使得这个意识本身是不幸的，它源自怀疑主义意识的矛盾的发展和强化。它起源于怀疑主义，这个事实应该提醒我们不用过高强调现象学形态的作用或者低估了假定它的这点对解读《精神现象学》的重要性，如果事实不是对黑格尔哲学的整体的话，这与让·瓦尔（Jean Wahl 1929）步调一致。意识，实际上，就是不幸的，因为它仍然是它所产生的不幸的因徒。这通常为黑格尔有时滑稽模仿的辩证法运动的这些方面提供了理由。

最初，不幸的意识发现自身处于这个境况中：它直接在自身内统一了承自于怀疑主义的两种模式的意识，虽然，它们对它来说并不具有同等的价值。相反，它们的对立呈现为一方要比另一方低等。这种对立的简单和不可改变的一方，对它来说，就是本质性的东西，同于神的意识，不幸的意识使得它不断改变的和偶然的一方要低等于这种神的意识，它把这种意识归于自身，因此谴责自身为

它自己的不幸。但是，因为本质的方面的出现与行动都是在它之内，不幸的意识从非本质的东西和不幸的来源中解放自身。然而，这就意指，不幸的意识自身就必须是自由的。然而，它被排除出如此这样的一种解放，因为清除非本质的东西是它自己做的，这就会被构成它的偶然性和非本质性所破坏：解放因此就是非本质的和偶然的。这种意识是不幸的，因为它在自身内被分裂为它的神的意识和它的自身作为非本质的意识。因此，不幸的意识，

> 仅仅是矛盾的运动，在这个运动中，这种对立并没有停滞于它的对立中，相反，它只是产生新的自身，以之为它的对立内的一个对立。因此，就有一场与敌人之间的斗争，在这场斗争中，胜利相反就是失败，获取了一方实际上就是在其对立中失去了它。（*PS* 122.28-33/M 127）

因此，不幸的意识提升自身到神和不可改变的意识的方式，所具有的成功前景在一开始就被破坏了。因它意识到，它的意识包括了它自己的无效：每一次尝试都将是无效的非尝试，将会被抛回到它恰当的单一性中，分离于以及对立于不可改变的意识。

不幸的意识没有意识到，它在可能实现对构成它的两种意识之间矛盾的克服时，是有效的。如果它们的对立在其发展中被考虑，那么，要进行下面的甄别并不困难——单一个体的可改变意识和纯粹的不可改变的意识——对立的每一方出现在另一方中，以之为本质上构成其实存的东西。在这个运动中，"它完全经验到个体性在不可改变的东西中出现，以及不可改变的东西在个体性中的出现"（*PS* 123.5-6/M 127-8）。然而，只要这种不幸的意识固守它们的不平等性，那么，不可改变的东西产生这种单一性，反之亦然，将不是恢复这些对立的统一，而是将在它们各自内永恒化这种不可逾越之划分的不幸。

黑格尔具体分三种模式予以叙述，在这些模式中，个体意识的这种单一性可以把自身与不可改变的意识联系起来。首先，不可改变的东西的出现，对于单一的个体，是一个外在的、分离的和敌视的本质，它审判个体，以及对之定罪。在第二种模式中，不可改变的东西假定单一性的形态。因此，不可改变的不再与单一性有区别（至少在种类上），即使这两种单一性仍然是对立的。最后，在第三种模式中，这个对立得到克服，这种被观察的意识从它的不幸中把自身转换为一种幸福的意识，以在不可改变的东西中发现自身，"以及对它自身来说，意识到它的个体性与普遍性达成和解"（*PS* 123.21-22/M 127）。当这个发生时，意识已经使得自身就是精神，尽管要完全达到这个层次，如被黑格尔很多次宣称的，它必须穿越一系列超越自我意识环节局限性的经验。（*PS* 123.11-22/M 128）

尽管黑格尔没有提供具体的历史象征，很明显，不幸的意识的形态初步看来代表的是信徒的宗教态度。他在这里呈现的这些态度都是它们的有缺陷的方面，也就是说，作为产生于一种意识的信仰，封闭于其单一性以及分裂于有限和无限的对立。无法确定，信仰自在的就是它的真理之所在。《精神现象学》中的真正的信仰得等到宗教环节的最后阶段，在那里，信仰不再是单一个体意识的态度，而是产生于信徒的共同体。在这个阶段，它只可能是迈出了通向神的决定性的步伐，这一步，对于不幸的意识来说，是不切实际的，然而会允许信徒的共同体开启通向绝对知识的通道。

非常容易就可辨识出，在不幸的意识与神的关系的第一种方式，黑格尔对犹太人宗教态度的解释，在那里，上帝被认为是一个外在的权力，它的实存是作为审判以及赦免或者定罪的法律之化身。在第二种模式中，辨识出的是基督教，在那里，化身的代表是上帝所假设的人的形式即上帝之子，他被认为就是一位历史人物耶稣的单一性；最后，在第三种模式中，辨识出的是精神的时代，在那里，单一个体与普遍之间的同一与和解，人与上帝的同一与和解，得以实现。

不幸的意识建立起来的与这些神的启示模式的关系，被它自己的不幸所标示：因为它与自身分离，它反映了那种划分中它与之关联的神的任何一个方面。这前两个模式，是最自然真实的，因为第三种模式还遥不可及。除了强迫的和滑稽讽刺的语调，黑格尔在不幸的意识之形态中呈现的，是人类主体性的一个根本性特征。在意识中，对它自己的有限性的意识，以及，鉴于这个相同的意识，对无限理念的意识都存在。一个限制，如上文提到的，可以这样被认识，当人们可以查看这个限制的两方面时——它包括什么以及它排除了什么——虽然这样的知识超过了那种限制。这个超越限制的能力，是意识的特征，它担负着见证在我们之内的无限的理念。[6]一旦有限和无限已经被确认为构成了意识，它们清楚表达它们关系的方式就变得至关重要。这些方式之一可以把对每个限制的这种超越当作意识的一个无限特征：无限不是某种意识之外的东西。它不是其本性之外一种类型的客人，而是不断地超越这种限制的意识自身。对每种有限性的超越是意识无限性的不可改变的特征。黑格尔在耶拿逻辑中这样陈述，"只有这个是有限的真实本性：它是无限，它在其存在中扬弃自身"（*L&M* 35），这可以很好地延伸到意识的本体论结构中。但它并不与意识经验自身为不幸的方式一致。这里，意识不承认它自己的虚无，以及把自己偶然的本性与无限和不可改变的东西对立起来。因此就断送了在无限的统一中超越它自己的有限和发现自身的可能性。这不仅仅造就了它自身的片面的和不完整的表象，而且也造就了它神的表象。启示的东西，不是"自在和自为的不可改变的东西"，而是"作为意识之不可改变性的不可改变性，因此，它不是真实的东西，更确切地说，而仍然困于一个对立之中"（*PS* 123.32-34/M 128）。因此，这种不可改变的东西和神存在于意识之中，虽然它们的特征是，分离于单一的意识以及对立于单一的意识。以此方式，作为对立于有限的无限，它自身成为某种被限制的东西，因此，这里，不可改变的东西也要求单一性的形态，它与之对立的一种形态。(*PS* 123.38-124.1/M 129)

现在，黑格尔几乎专门集中于与不可改变意识之关系的第二种模式，那种符合于基督教和耶稣这个化身的模式。神假设的人的形式在有限与无限的真正和解中可能是本质性的一步。实际上，因为这个事件是在不幸的意识内被经验到的，这个化身根本不可能把上帝带到单一的个体意识上。相反，完全通过认定自身就是一个历史存在，神，甚至，对于意识而言，就成为更加不可理解的、与众不同的以及超验的。而且，从这个环节来看，因为它是历史的，上帝遭受死亡，离开世界，只不过，对欲求和无限期延迟的重新统一的无限渴望，被留给这个单一的个体意识(*PS* 124.1-19/M 129)。因此，这个单一的个体意识理解，克服的真实障碍在于，它的先决条件即它与神的分离是不可补救的。因此，它进行了一系列的尝试，以实现与已成为人的上帝的统一，黑格尔在三个连续的步骤中重点强调这些尝试。(*PS* 124.20-37/M 129-30)

第一步的主角是"纯粹意识"，黑格尔声明，它不能把自身提升到它自己的单一性与假定人的形式的上帝之间的有效同一的思想。结果，它寻求与上帝的统一，就是通过把自身托付给一个不合适的手段，托付给直接性的情感。最好的情况下，它与其说是一种思想，不如说是一种朝向被表述为"虔诚"的思想运动："它的运思本身仍然是无形式的响铃或者满足的暖雾，音乐的运思无法获得概念，概念才是唯一内在的和客观的路线"(*PS* 125.26-29/M 131)。这种无法将耶稣思考为一位历史上实存的人的无能，与属于他的人——上帝的普遍性相结合，确保了它试图将自己与他的不可改变的单一性相结合的失败，因为他仍然是一个不可触及的超越者："无论在哪里寻求，它都不可能被发现，因为它是要成为一位超越者，如此一位存在不可能被发现。"(*PS* 126.9-11/M 131-2)一旦耶稣被寻求到，作为某种感性给予的东西，作为感性确定

68

的一个对象，它就已经失去了，在它的位置上，仅仅只有空空的墓穴呈现于不幸的意识。概述了十字军的冒险后，黑格尔观察到，甚至，这个墓穴也是某种经验的东西，不可能占有任何永恒之物的任何稳定或者保证。因此，"甚至，这个墓穴的存在，也仅仅是必须失去的遗产艰苦卓绝的斗争"（*PS* 126.15-18/M 132）。另一方面，意识很好地意识到一个墓穴或者作为经验人物的耶稣提供的经验证据的逐渐消失。因此，它放弃试图通过纯然的情感和虔诚加入到神中，以及相反，试图从它的经验学习，它由此进行，放弃对任何不可改变的现实个体性的寻求，或者迷恋于某种已消失的东西，或者沉浸于它的情感。它自在的就是它自身的情感。它感觉到自身就是一个纯粹的意识，纯粹地在其自己的单一性中思考自身，因此，设定自身为一个普遍的和被思的（不仅仅被感觉的）单一个体。

在第二步中，主角是已经返回到自身的意识。要获得自身拯救的确定性，以及获得与上帝结合的确定性，它依赖自己的力量或者原初的能力：欲望和劳作。要发展一种辩证法，似乎它在某些方面预期了韦伯（Weber 1930）《新教伦理与资本主义精神》中的论点，黑格尔表明，意识如何转向世界，一旦，上帝创造了自身的肉体，并且假定了一个世俗的形式，世界就在一切方面都是神圣的（cf. *PS* 127.5-11/M 132-3）。如果意识没有被私下分裂，它劳作着以及把世俗实在据为己有，它就会从其自己劳作的随后的成功中，获得在神圣的实在内与神的统一的确定性。因此，它也会恢复信心以获得它自己的拯救。然而，这个意识再次被抛向它自己的不幸的不确定性和痛苦之中，因为它获得一切，像意识劳作的实在之神圣性一样，对它来说，是一份独特的来自超越者的礼物。它是一份意识的感恩的慷慨礼物，并且这个礼物也是它无法控制的（*PS* 127.12-27/ M 133）。因此，它"放弃了对它自己自我满足的意识的满足"（*PS* 128.9-10/M 134），它与圣洁以及神圣的统一"受到分离的影响，它自在地再次被破坏，由此来看，再次出现了普遍与单一的对立"（*PS* 128.13-15/M 134）。实现一种真正的统一的这种无能，刺激着它意识它的不幸，因为它很好地理解，如果它也拒绝它自由劳作的成果。它通过在全知全能的神面前感恩以及放弃自身及其恰当的本质，而把自身完全交给神。实际上，甚至，这些放弃行为继续是意识的工作，一种个体的主动性可能仅仅重复它的痛苦，它与神的分离，以及实现与神的统一的不可能性：在感恩中，"意识感觉到自身是这个单一的个体，以及不允许自身被它放弃的现象所欺骗，因为，在真理中，意识不会放弃自身"（*PS* 128.27-29/M 134）。

从这里就开始了第三步以及最后一步，这一步，意识通过创造一种新的彻底的对自己的虚无的经验而试图有效地克服它自己的不幸。现在，它进行禁欲，首先是肉体的禁欲，黑格尔无情地把它描述为基督教伦理最悲惨的强迫之一。相反于简单地履行我们的动物功能，而不夸大它们的重要性，对禁欲的欲求使得它自己热心的、理想化的这些功能的一个对象成为一种强迫。陷入与敌人的一场斗争，敌人越强大，就越会被击败，也就远不能摆脱它。它把自身当作是一个普遍的单一性，是一种持续的污染源（*PS* 129.14-27/M 135）。因此，我们所看到的，恰恰是"仅仅局限于自身以及其小行为的一个人格性，既不幸的又贫穷的"（*PS* 129.29-30/M 136）。

在虔诚、劳作、享受以及禁欲中，不幸的意识，直到现在，才经验到实现与神的统一的直接方式。现在，它具有在自身与不可改变的神性本质之间介入一位中介者、一位神父或者牧师的经验。以此方式，神父所做的以及他对不幸的意识表现出的，与他自己所做的和向上帝表现出的相同（*PS* 129.38-130.8/M 136）。现在，这种不幸的意识真正的走上了一条真正的和完全自我克制的道路。它开始于让自己的意志完全远离神父的意志，只是听从他的建议。以此方式，它可以把源自他的劳作中的罪责推脱给神父。通过禁食与惩罚，它甚至放弃了它自己的劳作成果（*PS* 130.9-24/M 136-7）。在

70

这点上，这种不幸的意识已经放弃了所有独立性的遗迹，以致，遵循牧师的指示，它所做的事情完全格格不入以及不可理解，例如使用象征的手势或者礼仪的语言。在这个自身及其能力的消亡中，意识"已经在自身的真理、它的'我'的真理中远离它的确定性，以及已经使得它的直接的自我意识成为一个客观的存在"（PS 130.29-31/M 137）。然而，通过把自身还原为一个物，通过放弃它自己单一性和行为的独立性，意识最终甚至从源自其劳作的不幸中获得自由（PS 131.1-3/M 137）。甚至，在这个极端的放弃中，意识自我地仅仅保持为无效的否定方面，并且并没有意识到，完全在它牺牲自身的能力中，它完全可以经验到"内在的和外在的自由"（PS 130.27-28/M 137）。[7] 同时，通过神父的媒介工作，它放弃的每件事物已经被转移到神的不可改变的本质上（PS 131.3-26/M 137-8）。因此，这个神性的存在具有早期术语这个单一的、个体的意识的相同内容。以此方式，这就是运动，在其中，两个对立极端的每一方，这种不幸的意识以及不可改变的意识，已经成熟，每一方都在自身内发现自身的对立方：意识现在其所及范围内具有内在和外在自由的经验以及无限思想力量的经验。不可改变的东西已经承担了意识的全部艰辛。即使意识坚持植根于其分离性和不幸的否定一面，实际上，现在易于进入理性的视域中，在那里，它确定无疑的是"在自在的绝对存在、一切实在的存在的个体性中"（PS 131.30-31/M 138）。

注释

1. 黑格尔原文的所有翻译都是编者译的。
2. 在《精神现象学》中，"无限性"首先在"力与知性"中被介绍，参见，上文，pp. 22-23。（原著页码）

3. 在导论中，黑格尔声明："意识区分自身的某种东西，同时与自身相关联。或者，如这个表达，这个某物是对意识而言的某物。这个关系的规定一面，或者某物对于一个意识的存在，是知识。从这个对于一个他者而言的存在看，然而，我们区分这种自在之存在。那种与知识相关联的东西，同时区别于它，以及被设定为也外在于这个关系的实存。这个自在的一面被称为真理。"(*PS* 58.25-31/M 52)，参见上文，pp. 4, 193。(原著页码)

4. 对于牛顿的消失的数学的量的讨论，参见 De Gandt (1995)，尤其是 pp. 202-44，虽然整个第 3 章论牛顿的数学方式是相关的。

5. 这点首先在"知觉"中被论证，进一步在"力和知性"中被论证 (*PS* 99.9-100.28/M 99-101)。它关注的是事物内或者事物间的相反或者对立环节的整合，这是黑格尔区分真正的概念 (Begriff) 和抽象的普遍的关键所在，这些抽象的普遍都是一种表象 (Vorstellung)。参见上文，pp. 10, 15-16, 23-24。(原著页码)

6. 这个问题并没有被限制到宗教或者神学上。例如，考虑下，笛卡尔在《第一哲　　71 学沉思录》第 3 章中上帝实存的第一个论证的前提："我必须认为，恰如我的静止和黑暗的概念，是通过否定运动和光明来获得的，因此，我们对无限的知觉不是通过一个真实的观念而仅仅是通过否定有限而获得的。相反，我清楚地理解，在一个无限的实体中比一个有限的实体中存在更多的实在性，以及因此，我的无限即是上帝的知觉，以某种方式先于我对有限的知觉，那是我自己的。因为我可能如何理解我怀疑的或者欲求的？——也就是说，缺少某物——以及理解我不是完全完美的，除非在我身上存在一些更加完美的存在之观念，它能使得我通过比较意识到我自己的缺陷。"(AT 7:45)

7. 这里的不幸的意识和奴性意识之间存在着重要的相似性：不幸的意识和奴隶意识都不可能超越它的限制，由于它们既无法实现，甚至无法尝试，彻底地否定意识之外的其他的任何东西。(而且，这两种意识的形态都是自我否定，cf. pp. 48, 51 (原著页码))

参考文献

De Gandt, F. (1995) *Force and Geometry in Newton's Principia*, tr. C. Wilson. Princeton, NJ: Princeton University Press.

Descartes, R. (1964–76) *Oeuvres de Descartes*, ed. C. Adam and P. Tannery. Revised ed. Paris: Vrin/C. N. R. S., cited as 'AT'.

Rauch, L. (1999) "A Discussion of the Text," in L. Rauch and D. Sherman (eds. and trs.), *Hegel's Phenomenology of Self-Consciousness* (pp. 55–160). Albany: State University of New York Press.

Spinoza, B. (1995) *The Letters*, tr. S. Shirley, with Introduction and Notes by S. Barbone, L. Rice, and J. Adler. Cambridge, Mass.: Hackett Publishing Co.

Wahl, J. (1929) *Le malheur de la conscience dans la philosophie de Hegel*. Paris: Presses Universitaires de France.

Weber, M. (1930) *The Protestant Ethic and the Spirit of Capitalism*, tr. T. Parsons, with a foreword by R. H. Tawney. London: G. Allen & Unwin.

Westphal, K. R. (1989) *Hegel's Epistemological Realism*. Dordrecht: Kluwer.

Wittgenstein, L. (1922) *Tractatus Logico-Philosophicus*, tr. D. F. Pears and B. F. McGuinness, bilingual edition with an Introduction by B. Russell. London: Routledge & Kegan Paul.

第4章

理性的挑战：从确定性到真理性

辛奇亚·费里尼

1. 理性意义中何为"高级"以及何为"低级"[1]

黑格尔"理性"章（第 5 章，§C. (AA)）的导论性讨论，集中 72
于理性的"确定性与真理性"，它既重要又简短，且具有暗示性，
仔细的考量会揭示，在"理性"中，黑格尔谈论的比之前已经认识
到的要广泛得多，不仅仅谈论了哲学，而且谈及了历史的和自然科
学的观点和问题。

一开始，黑格尔就强调了已经提高的意识新形态也就是理性
的新颖性，理性与 B 部分"自我意识"的核心自我与世界的关系
的意义形成鲜明对照（*PS* 132.16-133.5/M 139-40）。直到现在为止，
自然界以及意识自己的行动和实际作为的一切真正有限的世界，对
于自我意识而言，似乎都是它自由和独立本质的否定。要肯定它自
己的本性，它不得不与实在性斗争。它认为世界的实存首要地是为
了它的意志：世界是某种被欲求的东西，但它有它自己的独立实存，
它必须被劳作和改造，以使得意识确信它自己的独立实在性。在 B
部分，黑格尔使用了动词欲求（begehren）和劳作（bearbeiten），
表明了实践领域与理论领域的对立，这也被动词理解（verstehen）
所表明。实际上，获得理性之前，自我意识并不"理解"这个世界
（*PS* 132.30/M 140）。在经验到的最后形态——不幸的意识——绝

对的本质，例如，自在的存在（das Ansichsein），并不栖居于这个地球。它是信仰的一个对象，是一个超验性的"超越者"。然而，如理性的意识，自我意识已经返回到自身，并且它现在可能把与他者的那种否定的关系转变为一种肯定的关系：现在，"存在"(Sein)意味着"它自己之存在"（Seinen）。这表明，从视自然为某种自为之所是的东西的实践态度回归到意谓、知觉和知性的理论认知的路径，虽然，现在，对事物的知觉和经验不再是某种意识经历的东西，仅仅发生着的。更确切地说，意识，现在，塑造它自己的观察，它安排和践行它自己的实验（*PS* 137.24-25/M 145）。因此，世界自身构成了理性的"这里"和"这时"，虽然不再根据作为我的被意谓的存在之存在的纯然理论意义，意谓仅仅是感性确定性的"碰巧"成为这里和这时的，认为自然仅仅是作为"属于我的东西"（das Meinige），没有任何独立的自我。黑格尔写道，自我意识，作为理性，确定自身是实在，这意味着，每个现实的事物都与它不陌生，以及它的思想自身就直接是现实的世界（*PS* 132.27-28/M 139）。在第 5 章的次一级的节"观察的理性"一开始，黑格尔就澄清了理性活动的意义，以针对上文概括的与实在的肯定关系的背景，他强调了，在这个阶段，理解世界涉及意志：

> 理性想要把自身作为一个存在的对象，以一种现实的、感性呈现的方式来发现和拥有自身。（*PS* 138.11-12/M 146）。[2]

这个对世界的主动和有意的"发现"植根于在它之中的理性之"普遍兴趣"。[3] 这是关键点，因为它通过理解实在世界直接地把"可变的东西"（经验杂多的现象之特殊性）与"不可变的东西"（理性的意志要以一种感性的方式发现和拥有自身的永恒性和普遍性）联结起来。它强调矗立于自我意识之前的东西不再意指意识遭遇到的一个"他者"。它已经成为认识的主体自己的"他者"，不仅仅是对我们而言，也是对意识而言，现在，它的确呈现在世界上。

然而，这个本质性的特征包含一个内在的对立。一方面，它允许我们理解，为什么，几年后，黑格尔把这个理性的形态呈现为，对作为一个"他者"的对象的认识（伴随它的理论路径一般来说首先是意谓，然后是知觉，然后是被知性理解）与 B 部分中自我意识发展的对自我的实践认识或者对世界之有限精神的意识的最高统一。[4] 同样，在"精神"章一开始（*PS*, §BB, 第 6 章），黑格尔重述了将要成为精神的上一个阶段的运动。在这里，他声明："作为自在存在和自为存在的直接意识，作为意识与自我意识的统一，精神是拥有理性的意识"（*PS* 239.31-33/M 264-5）。另一方面，如黑格尔在 1806 年关于《精神现象学》的片段演讲中所说的，理性是自我意识，它还没有把握自身，也没有把握它的作为精神的对象（Forster 1988, 610）：理性没有意识到它是"认识的精神"。[5] 在"观察的理性"的结尾处，事实上，黑格尔声明，理性观察活动的路途之结果的意义，辨识出自我意识的实在性，虽然是作为被知觉的一个直接的、感性的对象。然而，他指出，这个结果具有双重意义。第一个意义是，上文回忆起的"高级"意义，黑格尔称之为"它的真实意义"，因为它完成了自我意识全部形态之前运动的结果（*PS* 190.31-33/M 208）。第二个意义是非概念地观察世界的"低级"意义，也就是说，把精神的这种实际存在（Dasein）变成为一种纯粹客观的物性。相当有趣，如我们将在下文看到的（第 5 章，§2.3），在 1762 年的《爱弥儿》中，卢梭（Rousseau 1969, 4:526）已经警告，通过直接从感性对象进展到理智对象的诸原则认识人类精神的本性，因此会产生一种不可理解的形而上学。从而，人们应该仅仅遵从人们自己经验和理智进步的权威，以及仅仅同他们的行动，也就是，从人类历史的立场来评价人。[6] 这里，黑格尔以相同的口吻主张，理性的真理仅仅是概念中的"一切实在"，不是在外在实在的无生命的对象中，例如骨头或者脑纤维，对这些对象的观察摒弃了概念（PS 191.25-26/M 209）。这个最终的评论扩展到对"前言"中提出的形式主义指控的辩护中，以反对某种自然哲学（Hansen 1994, 293-307），例如，谢林在他的《我的哲学体系阐述》（1801，152）所支持的自然哲学，在那里，他追随斯蒂芬斯（Steffens），无机的、无生命的自然之反向性被当作"直接代表或者等同于有机的、有生命自然的程度"。[7]哈里斯（Harris 1999, 41）观察到，"'经验科学'对一切形式的'形式主义'都是伟大的纠正"。实际上，在"前言"中，黑格尔，通过下面这种结合，反对感性数据的平静外表所遭受的暴力。即"赋予它们以类似于概念的假象（Schein），但是从表达主要事物中拯救自身：概念自身或者感觉表象的意义（PS 37.18-20/M 30）"[8]。

因此，理性的第一个观察步骤被描述为"最高级的"东西和"最低级的"东西的结合，精神在自身内产生的深度与无知的和"粗糙的"观察世界的直观意识结合起来，以期望，就事物被当作对立于"我"的感性事物那样来真实地对待事物（PS 138.28-29/M 147）。这就证明是一个"错误的假象"。黑格尔争论，理性的现实活动"矛盾"于如此之类的一种信念（PS 138.30-31/M 147），因为，实际上，她"认知"（erkennt）事物，把它们的经验感觉转变为概念。根据既是存在又是主体的有生命实体的范例，在前言中设定自身开始的这个运动[9]，合理的观察的意识之"变成"就是它的现实活动。这意味着，理性的这条路径要发展她在其自身内之所是，向我们表明，通过她的发展，她自己的内在本性，她的自在存在，以及因此变成自为地本质地存在之所是。[10]

我们应该考察（当她看到实物，寻求在物性中占有仅仅是她自己的意识时）观察理性的这种信念和通过她的活动向我们揭示的真理之间的这个"矛盾"。要理解这个双重特征的意义，那么，我们就必须理解这一章在黑格尔这部著作的整体布局中的位置。因此，我们应该从一些关于向"理性"的现象学过渡的简单评论开始。[11]

1.1　向理性过渡

　　如黑格尔自己在"理性的确定性和真理性"一开始就指出的，意识（意谓、知觉和知性）的辩证法已经破坏了这种确定性，即事物的这种他在构成了一种外在的、独立的本质，漠视认知的主体。

　　从作为外在于意识的东西的这个对象之他在来看，我们在"主人与奴隶"中把自我意识自己的他者传递给这个对象，在那一章，通过服务和劳作，外在实在被服从和放弃个体的选择所改变（参见上文，第 2 章）。自我意识的自由和普遍性的代表是斯多亚主义和怀疑主义，它们，相应地，从自我束缚的实践和理论形式中获得独立性和解放：感情和欲望（在"斯多亚主义"中），以及对感性数据的依赖，对有效合理进程和论证的依赖以及对绝对规则和规范的依赖（在"怀疑主义"中）。以此方式，自我意识主观上确定自身是本质性的，是纯粹普遍的精神性，虽然仅仅针对的是，它否定一切价值和意义的外在和内在实在（参见上文，第 3 章）。

　　自我意识的最终形式是自我意识成为双重本性之存在的内在分裂：一方面，一种完全个体的、变化的意识，它日常经验的是它认为是一种消失的、暂时的内在和外在实在；另一方面，一种不变的意识，它从实在的世界被投射到一个超验的、超感性的"超越者"上，对于可变化的个体意识而言，它似乎具有一种不同的本质性本性。单一独立的个体性的意识和超感性的不可改变的意识之间的媒介的出现得感谢一位牧师、一个教堂的调解（Hyppolite 1974, 212-15）。通过放弃、自我异化以及否定，个体意志走上一条忏悔的苦行道路，虽然只是因为这个个体意志知道自己符合于一个普遍的意志。[12] 这个单一意志从等待一个超验的上帝的救赎转向"主动地转变"它的主观观点成为符合于上帝的普遍意志（Pinkard 1994, 77），这条道路的标志是路德的内在性和世俗事物的权力。黑格尔的《历史哲学讲演录》澄清了，宗教改革（以个人恩典称义的教义以及以圣体同质论取代圣体异质论）传播了这种意识，圣主仅仅是一个圣饼，圣徒们的遗迹仅仅是些骨头。[13] 似乎，在黑格尔的重建中，必要的是，首先要击败教会支持的迷信，教会把超人类的德性与物质事物结合起来（通过魔术和奇迹），以为了根据他们自己的合适原则处理自然和主体性：认识到自然规律是诸现象之间的唯一联系，并且，在这种理性自我意识的确定性之独立权威所建立的这个新世界中，感到宾至如归（cf. VGP 9:63.978, 64.985-88, 65.45-66.52）。事实上，这也是耶稣会决疑论的标志，它动摇了关于什么是恶以及什么是善的任何内在固定的规定，使得那些意志要素动荡不安：因此，它对于精神自身来说只不过是纯粹的普遍性活动。根据《历史哲学讲演录》中追溯的历史背景以及在《精神现象学》这些页中的先决条件，这条道路在宗教战争之后，以意识自由的原则达到了它的顶峰。[14]

在《精神现象学》中，黑格尔解释了自我意识转变为一种直接性，它就是在一个单一的、神秘的句子中的"理性"（Kalenberg 1997, 61ff.）。[15] 然而，注意，从"通过意识自身的分裂而为了绝对自由而斗争"开始，这个他在，"已经成为仅仅是意识的某种东西"，它也为了意识而消灭自身（PS 133.20-22/M 140）。以此方式，对于意识来说，确定性已经产生，在它的特殊个体性中，它已经绝对地在自身内存在，或者它就是一切实在性：它是理性，是思想与他者的统一，两个传统上被分离的极端即意识和自然事物的外在之媒介或者实体性的基础。[16] 矗立于意识面前的东西就不再是一个具有不同实体性本性的超越者，如"不幸的意识"中的实例。不同于康德的视角，现在，自由概念的实现规定着对自然的一种新认知（关于知性）。为了强调插入在"知性"和"理性"之间的自我意识的意义，黑格尔写道，对于自我意识而言，"它似乎是第一次在这个世界上形成"[17]。因此，具有思想的"最高级的"意义的东西是理性的思维自我与自然世界之间的和解（Versöhnung）。[18]

2. 理性的立场：或者当确定性还不是真理性时

2.1 理性的观念论

理性的最低级方面被这种自然意识形态的单一性和直接性特征产生的。当第一次介绍理性的时候，他强调，意识把握这种思想即这种单一个体的意识自在的（an sich）就是绝对的本质（*PS* 132.1-2/M 139）。几段之后，他解释，这意味着，这个"我"的简单范畴是一切存在的纯粹（唯一）本质性（134.20-24）。这句话说的是，个体的理性确定是一切实在，是所有的"自在的和本质的存在"（Ansich und Wesen）。尽管如此，自然意识把它的新结构经验为直接当下的存在，不必注意产生它们的媒介的过程。这些过程构成了意识的真理以及其形式的辩护，虽然最初仅仅是对我们而言的。因此，在一定程度上，现象学的路径阐明，一种新形式的意识的直接现象只不过是一种来自现实运动的抽象，这个运动实际上是在之前的形态的经验中存在的（虽然明显仅仅是对我们而言的），并产生一个新的形式。然而，理性的名言："我就是我，我的对象和我的本质就是我"，直接地出现在这个阶段，

77

> 仅仅作为那种真理的确定性。它仅仅是断言它就是一切实在，但是自己并不理解这个断言。因为那条被遗忘的道路才是对这个直接被表达的断言的理解……这种观念论并不只从这个断言开始展现那条道路，因此，它就是纯粹的保证，这种保证既不理解自身，也不能使得自己为别人所理解。它宣布的就是一种直接的确定性。（*PS* 133.28-37/M 141）

这段话重复了一些争议性的对可理解的新世界最初现象的不充分形式（主观的和客观的观念论）的警告。[19] 黑格尔强调，这个短

语，"理性是意识的确定性，即它就是一切实在"是这种方式，以此"观念论"表达了这个新形态。[20] 值得注意的是，黑格尔这里指出的这个一切意指的也是一种有缺陷的认知，它代表了观察理性的最初阶段，影响了它的思维表象方式。以此方式，对于黑格尔来说，"观念论"表达了这个确定性："一切实在就是我"或者"我就是一切实在"，一切并不是一个真实的、思辨性的、合理的全体，而仅仅是对它的抽象，如我们可以通过集中于这个理性最初的自我判断的逻辑形式（一切 A 都是 B）来解释。（cf. Chiereghin 1994, 97-100）

在《耶拿逻辑》[21] 开篇，黑格尔就处理了这样一种判断，在那种判断中，谓词不是一个真实的普遍，谓词的内容由仅仅外在地关联的特殊构成，而主词，不同于它的作为固定事物的对象，因此仅仅直接反映它自身（cf. *Enc.* [1817], §328）。1804—05《逻辑学》中的一个段落讲道，在"全称判断"中，主词严格说来，并不是一个融合一切它的构成要素的自我规定（具体的）普遍。例如，在思辨性的命题中："现实的就是普遍的"，在那里，现实作为主词被消解在它的谓词中，因此也消解两个术语之间的固定的差异（*PS* 44.17-21/M 39）。[22] 但是，一个特殊，现在被扩展到那种特殊的所有实例中，就像一个类的谓词那样。因此，正是两个方面，主词和谓词的有限性，也就是说，根据同一律和矛盾律，它们的永远的差异，代表了表象思维和"观念论"这两者。在确定直接结合一切实在性的单一性中，在普遍的主体"我"直接与存在的直接性统一的意义上，这种自我意识就是理性，实际上，它以最低级的方式逻辑地判断和规定自身。因为它看着被知觉的事物以一种普遍的形式发现它们，这证明只不过是以一种抽象的"我的"形式的一种纯粹的占有行为："观念论"带着"我就是我"，给予理性的确定性的直接表达，与这个对我而言是一个对象的"我"相比较，任何其他的无论何种对象都是一个非存在，某种非本质的东西（cf. *PS* 133.6-14/M 140）。[23] 同时，除了它的主张，"观念论"仍然在一个有限主体的表象限制内存在，就它设定这个认知主体是依赖于与有限对象的关系而言。在他的《哲学史讲演录》（第一次交付于 1805—06 年），黑格尔根据自我意识或者自我确定性把现代性产生的这种主观观念论定义为一切实在和真理。他视之为来自洛克诉求的作为真理来源的有限经验和知觉（参见下文，注释 37），他在这个格言中指出了最糟糕的结构，"所有的对象都是我们的表象"（Vorsrellungen; H&S 3:364："conceptions"），他追溯到贝克莱，并且认为它是一种怀疑主义的形式，如他在《精神现象学》中坚持的（cf. MM 20:270/H&S 3: 363-4, PS 136.23-30/M 144）。

虽然，这对于思考谢林在他的《我的体系阐述》（§35）中的斯宾诺莎主张是有益的，即，任何个别性的事物都不包含其自己实存的理由，因为每个事物根据其本质都是同一的。[24] 解释者们同意解读的这些资料取自于费希特的第一部著作《知识学》以及他的《全部知识学基础》。[25] 在那里，主体性的形式是解释经验的根本性条件，这个"我存在"是不同于事物的自由理性行为者的立场，以及自我只不过是它的自由活动的产物（Beiser 2002, 278-88）。然而，这里，值得回想下，在争议性的争辩"最新哲学"的奠基者时，费希特被认为是一位"观念论者"，因为他知道（人们知道自己具有相同的确定性，例如可能具有最高的确定性）没有什么事物在他之外现实存在以及所有事物都是他自己的产物，是他通过理智直观在他自己的纯粹"我"中建构和产生的（Nicolai 1801, 4）。

这里，黑格尔指出的非存在（Nichtsein）的这种"最低级的"地位，是观念论赋予所有"我"之外的自我意识的对象的。这让人想起在费希特体系中争议性地提到对虐待自然对象的反对，这明显涉及康德的先验观念论（Diff., GW 4:8）。事实上，如上文提到的，在这个阶段，认识的对象对于意识而言被规定为这种东西，即它也是"我"和存在的统一，这就是范畴思想本身。[26]

在《费希特与谢林哲学之间的差异》（1801）文中，黑格尔已经赞赏了康德范畴的先验演绎的意义。黑格尔认为，它作为纯粹的思想活动也是客观性的规定。除了模态范畴，康德的知性形式的演绎具体地表达了"思辨的原则"，也就是说，"主体与客体的同一性"。事实上，黑格尔强调，康德知性理论受到理性的"洗礼"（ Diff., *GW* 4:6 ），虽然，他进一步提到，当康德认为思想与他者，主体与客观的合理同一时，作为理性，这个关键的同一消失了，因为康德把它分析为主观的和形式的。事实上，康德以抽象思想的工具即知性来对待理性。被限制到实践上的理性观念对立于规定的存在者。根据黑格尔，这是康德第一批判的相反结果的根据：对于知性来说，客观的规定性总是有条件的，虽然它们具有经验实在性。而对于理性，客观的规定性是绝对的，但是没有实在性（ Diff., *GW* 4:6 ）。结果，在第三批判中，感性和知觉的巨大经验领域不得不仍然是绝对后天的。[27] 考虑到黑格尔《精神现象学》"理性"章是在批判康德的语境中进行的，这表明，"理性"，产生于对自然的理论立法到对自由的实践理性的过渡（从"力与知性"到"自我确定性的真理"），反之亦然（从"不幸的意识"到"理性的确定性和真理性"）。它的目标在于履行阐明和辩护先天的东西，即感性知觉的存在之概念的"最高级的"义务，它通过自我扬弃那种描述观察理性的有限性，直到她的最低点以及因此直到她的转折点，也就是说，直到在颅相学（参见下文，第 5 章，§2.3；cf. *Enc.* §411Z）中把主体之精神自我的无限本性还原为作为一个有限事物的谓词。在他的1821—1822 年的自然哲学讲稿中，这个自然的理论和实践考虑的统一（ Vereinigung ）——根据这个，从理论的立场来看，自然不仅仅是存在者（ das Seiende ），而且是属于我的存在者（ Meinige ），从实践的立场来看，自然不仅仅是"无自我的东西"（ das Selbstlose ），而且也是"自为存在的东西"——构成了哲学本身的任务，即解决主体-客体对立的问题。[28]

　　总结下这个部分的辩证运动：尽管理性实际上仅仅是事物的普

遍性，理性试图在自然事物中而不是在如此之类的它们的本质性中占有她自身。因为自然意识的认识把感性事物对立于"我"，它否认，理性以她自己的恰当形式仅仅在客观物性概念内在性中呈现。这就是为什么，在意识的这个阶段，一方面，理性的感性表达不可能本质上被认为是概念（*PS* 138.16-22/M 146）；另一方面，理性"自然地"运动在单一个体与它们（具体的）普遍（规律、种和属）的实际上媒介性统一内运动，永无休止地从列举差异的糟糕无限性向"空洞自我同一性的清楚表达的条件"转变（Russon 2004, 122）。[29]

在这个一般的结构内，我们可以追溯黑格尔一开始评价多种不同问题的统一主题：康德规定自然的纯然反思性路径；他的与感性理论相关的知觉的综合统一概念，以之为对成问题的、消极的自在之物（Ding an sich）和主体的一种修正；费希特与认识的经验内容相关的"我就我"之直接确定性的纯然确凿的和空洞的价值，以及他的相关概念启迪（Anstoß）。[30] 所有这些观点都被黑格尔集中起来作为反思性理智表达的首要的（"erst"在两行中被重复了三次，*PS* 136.14-16/M 144）有意义的表述、意蕴和结果。理性形态之现象的抽象环节在外在性中意识到自身。成为一切实在的确定性之抽象开端，得到观念论的支持和确定，它注定了理性对真理的寻求，以及提出了这个问题，即如何满足理性需求以及它永无止境的对认识世界的主张（cf. Lumsden 2003）。这在"对自然的观察"这个次级章节的一开始就被宣称：

> 但是，如果理性掘开事物的一切内脏，打开其一切血管，想要能够从事物中跳出来，那么，它将无法获得这个幸运。（*PS* 138.7-9/M 146）

这一段话很重要：根据黑格尔，理性具有"适合挖掘的手脚"

（相反于雅克比引用的 Luke16:3。F&K, *GW* 4:316）。因此，理性的这个真正的根基，使得她自己可以观察以及引导她自己的实验[31]，理性不是康德在《判断力批判》中对无限自然领域的启发式、纯然主观地有效判断之解释所确认的根基，康德的根基缺少客观性和稳定性，以及缺少范畴和归属性判断。黑格尔在《信仰与知识》（*GW* 4:316）中的论辩反对康德、费希特和雅克比，他坚持认为，因为"最高的理念并不同时具有实在性"，必须在超越理性的信仰中接受避难所，这直接就涉及黑格尔在"理性"章中的关键问题。[32] 黑格尔在《精神现象学》中对"理性"的解释寻求阐明的理性观，是黑格尔从耶拿早期论文到《哲学科学百科全书》都一致支持的观点：人类的自我意识渗透到自然的"客观性血管"，它能使得自然领域"矗立"，如同歌德树立起来的童话故事里的国王，像一个固定的和完整的形态。事实上，在《信仰与知识》中，黑格尔隐喻式地指控康德形式的先验观念论，它从自然、从国王吸取这些血管，以致这个直立起来的形态崩溃了，因此，就成为某种"形式与杂多"之间的某种东西。（F&K, *GW* 4:332）[33]

另一方面，这段话强调了，理性需要和寻求在他者性的客观性和稳定性之核心中满足和发现自身，当她通过自我意识打开注入自身的这些血管时，这就是一种毫无希望的天真幻象。事实上，物性直接例证思想的普遍性的这种无希望的不充分性还没有意识得到。这强调了这些方式，自我意识作为理性，以此，还不是精神，还不能够根据概念的形式在世界上获得理性的呈现，以及不能承认，自然对实现概念"无能为力"。[34]

这进一步表明，首先，观念论视之为"真理"的东西，仅仅是我们对自然世界合理理解的一种抽象直接显现（*PS* 137.8-9/M 145），在世界上寻求和发现直接表现出的东西与我们自己思想的普遍性相同（cf. *Enc.* §422Z）。以及，其次，从遵循德国观念论和黑格尔现象学理性的不同命运的如此之类的一种独断论运动来看：观念论不可能允许任何发展，以及依赖于一种绝对的、未经鉴别的经验主义。事实上，为了充实（Erfüllung）一个"空虚的""我的东西"，那种观念论的理性"需要一种外在的影响，它首先存在于感性的杂多或者表象之中"（PS 136.20-23/M 144）。现象学理性的这种现象，自为地就遗忘了之前的辩证运动，虽然它自在地被这个运动产生，因此，它的本性是某种抽象的和形式的东西，因此就被迫从她的深度到直观地提出真理的确定性，以充实它的空洞的"我的东西"（cf. PS 137.13-17/M 145；Negele 1991, 80）。根据我的观点，尽管，在这里，黑格尔没有直接说，观念论也表达了理性的这个矛盾的特征，但他的心里是这么想的：回想下黑格尔 1802年对雅克比的态度，他指控雅克比给予理性的仅仅是"无视真实东西"的情感和意识。在《信仰与知识》中，黑格尔强调，雅克比认为理性是某种主观的虽然普遍的东西（F&K, GW 4:316），当无限性似乎被主观性影响时，理性只不过是一种直观（F&K, GW 4:321）。早在 1802 年，康德、费希特和雅克比已经被当作"简单和独自直接反对经验主义的东西"的理性概念的例子，因此，把无限性变成某种东西，它内在地依赖于它与经验有限性的关系（F&K, GW 4:321）。

81

3. 哲学诸问题：标准观念以及重新评估

3.1 经验主义的观念论

在这些导论性的页中，核心的哲学问题是理性观念论的恰当意义。当理性首次出现时，我们是真正地把费希特的自我置于我们面前吗？尽管我们还不在费希特的世界里（Harris 1977, 1:449；Kojève 1996, 99）。或者我们遭遇的观念论是人类意识历史中的一

个现象吗？这一观念随后在康德和费希特的哲学中以抽象形式出现
（Hyppolite 1974:281-4）。或者，相反，黑格尔呈现的理性是同时
代观念论的哲学立场吗？ 因此就使得现象学通过不幸的意识的发
展等同于费希特第一部著作《知识学》的第一次陈述（Kaehler and
Marx 1992, 35, 38）。这里，黑格尔的唯一目的是要与德国观念论
的历史达成一致吗（Bistias-Covoves 1998, 163）？黑格尔暴露了这
种类型的理性主义的弱点（Stern 2001, 98ff.），虽然他没有明确地
指出培根或者笛卡尔，哈里斯（Harris 1977, 1:468）公正地提出：
"我们必须期望这些回应返回到培根和笛卡尔的时代，否则，将会
在误会误解历史参考资料……路德……费希特的 1794 年《知识
学》的现象之间存在一条无法解释的鸿沟。"[35]

　　上文指出的这个解释允许我们阐明两个相关的解释问题。我们
对理性最初的信念和它现实的观察活动之间的矛盾的分析表明，黑
格尔并不认为他自己对（康德和费希特）理性首要现象的观念论
表达即依赖于一种绝对经验主义的赞赏，等同于不幸的意识的辩证
结果，不幸的意识的辩证法构成了理性的本性或者自在之理性，支
配着理性的生成。我们已经明白，理性何以首先出现仅仅是作为成
为事物之本质性的保证和确定性，也就是说，成为一切实在性的保
证和确定性，因它澄清了它首要显现的意义，以对立于个体主体的
独立权威的背景，意识的自由以及任何外在的超验的他者性的本
质性本性的消失。在《哲学史讲演录》中，黑格尔重复声明，笛卡
尔第一次主张，思想必须开始于自身，以及自身的自由和确定性被
包含在思想的自主性原则中，拒绝宗教[36]的先决条件、教会的权
威和来自任何外在给予的条件。然而，黑格尔也重复声明，我思
的立场也是费希特自己的出发点。[37] 在他的《全部知识学的基础》
（1794）中，费希特自己承认，他的"我就是我"与康德在先验范
畴演绎中的"我思"，以及笛卡尔的"我思，故我在"之间的连续
性，同时，也与他们的观点保持距离。如果康德无法确立这个先验

82

的"我"是一个根本性的原则，那么笛卡尔就是一位先驱者，因为这个"ergo"（故）并不是一个三段论的结论，而可能被认为"是一个世界的意识的事实"（*FGA* 2:262.11-14）。然而，按照费希特的观点，笛卡尔声明，如果人们思考，人们必然存在，把思想仅仅理解为我们存在的一个"特殊的"规定，外在于思想的其他规定也被给予存在（*FGA* 2:262.16-19）。

当他用费希特的术语标示出笛卡尔与费希特之间的差异时，黑格尔似乎支持费希特的观点。他强调，对于笛卡尔而言，在自我之后，我们在自身中也发现了来自外部的其他种类的思想（MM 20:392/H&S 3:486）。对于黑格尔来说，笛卡尔经验性地假设了规定表象的内容，他也没有发展规定，例如从"我思"中扩展，以及，他并不是真正地返回到思想来追溯它们，他仅仅想认为，虽然，实际上，他把例如阻力或者颜色的规定当作是感性的事物。笛卡尔仍然是在主观的、单一的意识限制之内。根据黑格尔，在笛卡尔那里占主导地位的东西只不过是，思维地对待经验的东西。[38] 相反，费希特需要的和诉诸的被认为是完全不同的：费希特第一次提出，思辨的知识是在思想的体系中从概念的自由发展中演绎出规定的思想，在那里，没有任何经验的东西从外部获得。[39] 因此，困难的是，坚持认为，现象学的理性现象学真正呈现的是"费希特的自我"。因为，黑格尔并不主张，理性最初的格言可能等同于费希特的根本性命题即思想是我们存在的本质，因为，如果人们存在，他们必然思考（*FGA* 2:262.16-17）。相反，观察的理性被定义为一种为思考的意识（*PS* 139.3/M 147），虽然，我们应该铭记，笛卡尔的"我思"和那些德国观念之间在理性直接确定性和保证的形式上的连续性，以理解黑格尔的主张，"观念论"直接的理性表达就是"我就是我"。

我提出，黑格尔为从笛卡尔到德国观念论自己的这个认识阶段的空洞和抽象样式，谈论了一个共同的根基。因为，对我而言，似乎他们的最小公分母只不过是这种普遍的洞见，即思想在其规定中的自由地发展，使得这些思想规定成为自然的内在的、客观的实体性。[40] 而且，这个解释恰当地包括了培根的路径和贡献。[41] 考虑下培根的《新工具》（BK. 1, Aph. 124）："我正在人类的理智中建立世界的真实模型，例如它实际上的存在。"实际上，与哈里斯的步调一致，黑格尔拥有的是培根《剧场假象》（*Opera Omnia*）（cf. Neuser 1987, 481 entry 14）的 1665 年法兰克福版本，并且在他的《哲学史讲演录》中，黑格尔以用以指称笛卡尔的独立于权威和传统的相同术语指称培根。因此，也认为培根反对现象学从"不幸的意识"过渡到"理性"的相同主体描述的历史背景，黑格尔如此认为所根据的是自我与世界之间的和解以及宗教改革之后出现的对实在性的新兴趣（MM 20:62-6/H&S 3:158-64）。黑格尔说，培根"打开眼睛"看实存的世界，恢复以及意识到它的存在的价值和尊严，表明了，当理性转向世界，思考和发现在其中的真理时，理性对自身和自然的信任（MM 20:77/H&S 3:174）。这些特征很明显适合上文提出的解释，并且它们匹配于黑格尔在《精神现象学》中出现的对理性的概括（cf. *VGP* 9:73.77-74.96）因此，它们在黑格尔 1807 年的事务中应该具有一个恰当的位置（参见 Arndt 2006, 263）。

然而，这个共同的立场明确地被黑格尔归结为现象学的理性和观念论，从而，黑格尔《哲学史讲演录》引用的培根是所有经验哲学的阵营的领导者（MM 20:74/H&S 3:172; cf. *VGP* 9:73.58, 75.148）。初看起来，似乎黑格尔认为培根的经验主义哲学仅仅是获取自经验的一种知识，经验是它唯一的合法来源，因此，对立于任何一种源自概念的知识。换句话说，对立于任何从思想中自主产生思想的原则，如黑格尔在笛卡尔那里所看到的。[42] 在《精神现象学》中介绍现代时，黑格尔区分了一种哲学化的实在论形式和一种哲学化的观念论形式，对于前者，思想的内容和客观性产生于知觉，从外部进展，就对象这一方而言的；后者通过思想的自主获得真理，从内部进展，就主体这一方而言的。[43] 然而，要阻止这个划分，就会掩盖黑格尔何以认为经验和思辨之间的这个初步的对立是抽象的和片面的，好像这个概念应该耻于经验知识，而经验知识缺乏概念要素（MM 20:78/H&S 3:175）。更重要的是，从实在论与观念论之间的对立来看，黑格尔并没有得出结论，培根的哲学依赖于一种绝对和抽象的有限经验主义，他的主动性形式被限制于形式同一性，以及消解了由分离它的独特特征而基于的具体东西。也不能得出，培根的经验主义等同于仅仅是记录偶然发生的事实。最后，那种对立并不涉及，培根的立场完全不同于观念论。更确切地说，黑格尔强调，经验，如培根的理解，它是方法论的探究，是对事物给予思想的秩序，它不仅仅是观察性的，简单的听、感觉以及知觉特殊，因为它本质上的目标在于以分类以及规律发现普遍。[44] 事实上，黑格尔似乎把培根归结为一种"知性的意识"，它仍然是在有限认知的限制内，虽然它的方法是"认识的具体方式"（VGP 9:72.41），包括"让具体的东西成为根基以及塑造一种具体的普遍——类，或者力与规律——通过从似乎非本质性的具体中抽象而突显出来。"（Enc. §227, cf. Hegel 1992, 184.254-59）。根据我的观点，这一定不要与理论认识的分析方式的首要、简单意义相混淆，它开始于分离单一的存在以及把它变成一种普遍的抽象形式：这个方式（洛克的）把被感知的"感性事物"的这种给予的直接单一性当作是真理的基础（Hegel 1992, 184.245-46）。相反，培根被认为从一个已经概念化的经验，被观察和实验媒介的经验获得规定（VGP 9:77.22-228）。换句话，对我来说，似乎，黑格尔归于培根的这个立场，是他在理性观察自然这个部分开启的：观察要求从知觉进展到思想，一种纯粹的知觉不能通过一种观察，因为，被知觉的东西至少应该具有一种普遍的意义，而不是感性特殊的意义（PS 139.12-13/M 147）。在这个方面，培根的经验主义看上去要比主观观念论所表明的和预先假定的粗陋的经验主义要更进步。与黑格尔

84

对这个具体类型的有限认知的赞赏相对立的是，他对任何一种自然历史或者经验科学的批判，它们只是收集个体的事实，被可能性而不是理性规定的外在的事实（*Enc.* §16R）。黑格尔批判的主要靶子不是经验科学本身，反而是任何一种收集数据的形式和外在方法，黑格尔把它与"有意义"的实验科学对立起来，得多亏了"深刻的直观"对现象给予的秩序（*Enc.* §16R; Moretto 2004, 30）。因此，似乎很清楚，由于培根实验哲学的这个"具体的普遍"方面，黑格尔何以在《哲学史讲演录》中主张，尽管思辨和经验之间的初步对立，在自然科学上，在一定程度上实在论与观念论却相遇，即经验寻求从观察中获得普遍规律。[45]

从这个立场来看，很清楚，黑格尔对理性的确定性和真理性的讨论，不仅仅向我们表明，涉及笛卡尔观念论的实在论程度，同时，超越自我，他在自身中也发现了来自外部的其他种类的思想，或者表明德国观念论的抽象形式主义依赖于一种绝对的经验主义，也就是说，依赖于一种粗陋的、未经鉴别的、外在的对它空洞的"我的东西"的充实。更确切地说，黑格尔似乎也指出，相反的"具体"经验主义的观念论的方面，这不仅仅包括培根，也包括了开普勒的行星轨道的规律。事实上，从《论行星轨道》（1801）到《哲学科学百科全书》（1830）都是一致的，黑格尔意识到开普勒在他通过归纳经验发现物理规律时的优点，他从单一现象中获取它们自己的普遍规律，在他的观察活动中假定绝对的"信仰"即理性在自然中起作用。[46] 这完全就是在《精神现象学》中不停地驱使理性的相同直观力量（cf. Hegel 1801, 31.21-25/*GW* 5:252.15-18），引导它探究它在自然中的存在，虽然也通过任何一种直接反映感性事物的直接确定性而抵消任何一种简单的满足，这将导致它依赖于它与外在性的关系，如黑格尔看到的"观念论"所表达的。

85 总而言之，自然事物必然要达到的这种本质性的普遍性，就它们被思想而言，已经被阐明为不是纯粹主观的，对我们的科学认识只有启发的价值。经验的数据有它们自己的普遍表达，以及，这在自然的具体领域中实际上是实在的。这就是黑格尔在"力与知性"中关于自然规律的结论，以及否定了这个结论的意义是黑格尔批判"自我意识"的核心之一。这也是，黑格尔在《哲学科学全书》中表明的作为经验主义和自然哲学共同基础的东西，它可能以及必须利用从经验中获取而已经发展的物理学的素材，因为，经验的物理学，虽然不理解思辨的认识，但它思考对自然的认知（*Enc.* §246&Z）。

在向我们表明具体的经验主义的观念论方面时，现象学的理性从信仰一个超越者的辩证完成中出现，它也把实在论的原则与自我意识的绝对解放运动结合起来："在经验主义中，存在着这个伟大的原则，即真实的东西必须是在现实中，以及必须是为我们的知觉而在那里。"（*Enc.* §38R）对于《精神现象学》来说，合理的、审慎的（sinnige）[47]的经验，通过观察世界而开始，在经验中，意识具有它自己的直接存在，从而摆脱经院哲学的目的论和伪-经验的前提，摆脱传统和宗教的权威，摆脱对神迹的信仰，摆脱迷信，摆脱不受控制的个体主义的纯粹论证，摆脱模糊性和各种不同的可能性，以及摆脱纯粹经验的浅薄（cf. *VGP* 9:78.242-244）。那么，问题是，理性如何可能利用经验主义中发现的那种伟大的原则。

注释

1. 这一章以及接下来的一章都是基于在耶拿图书馆进行的研究（2005 年 3 月），得感谢亚历山大·冯·洪堡基金会和 2004—2006 年度的意大利国家研究项目基金"哲学与新学科领域之间关于'人性'的研究：1790—1830 年德国与欧洲科学的案例"的实质性经费支持。
2. 在这一章和接下来的章节中，所有的译文都得到作者的修改，即使是引用的译文。编者已经提供了 H&S 与 Sibree (Hegel 1963) 的文献资料。
3. *PS* 137.29/M 145-6. 相同的表述，"普遍兴趣"，也出现在黑格尔指向 17 世纪时的类似段落中（MM 12:521/Sibree 439）；参考"当下的世界再次值得精神的兴趣"（MM 20:62/H&S 3:159）。

4. 参见 Phil. Prop., 《中产阶级的意识理论》，§40/G&V: 63。

5. 这个片段讲稿出版于 Rosenkranz（1844, 212-14），重印于 GW 5: 473-4。这里的相关段落是 GW 5:474.5-10。

6. 关于卢梭的《爱弥儿》对青年黑格尔（1792/1793-94）人类本性概念的直接影响以及他后来哲学的发展，参见 de Angelis（1995, 230-75）。

7. PS 491, GW 9: 37.13-15 的编者注释。

86

8. 也参见，这种争议，即作为原则的绝对同一性和抽象普遍性之观念的单调形式主义与在成为事物之自在存在时的自我规定的差异形式的对立（PS 16.22-17.33/M 8-9）。

9. PS 10.12-19, 10.34-11.4, 18.18-28, 19.28-20.25/M 2, 10, 11-12.

10. PS 138.35-36/M 147. 麦坎伯（McCumber 1999, 143）坚持，黑格尔并没有真正拒绝康德的自在这个概念："更确切地说，他重新思考了它与经验的关系……他认为，一个事物的特征具有那种事实上不可经验的东西——但是仅仅因为它们仍然潜在于事物之内，还没有被它的发展显现出来。"

11. 参见 Chiereghin（1997, 26-32）；Verra（1999, 43-50）。

12. Harris（1997, 1; 433-6, 447-9）；Kimmerle（1978, 288）.

13. MM 12:522/Sibree440; 也参见 VGP 9:63.980-81。在《哲学史讲演录》中，黑格尔对 "eigen"（自身）用了双重意义，"单一的"以及"自己特有的"：分散于各部著作中的路德信仰就是根据单一的（个体的）精神来定义的，这种精神自我占有了自身的永恒：自身的精神使得它自为地成为自身的永恒（MM 20: 63/H&S 3:159; 也参见 VGP 9:64.12-15, 70.183-89）。关于出现于 16 世纪的宗教争论中的新类型的人类实体性，参 Proß（2000）（关于伊拉斯谟、路德以及加尔文，参见同上，93-102）。黑格尔把我们对外部世界的占用指向培根，把我们对于内在性的占用指向柏密（Böhme）（VGP 9:259, 70.184-89 的编者注释）。

14. 注意，不同于这个也影响加埃塔诺·菲兰杰里（Gaetano Filangieri）的观点，即人权和自由确定性的观念是由于 18 世纪反对宗教狂热和封建无政府主义的开明专制主义奉行的这个政策。在黑格尔的时代，思想自由已经被席勒的 1787《唐·卡洛斯》, Sc. X, Act III 回溯到了宗教改革和荷兰革命的背景中。这里，一个隐含的问题是，是否《精神现象学》可能被解释为历史哲学或者一种心理学，恰恰是因为它的辩证运动必须诉诸具体的人类主体的意识形式。佩佩扎克（Peperzak 2001, 151-8）仔细地区分了"现实个体的历史"与人类精神的要素、维度或者环节。

15. Stern（2001, 95-6）；cf. Pöggeler（1973），Pippin（1993, 52-7）.

16. 在 1830 年版的《哲学科学百科全书》的"人类学"（§394Z）中，我们发现理性的东西（das Vernunftige）被定义为被知性分离的东西聚在一起，尽管这个理性的形式还不理解认知。（关于黑格尔对"个体性"的解释和批判，参见下文，第 6、7 以及 10 章——编者。）

17. *PS* 132.29-30/M 139-40; cf. MM 12: 521/Sibree 440. 这点被韦斯特法尔忽略了（M. Westphal 1998, 97）。

18. 参见 MM 12: 521/Sibree 439："精神现在达到了在其完全纯粹的本质性上包含和解的思想这个阶段，因为它进入了外在的东西，它自身拥有的这个要求与主体具有相同的理由。"和解是黑格尔《精神现象学》的核心主题。参见文献索引。

19. *PS* 15.22-18.2/M 7-9. 参见 Maesschalck (2000)。这一段也让人想起黑格尔对皮浪怀疑主义和循环论证的关注，pp. 2-3, 9, 60-64。——编者

20. 注意，《在信仰与知识》中，对于黑格尔来说，"观念论"（康德的任务）就已经意味着，思想是客观的（参见，Baum 1989, 198ff.）。关于真理和纯粹确定性的概念之间哲学的、本质性的区分，参见 *Enc.* §416Z。

21. L&M（*GW* 7:83）："一个同一，在普遍性中被接受，表达自身作为一切，这个判断'一切 A 都是 B'……同样也规定主体为否定的一以及也作为某种普遍的东西。然而，在普遍中回复特殊性本身并不是设定主体本身是什么。主体应该以靠它自己而存在，以及完全是作为主体。然而，作为一切，它实际上不是主体，而是具有一个谓词的普遍性，以及是某种在与它关联中简单而单独的特殊事物。"

22. 参见 *PS* 41.24-44.37/M 35-9 的整个论证。

23. 这个自我概念回应了自我意识的最初形式的那种东西。参见上文，第 1 章。——编者

24. 根据哈里斯（Harris 1997, 1:456），斯宾诺莎的《伦理学》是成为一切实在性的理性之确定性的典范，让确定性隐藏在它自身之内。

25. 参见 Kaehler and Marx (1992, 35-7)，Düsing (1993, 250-6)，Harris (1997, 1:449, 452-5)，Stern (2001, 98ff.)。

26. *PS* 190.36-191.2/M 208-9; cf. K. R. Westphal（1989, 165）以及 Harris（1997, 1:462-5）。

27. 参见 F&K（*GW* 4: 332-3）中类似段落以及 MM 20: 376/H&S 3: 476-7。

28. 参见 Bonsiepen (1985, 9)。关于这个观点，参见 Wahsner (1996, 23-4)。

29. 参见 *PS* 136.6-9/M 144 以及黑格尔的导论（*PS* 54.30-55.30/M 49-50）。

30. 参见 *PS* 498, 133.6-9, 137.4-7 的编者注释。

31. 理性真正寻求的一个策略的这个意义被米勒呈现的"wenn"（如果）与假设的"即使"所忽略了（M 146），遗漏了这个段落中黑格尔对时间的关注。而且，它没有翻译"so"，因此遗漏了黑格尔的结构"wenn ... so"，类似于接下来明确

的时间短语 "vorher ... dann" (*PS* 138.10/M 146)。

32. 关于雅克比把握自然存在的质的哲学科学认识的可能性，唯一真正的科学方式是数学和逻辑学的分析方法，参见 Verra (1976，52-3)。

33. 对照《信仰与知识》中的类似段落："客观性和稳定性单单源自范畴……就对自然的认知而言，没有被自我意识注入自然的血管，有的只不过是感觉。"（F&K, *GW* 4: 332）"但是，自然不仅仅靠其自身就是某种固定的和完成的东西，因此，甚至不要精神就可以维持存在。"（*Enc.* §96Z）

34. 参见 Lacroix (1997, 42-61)，Collins (2000)，Marmasse (2003)，Ferrini (2004)。

35. 然而，按照哈里斯的观点（Harris 1997, 1:470），对培根的这个呼应是建立在二手知识的基础上。

36. MM 20:126, 130, 134-5/H&S 3:224, 227-8, 231-2. 也参见 *VGP* 9: 92.676-83。

37. MM 20:130, 132, 394/H&S 3:228, 230, 485。按照黑格尔的观点，笛卡尔和费希特共有同样的出发点，虽然费希特仅仅寻求发展来自"我"、来自绝对确定的东西的所有规定（MM 20:132/H&S 3:230; cf. *VGP* 9:93.719-21）。黑格尔（*Enc.* §64R）写道，笛卡尔对认知的简单意识直观的第一性的陈述，对我们的存在和我的思想的不可分离性的陈述，是"如此有说服力和精确，以至雅克比和其他人关于这个直接关系的论点可能仅仅算作浅薄的重复而已"。当 1802 年黑格尔回溯现代和当代思想之间的理论连续性时，他认为，康德"形式的"观念论是洛克经验主义的发展［F&K, *GW* 4: 333, 参见 Nuzzo (2003, 83-4); 也参见 *Enc.* §40］。从这个立场来看，值得注意，在《哲学史讲演录》中，黑格尔批判了康德经验概念，反对，按照康德的观点，对世界的"经验"或者"观察"可能没有任何其他的意义，除了主张"这里是一个烛台，那里是一个烟盒"（MM 20:352/H&S 3:444-5）。在 *PS* 139.10-11/M 147 中，当黑格尔写道，宣称观察和经验是真理的根基的这种未经思考的意识"将不会让，例如，小刀放在烟盒旁边的知觉，被误认为是一种观察"（参见下文，第 5 章，§1.1）。相同的观点被塑造，使用了相同的词汇，"Tabackdose"（烟盒）。

38. MM 20:126, 130-1, 132, 146, 151/H&S 3: 224, 227-8, 229, 241, 246. 参见 *VGP* 9: 95.784-96.802, 99.903-8, 100.956-58。

39. MM 20:132, 153, 391-2/H&S 3:228, 248, 485.

40. 参见上文，pp. 55-58，对于黑格尔解释思想的讨论，也参见 Houlgate (2005, 78)。——编者

41. Pinkard (1994, 80-1, 327-73 注释 6)，Forster (1998, 327)。

42. 赞同波普尔（Popper）在他的《猜测与反驳》（1963）中所称的"培根神话"，新–实证主义者们和认识论者们通常都把培根当作一位纯粹的经验主义者，他把科学发现仅仅奠基在事实和纯粹的观察之上，认为理论是多余的和误导性

的。尼斯比特（Nisbet 1972, 26-30）已经表明，这个解读如何得到歌德的期待，不久之后，《精神现象学》就出版了。罗西（Rossi 1986, 98-117）严厉地批判了波普尔（和拉卡托斯）的解释，他强调了这个经验概念中的理论意蕴。

43. MM 20: 77-9/H&S 3:175-6. 在后-康德的争论中，实在论的观点是，赋予理智本身的是一种纯粹的接受性，而没有其他任何特殊的属性，同时，观念论提出这个问题，即，是否在人类理智中有一种纯粹的认知被给予，以及是否空间和时间是感性的形式（参见 Wrede 1791, §1:6-7）。黑格尔也发现，作为被给予的事物之质料的表象认知的有限性以及作为白板的理智的有限性（Enc. §226Z）。

44. 参见 MM 20:79/H&S 3:176；VGP 9:77.222-28；Enc. §38。黑格尔对培根对经验的态度之概念特征的赞赏，可以很容易在《新工具》的第 1 卷的许多格言中追溯到。例如，第 82 条格言（对于合适条件的和秩序的经验概念与无条件的经验实例的对比），第 95 条格言（对于真正实验哲学的理性方面），第 98 条格言（真正经验探究的方法论要求：验证、列举、深思、测量），第 102 条格言（对于收集的经验素材表的处理与协调）。也参见第 2 卷，第 1 条格言，在这里，科学的任务和目标是发现自然的形式，在第 2 条格言中，就被定位规律，根据规律，这些性质把自身聚集于事物之中。（另有注明的除外，对培根的所有参考都是第 1 卷的，也参见后来在 VGP 9:268-9 中阐明的参考第 2 卷中的形式概念，77.225-28 的编者注释。）

45. MM 20:67-8/H&S 3: 163-4.

46. Enc. §270Z, cf. §21Z 以及 §422Z，在这些地方，黑格尔说，开普勒的第三定律将会仅仅被理性的思辨思想，根据其规定（空间和时间）的内在必然同一，所把握。然而，同时，他强调，这个定律已经被 "知性的意识" 在现象的杂多性中所发现，因为这些定律是本身栖居于这个世界的知性的规定性，知性的意识发现它自己的本性以及认为自身就是对象。

47. "Sinnig" 意思就是英文里所说的 "sensible"，意思是 "有意义的" 而不是谬论。

参考文献

Angelis, M. de (1995) *Die Rolle des Einflusses von J. J. Rousseau auf die Herausbildung von Hegels Jugendideal. Ein Versuch, die "dunklen Jahre" (1789–1792) der Jugendentwicklung Hegels zu erhellen.* Frankfurt am Main: P. Lang.

Arndt, A. (2006) "Idealismus," in P. Cobbes et al. (eds.), *Hegel-Lexicon* (pp. 262–64). Darmstadt: Wissenschaftliche Gesellschaft.

89 Baum, M. (1989) *Die Entstehung der Hegelschen Dialektik*, 2nd ed. Bonn: Bouvier.

Beiser, F. (2002) *German Idealism: The Struggle Against Subjectivism 1781–1801*. Cambridge Mass.: Harvard University Press.

Bisticas-Cocoves, M. (1998) "The Path of Reason in Hegel's Phenomenology of Spirit," in D. Köhler and O. Pöggeler (eds.), *G. W. F. Hegel: Phänomenologie des Geistes* (pp. 163–82). Berlin: Akademie Verlag.

Bonsiepen, W. (1985) "Hegels Raum-Zeit-Lehre. Dargestellt anhand zweier Vorlesungs-Nachschriften," *Hegel-Studien* 20: 39–61.

Chiereghin, F. (1994) *La "Fenomenologia dello spirito" di Hegel. Introduzione alla lettura*. Roma: La Nuova Italia Scientifica.

Chiereghin, F. (1997) "Gli anni di Jena e la *Fenomenologia*," in C. Cesa (ed.), *Hegel. Fenomenologia, Logica, Filosofi a della natura, Morale, Politica, Estetica, Religione, Storia* (pp. 3–37). Roma-Bari: Laterza.

Collins, A. B. (2000) "Hegel's Unresolved Contradiction: Experience, Philosophy, and the Irrationality of Nature," *Dialogue* 39: 771–96.

Düsing, K. (1993) "Der Begriff der Vernunft in Hegels *Phänomenologie*," in H. F. Fulda and R.-P. Horstmann (eds.), *Vernunftbegriffe in der Moderne* (pp. 245–60). Stuttgart: Klett-Cotta.

Ferrini, C. (2004). "Being and Truth in Hegel's Philosophy of Nature," *Hegel-Studien* 37: 69–90.

Forster, M. N. (1998) *Hegel's Idea of a Phenomenology of Spirit*. Chicago: University of Chicago Press.

Hansen, F.-P. (1994) *Hegels "Phänomenologie des Geistes."* Würzburg: Königshausen & Neumann.

Harris, H. S. (1997) *Hegel's Ladder*, Vol. I: *The Pilgrimage of Reason*. Cambridge, Mass.: Hackett Publishing Co.

Harris, H. S. (1999) "Hegel's Intellectual Development to 1807," in F. C. Beiser (ed.), *The Cambridge Companion to Hegel* (pp. 25–51). Cambridge: Cambridge University Press (rpt. 1st ed. 1993).

Hegel, G. W. F. (1801) *Dissertatio philosophica de orbitis planetarum*. Jena: Prager.

Hegel, G. W. F. (1963) *Lectures on the Philosophy of History*, tr. J. Sibree. London: Bell & Daldy (1872); rpt. London: Routledge & Kegan Paul.

Hegel, G. W. F. (1992) *Vorlesungen über Logik und Metaphysik. Heidelberg 1817. Mitgeschrieben von F. A. Good*, ed. K. Gloy et al. Hamburg: F. Meiner.

Houlgate, S. (2005) *An Introduction to Hegel: Freedom, Truth and History*. Oxford: Blackwell.

Hyppolite, J. (1974) *Genesis and Structure of Hegel's Phenomenology of Spirit*, tr. S. Cherniak and J. Heckman. Evanston, IL: Northwestern University Press.

Kaehler, K. E. and W. Marx (1992) *Die Vernunft in Hegels Phänomenologie des Geistes.* Frankfurt am Main: V. Klostermann.

Kalenberg, T. (1997) *Die Befreiung der Natur. Natur und Selbstbewußtsein in der Philosophie Hegels.* Hamburg: F. Meiner.

Kimmerle, H. (1978). *Sein und Selbst. Untersuchung zur kategorialen Einheit von Vernunft und Geist in Hegels "Phänomenologie des Geistes."* Bonn: Bouvier Verlag Herbert Grundmann.

Kojève, A. (1996) *Introduction à la lecture de Hegel. Leçns sur la Phénomenologie de l'Esprit professéés de 1933 à 1939.* (Originally published 1947.) Italian trans. by G. F. Frigo. Milano: Adelphi.

Lacroix, A. (1997) *Hegel. La philosophie de la nature.* Paris: Presses Universitaires de France.

Lumsden, S. (2003) "Satisfying the Demands of Reason: Hegel's Conceptualization of Experience," *Topoi* 22: 41–53.

Marmasse, G. (2003) "La philosophie de la nature dans l'*Encyclopédie* de Hegel," *Archives de Philosophie* 66: 211–36.

McCumber, J. (1999) "Schiller, Hegel and the Aesthetics of German Idealism," in M. Baur and D. O. Dahlstrom (eds.), *The Emergence of German Idealism* (pp. 133–46). Washington D. C.: The Catholic University of America Press.

Maesschalck, M. (2000) "Construction et réduction. Le confl it des philosophies de la nature chez Fichte et Schelling entre 1801 et 1806," in O. Bloch (ed.), *Philosophies de la nature* (pp. 217–26). Paris: Publications de la Sorbonne.

Moretto, A. (2004) *Filosofi a della matematica e della meccanica nel sistema hegeliano,* 2nd ed. Verona: Il Poligrafo.

Negele, M. (1991) *Grade der Freiheit. Versuch einer Interpretation von G. W. F. Hegels "Phäomenologie des Geistes."* Würzburg: Königshausen & Neumann.

Neuser, W. (1987) "Die naturphilosophische und naturwissenschaftliche Literatur aus Hegels privater Bibliothek," in M. J. Petry (ed.), *Hegel und die Naturwissenschaften* (pp. 479–99). Stuttgart-Bad Cannstatt: Frommann-Holzboog.

Nicolai, F. (1801) *Ueber die Art wie vermittelst des transcendentalen Idealismus ein wirklich existirendes Wesen aus Principien konstruirt werden kann.* Berlin and Stettin (n. p.).

Nisbet, H. B. (1972) *Goethe and the Scientific Tradition.* London: Institute of Germanic Studies/University of London.

Nuzzo, A. (2003) "Sinnliche und übersinnliche Erkenntnis. Das Problem des Empirismus in Hegels *Glauben und Wissen,*" in K. Vieweg and B. Bowman (eds.), *Wissen und Begründung. Die Skeptizismus-Debatte um 1800 im Kontext neuzeitlicher Wissenskonzeptionen. Kritisches Jahrbuch der Philosophie* 8, pp. 75–92.

Peperzak, A. (2001) *Modern Freedom. Hegel's Legal, Moral, and Political Philosophy.* Dordrecht:

90

Kluwer.

Pippin, R. (1993) "You Can't Get There from Here: Transition Problems in Hegel's *Phenomenology of Spirit,*" in F. C. Beiser (ed.), *The Cambridge Companion to Hegel* (pp. 52–85). Cambridge: Cambridge University Press.

Pöggeler, O. (1973) "Die Komposition der *Phänomenologie des Geistes,*" in H. F. Fulda and D. Henrich (eds.), *Materialen zu Hegels "Phänomenologie des Geistes"* (pp. 329–90). Frankfurt am Main: Suhrkamp.

Proß, W. (2000) "Le péché et la constitution du sujet à la Renaissance," *Rue Descartes* 27:79–116.

Rosenkranz, K. (1844) *Georg Wilhelm Friedrich Hegel's Leben beschrieben durch Karl Rosenkranz.* Berlin: Duncker & Humblot.

Rossi, P. (1986) *I ragni e le formiche. Un'apologia della storia della scienza.* Bologna: Il Mulino.

Rousseau, J.-J. (1969) *Emile ou de l'Education,* in B. Gagnebin and M. Raymond (eds.), Jean-Jacques Rousseau, *Oeuvres Complètes,* IV. Paris: Gallimard.

Russon, J. (2004). *Reading Hegel's Phenomenology.* Bloomington and Indianapolis: Indiana University Press.

Stern, R. (2001). *Hegel and the Phenomenology of Spirit.* London: Routledge.

Verra, V. (1976) "La qualità nell'età romantica," in E. R. Lorch (ed.), *La qualità* (pp. 51–62; discussion: 63–77). Bologna: Il Mulino.

Verra, V. (1999) *Introduzione a Hegel,* 9th ed. Roma-Bari: Laterza.

Wahsner, R. (1996) *Zur Kritik der Hegelschen Naturphilosophie. über ihren Sinn im Lichte der heutigen Naturerkenntnis.* Frankfurt am Main: P. Lang.

Westphal, K. R. (1989) *Hegel's Epistemological Realism. A Study of the Aim and Method of Hegel's Phenomenology of Spirit.* Dordrecht: Kluwer.

Westphal, M. (1998) *History & Truth in Hegel's Phenomenology,* 3rd ed. Bloomington and Indianapolis: Indiana University Press.

Wrede, E. G. F. (1791) *Antilogie des Realismus und Idealismus. Zur nähern Prüfung der ersten Grundsätze des Leibnizischen und Kantischen Denksystems.* Halle: Francke und Bispink.

延伸阅读

91 Americks, K. (2000) "Introduction: Interpreting German Idealism," in K. Ameriks (ed.), *The Cambridge Companion to German Idealism* (pp. 1–17). Cambridge: Cambridge University Press.

Becker, W. (1971) *Hegels "Phänomenologie des Geistes." Eine Interpretation* (pp. 78–81).

Stuttgart: W. Kohlhammer.

Bonsiepen, W. (1981) "Zu Hegels Auseinandersetzung mit Schellings Naturphilosophie in der '*Phänomenologie des Geistes*' ," in L. Hasler (ed.), *Schelling. Seine Bedeutung für eine Philosophie der Natur und Geschichte* (pp. 167–72). Stuttgart-Bad Cannstatt: Frommann-Holzboog.

Buhr, M. (1984) "Absolute Vernunft—ein Oxymoron? Zum Verhältnis von absoluter und historischer Vernunft," in D. Henrich and R.-P. Horstmann (eds.), *Hegels Logik der Philosophie. Religion und Philosophie in der Theorie des absoluten Geist* (pp. 99–105). Stuttgart: Klett-Cotta.

Doz, A. (1993) "La distinction hégélienne de raison et entendement est-elle éclairante pour nous aujourd' hui?," in H. F. Fulda and R.-P. Horstmann (eds.), *Vernunftbegriffe in der Moderne* (pp. 237–44). Stuttgart: Klett-Cotta.

Falke G.-H. H. (1996) *Begriffene Geschichte. Das historische Substrat und die systematische Anordnung der Bewußtseingestalten in Hegels Phänomenologie des Geistes. Interpretation und Kommentar* (pp. 160–94). Berlin: Lukas Verlag.

Hartmann, N. (1929) *Die Philosophie des deutschen Idealismus*, II: *Hegel.* Berlin and Leipzig: W. de Gruyter.

Horstmann, R.-P. (2003). "Den Verstand zur Vernunft bringen? Hegels Auseinandersetzung mit Kant in der *Differenzschrift*," in W. Welsch and K. Vieweg (eds.), *Das Interesse des Denkens. Hegels aus heutiger Sicht* (pp. 89–108). München: W. Fink.

Kohl, E. (2003) *"Gestalt." Untersuchungen zu einem Grundbegriff in Hegels Phänomenologie des Geistes* (pp. 137–45). München: H. Utz.

Nuzzo, A. (1993) "Vernunft und Verstand—Zu Hegels Theorie des Denkens," in H. F. Fulda and R.-P. Horstmann (eds.), *Vernunftbegriffe in der Moderne* (pp. 261–85). Stuttgart: Klett-Cotta.

Pinkard, T. (2000) "Hegel's Phenomenology and Logic: An Overview," in K. Ameriks (ed.), *The Cambridge Companion to German Idealism* (pp. 161–79). Cambridge: Cambridge University Press.

Scheier, C.-A. (1986) *Analytischer Kommentar zu Hegels Phänomenologie des Geistes* (pp. 148–64). Freiburg and München: K. Alber.

Solomon, R. C. (1983) *In the Spirit of Hegel. A Study of G. W. F. Hegel's Phenomenology of Spirit* (pp. 301–T411). New York and Oxford: Oxford University Press. Valenza, P. (1999) *Logica e fi losofi a pratica nello Hegel di Jena* (pp. 203–97). Padova: Cedam.

Vetö, M. (1998) *Etudes sur l'idéalisme allemand* (pp. 11–24). Paris: L'Harmattan.

Vinci, P. (1999) *"Coscienza infelice" e "Anima bella." Commentario alla Fenomenologia dello spirito di Hegel.* Milano: Guerini & Ass.

第5章

观察自然的理性

辛奇亚·费里尼

1. 观察自然的理性的辩证法

1.1 自然分类中的外在描述与内在差异

92　　黑格尔基本的思辨论点是："真实的东西是现实的，以及必须实存。"（*Enc.* §38Z）[1]这就是对经验的"最高"辩护以及对理性驱使以寻求在这个世界上它的无限规定的"最高"辩护，因为这就是空洞的"超越"崩溃的原因。然而，这个论点也包含特殊感性"这里"成为真实的东西之不可避免的"最低的"不充分性，因为事物的真实并不是真正实存于外在的有限性中，而是在思想中：外在的任何东西都仅仅在自身内是真实的。因此，尽管经验主义包括了自由的原则（*Enc.* §38），人们却只有在思维中才是真正自由的，同时，在一种重要的意义上，作为有限的认知，它仅仅具有抽象和形式的同一性的意义，它割裂了具体东西的各方面，而没有把它们整合在一起，经验主义仍然是一门不自由的学说。[2]作为理性的意识认为，观察到的和经验到的内容是真理的来源，这种内容，对于意识自身来说，不可能再具有感性确定性或者知觉的直接性形式。[3]当考虑描述和分类在经验科学中的局限和作用时，这就是黑格尔在"观察自然"一开始的首要观点。这个观点相对而言已经被评论者们忽略了，虽然它非常具有意义。

黑格尔的分析开始于下述评论，"观察"要求从知觉上升到思想：对于意识本身而言，尽管有其声明，但是单纯的知觉不能被误认为是观察，因为"被知觉的东西至少应该具有一种普遍的意义，而不是一种感性的这一个"（*eines sinnlichen diesen: PS* 139.12-13/M 147）。积极的一面表现在开始进行必要的区分，以为了理解。起初，认知是以及必须是分析的（*Enc.* §§38Z, 227Z）。当经验主义通过区分以及分离它们各种不同的特征分析对象时，这些特征通过分离获得普遍性的形式。然而，这个强调了描述的首要的不便性，从特殊东西抽象出普遍东西的肤浅性，以及随之而来的诸事物单纯被归入其下的这些一般的形式的不稳定性和任意性（*PS* 139.20-24/M 147-8）。而且，描述伴随着错误的意识，这种意识假设它保持了事物原本之所是（Russon 2004, 119）。描述似乎是被动的（*Enc.* §226Z），因此，实际上，理性积极地把一个具体个别实存的（以及消亡的）狮子的感性存在转变成为一个普遍本性（狮子的种类）的特殊化，这个普遍本性本身并不实存，尽管它随着时间的推移而持续存在（*Enc.* §24Z）。相似地，当描述把一块肉转变成为一系列的（死的）化学构成成分时，它失去了各部分之间的关键联系，这种转变只不过是抽象的思想规定。在《哲学科学百科全书》中，黑格尔通过引用歌德的《浮士德》提出了这个最后的观点，因此对分析划分的立场的绝对性进行了诗意的批判（*Enc.* §38Z）。[4]

近来的学术研究已经强调，黑格尔批判了科学家研究活动的逻辑进程和形而上学先决条件。[5]不同于谢林，他参与到那个时代的科学争论中，黑格尔被认为已经限制自身去观察和判断它，阐明他把握它主要特征的能力，以此为基础建构了他后来的自然哲学（Poggi 2000, 19-20, 45）。更重要的是（cf. *Enc.* §246Z），黑格尔的分析似乎更为丰富和复杂，因为，在《精神现象学》中也可以追溯到，黑格尔反对当代科学文献中的描述和分类，这提供了一些例

93

子以辩护黑格尔的批判性评论，阐释了在"观察理性"中他的暗示，以及表明了黑格尔如何通过公开地支持同时代自然科学的某些思想以及反对其他思想而积极地参与到如此之类的争辩中。最后这点一直被忽视。事实上，已经主张，与他的成熟体系相对比，《精神现象学》中黑格尔与自然科学的对峙"本质上和必然的"是批判性的，其目的是要揭露典型的自然科学认知世界的形式或者各个方面的特殊性、片面性和不充分性，以之为黑格尔消解所有外在性的意识形式（Illetterati 1995b, 217）。然而，在某些情况下，我们将表明，黑格尔如何通过提供给它思辨的辩护和基础而支持一种有争议的科学立场。尽管如此，当黑格尔赞赏基于对有生命存在的统一的、整体性的研究的分类体系，或者质疑一种类似规定的固定的定量方案的有效性，他为了真正认识有机物质的存在而辩护性质、流动性、动态过程、目的性和可能性。我们将表明，他如何在解释自我差异和自我坚持的独立自然个体的反形式主义基础上这么做。例如，它们的自为的存在，当时总是与经验科学的最新研究趋势相关联，依赖于——以及依仗于——那些进行研究的科学家们的意识，他们，在从启蒙运动转向浪漫主义的岁月，已经开始概念化经验，认为他们自己更是"思考自然的研究者们"，而不是"自然的观察者们"（cf. Bach 2001, 68-9）。这是因为现象学的立场允许黑格尔在意识的诸形态内重新建构科学理论的产生和功能，这些形态也必然地和不可替代地进展到绝对认知的概念（Verra 1997, 96）。

黑格尔长期以来一直研究地质学和矿物学，并且于 1804 年成为耶拿矿物协会的技术顾问。[6] 这个协会创立于 1796 年，于 1804 年被改革，受到歌德的大学政策的影响（Müller 2001, 152），并资助了这个协会实验室和一个重要的科学图书馆。在耶拿，黑格尔也寻求在心理学、植物学、化学、光学、医学和地质学中的对自然的实验研究，他在所有这些学科中与同事们一起合作（Rosenkranz 1844, 220）。黑格尔个人也拥有很多关于矿物学、晶体学、地质

学、地理学以及化石的手册（Fritscher 2002, 59-60）。那些手册
之一《关于哈尔茨山脉观察》的前言中，作者格奥尔格·拉修斯
（Georg S. O. Lasius）主张："仅仅考虑自然呈现与观察者眼前的这
类对象。"[7] 尽管如此，拉修斯选择一个标准考虑这个问题，这个
标准不仅仅描述个别的山脉，而且也描述山脉地层的"普遍种类"
（Hegel 2002，§44），例如，山脉种类，著名的维尔纳（Werner）
《地质构造学》[8] 研究了，它也思考了一个"主要的种类"：花岗岩
（Hegel 2002, ad §44, 129b）。这个选择决定了"观察的秩序"，在沉
积层地层的例子中，这就迫使作者恢复典型带脉状岩石地层，从年
长的地层开始，进展到年轻的地层，从花岗岩山脉开始。[9] 许多问
题会面对这个"决定"，尤其是在书面阐述如此之类的山脉种类时，
有待决定是否这个选择依赖于学术传统或者主观的倾向。[10]

　　这里，对黑格尔称之为理性信念与其现实进程之间的矛盾，我
们有一个具体的例子。首先，这位进行研究的科学家主张，符合纯
粹（被动的）描述而没有增加任何主观的东西（à la Locke; Russon
2004, 119-20），虽然，实际上，不引入顺序和优先性以及因此使用
标准（在科学家之间改变的标准），他不能进行描述。[11] 如果不把
一个特殊山脉的具体感性存在转变为一个属的样本，一项困难的转
变要求确定这个属以及规定语词和名称以在语言上表达它的特征
（Lepenies 1978, 34; Bach 2006, 70-1）。

　　黑格尔的策略是，把方法论的意图（理性如何对待自身）与现
实的进程（实际参与的这个过程）对立起来 [12]，也就是说，知觉对
立知性，这并不是指对科学争辩的一种被动的、不参与的旁观者，
因为这对于同时代进行研究的科学家们根本就不明显。考虑下格林
（Gren）在他的《自然学大纲》中对经验的主要定义 [13]：

　　　　通过我们对我们世界事物的变化的感知，经验被称之为知
　　　　觉。当我们让事物处于没有我们的活动而被发现的状态下，

经验被称为一种观察或者注意。(Gren 1797，§11)[14]

95　　这个时代的另一部手册，在黑格尔的私人图书馆和耶拿矿物学协会的图书馆都被发现。它开始就指出在矿物学中的两个众所周知的核心难点：这门学科的科学术语的不精确性，以及由此导致的各种不同描述的不一致性和不可理解性，以及，甚至更不利于科学的进步，即矿物可以被认为来自各种不同立场的过度混合（Brunner 1803, iii）。作为补救的办法，布伦纳（Brunner 1803, V）建议，初学者要反对任何精神上的懒惰，摒弃"他们学术上的一系列先入为主的假设和见解"，然而，警告的这点只能求助于黑格尔认为的"纯粹经验"的神话（Brunner 1803, VI）。[15] 布伦纳没有意识到这点，他在"前言"中主张已经做出了很大努力以"按照秩序分布了这些地质构造学的经验"，以希望不要错失"任何……重要的观察"（Brunner 1803, XX）。

　　这些例子有助于我们理解。当黑格尔写道，对事物的描述，这个理性观察活动的形式，还没有涉及对象自身中的运动，而仅仅包括描述行为（*PS* 139.22-24/M 148），因此被谴责不停地努力却产生了一系列使得描述陷入困境的后果，黑格尔的意思是：一旦一个对象被描述，它就失去了兴趣；描述消耗了它的素材但不可能消灭自身，这就产生了一种永无满足的探究。[16] 因为"幸运的"发现一个新物种是非常罕见的事情，幸运的是，因为它并不遵循任何预测的定律[17]，描述必须描述返回到相同的对象以进一步分离它们的组成成分。鉴于感性事物的丰富特殊化，它们的复杂本性以及物种间的重叠，使得在"自然的"组群之间划分界限是非常困难的，这潜在的就是一种无限的活动。[18]

　　至少，这个问题如同亚里士多德（《动物学》BK. I 的部分）拒绝柏拉图生物分类学中的二分方法。柏拉图的方法要求赋予每一物种仅仅一种区别的标志，这就导致相同的组群归入很多不同的类中，而不同的组群归入到相同的类中，因此，任何时候一种单一的差异进行分类时，就切断了"自然的"组群。与此相反，根据亚里士多德，每一个组群都有很多的差异作为标志，他在这个方面也遵循通用的术语以及用法。[19] 他自己并没有根据普遍公认的五个单位：纲、目、属、种、变种等等现代的、有规则的以及系统意义的术语产生的任何形式的分类学，这五个单位早在 1735 年就被林奈（Linnaeus）在他的《自然体系》中介绍了，与亚里士多德的逻辑学术语类似。[20] 对于黑格尔来说，与其普遍性未规定的无限特殊化相对峙表明：任何分类体系是通过"操控与技艺"获得的（PS 140.3/M 148）。这种类型的困难标志着纯粹描述的结束，因为，很明显，人们不可能通过纯粹的描述知道，是否显现为一种本质的特征实际上不是偶然的（PS 140.10-11/M 148）。

接下来的改进策略试图通过确认本质性的区分标志来分类世界。有意义的是，这里，黑格尔并没有把自身限制于解释科学研究的预设前提，而是发展了他的哲学关注，他支持进行研究的科学家自己批判自然历史的技术现状。黑格尔拥有布卢门巴赫（Blumenbach）的《自然历史手册》的第四版[21]，在那本书里，对自然世界的一般描述划分了三个传统领域即动物、植物和矿物，最早给出了，包括亚里士多德、普利尼乌斯（Plinius）、布冯（Buffon）、博内（Bonnet）、林奈（Linnaeus）以及其他人的划分（Blumenbach 1791, 5）。尽管，布卢门巴赫警告读者不要，由于近期的发现，例如下述的，一些自然主义者不想在动物和植物领域划出任何明确的界限（keine bestimmte Grenzen），由于发现了感觉的植物以及所谓的动物性—植物（Pflanzenthieren），例如特雷布里的著名的水螅（Hydra），而想当然地这么认为。有些人支持自然中的普遍和一般的连续性（一个梯子或者链条的模型），他们发现，不仅仅把自然划分为领域，而且也划分为纲和目，完全都是武断的（Blumenbach 1791, 6）。布卢门巴赫解决这个问题的方式，表明他意识到，这是一个自然学家对动植物的本质采用何种确定概念的问题与厄姆（Oehme）反对梯子的连续性和等级相同（Barsanti 1992, 27-33），他的最终判断是，那些想要链接一切事物的人，即使某些纲似乎隔离于他们应该理解的种类，他们没有努力和可见的强力不能维系梯子的模式。在他的《人类原生种属》（1795）中[22]，布卢门巴赫所支持的一种分类学奠基于习性（hexis, habitus），也就是说，根据以动物的生活方式，它的活动、特性、构成部分、繁殖方式、运动以及考虑它的环境。这里，布卢门巴赫重复了相同的观点，这次强调了林奈基于牙齿对哺乳动物进行分类的标准之局限——因此，支持布冯 1749 年以来的批判（Barsanti 1992, 178）——这在《自然体系》（1735）第一版时被认为是一个好的工具，虽然，现在，在海外新发现了他的人为体系之外的很多例外。[23] 在这种背景下，布卢门巴赫重复了他对这个格言的反对"自然不会突变"：这个格言迫使纲例如鸟类的一种以及属例如曲棍球的一种成为一种分级方案。这次，他使用了这个表达"雄性却没有激情"，这些术语再次传达了一种重要意义，即非常接近黑格尔使用的发明（Gewalt，具有帝国的、暴力的内涵）和技术（Kunst，人为技术的意义上）的术语。

这些参考资料至少为黑格尔的现象学解释提供了部分科学背景，黑格尔现象学地解释了，描述经验的不充分性以及在系统分类中划分本质的东西与非本质的东西的不充分，通过这种区分，概念"超越了感性的分散"（PS 140.18-20/M 148-9）。一方面，现实中已经被显现的东西是，理性对知性这个意识部分起着作用，以致概念的无限真理仅仅是某种自在的理想的和抽象的东西，远超出她的能力范围，同时，另一方面，她的活动尽管是内在地被概念所引导，这个生动的普遍性构成了理性进展的"内在线索"。[24] 在考虑多种区分标志的作用时（根据林奈的《哲学》，植物的性别二态性，动物的牙齿和爪子），在理性地认知自然时，黑格尔则具有解释两个方面的困难任务。[25] 事实上，他已经表明，在认识的这个阶段，相互关联的现象的同一性仅仅是一种外在的同一性，因为，任何计划的普遍性与个体之单一性之间都仍然存在一种未解决的张力：以至这个现象不能仅仅被任何分析地选取一个单一的、孤立的区分标志所把握，用这个区分标志作为它不同的人为技术体系的原则。[26] 他那个时代的科学争论的这个客观特征被认为是，被知性的逻辑进程所设立的自然现象之规定的分离、抽象和外在联系的典型后果（*Enc.* §467Z）。以此方式，黑格尔准备过渡到接下来寻求规定性规律的阶段。然而，黑格尔也表明，探求以及找到这个世界上的本质性和普遍性和合法性[27]，也得到概念本身引导的理性直观的检验，也就是说，普遍的统一具体化自身以及把单一个体理解为它内在的具体化环节，因此在所有其（内在的，或者概念的）特殊差异中以及通过这些差异而维系自身：这种真实的形式从它自身产生了它的内容。[28]

对于黑格尔来说，必然遵循理性的概念，即人为技术的分类应该符合于自然自己的体系，并且他强调，理性——尽管她仅仅是直观的活动——能够在体系中实现统一，"在这些体系中，诸对象自身如此被构成，以致它们自在地具有一种本质性或者自为的存在，不仅仅是这个环节和这个位置上偶然的东西。"[29] 在 *GW* 9 中，没有编辑注释那些线索。根据我的观点，这些例子有助于澄清这样一个简略的、隐秘的参考，这些例子可以在《动物解剖学》中被发现，或者在克服纯粹的肢解（Zergliederung）和生理学之间的区分时可以发现——古人不太清楚——这个区分被魏卡德（M. A. Weikard）的《哲学解剖学》提出来。这一路径也得到索默灵（Sömmering 1791, xxv）的支持和赞赏，或者在新的《动物化学》中提出，它的目的是把光、热、电、磁学一级电流学统一到生理学中（参见注释 4）。在这个方面，值得注意，在阿贝格（J. F. H. Abegg）的黑格尔纽伦堡《哲学科学百科全书》的笔记中，"自然科学"这个部分的第三部分"有机物理学",还给出括号中的另一个标题"生理学"(cf. Hegel 2002,vii, v,编者注释)。事实上,在1812/13,黑格尔通过表明"理性对动物的根本规定提供一个基础"发展了这点(Hegel 2002, ad §49, 143.31-32b)。在这里,他指出了从动物的属性到它本质的区分标志着"一般种类"的整体而形成的定义:根据它的属从所有它的单一部分、所有骨头以及四肢中构造。[30] 以此方式,黑格尔为动物学提供了比较解剖学的诸结构的思辨意义(Enc. §368Z):他手上有布卢门巴赫的 1805 年《比较解剖学手册》(Neuser 1987, 487 条目 31),这本书提到了居维叶(Cuvier)早期的研究。更重要的是,从现象学理性本身的立场来看,"自然的无穷无尽性"不再干扰"对自然理性观察的任何完整性解释的主张"(Dahlstrom 2007, 43)。符合自然的理性分类体系,并不恢复无休止的描述,虽然,后来黑格尔说,许多物种仍然还没有被解释,但同时他强调,人们必须相信有可能在感性实在的自然多样性内认识概念(Enc. §353Z)。从这个立场来看,值得注意,特雷维拉努斯(Treviranus)已经降低了基于可见的细节和调查发现对动物和植物"描述"的价值,有缺陷的人为技术体系被认为是"纯粹的记录",抵触于"自然科学"的更高的目的,它的目的是探究驱动力以保持我们称为永恒活动的"自然"之"伟大的有机论",把它的分散的各个部分统一到一个整体中(Treviranus 1802, v-vi)。

因此,这些源自动物的整体本质上内在统一的这些区分标志,例如它的意思是自为的存在,不可能被认为是某种仅仅与我们的主观性相关联,以及仅仅属于我们理性的兴趣。更确切地说,仅仅借助于这些"武器"(例如爪子或者牙齿,自亚里士多德以来广泛地被用作区分的标志,参见 PS 498-9,140.36-37 编者注释),即在这个类型构架内被规定为客观的武器,一个动物确立了自身的个别性区别于其他动物,以及保持它的独立性。[31] 关键是,根据普遍性(genus)和单一性两个环节的统一来寻求理解有机生命,以至构成一个单一动物的诸个别部分可能完全取自它的内在规定的、具体的形式 [32]，以及，对于它的独立性的概念认知，它的自为存在代表了对莱布尼茨强调的个体之独一无二性的赞赏，反对洛克的模式和斯宾诺莎的被一种无限模态要素构成的全体结构。[33]

有生命的个体必须有差异，以之为它自己内在的规定（而不仅仅是根据我们的认知模式），这就是黑格尔这里在植物上并没有完全意识到的：它们在自身内还没有个体统一的充分、完整的力量，因此，它们仅仅到达了个体性的边缘 [34]，在那里，它们显示出性别二态性的"现象"（Schein）。[35] 后来，黑格尔明确地赞赏了图尔内福特（Tournefort）更为哲学和自然的分类，与林奈的人为技术体系恰恰相反，它"根据植物的整体"而不是根据单一的标志进行判断。[36]

摩尔（Moll 2004, 150）论述："个体性标示的生命有机论的运动远离于普遍以及其他的诸多个体。"与动物的鲜明对比以及与植物的对比，黑格尔认为化学的对象是"还没有被规定为不同的个体"（SL, GW 12:149.3-6），以及是"简单的东西，与其他东西相关联"（Enc. §200Z）：实际上，化学试题没有个体性，因为，在彼此的经验关系中，它们并不保持为相同的东西或者保持自身，因此挑战了试图规定它们恰当的（例如，酸性的或者碱性的）以及稳定本性的任何认知。[37]

当黑格尔提出这个认识论的观点以支持一种同时是实在论的观念论时（Enc. §353Z, Westphal 2003, 51-5, 63），他再次追寻一些早期的反康德的关切。在《费希特与谢林哲学之间的差异》（1801）一开始，黑格尔就批判了康德的知性对于仅仅包含一般的经验可能性条件以及对与经验对象之关系仅仅是客观的诸立法的法则，而不是对自在之物的。就黑格尔否定康德的观点而言，即特殊的经验，在它的杂多性、多样性以及异质性方面可能仅仅先验地完全相互关联，康德是黑格尔在"对自然的观察"中批判的靶子，因为，康德

99

先天的先决条件，引导我们理性地探究实在的、经验的自然，它们在《判断力批判》中仅仅是对启发式的和主观的判断的反思性准则。然而，在先验辩证论的附录中，康德澄清了《纯粹理性批判》关切的经验知识中系统统一的作用和基本原理的两个相关联的方面。第一，尽管，知性通过概念使用感性图式与现象的杂多联系起来，以及把现象带入经验法则之下；尽管，原本这些图式，它的活动未被规定（ *CPR* A664/B692）。类似地，第二，"理性的统一也在自身中没有根据这些条件而被规定，在这些条件下以及在一定程度上，知性应该系统地结合它的诸概念"（ *CPR* A665/B693）。康德提出了感性图式的类比（这个情况本身根本不存在），也就是说，对于彻底的系统性统一的所有知性概念的一个理性图式。通过把这些范畴应用到它们的感性图式上，我们获得现象本身的一种认知，因此，我们通过它的构造来确定某物。通过把知性概念应用到"区分的最大限度的观念上"（兴趣在于多样性，根据具体化的原则）以及知性在一个原则下认知的统一的观念上（兴趣在于统一，根据结合的原则），我们具有了"唯一的一个法则"，"一个准则"，一个"纯粹调节性的"或者"主观性的"判断，它只奠基于理性的兴趣，而没有任何对对象本性的可能洞见（ *CPR* A666-7/B694-5）。然而，以此方式，康德否定了其他科学理论发展的任何冲突主张的客观性。通过把他们的原则还原为表达思辨理性的双重兴趣的准则（在多样性和统一性上的兴趣），康德争辩，自然学家们假设的东西来自他们对对象的恰当洞见，这些对象"仅仅"奠基于他们自己的思想模式上。无机和有机领域（康德提到了莱布尼茨和博内特使用过的生物之间连续性的梯子模式）[38] 的各种不同分类体系之间的科学斗争，只不过剥夺了一种可能客观的结果。更确切地说，因此，康德使得它成为一种客观上未经辩护的对立，因为，对象的构造对于经验科学家来说"深深地隐藏着"，他们意识不到第一批判的结果。

除了这个严格地反康德的方面之外，通过个体性的原则，黑格尔对理性地理解（begreifen）现实存在提出了证明。这不仅仅是一种纯粹自信的表达，相信在简单的人为强加之外还有自然的范畴，或者我们的命令是一个发现的问题而不是发明。这就是科学争辩的时代的关键问题（cf. Knight 1986）。如果生物对康德"附录"的参考是恰当的，那么，黑格尔肯定了理性在经验中的客观存在，不是作为我们探究自然的一个纯粹的指导方针，而是根据一个动物的恰当的特性和明确的差异而通过我们真正地具体化动物种类，予以肯定，这些特性和差异使得这一动物得到辨别以及保存自身。如哈里斯提出的"每一个'事物'概念上（或者'根据定义'）都是合理的……它具有它自己的'本质'，根据这个本质，它使自身区别于其他种类的'事物'"（Harris 1997, 1:485）。这就是黑格尔在莱布尼茨的无法辨别的同一性原则中看到的最深刻的方面：任何不涉及一个内在差别的东西都不可能区别自身（MM 20:241/H&S3:333-4）。

100

尖锐地对立于这个观念，谢林在《阐述》（1801, §§12, 35）中支持的"每一个事物根据本质都是等同的"[39]，黑格尔赋予动物以及植物（虽然有限制情况），例如有机自然，一种自己积极生存的存在特征，对我而言，似乎标志着一种重要的对立，即黑格尔的观点与潜在的神秘主义和反科学主义的任何非辩证的、一元论的或者斯宾诺莎主义的（Enc. §151Z）的自然哲学之间的对立。[40]

1.2　无机自然的规律：它们的理论内在性与经验外在性

重叠、过渡、困惑以及恢复分类中的纯粹描述，这一切都使得意识理智地探寻所谓的区分标志无效，因此对把握感性实在的现实的、范畴的客观性是不够的，以及，因此，对于不足以符合具体的和过程性的自我规定的适合于概念的普遍性，概念只不过是理性直观活动本身的隐秘的、内在的动力。这里，黑格尔让人想起了"本质上是主体的有生命实体"的本性，或者在《精神现象学》前言中概述差异中的同一：即这种类型的理性普遍性，根据它，不同的有机形式的连续性并不表示相互不相容和冲突，更确切地说，而表示目的论的展开和变成一个新生统一体的诸环节[41]，这就是理性天真地在世界上直接地寻求的东西，现在它试图通过直观发现现象的规律（*PS* 142.4-7/M 150-1）。一般而言，观察理性的这个实质性局限既依赖于自然对象抵制试图描述或者分类它们，又依赖于认识主体的概念谬误（Hoffheimer 1992）：这个部分的目的是阐明无条件的（绝对的）思想客观性规定的经验实在性，这是通过纯化源自感性经验的归纳和普遍化的规律成为概念而获得的（考察无机领域的化学和电学），以及通过自我扬弃基于规律的对生命现象（对有机领域）的理性理解的定量固定解释。[42] 理性认知运动的这个意义是，外部概念式存在与反思的、认知的自我之间的统一：哲学的认知表明，思想已经被改变成为一种存在的思想，或者同样地，外部概念式存在已经被改变成为一个思想的存在。[43] 对于观察的意识而言，自然规律的真理存在于经验之中。这个部分的辩证法的目的是，要表明意识如何显现规律的真理存在于概念之中（*PS* 142.7-14/M 151）。

101

一开始，意识照面一个自然规律的归纳来源，虽然一种经验的生成不可能确保任何规律的必然性，没有必然性，"它实际上就不是一条规律"（*PS* 142.14-15/M 151）。同时，我们现在最容易想到休谟和康德，这个问题同亚里士多德拒绝归纳地阐述一个对象的本质一样古老。必然性不可能遵循基于列举（偶然地）现存的实例的归纳，据此，人们主张，对象的全体必定（在所有情况中）都以一种确定的方式表现出来，因为没有任何被观察的单一例子以不同方式表现出来。亚里士多德论述，通过归纳，人们无法证明一个对象是什么，而只能表明它（偶然地）实存，或者它不存在（An. post. 2b7, 92a35-92b）。当培根，提到柏拉图时，在《新工具》（Aph. 105）中提出基于排除法的归纳的公理形式，他意识到了亚里士多

德的忠告，以及相应地拒斥了列举的归纳法，培根承认这种归纳法
获得的不稳定揭露了对反例的屈从。通过他关于现象之本性或形式
的肯定、否定和比较实例的分层表，培根的目的是要确保较高层的
公理和较低层的公理之间的连续性，后者"与纯粹的经验稍微有些
不同"（Aph. 104）。从黑格尔回想起的东西到关于真理对它是什么
的意识，我们了解到，即使，以此方式，经验根据"固定的规律"
（Aph. 100）或者"一个确定的方法和规则"（Aph. 103）进展，这
个"确定性"对于一条规律要成为规律是不够的，类比或者或然
性都不够。让这个"真理的或然性"（例如，培根固定的规律）"任
凭它是多大的，它在真理面前什么都不是"（PS 143.10-13/M 152）。
以此方式，黑格尔也拒绝了牛顿的下述主张，即在实验哲学中自然
所允许的最好的推理方式，如牛顿在他的《光学》第 31 个疑问中
的主张（Bk. 3, Pt. 1），他首先谈到分析的方法，然后说到综合的方
法来解释他的方法论，[44] 尽管，他已意识到这个事实，即从实验和
观察中获得普遍的原则，并不能宣示它们的必然性，正如他在哲学
的基本规则第四点澄清的，在那里，他漠不关心地谈到，通过归纳
从现象中获得的"精确的或者非常接近真实的"命题，以及谈到了
它们的精确程度（或多或少）（cf. Newton 1999, 796）。

　　在这个新背景下，黑格尔的一般目的是要合法化理性寻求发
现世界上的本质性和普遍性——因为普遍合法的东西也是普遍有效
的（PS 142.23-24/M 151）——寻求结合，对于意识而言的理性普
遍性意义上的规律的普遍性和必然性（以它的概念自然为基础）与
经验观察，因此，不仅仅从偶然性拯救她对规律的认知——"避免
激进经验主义和传统主义的陷阱"，如兰姆（Lamb 1980, 103）注
意到的——而且也从所谓的"必然性"阐明中拯救对规律的认知，
这些阐明把诸范畴强加于世界，而不顾及"感性的"经验。[45] 规
律的合理性的本质实在性[46]，不应该混淆于纯数字的纯定量意义
（参见下文）的关系，以及以一种易于观察的方式，本质性的内在

性（Westphal 1989, 169），是某种不向意识显明的东西，意识仍然处在观察的层次上，并且相信自然规律的普遍性与理性的本性毫无关系，以及它完全源自外在自然。与这个信念冲突的第一个反例关注的是涵盖所有情况的普遍化规律。尽管休谟的怀疑主义质疑知性的运思（*Enquiry*, §4）[47]，当意识认识到，她并没有做过从地上拿起一块石头，然后掉下来的坠落实验（*PS* 142.20-143.5/M 151-2），她的经验中有规律的存在，也有规律的概念形式（*PS* 143.23-24/M 152）。因此，意识开始承认，一条规律的有效性存在于它的现象显现中也存在于它的概念本性中（*PS* 143.24-26/M 152）。

要阐明黑格尔提及的纯粹概念的东西和现象的东西之间的区分，以及阐明他随后提及的规律的"纯化"与它的作为探寻规律之纯粹条件的诸环节之间的区分（*PS* 143.27-36, cf. 91.33-37/M 152-3, cf. 91），需要回忆下伽利略介绍的新型的力学双重结构，它提供了理论的定义（例如，"均匀"的概念以及"均匀加速的"运动）以及（数学的）证明，也把经验的、实存的事实当作并影响规律的附加的、实存性的命题，如，在伽利略的独立于任何种类的经验观察中落体规律的几何学证明中。在至彼得罗·卡卡维（Pietro Carcavy）（1637 年 6 月 5 日）的信中，伽利略谈到，如果实验不能证实落体的经验运动是均匀加速的，那么他的证明就不会失去任何效力和结论性，因为它们仅仅应该对他自己的假设有效。更重要的是，他谈到，它们并不比阿基米德关于螺旋的命题影响更大，因为自然界中没有任何物体表现出一种螺旋运动。[48] 以此方式，已经看得到，伽利略把力学划分为方法论上不同的，虽然系统相关的两个部分：一个经验的部分，"在这个部分，物理世界的各种假设都是被构想出来的，并且在实验中被证实或者证伪的"，一个概念的部分，它的诸原则首要就是使得诸实验具有意义，例如"条件相同导致结果相同"，这里提供了诸如逻辑上遵从这些规定的定义或者命题的工具。[49]

规律的其他的感性面也通过安排实验经历着一种类似的抽象过程（*PS* 143.29-30/M 152）。格林的《自然学大纲》就是这方面的典范（Moiso 2002, 436）。格林首次把实验定义为，当我们改变一个事物的状态时，因此允许随环境的改变出现其他的影响时，我们所获得的经验（cf. *PS* 143.33-34/M 152-3）。以此方式，我们可以了解力，而通过简单的观察，我们可能永远都无法知觉到它。实验更深刻地把我们带入被考察物体的本性之中（Gren 1797, §§11, 12）。实验用工具来进行，它允许我们"实现简单、精确和纯度的必然要求"（Gren 1797, §13）。对物体的形式以及它们的凝聚力进行探究，这些实验意味着物理的、机械的以及化学的分析物体，把它们的构成物质和部分划分出来，并且也划分出它们的最接近的和终端的部分或者要素，这在种类上类似于前两种科学，虽然不类似于第三种科学（Gren 1797, §§109-117）。格林实际上描绘了渐进式把"物体"（例如大气）分解成为"诸物质"，例如热、氧、碳酸等等。[50] 不管这些进行研究的科学家们可能如何想的，黑格尔认为这个研究就是把规律的环节从任何一种特定的存在中释放出来（*PS* 143.35-39/M 153）。

在这个方面，考虑一下格林对里乔利（Riccioli）和格里马尔迪（Grimaldi）试图通过实验进行证明以及后来对伽利略的落体规律的解说。[51] 格林，以非常接近黑格尔在《精神现象学》中的语言，呼吁寻求"通过直接的实验证实伽利略命题的真理性"，他解说的结果完全满足了加速规律，证明了它的"实在性"而反对它的所谓的"现象"，根据伽利略在《对话》中的"奇怪猜想"，以支持哥白尼的地球日常运动。根据哥白尼，"这个物体真正而言只不过是做了一个简单的圆周运动……石头的真实和真正的运动从来都不是加速的，而总是相等和匀速的。"然而，格林评论道，这些测量所匹配的公式完全没有考虑空气的阻力，一个经验因素"在理论中"遭到无视。因此，他得出教训："人们可以正确地设定对观察可靠性的质疑。"(Gren 1797, §213) [52] 在这个方面，黑格尔争辩，实验本身像意识表明了它的立场的颠倒，这就把经验和观察当作真理的来源。提到这种科学意识有助于我们理解黑格尔如何以及为什么把一条规律的这些纯粹条件的探究解释为完全把这个规律提升到概念的形态（Gestalt）中（ *PS* 143.38/M 153 ）。

进一步考虑化学和电学中的一系列例子之后，黑格尔以一个结合的结果总结了这一部分[53]。在经验方面，化学的"纯化的"物质，作为单一性之物并不是实存的存在者，而是普遍性的存在者，也就是说，仍然是存在者，虽然以一种概念的模式有意识地被设定的。[54] 在理论方面，自然规律的本质就是简单的概念，尽管实际上嵌入于感性存在中，并且因此予以观察，这个本质也摆脱了空间-时间的显现以及我们对它们的观察。[55] 因此，诸概念并不耻于经验知识，并且，经验知识并不缺乏概念要素。

要突出强调目前为止理性观察活动所覆盖的路线，它足以重塑上文概述的理性第一个策略背景下的这些结果，以发现它自己在这个世界上直接的普遍性，以及寻求在一个个别的、感性的对象上直接的自我意识的实在性，因此使得定义和激活理性的这个概念无限性，依赖于它与一种粗俗的、抽象的经验主义的有限性的关系。这种相同类型的经验主义在康德的绝对实在的、虽然先验的、无法企及的自在之物理论中涉及。不过，这种自在之物影响我们的感性，因此就产生了后天的"感性和知觉的巨大经验领域"。它也在费希特对抗外部性的原初作用中得到表达，费希特的这个原初作用完全就不是认识的自我，因此缺乏任何经验内容。黑格尔分析的集中点，从描述和分类的辩证法到无机自然的诸规律，所展现出来的路线，是要充实那种缺少以及完善被认识对象本质上的外在性。首先，物质的经验实在性显现在我们认识作为本质上的一个思想产物之他者的自我意识经验中，并且，思想的这种名义上的普遍性已经显现为，内在地调节感性事物诸现象的概念，实际上，实存于现象中。进而，我们这里有一个清楚的例子，即黑格尔著名的反斯宾诺莎的、反谢林的主体和客观、实在与理念之间的差异中的同一公式，这种公式似乎只是对信奉者宣扬。以自然存在与概念、实在与理念之间的结合为例（cf. *Enc.* §23），在化学反应中：每一方都由于它们的本质统一以及它们的区别而朝着对方移动：外部被感知的东西（实在方面），虽然仍然是一个予以实验的存在者，但被抽象地设定为观念化的"纯净物质"，构成上与它的对方，与它恰当的化学补充物相关。内在的普遍的东西（理念方面），虽然区别于感性实存，它有一个经验的实在内容，由一个反映的、媒介的单一性和普遍性的规定以化学结合与亲和的规律形式所构成。

1.3 在（b）有机生命的观察中的内在与外在

黑格尔赋予科学实验意识的这些历史成就之意义，提供了向有机物观察的过渡，因为自然意识，尽管总是遗忘它的路径和结果，把有机生命也当作另一种予以观察的可感知事物。哈里斯（Harris 1997, 1:495）注意到，"有机物作为一个理性观察对象的典范很容易予以确认"，因为理性普遍性的真正特征是，一种有机统一体的不同发展阶段的连续性，并不涉及不同形式之间的相互不相容和冲突，因为它们是一个隐性的、潜在的统一体展现的各个环节。因此，似乎这里的理性确实可能满足她的要求，即在她的对象中表象出她自在地拥有的东西，因此在实际的实存中反映自身。尽管如此，实际上在自然意识的经验中发生的事情并不是它现实地把握的东西。这个运动要求仅仅对我们而言的一种如此之类的意义，我们通过摆脱我们思想的自然习惯而获得的哲学意义。从内在的角度来看，这将会是理性所实现的最高顶峰。然而，通过一种直接的、外在的存在形式接受这个以及通过寻求"结合"自然有机体的两个不

同的内在和外在方面，理性无法坚持对一种同一性的这种洞见，这
种同一性仅仅在内在差异的相互规定（例如，一个有机中介统一体
的）中以及通过相互规定而构成。这个情况的发生是因为，逻辑上
而言，理性仍然陷入知性和它的对象之间的"简单联系"中，即接
受抽象的基于规律的（有限）知性的策略，它要求"联结"稳定的
内在普遍性和变化的外在具体表现这两个固定方面。它直接要求，
也就是说，"仅仅是安静地接受纯粹地实存的诸差异的普遍性形式"
（*PS* 156.29-30/M 168），以之为我们有关自然世界规则之科学理论
结构的内容（Hoffheimer 1992, 40-6）。

　　回想下，黑格尔在"力与知性"中，通过把感性知识和知觉
的世界设定为被取代的，设定为实际上是一种内在世界的精神活动
而引入的规律（Gesetz）。然而，这个内在世界充实了自己的知性：
真理依赖于一个稳定的、内在的、简单的普遍存在方面，同时直接
地落入不稳定的现象流变之中（*PS* 91.14-23/M 90）。规律就是要
表达这个差异（*PS* 91.25-26/M 90）。规律的领域被认为是知性的
真理，就存在的理论和经验两方面之间的永恒差异而言，则构成了
基于规律解释的抽象自然，它的典型特征是思想的理智习惯的有限
性。知性的策略，在有限力学的现象中具有其恰当的领域，它完全
不足以因为描述这个对象（它的流动性、自身关系、自由、它的内
在目的性以及发展原则、成长和保存）[56]的内在和外在相互交换和
自在的同一，以及概念上错误地使用有限的思想模式以认知自我维
系的动力以及自我实现的生命现象形式[57]，而消解任何自我调节的
（自然或者社会的）有机体中的这两个方面的差异。

　　关键在于，在电学和化学之后，现在，理性不再具有作为它
内容的如此之类的一种外在的、固定的思想与异己性之间的非同
一性：它的对象是有机生命，在那里，生命对象实存于其中的这
种直接性就是内在的差异或者概念自身。也就是说，不同的存在
者（例如一棵植物的花蕾、花朵以及果实）不要被理解为相互排他

性的、冲突的规定，而要被理解为消失的差异，因为它们是一个
有机现象的相互必须的环节（cf. *Enc.*［1817］, §343）：逻辑上而
言，内在和外在的这种本质上的对立在"现实性"的范畴中得到
和解（Harris 1983, 444）。在把知性的有限模式应用生命的绝对流
变性和自我表现时，理性把感性的实在有限事物当作为表现普遍、
理念、无限的东西，并且把人类的内在性还原为纯然的物理学术
语，因此，完全失去了自我之自由精神维度的真正解释。鉴于本文
研究的范围，黑格尔的进一步（以及更多地被研究的）对有机体理
性观察以及对自我观察的分析，两者在其纯粹性上（逻辑学规律）
以及在其与外在现实性的关联上（心理学规律），将更简略地予以
考虑。[58]

　　一个对象，它的关键特征在于，整体与其部分之间的相互依
赖性，也就是说，普遍的方面与其个别的方面，它表征着概念的普
遍性（*Enc.* [1817], §273）以及构成理性之普遍本性的这种中介的统
一，现在，这就是理性在有机自然中寻求发现的东西。尽管存在这
些融合，黑格尔表明，下述两方面之间仍然存在着一种不可解决的
张力。一方面，在我们的理性活动中的手段和目的之间的（合目的
的）联系与作为一个目的本身的有机体（亚里士多德的样式）[59]，
两者的近似类比，以至理性恰当地期望在世界上客观地找到自身。[60]
而另一方面，意识没有能力在它经验的东西中认知自身。普遍性和
现实性的这种内在的、本质的、概念的统一对于进行观察的意识并
不是实存的：由于它是自然的（例如，未经反思的、直接的、外在
于被观察对象的），它直接地（以存在的形式）和外在地（以留存
的形式，cf. *PS* 149.11-12/M 159）寻求这些环节。因此，自然意识
或者认为事物的本质仅仅在自身上，作为一种主观的、启发式的探
究指南（康德的样式）[61]，或者它把事物的本质投射到自身之外和
事物之外。它坚持认为，控制生命个体与它的无机境况之关系的
这些规律，已经被"另一种理智"，即一个绝对无法观察到的自然

106

的创造者，所设计（*PS* 147.33-36/M 157）。这就是已经被前批判时期的康德所批判的物理-神学的观点。[62] 无论如何，有生命的存在者没有被当作真正地在自身内拥有它自己在一个有机统一体内塑造的这个原则（参见，亚里士多德，*Phys.* II. i. 192b. 25-30; Frigo 2004）。相反，这个原则被归因于一个外在的行为者。意识无法以恰当的目的论术语理解有机论[63]，因为就其本性而言，作为分离自身与其观察的东西之某物"的"意识，[64] 它被驱使把甚至（康德的）内在目的性的概念转成某种"主观的"东西，纯然反思性的和调节性的东西，因此总是陷入有机存在物的外在目的性的形式中。[65]

遵循它的直观，在这种失败之后，意识试图以直接存在的诸形式来确定目的性和现实性，并且寻求规律支配的从植物到动物的各种有机存在物的组织之诸内在和外在方面。[66] 理性尝试两种策略：一种策略是要考虑与其自身外在显现之有机整体的内在方面（Kielmeyer）[67]；另一种策略考虑，一个有机体之内在和外在方面的对立如何在遍及自然之形式和形态的各种现实性得以规定（Steffens）。[68]

第一种策略，通过诸特征和有机体系之间的符合，把一个有机体的外在方面——这个运行自然过程的物体之特殊的可观察附属物或者部分——当作是内在目的力量（功能、运行）的一种表现。相关的"特征"包括感性（保留各种来自神经印象之诸表象的能力）、感应性（联系自身或者在刺激时运动的肌肉能力）、繁殖（为了保存个体和物种）；相关的"有机体系"包括那些通过解剖揭露的东西：神经、肌肉以及内在系统（*PS* 149.32-151.7/M 160-1; cf. *Enc.* §§353-4）。基尔迈耶尔（Kielmeyer）创立的这些"补偿规律"（Kompemsationsgesetze）建立在直接或者相反的诸关系上。例如，各种可能感觉根据有机体的阶梯降低而减少；感应性与速度、频率和各种感觉成反比例；繁殖力与个体的大小成反比例等（Poggi

1996, 101-21; cf. Poggi 2000, 129-45)。

关于有机形式的外在方面，黑格尔拒斥基尔迈耶尔的规律，因[107]为一个有机体系统的"真正的"本性不只是它的解剖学构成部分的总和。[69]黑格尔主张，诸有机个体不可能被置于普遍关系的这些定量框架下，并且一个规律的表象作为某物是"被设定的"，以及是要表现一个存在物的内在和外在方面之间的一种稳定的、惰性的差异。在有机存在物的实例中，这些环节本质上是一种纯粹的过渡（ *PS* 156.32-36/M 168 ），它们都会消失（ *PS* 156.2/M 167 ）。有机体是自由的，因为有机体的每一个方面都是"自身内的简单普遍性"，在其中，所有的（固定的）规定都被消解（作为固定的）或者释放出来，并且每一种都仅仅作为它们生理过程中的诸环节而实存。[70]关于有机形式的内在方面，黑格尔拒绝这种类型的观察规律的真理（ *PS* 151.27-28/M 162 ），因为它们无法符合被观察对象的内在概念（ *Enc.* §24Z2 ），实际上，有两个原因。第一，这些功能是普遍存在的以及易变的（也就是，无形态的。Cf. *PS* 145.5/M 154 ）。它们彼此之间是相互关联的和相互叠加的，因此就不可能被限制到"一个事物"上（ *PS* 151.29-152.3/M 162 ）。更确切地说，它们真正地应该被当作在三个体系中具有它们的实在性的相互规定之诸环节。（回想下《精神现象学》序言中使用的一个植物显现的花蕾—花朵—果实系列的模式）[71]第二，因为这些功能被分类为相互有别的和对立的（例如，感应性和感性之间的对立，cf. Steffens 1801, 292 ），它们的差异仅仅是质上的，并且缺少任何固定的定量上的关联（ *PS* 153.3-28/M 163-4 ）。[72]

黑格尔写到，当这个被观察的对象是一个有机统一体时，理性在它的对象面前（不同于知性的情况，*PS* 156.14-19/M 167 ）具有内在的本质性（普遍性）和外在性（单一性）之间的关系。要表现如此之类的一种关系就要求"规律，规律直接在这些差异中也具有不安定的概念，因此同时具有这两方面之间关系的必然性"（ *PS*

156.28-32/M 168）。然而，以直接感性存在的形式，这两方面之间的差异只把自身表现为漠不关心的、定量的差异，例如大小（cf. *PS* 156.13-17/M 167）。[73]

根据我的观点，这些段落并不暗指，对牛顿力学的误解导致黑格尔否认有机物中任何规律的实存（Borzeskowski 2006, 199）或者甚至它们的可能性（Wahsner 2006, 225）。从黑格尔具有的著作以及耶拿图书馆中出现的著作来看，我们可以明白，黑格尔如何回应他那个时代自然科学的思路即寻求确定在物理学的力之领域内（Ackermann 1805, xvi; Neuscr 1987, 480 entry 2）物体的部分运动原因（也就是说，他们称之为"生命"东西的原因，Autenrieth 1801, §§82-3）[74]，以及寻求根据基本的物理学原则规定有机生命的规律（Ackermann 1805, xii）。这个趋势否认了"生命力"或者"生存原则"的存在（Meyer 1805 §27; Neuser 1987, 489 entry 140）。通过遵循基尔迈耶尔描述的有机力（取自 Tetens 1777,《关于人类本性的哲学探究》, cf. Bach 2001, 145-8）以及拒绝它们的定量比例，作为一个纯粹的补偿经验问题，以数列形式被安排，类似于行星与太阳距离的提提乌斯—博德天文学公式（cf. Bach 2001, 173ff.），已经在黑格尔 1801 De orbitis 中被批判了（参见注释 17 和 46），黑格尔公开支持 18 世纪下半期以来斯塔尔（Stahl）、亚历山大·冯·洪堡以及布兰迪斯（Brandis）等为代表的反还原主义路线。[75] 在世纪之交，这个趋势从比查特（Bichat）的 1799—1800《调查研究》已经获得了巨大的推动（Neuser 1987, 481 entry 22; cf. *Enc.* §354Z）。比查特通过聚焦于组织和功能相互依赖性和协作，通过主张有机生命的系统统一而排除了对物理–化学要素的诉求（Bichat 1995, 13）。在这么做时，比查特强调了，一方面，物理学与化学之间"巨大的鸿沟"，另一方面这两门科学与有组织物体之间的分离——不是因为前两门科学的现象由规律所控制，其他的科学不是，而是因为前者是相同的规律。因此，"在这些规律和生命的*规律*之间存在着巨大的差异。要认为，生理学是动物物理学，就是给予一个极为不精确的观念。同样，我想说，天文学是天体生理学"（Bichat 1995, 83-4, 斜体字是我标注的。参见 Illetterati 1995b, 201-2）。

黑格尔发现理性的第二个策略表现为，在斯蒂芬斯的著作（*Beyträge*）详细地讨论过的有机和无机两部分中分为原则和方法（*PS* 159.4-166.6/M 170-80）。这部著作是献给歌德的，得到黑格尔的承认。在这部著作中，斯蒂芬斯，鉴于个体的进步程度以及取自于基尔迈耶尔的比较生理学，认为植物和动物领域是功能的连续性产生的形式的不连续性。遵从谢林的《世界灵魂》（1798），《自然哲学体系初稿》（1799），以及《先验观念论体系》（1800），斯蒂芬斯坚持认为，无机和有机自然的各种不同结构通过自然的整个组织，包括繁殖力，而产生。水要素产生了化学混合物，它的流动性和硬度之间以及在死的残余物与生命体即感应性和感性的体系等等之间相互冲突（cf. Poggi 2000, 369-72）。

斯蒂芬斯开始于这个观点，盐并不构成不同于自身的金属系列，而是形成两种确定的和相对立平行的硅和钙的系列。他提醒，这两个系列总是保持分离而不混合，以至自然的所有不安定的内在活动的运行可能都根据这个确定的划分而被理解（Steffens 1801, 14-15）。以此方式，自然产生些形象、形态和产物，也就是说，产生确定的诸种物质，这个同样性仅仅取决于自然内在活动的定量比例。他的一般计划涵盖了无机自然和有机自然，并且寻求把定性的东西还原为定量的东西（简单的数字、总数和比例），类似地，通过分解物质延伸到有机物上，天体力学的规律模式，如"最新的化学"恰好实现的。以此方式，例如，所有植物的构成部分已经被还原为各种产物，它们的差异仅仅取决于碳、氢、氧以及氮之间的不同关系，并且，这与动物化学结果一致，"将允许我们凝视自然的最神秘的深处"（Steffens 1801, 36-7）。斯蒂芬斯主张，如开普勒和牛顿，通过应用数学，揭露了行星运动的简单规律，人们期望（glaubt man）能够通过数学公式破解自然结构（Naturbildung）的最内在秘密，像拉瓦西已经把化学过程的无限多样性还原为（或者已经给予我们还原的希望）许多物质的相互作用。（Steffens 1801, 37）

斯蒂芬斯的计划继续分解金属的化学和物理性质[76]，尝试把它们还原为规律，总是根据同一性中的二重性图式进行，以之为所有自然结构的基础。由于金属根据两个平行的系列中"连贯性"程度而逐渐被安排，金属的特殊重力被认为与它们的连贯性成反比例关系，以至最少连贯性的东西是氮，符合于最大量的膨胀[77]，同时，最大连贯性的东西是碳，符合于最大量的收缩，或者"强度"。[78] 碳和氮"代表着"地球上坚硬物体的两种原初的吸引力和排斥力（Steffens 1801, 262）。以此方式，金属的这些系列"仅仅"代表着磁性（cf. PS 162.34-163.2/M 175），并且，"我们也通过这个已经确立了金属与硅和钙之间的关系，以及与动物化和植物的关系……极性只不过是统一中的对立"（Steffens 1801, 193-4）。

黑格尔对斯蒂芬斯的解说主要的反对在于，运动的原则并不属于无机自然产物：自然并不被认为是一个过程，而被认为是"静止的存在"（PS 161.34-39/M 174），复杂的僵死的、无生机的产物。纯粹的数字、数量，是一种漠不关心的大小，一种非本质的规定[79]，没有表现出联系或者性质之间的过渡，相反，表现出缺少任何与规律的相符（PS 162.4-8/M 174）。这个让人想起黑格尔在"力与知性"中的观点，关于科学解释的规律涵盖模式的空洞性。那种解释和斯蒂芬斯的解说都不能解释，为什么特殊的个体以合规则的、可量化的方式行为。[80] 因此，斯蒂芬斯把活动或者质料组合还原为统一只不过是纯然形式东西的内在阐释和结构而已（PS

162.19/M 174）。

在斯蒂芬斯的著作 *Beyträge* 的第二部分，无机自然被认为展现了自然内在活动的不可避免的组织。因此有机生命在相反方向上展现了其生产的最顶峰，它盲目地产生生命的程度（Steffens 1801, 265），直到个体与物种之间的对立（Steffens 1801, 310），包括，例如——遵从谢林——脸面（Gesicht）和情感（Gefühl），它们"代表着"感性的理想一极和实在一极（Steffens 181, 312），以及直观一极和理性一极（Steffens 1801, 313）。只有"最真正的"、最个体化的结构，即代表着整个自然的向心趋势的人类，它是这种创造物，具有对立于自身的整个世界，同时，在自身内运作整个世界（Steffens 1801, 316）。一旦斯蒂芬斯"证明"了高级动物形式的一种不连续的必然性，他就拒绝了阶梯和网状的形态，如布卢门巴赫所做的。但是，当布卢门巴赫已经建立他自己的基于习性的分类时，斯蒂芬斯认为标准的问题，阿里阿德涅（Ariadne）的穿越自然迷宫的线团问题，是不可解决的问题。不同于任何一种有机形态连续地过渡到另一种形态，斯蒂芬斯谈及"基于进步的结构的一种更深刻的基础"，最后，诉诸"一种无限的、神圣的、神秘的深渊形式"，我们只能惊奇地凝视着它们（Steffens 1801, 304-6）。自然在其个体化的程度上所寻求的东西只不过是一个"标准，以此标准，它的整个无限性通过最个体化的东西表现出来"（Steffens 1801, 291）。

黑格尔争辩，这种谢林类型的自然哲学只允许"作为生命的一般理性"在实存的、确定的存在物中被观察到，虽然如此之类的一般观察自身并不提供任何理性的系列或者成员的安排，也没有任何形式的体系奠基于自身之内（*PS* 165.24-27/M 178）。得出整体结构的这个普遍个体仅仅只是直接的自然形态的个体，而并不是意识本身（*PS* 164.32-34/M 177）。[81]

斯蒂芬斯并没有因为失败于全面探究规律相似性而灰心，因为

110

他主张现象已经能够证明预先假定如此之类的一种普遍一致性的合法性，因为科学实验已经显示了规律的"踪迹"，因此授予我们获得最重要的结果（Steffens 1801, 103）。黑格尔这样总结这个部分，他重新答复，这种尝试在一切方面都提供"规律的开端、必然性的踪迹、对秩序和系列的暗示、巧妙的和似是而非的联系"。尽管如此，左右这一切"都与规律和必然性无关"（PS 166.18-21/M 179）。总之，有机统一，构成了作为设定自身内差异（否定性、分离、划分）之同一性原则的理性之普遍本性——因此在其发展与表现中仍然是简单的自我同一的，相反于无差别的统一（谢林辩护的这种类型的同一）——没有被发现在如此之类的规律中反映出来，在有机统一中，具体的事物被当作是抽象的普遍性。

目前为止谢林的观念，也经由斯蒂芬斯，对于研究的科学家们来说，已成为问题，它们相应地受到这些科学家们的批判，例如化学教授特朗姆司多夫（J. B. Trommsdorff）(cf. Enc. §328Z)。注意，至少有一次，在 1799/1800 冬季学期，谢林自己，在他耶拿哲学教授生涯的一开始，就讲授恰当的科学主题，而不是哲学主题："有机自然"[82]，并且，他影响了物理学（Mende 1975, Olesko 1980, Caneva 1997）和生物学（Richards 2002, 190-2 以及其他地方）。然而，还有一次，黑格尔在一场科学的争辩中并没有仅仅扮演着博学和批判的旁观者的角色，因为他明确地支持特朗姆司多夫批判谢林方法的关键特征，表现出自己在耶拿学术舞台上并不仅仅是谢林学术的"代言人"（如他通常在 1801—03 年被认为的，Harris 2000, 273），而是可以为恰当的概念、思辨的根据提供科学理由的某种人。事实上，特朗姆司多夫（1801, 194-202）批判谢林和斯蒂芬斯在谢林的《思辨物理学杂志》第一卷的文稿，因为他们给予任意的想象综合，用诗歌替代了实验研究，混合了观念论和唯物论，因此似乎是斯宾诺莎主义的一种延伸，他们对偶然性和自由的解说存在着诸多问题。在评论斯蒂芬斯对谢林自然哲学的解说（《思辨物理学杂志》1.1, 1.2）以及谢林关于埃申梅尔（Eschenmayer）的《自发性——世界灵魂》的附录（《思辨物理学杂志》2.1）时，特朗姆司多夫（Trommsdorff 1801, 201；1802, 34）重复谈到这个"客观的观念-实在论"的"斯宾诺莎主义"（cf. MM 20:435, 437-8/H&S 3:526, 228-9）。因为谢林在耶拿从 1798 年到 1800 年教授"自然哲学"，1802 年，他的追随者们开始基于他的原则举办讲座，包括克劳斯（Krause）、格鲁伯（Gruber）、亨里奇（Henrici）（讲授高尔）、舍尔夫（Schelver）以及最后 1807 年由奥肯讲授[83]，斯蒂芬斯把谢林置于比里特尔（Ritter）和阿里姆（Arnim）更高的思辨层次（Steffens 1801, 155，注释 1）。这突出了黑格尔的双重动向，批判谢林学派的主要的"学术"推理思路，以及把谢林自己声称思辨真理和绝对知识的自然哲学降低到观察理性的现象学层次上，这"不是认识自身，以及无法认识它"（PS 168.16-18/M 181）。[84]

2. 观察自我的本性

2.1 自我的理论活动的逻辑规律

从黑格尔内在地考察理性尝试在外在的有机生命中发现自身中所获得的结果是，普遍性和单一性之间的对立无关乎本质，即任何个别有机体的自在存在。因此，现在，理性试图在有机生命的内在性中寻求自身，也就是说，在作为概念而实存的概念要素中，通过寻找控制自我意识思想的规律进行（PS 167.5-15/M 180）。黑格尔简单地考虑了纯粹思想的逻辑规律，他强调了它们形式性的两个方面。当从所有认知内容中抽象时，它们的形式性必然缺少真理性（PS 167.16-24/M 180, cf. CPR B196-7）；当不从所有的认知内容抽象时，内容本身被转换成为某种抽象的和形式的东西（cf. *PS* 167.20-24/M 180）。这里，理性的"低级"方面被黑格尔关键性反对康德的知性分析所强调：康德简单地"发现"这些经验性范畴，从日常逻辑中获得。康德的"发现"展现了观察的不可避免的方面，它给予思想规律以某种纯然"给予"的某种特征，仅仅在种类和数字上的"存在"[85]。这就把它们作为思想的差异统一中诸环节之易变的本性转变成为固定的规定，而没有（必然）发展它们的差异或者它们的相互关系，并且这产生于它们的绝对整体的根据。[86]

对于这个路径，黑格尔简单地反对了他自己在耶拿《逻辑学》（1804—05）论述的思想规律的思辨性评价，"在那里，它们自身显示出它们就是真理的东西，也就是说，单一的消失的环节，它的真理仅仅是思维运动的整体，这种认识本身。"[87]简言之，使得思想的"观察"规律不真实的东西是我们精神过程的易变本性，它不能被任何固定的逻辑内容所把握。第二，这个逻辑内容似乎是一种纯粹的大量相互无关的范畴的堆积，仅仅通过思想的历史予以追溯。第三，要解释事实规则的堆积，就无法解释任何对思想维度的内在和哲学批判，它本身就仅仅是某种被给予的和外在被发现的东西：思想的观察规律，对于我们应该如何正确的思维以及我们的基本概念如何在思想的统一中被整合，什么也没指出。简单地说，思想的观察规律不可能辩护思想的这种规范性和体系性的本性。[88]受到其直观的驱使，理性因此转向观察自我意识的行动，以发现在行为上以及通过行为区别自身的诸个体间内在差异的规律。

2.2 自我的实践活动的心理规律

在现实性中，自为存在是积极的意识。因此，黑格尔可以概述从思想规律的观察过渡到寻求在其实际的与他者的存在中个体意识的行为规律的理性，也就是说，在它的社会和文化环境中，通过书

写意识将"被问题的本性"导向这个探究的新领域（PS 168.24-34/
M 181-2）。因此，思想规律的这种辩证法提供了一种重要的过渡：
我们从进行试验以及安排观察以理解一个独立于我们而实存的自然
世界的理论活动（并且在这方面，我们是被动的），过渡到一个我
们的社会历史产生的人类世界，在这个世界，理性认为自身就是一
位行动者，因此，这就为接下来的部分，即通过理性自己的活动实
现理性的自我意识以及认为自身是真正自在的和自为的个体性，铺
平道路。[89] 现在，转向精神的现实性，以克服纯粹观察理性的局限，
纯粹观察的理性"对自然对象和自我意识自身的直接个体性的兴趣
太过于狭隘了"。这个局限就是，"为什么理性仍然没有获得绝对知
识"（Houlgate 2005, 78）。[90] 从这个观点来看，这些有关行为的诸
页根本就没有"令人厌烦地长长地讨论粗陋的拉瓦特的面相学推断
以及加尔的颅相学幻想"（Findlay 1977, xix）。事实上，对这讨论的
回应是在精神之肉体的人类学层面上的回复，在那里，黑格尔反对
同时代的面相学，他对人类灵魂的内在内容提供了他自己的身体化
体系（Enc. §§401, 411Z）。

　　再者，意识作为观察的理性，意识不到精神的内容和它研究的　　　113
运动。因此，在观察个体与他的共同体之间的相互作用时，以及在
寻求控制这些相互作用的心理规律时，她把诸个体思想的普遍模式
（智力、倾向等）与"客观的"或者社会的一面（习惯、传统、思
维的文化方式等）区别开来。根据自然意识的习惯，这又被认为是
某种"给予的"东西和外在"被发现的"东西。观察的理性的第一
个策略是，通过开始于个体自然和社会世界的外在现实性，理解自
我意识的行为。然而，这造成了这个观点的倒置：显现出来的是，
个体的世界必须通过个体自身被理解。任何所谓的心理必然性规律
的观点是要表明，这个个体的环境对个体的效应和影响。心理学规
律没有抓住重点，也站不住脚（PS 171.15-17/M 185），因为它们
的表象暗含着两个分裂的方面：一个世界，它自在的已经被给予，

以及一个个体，实存于它自己的解释中（*PS* 171.13-17/M 185）。黑格尔争辩道，实际上，事情并不是这样的：任何个人的行为不仅取决于他或她所处的环境，还取决于他或她如何理解他或她的给予处境。取决于一个个体如何看待他或者她的环境，他或者她可能以各种不同的、具体的以及不可预测的方式或者顺应环境，或者对它们漠不关心，或者改变——甚至是做出反应——它们："个体就是它的世界作为它自己的世界之所是的东西。"（*PS* 171.10-11/M 185）因此，自然环境的境况和个体的性格特点都不可能单独规定或者预测个体的行为（Emerson 1987, 137-8）。

要克服这个失败也要求另一种策略：观察理性对理解和解释个体行为的最终策略，试图通过研究面相学和颅相学来规定把一个个体的性格特点与他或者她的身体上的特征联系起来。黑格尔表明，这些策略甚至也无法提供真正规律的候选，部分地因为心理特征的这种相对持久性不可能解释一个个体通常的短暂性行为形式的范围。理性的自发性不可能被观察的方法简单地理解、解释或者预测。那么，这种替代方案就是要考察，理性自我意识如何以它自己的活动以及通过它自己的活动把自身实现为一种客观实在的历史世界。这就是黑格尔论理性章节之第二部分的主题，它促成了向精神部分的过渡。

2.3 面相学和颅相学

在黑格尔那个时代，试图根据个体内在存在的外在表现来理解一个人是拉瓦特的非常盛行的解释学和符号学计划的核心，歌德、赫尔德（Herder）以及索默灵（Sömmering）等人也承担了这一文化事业。[91]拉瓦特试图"根据人的外在性来认识人的内在性"[92]，他通过破译至少某些[93]书写在人的脸面和身体之外在、可见的表面的神圣字母特征来认识。现象学就是"解释这些能力标志的科学"，它解释超验的（例如不可观察的）力，以及通过外在的身体来判断内在的人（Lavater 1782, Fragment 4 [p. 25], Addition, p. 27）。尽管他承认伪装和模仿，因此并不是每一个外在的特征都可以被认为是一个内在特征的真正标志（cf. *PS* 176.17-25/M 191）[94]，但，这门科学是"真的"，因为它是不可见之性质的真实和可见的表现（Lavater 1782, Fragment 5 [p. 29]）。它无关乎从可知觉的、可辨别的线索（被认为是手相学）预言人的命运。[95] 作为他的"科学"之唯一不可争辩的和阐明的命题，拉瓦特提供了这个："人的脸面和外形的外在区别必定必然地与内在的精神和心灵的区别有一种确定的关系、一种自然类似性。"（Lavater 1782, Fragment 5 [p. 30]）此外，拉瓦特进行他的"科学"探究所要求的这些工具，是个人的天赋、通过实践获得的能力、明智的推理能力（Lavater 1782, Fragment 3, [pp. 22-23]）、关注细节以及分析、比较以及综合的能力（Lavater 1782, Fragment 14 [pp. 107-8]）。总而言之，拉瓦特自己（Fragment 14）主张的一种"观察的精神"在面相学中相当少见。这门"科学"，因为拉瓦特从来没有提供一种系统的代码或者比例表[96]，因此，它是被三种不同类型的专家所引导：自然面相学家，他对不认识的主体的外在性产生第一印象之后，就能够第一眼对他构想出正确的判断；博学的面相学家，他分类面部轮廓以及外在标志；以及哲学的面相学家，他考察确定特征的诸理由，揭露这些可见影响的内在原因。[97]

除此之外，还可以参考利希滕伯格（Lichtenberg）的评论（Gray 2004, 26-27），这也被拉瓦特所讨论（Lavater 1782, 237-90），黑格尔表明，拉瓦特计划何以是一种无根据的"高级"和"低级"特征的混合：一方面，精神，个体的自我意识，应该正确地在其外在的显现中被认识[98]，以及这个方面满足了对真理实际存在的恰当的理性要求。另一方面，它的"语言"，即其"不可见的"本质之"可见的"部分，根据这种低级的、不充足的、感性的形象，被认为是由治理和能力塑造和形成而设想的一个身体的直接存在物，一个内在东西之标志的消极存在物（*PS* 173.35-174.1/ 188），一个不变的实在性，一个纯粹的事物（*PS* 179.37-180.3/M 195），它从一个外在的、陌生的要素获得其特征，并且它本身没有任何意义（Hyppolite 1974, 268-9）。[99] 根据黑格尔的观点，"高级"方面和"低级"方面的相互外在性使得它们的关系，对于这个自我意识的存在物来说，绝对是某种偶然的东西（*PS* 176.1-12/M 190）。因此，自然面相学家的这种过于草率的判断仅仅表达了主观的意见，并且他所要求的罕见的技能仅仅能够把握一个假定的存在物：也就是说，单单基于现代科学方法论，面相学的这些规律缺少基础和定论。[100]

有意义的是，加尔理论的追随者们（Arnold 1805, 12-27），于1801 年在奥地利被禁止之后，因为其所谓的唯物论逐渐变得盛行起来（Wyhe 2002a, 25ff.），他们提出了对拉瓦特事业的相同类型的反对意见，也就是说：它的结果是空洞的和不确定的，并且它仅仅在人类行为的"内在的根据"和"外在的现象"之间建立起了一种意外的、偶然的联系（[Bloede] 1805, 106; Arnold 1805, 90）。从加尔的面相学或者器官学的观点来看（Wyhe 2002a, 22），拉瓦特面相学的主要缺陷在于忽略了大脑，大脑被认为包含了"精神发展的器官"，例如感知颜色、音调、语词、语言的器官[101]，而且也感知"谨慎"[102]、"形而上学深度"以及"神智学"的器官，以及，仅仅依靠颅相，大脑与人的身体其他所有部位包括脸部的形式和结构没有任何关系（Bischoff 1805, 106-7, 110-4）。当加尔的大脑和颅相学出现时，他自己 1801 年在耶拿作了演讲[103]，他的支持者们强调了他的理论的经验主义和确定性，与西塞罗和培根（Aph. 36）主张的"顺应自然"相一致。颅相学是一门纯粹的经验的，虽然"完全新的"科学，没有任何思辨的痕迹（[Bloede] 1805, v, 15）。根据胡福兰（Hufeland），加尔被赋予了一种相当少见的观察精神，以及他已经确立，"真理"仅仅是自然的复制（Bischoff 1805, 117-18）。他们都坚持认为，加尔的学说建立在"对自然的观

察"的基础上 [104]，也就是说，建立在一种解剖学和生理学的基础
上 [105]，根据这个基础，人的内在秉性（智力能力和精神倾向）符合
于把它们自身深深印在大脑表层的器官。在大脑里，它们有一个恰
当的具体定位，并且，凸起和褶皱造成了头盖骨的隆起和凹陷。[106]

像 1807 年的谢林 [107]，斯蒂芬斯（Steffens 1805, 18-19）基于
上文详细叙述的他自己的自然整体之理论，把加尔的学说批判为一
种"错误的假说"，他的自然整体理论通过确定两个因素的相反立
场而表达出来：以自然活动的这一极组织的最高形式，即个体的
人，他的骨头系统代表着被动性，同时感应性的体系代表着积极
性，以至大脑没有任何分离于身体整体的"局部"实在性，并且身
体本身之外没有任何灵魂的器官。在他批判加尔时，黑格尔也隐含
地反对斯蒂芬斯试图为精神寻求的"器官"。考察拉瓦特的理论时，
黑格尔已经强调，人的内在精神个体性的真正存在和本质（自在的
东西）取决于他的现实的自愿意向和行为，在他自由活动的本性
中，而不在他身体的形态中。[108] 再者，黑格尔 1807 年的立场是，
反对加尔把心理路径还原为我们的普遍智力能力，以及反对斯蒂芬
斯的浪漫主义科学。它既不产生自对立于实验科学的一种共同的道
德和人道主义的哲学态度 [109]，也不产生自一种观察的路径。它脱
离于经验科学路径研究人类本性所带来的争论，因为它符合另一条
反对意见的思路，用黑格尔的话来说，"直观地"拒斥了头盖骨的
这种假定的"科学"：回想下卢梭在《爱弥儿》中的名言："为了
认识人们，得考虑他们的行动" [110]，这个名言出现在伯格克 1803
年回应加尔的下述企图的卷首页上，加尔企图从它们（所谓的）大
脑皮质层以及头盖骨的性状上的天生秉性、器官和印象来确定人们
的道德和理智性质，他把一种文化的、心理学的和人类学的问题还
原为纯粹的生理学。[111] 针对这个关键的背景，黑格尔主张，要把
内在和外在之间的这种关系思考为一个"标志"，如拉瓦特那样，
至少表达了一种有意识的、有表现的运动之意义所在，这就是更高

116

级的东西，高于把自在的东西当作一种死的对象，一个死了的头，
一个颅相学的头盖骨，后者，通过与印在大脑里的器官的机械论原
因—结果关系，传达了诸个体内在精神性的表现（*PS* 182.12-183.2,
184.12-29/M 198-9, 200-1）。这么做得诉诸纯粹物性，然而，无机
自然之规律的这种辩证法展现了理性概念化感性存在（净化的物
质）的最高顶峰，以及可观察得到的实现思想的名义普遍性。这种
最高的东西，即通过其外在的显现认识内在的人类自我，被颅相学
结合到最低的东西中：一种僵化的、死的形态。

因此，这种颅相学说变成精神的受难场所，它并没有作为一
种纯粹的身体，以一种非概念的存在形式实存。[112] 最多，这把精
神的实在性还原为对任何灵魂能力任意和冷漠地展现和联系僵化
的凹陷或者隆起 [113]："因此，理性在其观察作用的这个最后的阶段
是最糟糕的，但是，这就是为什么它的反转成为必然。"（*PS* 189.9-
10/M 206）因此，黑格尔得出结论，理性纯粹的理智认识我们人
类理智和道德品质是有限的。再者，这个失败既取决于一个对象对
机械原因—结果解释的抵制（精神的自由），也取决于概念上的谬
误，因为"理性的这些对象不可能通过如此之类的有限述谓得到规
定"（*Enc.* §28Z）。这个极端的异化自为地为自我意识的精神实在性
创造了认识一个更高级的、概念的实存之可能性，它的外在实存现
在已经穷尽了被认为一个无生命的、固定的存在物之纯然形式的
前景。如黑格尔所说："精神的积极存在暗示……它外在地显现自
身……本质上得考虑精神的具体现实性、它的能量，以及更确切
地说，它的话语方式，都被认为是通过它的内在性而得到规定。"
（*Enc.* §34Z）正确的理解具体的意识事宜要求考虑行为者的视角，
他或者他的关系以及自我显现，以恰当的范畴解释（无限的）自由
为构成人类生活的社会性，从作为法律的规律之理智维度过渡到作
为权利的规律的理性维度（参见 Hoffheimer 1992, 45-52）。[114] 这
个策略在"理性"章剩下的小节中被考察。

注　释

1. 参考 *PR*，前言："要理解，是什么就是哲学的任务，因为是什么，就是理性。"（MM 7.26/Nisbet 21）关于哲学必然一致于现实性（相反于暂时性的、无意义的现象）和经验，参见 *Enc.* §6。

2. *Enc.* §§38Z, 227Z, Inwood (1983, 67). 只有这种（分析的）经验主义仍然对立于思辨。例如，参见黑格尔对亚里士多德自然哲学的赞赏："亚里士多德完全是经验主义的，因为他同时也在思考⋯⋯在其综合中被构思的经验主义的东西就是思辨的概念。"（费拉里引用了，Ferrarin 2001, 219；参见 MM 19:146-7, 172, 246/H&S 2:131-3, 228-9, cf. 149-50）

3. Stewart (2000, 174-5, 178-9).

4. 然而，这点并不完全就是这个时代的研究科学家们所陌生的。例如，艾尔福特的化学教授特罗姆斯多夫的介绍卡尔威廉福克的一本书，支持了"生命化学"意义上的一门动物化学的计划，作为生理学的一部分（解释光、暖、电、磁、电流学），无关乎化学分析死的动物物质之表象（Fuch 1800; Vorrede, viii-ix）。

5. 参见 Neuser (1995, 175f), Illetterati (1995a, 347)，Ferrarin (1998, 76)，Poggi (2000, 48)。

6. Ziche (1997, 18-30, 40), Fritscher (2002, 60-1). 大量与自然哲学（以及精神哲学）相关的幸存手稿都是黑格尔 1803 年和 1806 年之间的系列讲稿，被称为《耶拿实在哲学》（*GW* 6-8）。注意，黑格尔只是到 1805 年才成为耶拿大学的编外教授（Müller 2006, 523f.），并且他也于 1807 年成为海德堡物理学协会的会员（Ziche 1997, 19）。然而，他不是博物协会的会员（谢林是会员，参见 Ziche 1997, 18-19）。（"编外"教授不是正式的教职员工。——编者）

7. "我只是坚持那种向观察者展现自身的对象。"（Lasius 1789, iv）

8. 参见 Hegel 2002, 252-6，编者注释从 128.27-129.3 到 130.3-6，参见 *Enc.* §340Z。

9. Lasius (1789, v)："我本来也想遵循我在岗格山脉中观察到的顺序，但是在描述的过程中，我发现困难如此之多，以致我不得不按照相反的顺序进行。"参见 *Enc.*[1817]§§264, 339Z, 340Z。

10. Lasius (1789, v)："我不知道是习惯于按照这种观察到的顺序来处理各种著作中描述的所有接缝山，还是由于在描述它们时，我不喜欢从较老的接缝层过渡到年轻的接缝层？"

11. 参见 Emmerling (1793, V, IX) 关于大量误用的矿物学手册以及关于伦茨（Lenz）和维尔纳（Werner）体系之间的比较。黑格尔有艾默林（Emmerling）的这本手册（参见 Neuser 1987, 484 entry 61），以及在 *Enc.* §340Z 中引用了维尔纳的矿物学。动物王国的分类也同样如此。波洛夫斯基（Borowski）至少在 6、9 以及 8 种类中说到了四种不同的分类（古代人的、布里森［Brisson］、林奈［Linnaeus］以及他自己的）。（Borowski 1780, 26-8）

12. 参见 Russon（2004, 124）。

13. 黑格尔有 1801 年版本（Neuser 1987, 486 entry 91）。在他的"序言"中，介绍了他的著作的第一部分论自然的形而上学理论，格伦（Gren 1797, vi-vii）主张追随康德的批判哲学以及物质的动态基础。当黑格尔写到，意识不会让这个小刀在烟鼻壶旁边的这个知觉通过观察（PS 139.9-11/M 147），他可能思考的就是康德，参见上文，第四章，注释 37。

14. 格伦继续区分出另一种作为实验的经验感性（参见下文）。莫伊索（Moiso 2002, 436-7）强调了典型的格伦观察优先于试验的德国态度，前者构成了后者整体的参考架构，这平衡了任何部分的或者孤立的实验实践的风险。莫伊索也指出，观察和实验之间在经验的一般概念中的类似区分，也在广泛使用的影响巨大的格勒（Gehler 1787-1796）《物理学词典》"经验"词条中被发现。

15. 布伦纳（Brunner）的段落完整形式："这样做的结果是，新生的地理学不熟悉它们科学中的纯粹经验，并被激励去增加经验，而是了解假设和理解，根据这些假设和理解，他们现在让一切出现并出于方便或组合偏好而排序，很少或不再关心更遥远的地理经验，因为他们相信他们已经达到了目的，或者，即使他们以所有预期的准确性进行观察，但通过学校假设和意见的眼镜所看到的一切都太短暂，也会让公正的研究人员模棱两可，或者至少怀疑其正确性。"（Brunner 1803, v-vi），参见 Lamb（1980, 104）。在与林奈的长期争论中，布冯遵从了一种相似的论证思路，他谈论到，唯一的认识自然世界的方式是，通过对物体的长期观察，而没有任何"意图"（描述），甚至尽可能的禁止初学者，过早地演绎出推理和联系（Buffon 1749, 6；参见 Barsanti 1992, 129ff.）。

16. 这些线索可以隐含地指出了，科学发现之旅所提供的新的物质财富，开始于德索苏尔的阿尔卑斯山探究高山形成之旅，直到亚历山大·冯·洪堡的南美洲探险（1799—1804）。（这个永不止境的探究可能也附和了黑格尔关于主人和皮浪怀疑主义的类似观点，参见上文，pp. 43-44, 61-62.——Ed.。）

17. 这里（PS 139.31-33/M 148），黑格尔也提到了"一种新行星"的例子，指出了皮亚齐（Piazzi）"偶然的"，也就是意外的（在他看来）发现的谷神星：他 1801 年《论行星轨道》中的最主要的、最有争议性的问题。这一承认似乎也表明，在 1807 年，对于黑格尔来说，这个发现不会被考虑为科学地证实了博德的行星与太阳距离的规律。而且在这个例子中，黑格尔后来尊重经验主义科学的这些规则。（对于一种不同的观点，参见 Renault 2001, 285。）

18. 黑格尔从动物、植物和山脉形成中获得一些例子（PS 139.33-140.1-3/M 148）。

在他的 1812/13 年的讲稿中，他会说，自然通过过渡融合了界线，也混合了不同的原则（Hegel 2002 §50, 145.23-24）。

19. *De part. anim.* I. ii-iii. 642b. 5-644a. 10.

20. Linnaeus（1751, 98 note 155）。例如，参见 Erxleben（1777）。然而，考虑下林奈的警告，种和属总是只被自然所产生，而变种则是人类能力的一种文化产物，纲和目则来自自然和艺术（Linnaeus 1751, n. 162, 101）。黑格尔拥有 1770 年版本的《植物哲学》（Neuser 1987, 489 entry 129）。

21. 参见 Neuser（1987, 482 entry 28）。

22. 黑格尔有的另一本书（Neuser 1987, 482 entry 29）。

23. Blumenbach（1795, viii-x). 关于林奈用语的相似考虑参见 Willdenow（1792, vi）。因此，很难坚持认为 1800 年左右的动物学植物学"仍然完全是在林奈传统的思路中"（Heuser-Keßler 1986, 24-5）。

24. *Enc.* §226, cf. *PS* 140.18-22/M 148-9.

25. Harris（1983, 444）："对双重视角本身的需求源自逻辑必然性，即概念的演化中的每一个新阶段都必须包含所有之前在概念中被扬弃的阶段。"

26. 这同样适用于通过内在的（化学的、物理的）或者外在的特征（例如，发现的位置，它的矿物学特征等）分类化石种属的问题。根据 Emmerling（1793, xvi-xvii），所有不追随维尔纳雌雄同体论的自然主义者们都会陷入异质性概念的困惑之中，这就是对化石现存描述的不完整性和无用性的原因。关于黑格尔和维尔纳的理论，参见 Levere（1986）。黑格尔有一本维尔纳的书（Neuser 1987, 495 entry 227）。 〔119〕

27. 参见 Linnaeus（1751, 287）："在自然科学中，真理的原则必须通过观察来证实。"

28. 参见 *Enc.* §467&Z；参见 *PS* 16.22-17.33/M 8-9。参见 Hegel（2002 *ad* §50, 147.27-37b），在这里，他提到了，根据动物习性的要素来分类，或者它们的"武器"如下文的类型。他认为，通过蹄子、角和牙齿，"动物使得彼此变得很独特和特别"。

29. *PS* 140. 32-36/M 149；参见 Treviranus（1802, v-vi）："散落在一部博物学著作中的许多事实与该目有关，形成一个整体，将比所有对新动植物的描述具有更高的价值，这些描述只告诉我们它们看起来这样或那样，并且可以在地球的这个或那个角落找到。"

30. 种类：Hegel（2002, 281-2，编者注释 143.17-22）；参见 Breidbach（2004, 212-14, 219-20）。

31. 参见全部论证，*PS* 140.14-39/M 148-9；参见 Harris（1997, 1:484）以及 *Enc.* §353Z。

32. 参见 Hegel（2002 *ad* §14, 60.30-61.16b）；*Enc.* §350&Z。在《哲学科学百科

全书》(§§159ff.)中，这个概念被定义为"存在和本质的真理"，作为"自为存在的实体威力"，也就是说，"自由的东西"：一种普遍性仍然在自身之内——以及它并不依赖于某种异化于自身的东西，也不被这种东西所规定。黑格尔强调，概念的自由要被（三段式地）理解为整体性，因为任何单一的环节都是概念之所是的整体性（普遍性），而且任何环节都被设定为与概念本身的一种不可分割的统一体中。从概念规定的思辨和先天立场来看，自然结构的规定之体系一（*Enc.* §350Z）不可能通过安排在一系列外在变化中的单一部分、标志或者结构之间的类似或相似性而被把握，如歌德的变形的例子（*Enc.* §345Z; Breidbach 2004, 221）。参见下文的注释。

33. Duchesneau (1998, 313-72, 121-48). 参见 MM 20:241/H&S 3:333-4，黑格尔使用了相同的动物自我区别的现象学例子以阐述莱布尼茨原则的深刻意义。关于洛克批判基本分类的植物学理论的影响，参见 Morton (1981, 235ff.)。关于歌德的观点，在接受斯宾诺莎的一元论形而上学原则，即自然形成一个单一的、独一无二的所有有限实存参与到无限中的整体，与在处理个体现象时参考莱布尼茨的单子论术语之间摇摆不定，参见 Bell (1984, 159-61)；关于歌德为了理解有机自然而总体上否定个体性概念，参见 Moiso (1998, 316)。在他 1817年 11 月 24 日致舒尔茨（C. L. F. Schulz）的信中，即《精神现象学》之后十年，歌德指责"数字与符号""剖开"和"木乃伊化"了自然现象，数学计算和实验葬送了单一性中"永恒的东西"和不可测量的东西，参见 Verra (1976, 51-2)。(黑格尔在 MM 20 中关于哲学历史的讲稿是这个章节的核心，因为它们——像 H&S——基于黑格尔自己 1805-06 耶拿讲稿的全部手稿，参见 Hegel 1928, 17:xvii, 2-2; H&S 1: vi.——Ed.。)

34. Hegel (2002§45, 131.32-35, *ad* §45, 133.28-134.9a)；*Enc.*[1817], §267.

120 35. *PS* 141.1-3/M 149, Harris (1997, 1:486)；cf. *Enc.* §348&Z. 关于黑格尔在 1805/6 的自然哲学中植物生命理论，参见 Harris (1983, 451-7)。关于亚里士多德对植物有机体的评价对黑格尔观点的影响，参见 Illetterati (1995a, 注释 166, 393)。有人认为，基于舍尔夫（Schelver）的反对，黑格尔在《哲学科学百科全书》中，拒绝指出植物恰当的性别，而仅仅给予一种类似的性别。耶拿植物园的主任，根据歌德的建议，很早就对林奈的《克拉维斯的性别体系》进行了批判，但是没有发表，直到 1812 年。(Bach 2004a, 187)。鉴于在《精神现象学》中使用了 Schein(semblance 现象)，表明黑格尔不相信林奈的标准，要考虑到，舍尔夫和黑格尔可能从共同的来源中获取的：斯梅里（Smellie）对植物性行为的解释，据说科学地反对了爱丁堡植物园的霍普（Hope）博士（Smellie 1791, 289ff.）。即使根据巴赫最近期的出版物，对斯梅里的参考也没有失去说服力：追溯 1801 年文本的相同发现（黑格尔的第一个《耶拿体系纲要》），舍尔夫抵达耶拿前两年，巴赫强调，没有理由认为黑格尔的立场直接取决于舍尔夫的理论，并且要看到，在独立地哲学评价林奈时，前者的渊源（Bach 2006, 75-6）。关于林奈在英格兰关于女性和男性性别政治学的接受程度，参见 Schiebinger（2001, 107-33）；关于 Smellie，参见 Schiebinger（2001, 107-18）。（我得感谢托马斯·巴赫提供的这个参考资料。）

36. Hegel（2002 *ad* §46, 136.25-137.5b；参见 272-4，编者注释 136.30-137.12）。

37. 在《精神现象学》那个时候，黑格尔拥有福克罗伊《化学哲学》和《静态化学实验》的德语译本，由贝托莱特（Berthollet 1803；Neuser 1987, 485 entry 74, 481 entry 19）翻译。拉瓦锡（Lavoisier）根据物体的最典型的化学性质来分类，遵照分析和综合显示的化合和分解的关系，这在本质上静态的术语上，提供了一种基于组成比率的秩序（*GW* 6:328-329，编者注释 64.27-65.13）。关于黑格尔在他的耶拿自然哲学讲稿中讨论的化学元素，参见 Burbidge（1996, 20-2）。福克罗伊试图通过给予它一种自然系列的形态改进这种秩序，这种自然系列会呈现出科学的要素以及它们的关系、联系和相互作用（参见 Renault 2001, 251ff.）。这并不是没有问题。看看温特尔（Winterl）如何设置这个问题，这个问题由什么是酸以及什么是众多区别标志的碱这种恰当定义所构成。这些标志可以给予这种或者那种自然问题的一种相似的指示，但是并不提供任何规定，因为存在一条界线，超越界线，则在同一种物体中的酸性的或者碱性的特征就消失了（Winterl 1804, §1）。关于温特尔和黑格尔对他的赞赏，参见 Renault（2001, 231-2）。

38. 关于莱布尼茨在《新文集》（1756）中的连续性规律，导致的"巨大存在之链"的现代复兴，以及伯纳特在他的《自然的沉思》（1764）中自然的渐进等级，参见 Barsanti（1992, 11-22）。

39. 也参见 Düsing（1988, 52）。

40. 参见 Schmied-Kowarzik（1996, 72-82）；Frigo（1998, 219-29）；Horstmann（2000, 127-40）；Renault（2001, 45-9, 55）。

41. 在植物的例子中，思想的理智和抽象的习惯本身就限制了理解只在生命形式中存在的片面的不相容性之间的冲突。然而，理性的习惯能够把这些对立面认识为"一种具体的生成之相互地必然的诸要素"，因为，事情本身"并没有局限于认为它是一个目标，而是要实现它"。因此，在胚胎的例子中，这个人仅仅自为地作为一个"教化的理性"，"这就使得自身成为它的自在之存在"（cf. *PS* 10.15-19/M 2，参见 Harris 1997, 1:488）。

42. 霍夫海姆（Hoffheimer 1992，注释 36, 40-1）评论："黑格尔扩大了康德的区分，当自然被规律支配时，只有理性的存在物可以按照规律的概念行事……康德把规律形式的这个概念与自由联系起来，而不是自然规律……黑格尔把康德实践哲学的意蕴推回到自然上。"

43. 参见 *PS* 138.32-33/M 147，参见 Düsing（1993, 251）。这个认知统一不应该混淆于巴门尼德的同一性或者观念论的计划（同步于 Fink 1977, 210）。

44. 在这个方面，牛顿接近培根："因为我们的道路并不是在一个水平面上，而是上升和下降的，首先上升到公理，然后下降到研究。"（Aph. 103）"……我的过程和方法……这种……从研究和实验中提炼原因和公理，再者，从这些原因和公理获取新的研究和实验。"（Aph. 117）

45. *PS* 142.18-23/M 151. 这正是伽利略在他的《两个主要世界体系的对话》中的第一天设定的针对亚里士多德的任务，辩护他"真正的"实验方法，不受辛普里西奥（Simplicio）先天主义独断论的约束，甚至当遇到与一个假设相冲突的新观察数据时（Galileo 1975, 63-4）。然而，通过强调这点，黑格尔也让牛顿和开普勒对垒（参见下文注释）。

46. 这点让人想起和支持黑格尔自然哲学的一项早期关注。他早期的学位论文《论行星的轨道》（1801）前言的第四个论点中谈及了"真正的数学"，在那里，他把行星的可观察到的距离问题不仅仅归因于单单是经验的问题，因为"事实上，对自然的测量和计算不可能是异化于理性的"（Hegel 1801:31.19-22; *GW* 5:252.14-16）。更有甚者，一开始，他讲道："的确，数学的整体必定不被考虑为纯粹的理念或者形式，而是同时被考虑为实在的和物理的。至于数学展现的诸数量之间的关系，完全是因为它们是理性，它们内在于自然，并且如果它们被理解，那么它们就是自然的规律。"（Hegel 1801:5.1-6; *GW* 5:238.7-10）之前正好有几行语句，黑格尔警惕读者不要混淆纯粹的数学关系和物理关系，草率地认为，这些几何学使用的这些线是构建了其公理的阐释是力或者力的方向（Hegel 1801:4.25-5.1; *GW* 5:238.4-7）。在费里尼（Ferrini 1994）中，我已经表明，不同于公认的观点，核心的问题是，黑格尔质疑牛顿对开普勒（实在的和物理的）第二定律的数学式（纯粹的和形式的）阐释的有效性。

47. 黑格尔似乎想到了休谟的陈述："一块石头或者金属举到空中，没有任何支撑的话，立刻就会掉下来，但是要先天的考虑问题的话，在这种情况下，我们是否发现任何什么东西，可以产生石头或者金属的向下的观念，而不是向上的，或者任何其他的运动？"（Hume 1975, 4.1.10）。值得注意，康德认为有机物是一"类"事物，而不是诸多个别事物的大杂烩。假定如此之类的种类支持我们（例如，林奈）希望勾画一个体系，把个体的有机存在存置于种或者属之下（参见 *CJ*，"第一导论"§V 注释，Ak 20:216）。

48. Mittelstraß（1972, 305）. 回想下，把一个"完全的"球形球设定在斜面上的著名思想实验，呈现的《关于两个主要世界体系的对话》中第二天的惯性原理，伽利略介绍了这点，他指出，它确定结果将遵从他自己的（量化的）表象，而没有经验，因为它向这样遵从是必然的（Galileo 1975, 177）。

49. 参见 Mittelstraß（1972, 306-7）。

50. *PS* 144.22-32/M 153-4. 也参见格伦（Gren 1797, §§829-831）关于空气的组成部分，尤其是关于拉瓦锡的氧通过加热（燃烧一定数量的磷或者气态氧）与气态氧的分离。在 §839，气态氧（黑格尔提到的）"对我们而言，是一个简单实体，也就是说，我们不可能再进一步把它分解为不同的物质"（Gren 1797, 567）。达尔斯特罗姆（Dahlstrom 2007, 47）看到了黑格尔鉴于"失去事物感性赋予的个体性"所参考的这个纯化的过程。根据我的观点，黑格尔争论到，氧、热、正极和负极都不是观念的，似乎它们是一个纯粹主观思想或者理性观念的独立模式，根据这个，我们对自然质疑（参见下文，注释 54）。在这个体系中，黑格尔澄清，它们的意义和有效性在于从它们可知觉的感性中获得，以及它们的辩护在于可以在现象中得到阐述的联系中（*Enc.* §38）。

51. 参见里乔利（Riccioli）的《新天文学》，L. II, Cap. 21, Pr. 24（Bononiae 1651, Frankfurt 1653）。

52. Gren（1797, §213）："但是，无论理论上不予考虑空气的阻力如何，这些结果都与空气本身精确地吻合，仅出于这个原因，就可以合理地将不信任置于观察的可靠性中。"通过联系伽利略的落体定律与日心说的争论，这位耶稣会教父里乔利（Roccooli）最终认为他的加速实在性的实验证明就是使得哥白尼的地动说无效，这就会要求（根据伽利略的"奇怪猜想"），落体会沿着终止于地球中心的循环轨迹以相等的时间穿过相等的空间。关于这个问题以及里乔利对伽利略论证的误解参见 Dinis（2002, 63ff.）。对于最近期的对里乔利和格里马尔迪（Grimaldi）的实验的品鉴，用了一个更加高级的仪器测量时间进行的实验（一个振动周期很短的钟摆：一秒内六次），参见 Borgato（2002）。黑格尔将总是坚持认为，一项经验规律的"证明"可能仅仅，基于一个理性的、思辨的基础，在概念上被给予（Ferrini 2004, 86-90）。

53. *PS* 143.39-144.24/M 153.4. 黑格尔的例子之一是要表明，从玻璃电和树脂电（静态的电，仍然与物体相关联）到正电与负电的抽象表象的通道，抽象的表象作为自我持存的东西，既不是物也不是属性，而是"以一种普遍形式存在的存在物"。比较下格伦（Gren 1797, §1297），他提供了接下来的系列：首先，杜费伊（du Fay）通过实验区分了摩擦玻璃和摩擦树脂的摩擦电。然而，这个指称证明是不够的，因为两种物体都被证明部分地包含了两种类型的电。之后，弗兰克林（Franklin）区分了正电（摩擦电）和负电（摩擦玻璃和树脂物体的玻璃工具产生的摩擦电），最终，被称之为正电和负电。最后，利希滕伯格引入了 +E 和 −E 这种表示法。关于黑格尔对这点和其他观点的看法（酸和碱之间的关系，它们转变为一种中性产品），参见 Winterl（1804, 157）。在温特尔（Winterl 1804, §8）的术语中，"结合体"指的是酸与酸的结合，以及碱与碱的结合，它们都区别于中性化（同上，§8。黑格尔在 *Enc.* §327Z 中将指出温特尔的结合体）。关于化学中形式语言和符号语言的出现，以及关于黑格尔接下来对化学问题、力以及过程的处理，参见 Engelhardt (1976, 34-42, 89-116)。关于化学中的"简单性"和"物质"的问题，从感性属性中解放出来，以及把它从纯粹的经验知识（如康德所讲到的，*MFNS*, Ak 4:469.8-11）提升到一门具有纯粹部分的自然科学的地位，参见 Renault (2002, 195-235)。关于谢林在 1800 年左右把化学的科学特征评价为"引用动力学"，参见 Verra (1976, 57-8)。关于黑格尔后来对化学的科学争论的介入，参见 Renault (2001, 225-84)。

123
54. *PS* 144.25-26/M 154. 康德已经意识到"理性对自然科学分类的影响"，但是他把，例如，纯粹土、纯粹水、纯粹的空气，作为理性的观念，根据此，我们质疑自然，而不是作为对象的概念（cf. *CPR* A645-6/B673-4）。

55. *PS* 144.34-38/M 154；Harris (1997, 1:493-95).

56. 在 *Enc.* §343Z，黑格尔讲道"一般来说，在生命中，所有的知性的规定都不再有效"，尤其参考因果关系。要澄清黑格尔关于一个有生命有机体如何通过其内在和外在之间的关系发展其形态的观点（cf. *PS* 150.18-23/M 160-1）。值得回忆下，他在 1805/06 自然哲学中看到一个动物有机体的这两个方面的关系。哈里斯（Harris 1983, 459-60）解释："我们现在直接开始于淋巴组织（例如，为了健全身体和运动的内在化的原始材料）。这个能量形成了（自我生殖的）皮肤，以及内在对立的（可感的）骨骼和（可应激的）肌肉。骨骼在这个词的最小意义上被称为'可感的'——它可以感受压力或者重量。皮肤可以是以及变成为，可感的和可应激两个系统的'有机活动'的一切事物。在此范围内，骨骼、肌肉和皮肤的架构就是实在的内在组织。这开始于消化系统的生产性活动——通过嘴巴和内部皮肤的加燃料。通过这个，'这种动物的热量''攻击'嘴巴的浆状摄入物，首先用有机的淋巴（唾液）来'感染'它，然后将其置于有机的化学酸和碱的补充物中（来自胃和胰腺），以及最后，置于胆汁的'火'中。以此方式，这种外在的有机体产生了血液，血液的循环构成了内在的有机体。"

57. 关于有限理智与无限理性思想之间的区分，参见 *Enc.* §28Z。

58. 这些部分的确是最为著名的以及是整个章节中研究的最多的，不同于到目前为止所讨论的这些页，《精神现象学》主要版本的这些编者们已经注释得相当好了。参见编者注释 *PS* 500-07，这里提到了特雷维拉努斯（Treviranus）、基尔梅耶尔、基利安（Kilian）、布朗（Brown）、谢林、斯蒂芬斯、霍夫曼、拉瓦特、利希滕伯格、加尔以及胡夫兰。

59. 在"前言"中，黑格尔把理性定义为"合目的的活动"，"正如"亚里士多德把自然规定为合目的的活动（*PS* 20.11-15/M 12；*Enc.* §245Z）。在黑格尔这里考虑的这些页中，他重复地表达这点，有机体在自身内具有它自己塑造的原则，它在自身内就是它自己的目标，它保存自身，并且在与他者［例如，它的环境］的关系中坚持它的个体性，它返回以及已经返回到自身（*PS* 145.9-13.147.37-38, 148.15-16/M 154, 157-8, 158）。首先开启一个有机过程的就是它的目的（*PS* 146.28-38/M 156；参见亚里士多德 *Phys*. I. I. 193b. 15-20）。在《哲学科学百科全书》（§365R）中，有机体是在其外在的过程中把自身与自身结合起来的东西（参见 Düsing 1997；De Cieri 2001）。关于黑格尔和亚里士多德有机体的观念和内在特性，参见 Ferrarin（2001, 209-20）以及 Frigo（2004, 29-31）。

60. 如基尔梅耶尔《关于有机力的关系》（1793）以及谢林《一种自然哲学的理念》（1797）和《世界灵魂》（1798）所持有的观点。

61. 参见 *CJ*, §§64-66。关于黑格尔在耶拿时期赞赏和批判康德的内在有限性的原则，参见 Lamb（1987, 174-6）以及 Chiereghin（1990, 127-75）。

62. 例如，通过获得在康德的《证明上帝唯一可能存在的证据》（1763）中的"优点"和"目的"之间的区分，参见 Ferrini（2000, 304-11）。

63. 参见 Findlay（1980），Stanguennec（1990），Illetterati（1995a）。也参见 DeVries（1991）。——Ed。

64. 参见 Chiereghin（1990, 18），Harris（1997, 1:499）。

65. *Enc.*[1817], §332R；参见 Lamb（1987）以及 Gottschlich（2006）。

66. 参见 Harris（1997, 1:495-504）对 *PS* 145.14-149.31/M 154-60 的整个论证。

67. 参见 Harris（1997, 1:504-16）。

68. 参见 Harris（1997, 1:522-39）。

69. *PS* 154.36-155.28/M 166；参见 Breidbach（1982），d'Hondt（1986），Düsing（1986），Harris（1997，1:515-16）。

70. *PS* 156.1-12/M 167；参见 Illetterati（1992, 47-43）以及 Chierghin（1994, 102-6）。

71. 如黑格尔在海德堡《哲学科学百科全书》（§§276, 277）、在柏林《哲学科学百科全书》（§353）以及在《逻辑学》（*GW* 12:185ff.）中所做的，三段式地规定了动物有机体的基本功能和体系：作为普遍性的感知性，作为特殊性的应激性以及作为单一性的繁殖力。参见 Düsing（1986, 285）。

72. 在《哲学史讲演录》中，黑格尔指出了，谢林如何从基尔梅耶尔（也从黑尔德获取，参见 Bach 2001, 284-5）对有机力以及它们的补偿规律中获取（MM 20:422/H&S 3:529，这个参考没有出现在 *VGP* 9 中）。而且，黑格尔强调，哲学必定不是从数学科学中借用形式（MM 20:453/H&S 3:529）。也参见 MM

20:440/H&S 3:530-1 关于谢林用以表述个体性的量上的差异所传达的非真理性和外在性。指控谢林有机体之为"绝对同一的第三种力量"的形式主义观念（也如格雷斯 Görres）也出现在 MM 20:443-4/H&S 3:534-5。这里的《精神现象学》为黑格尔著名的定义即自然科学之为观念的科学（在其他的地方）（*Enc.* §18）以及绝对观念铺平了道路，绝对的观念是在逻辑学的最后，决定释放自身成为自然之自由的特殊性或者最初规定的环节（*Enc.* §244）。事实上，在这个体系中，这个观念出现在自然中，仅仅是作为对自然自身特性的相互外在性的否定，也就是说，它的出现仅仅是作为其观念的统一（参见 Renault 2001, 56）。直到这点，即自然首先以有机的个体性达成主观性的规定（*Enc.* §252）。在有机的个体性的单一性中，这个过程以简单的概念的形式出现，因为有机体在他者性中坚持自身，它的实在规定被带回到它们的概念统一中，并且是普遍性的具体环节（*Enc.*[1817], §273; Ilting 1987）：动物以它自己的个体性的感觉为终结，即自我（*PS* 147.29/M 157; *Enc.*[1817], §§279-80）。关于从自然过渡到精神，参见 Marmasse (2002)。

73. 在耶拿逻辑中，黑格尔并没有认为质的内在性和量的外在性的任何辩证统一就是本质自身在其外在性中的连续性形式。在 1804—1805 年，他认为数量之间的关系仅仅是在量的范畴之下以及在"理性的否定"之框架内，甚至在数字体系的例子中（例如，水的温度范围）。在这种例子中，一个事物的外在量的变化必然地要与其质的规定性一起考虑（cf. *L & M, GW* 7; 22.7-23.28）。只有在 1812 年的大《逻辑学》的存在学说中有一个新的范畴，即尺度，出现在质向量的过渡中（1832 年的版本是一种双重过渡），它作为一种规定的自我关联的外在性，因此提供形式，在存在的直接性中思考一个具体自然事物的内在和外在方面之统一。关于这种自然的质与测量一个有机体的大小之间的必然的逻辑相互关系，在 1832 年版本的《逻辑学》中克服了应用不同的和抽象的数量到生命、其环境以及其变化的问题，参见 Ferrini (1998)。关于在各种不同体系的样式中自然作为尺度之范畴环节的规律和大小，参见 Ferrini (1998)。

74. 黑格尔在 *Enc.* §§354Z, 355Z, 362Z, 365Z, 368Z, 374Z 中引用和讨论了 Autenrieth (1801)。

75. 布兰迪斯（Brandis）在雷茨确定了生命力行动的原因（应激、刺激：Brandis 1795 §9），强调了"到目前为止"，那种力如何不允许自身被带回到无组织自然之物理力的公认规律上（Brandis 1795 §7[pp. 15, 23], §8）。亚历山大·冯·洪堡，追随爱丁堡学派的化学生理学，已经指出了生命力（总是与一定程度的热量有关）著名化学的亲和键上以及在反对和掌控有机体元素的恰当运动上的效果。否则，自顾自的物质构成部分就会大行其道，从而导致有机体自身的分解（A. von Humboldt 1794 §2; cf. Hegel 2002 ad §47, 140.16-19a）。

有意义的是，冯·洪堡赞赏爱丁堡学派恢复了古代人已经提出的一个观点，指出了西塞罗的观点包括热量（《论神性》II. 9）以及索默灵（Sömmering）。实际上，索默灵处理了相同的点，指出了希波克拉底（Hyppocrates）和盖伦（Galenus）的内在热量，以及指出了亚里士多德的女性排泄物（Sömmering 1791 §33，注释）。

76. 性质，例如连贯性、凝聚力（谢林的——以及黑格尔的——术语 Kohärenz, Kohäsion：*PS* 502，编者注释 161.11-19）、具体重力、硬度等。

77. 根据谢林，"实在极"（Düsing 1988, 53）。

78. 对于谢林而言的"理念极"（Düsing 1988, 53；参见 *PS* 160.28-161.34/M 172-4）。

79. *PS* 159.36-39, 160.10, 160.14-17, 162.4-9; cf. 157.13-17/M 171, 172, 174, cf. 168.

80. *PS* 94.35-95.24，100.35-101.16/M 94-5, 101-2；参见上文（原文页码），pp. 18-19。——编者。

81. 关于黑格尔在 1805/6 的自然哲学中有机体观念，哈里斯（Harris 1983, 451）评论："'有机体'是具体的普遍，是单一的真正个别性的主体之特殊性和普遍性的逻辑环节的同一。我用'who'而不是'which'，因为它仅仅是人类有机体［人类的意识］，正确地实现着这个同一。"

82. Breidbach (2000), 47; cf. Neuper (2003). 托马斯·巴赫已经引起我对耶拿大学公告栏里德语和拉丁语发布的谢林 1799/1800 课程不同方式的关注。拉丁语的目录是按照学术等级来排序的，这个研究的标题是：物理有机体与自然哲学原理。相反，德语的目录（发表在《全日报》，n. 120 [1799], 972）按照主体来划分。谢林的课程标题是"有机自然学"，以及归属于"自然科学，VII"，这个标题下的第一个标题是"一般的科学"，第五个是"哲学"。

83. 参见 Ziche (1997), Breidbach (2000), Bach (2004b)。

84. 参见 Vater (2003)。基于谢林更早些时对自然哲学和形式结构的抛弃，哈里斯（Harris 1997, 1; 513, 521）坚持，1807 年的谢林还不是黑格尔攻击的靶子，根据我的观点，哈里斯无法根据意识对立于其对象而强调确定谢林立场的意义：参见 *PS* 167.33-168.16/M 180 的整个论证。

85. *PS* 167.33-35/M 181, cf. MM 20:346/H&S 3:439.

86. *PS* 167.35-168.20/M 181, cf. MM 20:346/H&S 3:439.

87. *PS* 168.20-23/M 181, cf. L&M, *GW* 7:123-6. Cf. Westphal (2000.§VII). ——编者。

88. 解释真实的和辩护的思想和判断的规范性维度是康德《纯粹理性批判》的一个核心任务（A261-3/B317-9）。——编者

89. 《精神现象学》§§VB, C，关于此，参见下文，第 6 章。——编者。

90. 关于个体性对于黑格尔而言的这一核心性，参见 Hyppolite (1974, 50，注释

29)；关于这个观察理性辩证法的结论环节，参见 Moll (2004, 148-9, 151-5)。

91. Gramham (1979), Kordelas (1998), Gray (2004).

92. Lavater (1782, Fragments 3, 22，以及 4, 25)。黑格尔指出了拉瓦特的《促进人类知识与人道主义的面相学片段》(4 卷，1775-78) 的第一卷，我引用的是图宾根大学的和耶拿州立图书馆的法文译本。

93. 这就是为什么拉瓦特 (Lavater 1782, vii) 通过集中他"碎片"式评论构成他的《文集》。

94. Gray (2004，xlxi).

95. Lavater (1782, Frag. 6, 40)；cf. *PS* 174.6-19/M 188.

96. Lavater (1782, 271). 极端反对利希滕伯格，拉瓦特后悔没有足够的数学技能以组成一个"比例表"，通过简单的头盖骨轮廓，对智力能力的测量或者至少人类能力和天赋的程度，来科学地规定。Lavater (1782, 247)，"对利希滕伯格教授面相学论文的评论"。Tomasi (1997, 181-2，注释 33)，强调拉瓦特非数学的虽然科学的对面相学的解释，是鲍姆加通 (Baumgarten) 的符号科学，并且符合科学的虽然非数学的物理学、医学、神学和美术的地位，因为面相学涉及所有这些学科。

97. Lavater (1782, Frag. 3, 24)；Gray (2004, xliv-xlviii).

98. *PS* 179.28-30/M 194；cf. *Enc.* §411.

99. 关于黑格尔对符号地位的批判（"被动地构成内在的东西作为一种异化成为其被动实存的要素"，*PS* 173.35-174.1/M 188），以及对言说、行为以及面部线条作为自我意识个体性的外在方面的批判，参见 Emerson (1987)。

100. *PS* 177.17-178.13/M 192-3；参见 *Enc.* §411&Z；参见 MacIntyre (1972)，Verene (1985, 80-5)，以及 Kordelas (1998, 159-64)。康德在他的《实用人类学》的第二部分致力于从人的外在方面认识人的内在性的方式，承认人的外貌属性揭示被观察主体的倾向和才能。同黑格尔一样，康德否认，任何种类的"概念描述"可以提供人类内在性的科学知识。因为单单依赖于观察和描述，面相学无法克服人类学特征的局限。不同于黑格尔，根据康德，对人类外貌属性的科学认知只有通过直观中的再现和展示或者其模仿才有可能获得 (Ak. 7:296)。

101. 对于"器官"，加尔意指"大脑皮层的不同区域，内在的普遍能力或者天资存在于此" (Wyhe 2002a, 21)。

102. 从坎普 (J. H. Campe) 获得，参见 Wyhe (2002a, 20)。

103. 加尔在耶拿、魏玛和哈勒的讲座都得到歌德的惠顾 (Wyhe 2002a, 30-1)。

104. Arnold (1805, 93). 加尔的理论被阿克曼 (Ackermann 1806) 以相同的基础所批判 (Illetterati 1995a, 417 note 234)。

105. 从伯纳特 (Bonnet) 关于灵魂力量的理论思想中获得 ([Bloede]1805，注释

§§8-9, 122-124；§14, 127-8；§15, 129；cf. *PS* 507，编者注释 192.1）。

106. [Bloede]1805，章 I 和 II，1-115。对加尔自己在 1798 年《新的德国水星》中
呈现的理论的解释，参见 Wyhe（2002a, 22-4）。（在 Wyhe（2002b）中包括了一些
很好的颅相学的图片 :http://pages.britishlibrary.net/phrenology/images.html-Ed）

107. 参见 Wyhe（2002a, 38 注释 120）。

108. *PS* 176.25-30, 178.21-179.24/M 191, 193-4.

109. 在这个关联上，参见 Bouton（2002, 189）。

110. Rousseau（1969, 526）. 大部分版本中都省略了 "为了认识人们，考虑他们的
行为"。

111. Bergk（1803），Ackermann（1806），cf. *PS* 188.22-23/M 205, *Enc.* §411&Z. 注意，
极端对立于拉瓦特，利希滕伯格（Lichtenberg）也已经强调，行为是破译自
我定向、自我繁殖的个体的人类内在性的唯一可靠标志。参见 Tomasi（1997,
157-8）。

112. *PS* 187.6-12, 187.36-188.1/M 204-5；cf. Verene（1985, 87-91）；Luft（1087, 37-8）；
Harris（1997, 1:582-606）；Kordelas（1998, 164-75）.

113. *PS* 183.11-31, 185.14-186.13/M 199, 202-3.

114. 考虑到休谟（Hume, Treatise, 3.2.1）已经提供了作为标示人类内在性之特征
的恰当外在标志的行为与道德品质和正义的社会意识之间的联结的一个例子：
"很明显，当我们赞赏任何行为时，我们认为只有产生它们的动机，以及认为
这些行为是心灵和性情中某些原则的标志或者指示。这种外在表现没有什么价
值。我们必须在内在深处寻找道德品质。我们不可能直接地这样做，因此，把
我们的注意力集中到行为上，作为要注意的外在标志。但是，这些行为仍然被
认为是标志，并且，我们赞赏和认可的最终对象是产生它们的动机。"

参考文献

Ackermann, J. F. (1805) *Versuch einer physischen Darstellung der Lebenskräfte organisirter Körper.*
Jena: Frommann.

Ackermann, J. F. (1806) *Die Gall'sche Hirn-, Schädel, und Organ-Lehre vom Gesichtspunkt der
Erfahrung aus beurtheilt und wiederlegt.* Heidelberg and Frankfurt am Main: Mohr; Zimmer.

Arnold, J. T. F. K. (1805) *Dr. Joseph Gall's System des Gehirn- und Schädelbaues.* Erfurt: In der
Henning'schen Buchhandlung.

Autenrieth, J. H. F. von (1801) *Handbuch der empirischen menschlichen Physiologie. ZumGebrauch seiner Vorlesungen*, vol. 1. Tübingen: Heerbrandt.

Bach, T. (2001) *Biologie und Philosophie bei C. F. Kielmeyer und F. W. J. Schelling*. Stuttgart-Bad Cannstatt: Frommann-Holzboog.

Bach, T. (2004a) "Leben als Gattungsproze?: Historisch-systematische Anmerkungen zur Unterscheidung von Pfl anze und Tier bei Hegel," in W. Neuser et al. (eds.), *Logik, Mathematik und Natur im objektiven Idealismus* (pp. 175–90). Würzburg: Königshausen& Neumann.

Bach, T. (2004b) "Zur Institutionalisierung der Naturphilosophie in Jena," *Acta HistoricaLeopoldina* 43: 167–84.

Bach, T. (2006) " 'Aber die organische Natur hat keine Geschichte ...' . Hegel und die Naturgeschiche seiner Zeit," in R. Bcuthan (ed.), *Geschichtlichkeit der Vernunft beimJenaer Hegel* (pp. 57–80). Heidelberg: Winter.

Barsanti, G. (1992) *La scala, la mappa, l'albero. Immagini e classifi cazioni della natura fra Sei e Ottocento*. Firenze: Sansoni Editore.

Bell, D. (1984) *Spinoza in Germany from 1670 to the Age of Goethe*. Leeds: Maney & Son.

Bergk, Johann A. (1803) *Bemerkungen und Zweifel über die Gehirn-und Schädeltheorie des Dr. Gall in Wien*. Leipzig: Wilhelm Rein.

Bichat, M. F. X. (1995) *Recherches physiologique sur la vie et la mort*. Paris: Brosson, Gabou, et C. ie, 1799–1800; rpt. Paris: Gauthier-Villars.

Bischoff, C. H. E. (1805) *Darstellung der Gallschen Gehirn- und Schädel-Lehre [...] nebst Bemerkungen über diese Lehre von Dr. C. W. Hufeland*. Berlin: In Commission bei L. W. Wittich.

[Bloede, K. A.] (1805) *D. F. J. Galls Lehre über die Verrichtungen des Gehirns, nach dessen zu Dresden gehalten Vorlesungen [...] von einem unbefangenen Zuhörer*. Dresden: In der Arnoldischen Buchhandlung.

Blumenbach, D. J. F. (1791) *Handbuch der Naturgeschichte*, 4th ed. Göttingen: J. C. Dieterich.

Blumenbach, D. J. F. (1795) *De generis humani varietate nativa*, 3rd ed. Göttingen: Vandenhoek & Ruprecht.

Borgato, M. T. (2002) "Riccioli e la caduta dei gravi," in M. T. Borgato (ed.), *Giambattista Riccioli e il merito scientifi co dei gesuiti nell'età barocca* (pp. 79–118). Firenze: Olschki.

Borowski, G. H. (1780) *Gemeinnüzzige Naturgeschichte des Thierreichs, darinn die merkwürdigsten und nüzlichsten Thiere in systematischer Ordnung beschrieben und alle Geschlechter in Abbildungen nach der Natur vorgestellet werden*. Berlin & Stralsund: G. A. Lange.

Borzeszkowski, H.-H. (2006) "Kann die Physik das Leben wissenschaftlich erfassen?," in A. Arndt et al. (eds.), *Das Leben Denken. Erster Teil, Hegel-Jahrbuch 2006*, pp. 197–201.

128

Bouton, C. (2002) "Die Theorie des Handelns in der Hegelschen Kritik der Physiognomik (*Phänomenologie des Geistes*, Kap. V)," in A. Arndt (ed.), *Phänomenologie des Geistes. Erster Teil, Hegel-Jahrbuch 2001*, pp. 184–90.

Brandis, J. D. (1795) *Versuch über die Lebenskraft.* Hannover: Hahn.

Breidbach, O. (1982) *Das Organische in Hegels Denken. Studie zur Naturphilosophie und Biologie um 1800.* Würzburg: Königshausen & Neumann.

Breidbach, O. (2000) "Jenaer Naturphilosophien um 1800," *Sudhoffs Archiv* 84: 19–49.

Breidbach, O. (2004) "überlegung zur Typik des Organischen in Hegels Denken," in W. Neuser et al. (eds.), *Logik, Mathematik und Natur im objektiven Idealismus* (pp. 207–27). Würzburg: Königshausen & Neumann.

Brunner, J. (1803) *Handbuch der Gebirgskunde für angehende Geognosten.* Leipzig: Kleefeldsch.

Buffon, G.-L. Leclerc de (1749) "Premier discours. De la manière d'étudier et de traiter l'histoire naturelle," in G.-L. Leclerc de Buffon, *Histoire naturelle, générale et particulière, avec la description du Cabinet du Roi*, 15 vols. Paris: de l'Imprimerie Royale, 1749–67, 1, pp. 1–62.

Burbidge, J. (1996) *Real Process. How Logic and Chemistry Combine in Hegel's Philosophy of Nature.* Toronto: Toronto University Press.

Caneva, K. L. (1997) "Physics and Naturphilosophie: a Reconnaissance," *History of Science* 35: 35–106.

Chiereghin, F. (1990) "Finalità e idea della vita. La recezione hegeliana della teleologia in Kant," *Verifi che* 21: 127–229.

Chiereghin, F. (1994) *La "Fenomenologia dello spirito" di Hegel. Introduzione alla lettura.* Roma: La Nuova Italia Scientifi ca.

Dahlstrom, D. O. (2007) "Challenges to the Rational Observation of Nature in the *Phenomenology of Spirit*," *The Owl of Minerva* 38 (2006/07): 35–56.

De Cieri, A. (2001) "Presupposti aristotelici della fi losofi a dell'organico," *Atti dell'Accademia di Scienze Morali e Politiche* 111: 81–96.

De Vries, W. (1991) "Hegel's Dialectic of Teleology," *Philosophical Studies* 19: 51–70.

d'Hondt, J. (1986) "Le Concept de la Vie, chez Hegel," in R.-P. Horstmann and M. J. Petry (eds.), *Hegels Philosophie der Natur. Beziehung zwischen empirischer und spekulativer Naturerkenntnis* (pp. 138–50). Stuttgart: Klett-Cotta.

Dinis, A. (2002) "Was Riccioli a Secret Copernican?" in M. T. Borgato (ed.), *Giambattista Riccioli e il merito scientifi co dei gesuiti nell'età barocca* (pp. 49–77). Firenze: Olschki.

Duchesneau, F. (1998) *Les modèles du vivant de Descartes à Leibniz.* Paris: Vrin.

Düsing, K. (1986) "Die Idee des Lebens in Hegels Logik," in R.-P. Horstmann and M. J. Petry (eds.), *Hegels Philosophie der Natur. Beziehung zwischen empirischer und spekulativer*

129

Naturerkenntnis (pp. 276–89). Stuttgart: Klett-Cotta.

Düsing, K., ed. (1988) *Schellings und Hegels erste absolute Metaphysik (1801–1802). Zusammenfassende Vorlesungnachschriften von I. P. V. Troxler, herausgegeben, eingeleitet und mit Interpretationen versehen von Klaus Düsing.* Köln: Jürgen Dinter.

Düsing, K. (1993) "Der Begriff der Vernunft in Hegels *Phänomenologie*," in H. F. Fulda and R.-P. Horstmann (eds.), *Vernunftbegriffe in der Moderne* (pp. 245–60). Stuttgart: Klett-Cotta.

Düsing, K. (1997) "Ontologie bei Aristoteles und Hegel," *Hegel-Studien* 32: 61–92.

Emerson, M. (1987) "Hegel on the Inner and the Outer," *Idealistic Studies* 17: 133–47.

Emmerling, L. A. (1793) *Lehrbuch der Mineralogie.* Gießn: G. F. Heyer.

Engelhardt, D. von (1976) *Hegel und die Chemie. Studie zur Philosophie und Wissenschaft der Natur um 1800.* Wiesbaden: G. Pressler.

Erxleben, J. C. P. (1777) *Systema regni animalis per classes, ordines, genera, species, varietates, cum synonymia et historia animalium. Classis I. Mammalia.* Lipsiae: Weygand.

Ferrarin, A. (1998) "Aristotelian and Newtonian Models in Hegel's Philosophy of Nature," in R. S. Cohen and A. I. Tauber (eds.), *Philosophies of Nature: The Human Dimension* (pp. 71–90). Dordrecht: Kluwer.

Ferrarin, A. (2001) *Hegel and Aristotle.* New York: Cambridge University Press.

Ferrini, C. (1988) "On the Relation between 'Mode' and 'Measure' in Hegel's Science of Logic: Some Introductory Remarks," *The Owl of Minerva* 20: 21–49.

Ferrini, C. (1994) "On Newton's Demonstration of Kepler's Second Law in Hegel's *De Orbitis Planetarum*," *Philosophia naturalis* 31: 150–68.

Ferrini, C. (1998) "Framing Hypotheses: Numbers in Nature and the Logic of Measure in the Development of Hegel's System," in S. Houlgate (ed.), *Hegel and the Philosophy of Nature* (pp. 283–310). Albany, NY: State University of New York Press.

Ferrini, C. (2000) "Testing the Limits of Mechanical Explanation in Kant's Pre-Critical Writings," *Archiv für Geschichte der Philosophie* 82: 297–331.

Ferrini, C. (2004) "Being and Truth in Hegel's Philosophy of Nature," *Hegel-Studien* 37:69–90.

Findlay, J. N. (1977) Foreword, in *Hegel's Phenomenology of Spirit*, tr. A. V. Miller (pp. v–xxx). Oxford: The Clarendon Press.

Findlay, J. N. (1980) "The Hegelian Treatment of Biology and Life," in R. S. Cohen and M. W. Wartofsky (eds.), *Hegel and the Sciences* (pp. 87–100). Dordrecht: Reidel.

Fink, E. (1977) *Hegel: Phänomenologische Interpretationen der "Phänomenologie des Geistes."* Frankfurt am Main: Klostermann.

Frigo, G. F. (1998) "Von der Natur als dem 'sichtbaren Geist' zur Natur als 'Anderssein des Geistes'. Der Ort der Natur in der Jenaer Refl exion Schellings und Hegels," in K. Vieweg (ed.), *Hegels Jenaer Naturphilosophie* (pp. 219–29). München: Fink.

Frigo, G. F. (2004) "Aristotels Einflu? auf Hegels Naturphilosophie," in W. Neuser et al.(eds.), *Logik, Mathematik und Natur im objektiven Idealismus* (pp. 23–38). Würzburg: Königshausen & Neumann.

Fritscher, B. (2002) "Hegel und die Geologie um 1800," in O. Breidbach and D. v. Engelhardt (eds.), *Hegel und die Lebenswissenschaften* (pp. 55–74). Berlin: Verlag für Wissensschaft und Bildung.

Fuch, C. W. (1800) *Ideen zu einer Zoochemie systematisch dargestellt [...] Mit Zusätzen und einer* 　130
Vorrede versehen von D. Joh. B. Trommsdorff. Erfurt: In der Henningschen Buchhandlung.

Galileo, G. (1975) *Dialogo sopra i due massimi sistemi del mondo tolemaico e copernicano*, 2nd ed. Einaudi: Torino.

Gottschlich, M. (2006) "Das Lebendige und sein Verh tnis zum Anorganischen," in A. Arndt et al. (eds.), *Das Leben Denken. Erster Teil, Hegel-Jahrbuch 2006*, pp. 213–20.

Graham, J. (1979) *Lavater's Essays on Physiognomy: A Study in the History of Ideas.* Bern: P. Lang.

Gray, R. Y. (2004) *About Face. German Physiognomic Thought from Lavater to Auschwitz.* Detroit: Wayne State University Press.

Gren, F. A. C. (1797) *Grundri? der Naturlehre*, 3rd ed. Halle: Hemmerde & Schwetschke.

Harris, H. S. (1983) *Night Thoughts (Jena 1801–1806).* Oxford: The Clarendon Press.

Harris, H. S. (1997) *Hegel's Ladder*, Vol. I: *The Pilgrimage of Reason.* Cambridge, Mass.: Hackett Publishing Co.

Harris, H. S. (2000) *Between Kant and Hegel. Texts in the Development of Post-Kantian Idealism*, ed. and tr. G. di Giovanni and H. S. Harris, rev. ed. Cambridge, Mass.: Hackett Publishing Co.

Hegel, G. W. F. (1801) *Dissertatio philosophica de orbitis planetarum.* Jena: Prager.

Hegel, G. W. F. (1928) *Vorlesungen über die Geschichte der Philosophie*, vol. 1, ed. K. L. Michelet. Stuttgart: Frommann.

Hegel, G. W. F. (1963) *Lectures on the Philosophy of History*, tr. J. Sibree. London: Bell &Daldy (1872), rpt. London: Routledge & Kegan Paul; cited as 'Sibree'.

Hegel, G. W. F. (2002) *Philosophische Enzyklopädie.* Nürnberg 1812/13. Nachschriften von C. S. Meinel und J. F. H. Abegg, ed. U. Rameil, *Vorlesungen* 15. Hamburg: Meiner.

Heuser-Keßler, M.-L. (1986) *Die Produktivität der Natur. Schellings Naturphilosophie und das neue Paradigma der Selbstorganisation in der Naturwissenschaften.* Berlin: Duncker & Humblot.

Hoffheimer, M. (1992) "Hegel's Criticism of Law," *Hegel-Studien* 27: 27–52.

Horstmann, R.-P. (2000) "The Early Philosophy of Fichte and Schelling," in K. Ameriks (ed.), *The Cambridge Companion to German Idealism* (pp. 117–40). Cambridge: Cambridge University Press.

Houlgate, S. (2005) *An Introduction to Hegel: Freedom, Truth and History.* Oxford: Blackwell.

Humboldt, A. F. von (1794) *Aphorismen aus der chemischen Physiologie der Pfl anzen.* Aus dem Lateinischen übersetzt von G. Fischer. Leipzig: Voss u. Co.

Hume, D. (1975) *An Enquiry Concerning Human Understanding, in P. H. Nidditch (ed.), Enquiries Concerning Human Understanding and Concerning the Principles of Morals,* 3rd ed. Oxford: The Clarendon Press.

Hyppolite, J. (1974) *Genesis and Structure of Hegel's Phenomenology of Spirit,* tr. S. Cherniak and J. Heckman. Evanston, IL: Northwestern University Press.

Illetterati, L. (1992) "Sulla posizione di Hegel nei confronti della *Naturphilosophie* romantica," *Verifi che* 21: 413–52.

Illetterati, L. (1995a) "Vita e organismo nella fi losofi a della natura," in F. Biasutti et al. (eds.), *Filosofi a e scienze fi losofi che nell'Enciclopedia hegeliana del 1817* (pp. 337–427). Trento: Verifiche.

Illetterati, L. (1995b) *Natura e ragione. Sullo sviluppo dell'idea di natura in Hegel.* Trento: Verifiche.

Ilting, K.-H. (1987) "Hegels Philosophie des Organischen," in M. J. Petry (ed.), *Hegel und die Naturwissenschaften* (pp. 349–76). Stuttgart-Bad Cannstatt: Frommann-Holzboog.

Inwood, M. J. (1983) *Hegel.* London: Routledge.

Knight, D. (1986) "Ordering the World," in R.-P. Horstmann and M. J. Petry (eds.), *Hegels Philosophie der Natur. Beziehung zwischen empirischer und spekulativer Naturerkenntnis* (pp. 401–12). Stuttgart: Klett-Cotta.

Kordelas, L. (1998) *Geist und caput mortuum. Hegels Kritik der Lehre Galls in der Phänomenologie des Geistes. Würzburg: Königshausen & Neumann.*

Lamb, D. (1980) *Hegel: From Foundation to System.* The Hague: M. Nijhoff.

Lamb, D. (1987) "Teleology: Kant and Hegel," in S. Priest (ed.), *Hegel's Critique of Kant* (pp. 173–84). Oxford: The Clarendon Press.

Lasius, G. S. O. (1789). *Beobachtungen über die Harzgebirge, nebst einem Profi lrisse, als ein Beytrag zur Mineralogischen Naturkunde. Erster Theil.* Hannover: In der Helwingischen Hofbuchandlung.

Lavater, J. G. (ca. 1782) *Essai sur la Physiognomonie, destiné à faire Connoître l'Homme & à le faire Aimer. Par Jean Gaspard Lavater, Citoyen de Zurich et Ministre du St. Evangile. Prèmiere*

131

Partie. Dieu créa l'Homme à son Image. La Haye: H. Steiner & Co.

Lepenies, W. (1978) *Das Ende der Naturgeschichte. Wandel kultureller Selbstverständlichkeiten in den Wissenschaften des 18. und 19. Jahrhunderts.* Frankfurt am Main: Suhrkamp.

Levere, T. H. (1986) "Hegel and the Earth Sciences," R.-P. Horstmann and Michael J. Petry (eds.), *Hegels Philosophie der Natur: Beziehungen zwischen empirischer und spekulativer Naturerkenntnis* (pp. 103–20). Stuttgart: Klett-Cotta.

Linnaeus, C. (1751) *Philosophia botanica in qua explicantur Fundamenta botanica cum defi nitionibus partium, exemplis terminorum, observationibus rariorum.* Stockholm: G. Kieswetter.

Luft, E. von der (1987) "The Birth of Spirit for Hegel out of the Travesty of Medicine," in P. G. Stillman (ed.), *Hegel's Philosophy of Spirit* (pp. 25–42). Albany: State University of New York Press.

MacIntyre, A. (1972) "Hegel on Face and Skulls," in A. MacIntyre (ed.), *Hegel: A Collection of Critical Essays* (pp. 219–36). New York: Anchor.

Marmasse, G. (2002) "Das Problem des übergangs von der Natur zum Geist in Hegels *Enzyklopädie*," in R. Wahsner and T. Posch (eds.), *Die Natur mu? bewiesen werden. Zu Grundfragen der Hegelschen Naturphilosophie* (pp. 142–58). Frankfurt am Main: Lang.

Mende, E. (1975) "Der Einflu? von Schellings 'Prinzip' auf Biologie und Physik der Romantik," *Philosophia naturalis* 15: 461–85.

Meyer, J. C. H. (1805) *Grundri? der Physiologie des menschlichen Körpers.* Berlin: Realschulbuch Handlung.

Mittelstraß, J. (1972) "The Galileian Revolution. The Historical Fate of a Methodological Insight," *Studies in the History and Philosophy of Science* 2: 297–328.

Moiso, F. (1998) "La scoperta dell'osso intermascellare e la questione del tipo osteologico," in G. Giorello and A. Grieco (eds.), *Goethe scienziato* (pp. 298–337). Torino: Einaudi.

Moiso, F. (2002) "*Experientia/experimentum* nel Romanticismo," in M. Veneziani (ed.), *Experientia* (pp. 435–522). Firenze: Olschki.

Moll, P. (2004) "The Purposive Purposelessness of Hegel's Physiognomy," in A. Arndt (ed.), *Hegels Phänomenologie des Geistes heute. Deutsche Zeitschrift für Philosophie*, Sonderband 8, pp. 145–56.

Morton, A. G. (1981) *History of Botanical Science: An Account of the Development of Botany from Ancient Times to the Present Day.* London: Academic Press.

Müller, G. (2001) "Perioden Goethescher Universitätspolitik," in G. Müller et al. (eds.), *Die Universität Jena. Tradition und Innovation um 1800* (pp. 135–53). Stuttgart: F. Steiner Verlag.

Müller, G. (2006) *Vom Regieren zum Gestalten, Goethe und die Universität Jena.* Heidelberg:

Universitätsverlag Winter.

Neuper, H., with K. Kühn and M. Müller (2003) *Das Vorlesungsangebot an der Universität Jena von 1749 bis 1854*, 2 vols. Weimar: Verlag und Datenbank für Geisteswissenschaften.

Neuser, W. (1987) "Die naturphilosophische und naturwissenschaftliche Literatur aus Hegels privater Bibliothek," in M. J. Petry (ed.), *Hegel und die Naturwissenschaften* (pp. 479–99). Stuttgart-Bad Cannstatt: Frommann-Holzboog.

Neuser, W. (1995) *Natur und Begriff. Zur Theorienkonstitution und Begriffsgeschichte von Newton bis Hegel.* Stuttgart & Weimar: Metzler.

Newton, I. (1999) *The Principia: Mathematical Principles of Natural Philosophy*, tr. I. B. Cohen and A. Whitman, with J. Budenz. Berkeley: University of California Press.

Olesko, K. M. (1980) "The Emergence of Theoretical Physics in Germany: Franz Neumann and the Königsberg School of Physics, 1830–1890." PhD dissertation, Cornell University.

Poggi, S., ed. (1996) *Psicologia e scienze naturali*, vol. III, 2, in G. Bevilacqua (ed.), *I romantici tedeschi*, 3 vols. Milano: Rizzoli.

Poggi, S. (2000) *Il genio e l'unità della natura. La scienza della Germania romantica (1790–1830).* Bologna: Il Mulino.

Renault, E. (2001) *Hegel. La naturalisation de la dialectique.* Paris: Vrin.

Renault, E. (2002) *Philosophie chimique. Hegel et la science dynamiste de son temps.* Pessac: Presses Universitaires de Bourdeaux.

Richards, R. J. (2002) *The Romantic Conception of Life: Science and Philosophy in the Age of Goethe.* Chicago: University of Chicago Press.

Rosenkranz, K. (1844) *Georg Wilhelm Friedrich Hegel's Leben beschrieben durch Karl Rosenkranz.* Berlin: Duncker & Humblot.

Rousseau, J.-J. (1969) *Emile ou de l'Education*, in B. Gagnebin and M. Raymond (eds.), Jean-Jacques Rousseau, *Oeuvres Complètes*, IV. Paris: Gallimard.

Russon, J. (2004). *Reading Hegel's Phenomenology.* Bloomington and Indianapolis: Indiana University Press.

Schiebinger, L. (2001) "Das private Leben der Pfl anzen: Geschlechterpolitik bei Carl von Linné und Erasmus Darwin," in M. Hagner (ed.), *Ansichten der Wissenschaftsgeschichte* (pp. 107–33). Frankfurt am Main: Fischer Verlag.

Schmied-Kowarzik, W. (1996) *"Von der wirklichen, von der seyenden Natur."* Stuttgart-Bad Cannstatt: Frommann-Holzboog.

Smellie, W. (1791) *Philosophie der Naturgeschichte [...] Aus dem Englischen übersetzt ... von E. A. W. Zimmermann. Erster Theil.* Berlin: In der Vossischen Buchhandlung.

Sömmering, S. Th. (1791) *Vom Baue des menschlichen Körpers.* I. *Knochenlehre.* Frankfurt am

Main: Varrentrapp und Wenner.

Stanguennec, A. (1990) "La fi nalité interne de l'organisme, de Kant à Hegel: D'une épistemologie critique à une ontologie speculative de la vie," in H.-F. Fulda and R.-P. Horstmann (eds.), *Hegel und die Kritik der Urteilskraft* (pp. 127–40). Stuttgart: Klett-Cotta.

Steffens, H. (1801) *Beyträge zur innern Naturgeschichte der Erde*. Freyberg: Im Verlag der Crazischen Buchhandlung.

Steffens, H. (1805) *Drei Vorlesungen des Herrn Prof. Steffens zu Halle über Hrn. D. Gall's Organenlehre*. Halle: Im Verlage der N. Soc. Buch- und Kunsthandlung.

Stewart, J. (2000) *The Unity of Hegel's Phenomenology of Spirit. A Systematic Interpretation*. Evanston, IL: Northwestern University Press.

Tomasi, G. (1997) *Signifi care con le forme. Valore simbolico del bello ed espressività della pittura in Kant*. Ancona: Il Lavoro Editoriale.

Treviranus, G. R. (1802) *Biologie, oder Philosophie der lebenden Natur für Naturfoscher und Ärzte*, I. Göttingen: Röwer.

Trommsdorff, J. B., ed. (1801) *Allgemeine chemische Bibliothek des neunzehnten Jahrhunderts. I. ten Bandes I. tes Stück*. Erfurt: In der Hennigschen Buchhandlung.

Trommsdorff, J. B., ed. (1802) *Allgemeine chemische Bibliothek des neunzehnten Jahrhunderts. I. ten Bandes 2.tes Stück*. Erfurt: In der Hennigschen Buchhandlung.

Vater, M. G. (2003) "Schelling in Hegel's *Phenomenology*. Verstand, Vernunft, Wissen," in A. Denker and M. Vater (eds.), Hegel's *Phenomenology of Spirit* (pp. 139–68). New York: Humanity Books.

Verene, D. P. (1985) "Phrenology," in D. P. Verene, *Hegel's Recollection. A Study of Images in the Phenomenology of Spirit* (pp. 80–91). Albany: State University of New York Press.

Verra, V. (1976) "La qualità nell'età romantica," in E. R. Lorch (ed.), *La qualità* (pp. 51–62; discussion: pp. 63–77). Bologna: Il Mulino.

Verra, V. (1997) "La fi losofi a della natura," in C. Cesa (ed.), *Guide ai fi losofi . Hegel* (pp. 83–122). Roma-Bari: Laterza.

Wahsner, R. (2006) "Hegels ambivalenter Begriff 'Organismus' ," in A. Arndt et al. (eds.), *Das Leben Denken. Erster Teil, Hegel-Jahrbuch 2006*, pp. 221–7.

Westphal, K. R. (1989) *Hegel's Epistemological Realism. A Study of the Aim and Method of Hegel's Phenomenology of Spirit*. Dordrecht: Kluwer.

Westphal, K. R. (2000) "Kant, Hegel, and the Fate of 'the' Intuitive Intellect," in S. Sedgwick (ed.), *The Reception of Kant's Critical Philosophy: Fichte, Schelling, and Hegel* (pp. 283–305). New York: Cambridge University Press.

Westphal, K. R. (2003). *Hegel's Epistemology. A Philosophical Introduction to the Phenomenology*

133

of Spirit. Cambridge, Mass.: Hackett Publishing Co.

Willdenow, C. L. (1792) *Grundriss der Kräuterkunde zu Vorlesungen entworfen von Carl Ludwig Willdenow*. Berlin: Haude & Spener.

Winterl, J. J. (1804) *Darstellung der vier Bestandtheile der anorganischen Natur [...] Aus dem Lateinischen übersetzt von Dr. Johann Schuster*. Jena: Frommann.

Wyhe, J. van (2002a) "The Authority of Human Nature: the *Schädellehre* of Franz Joseph Gall," *British Journal for the History of Science* 35: 17–42.

Wyhe, J. van (2002b) "The History of Phrenology on the Web." http://pages.britishlibrary. net/ phrenology/images.html (accessed September 23, 2006).

Ziche, P. (1997) "Naturforschung in Jena zur Zeit Hegels. Materialen zum Hintergrund der spekulativen Naturphilosophie," *Hegel-Studien* 32: 9–40.

延伸阅读

观察自然：

Bach, T. and Breidbach, O. (2001) *Die Lehre im Bereich der "Naturwissenschaft" an der Universität Jena zwischen 1788 und 1807*. Basel: Birkäuser.

Bach, T. and Breidbach, O., eds. (2005) *Naturphilosophie nach Schelling*. Stuttgart-Bad Cannstatt: Frommann-Holzboog.

Barrande, J. M. (1977) "Geo-logique (Hegel et les sciences de la terre)," *Annales publiées par l'Université de Tolouse* 13: 5–21.

Bogdandy, A. von (1989) *Hegels Theorie des Gesetzes*. Freiburg and München: K. Alber.

Bonsiepen, W. (1997) *Die Begründung einer Naturphilosophie bei Kant, Schelling, Fries und Hegel. Mathematische versus spekulative Naturphilosophie*. Frankfurt am Main: V. Klostermann.

Breidbach, O. (2005) *Bilder des Wissens: zur Kulturgeschichte der wissenschaftliche Wahrenhmung*. München: Fink.

Breidbach, O. and Ziche, P., eds. (2001) *Naturwissenschaften um 1800. Wissenschaftskultur in Jena-Weimar* Weimar: H. Böhlaus.

Ferrini, C. (2007) "Hegel's Confrontation with the Sciences in 'Observing Reason': Notes for a Discussion." *The Owl of Minerva* 55/56: 1–22.

Fink, G. L. and Klinger, A., eds. (2004) *Identitäten. Erfahrungen und Fiktionen um 1800*.

Frankfurt am Main et al.: P. Lang.

Hagner, M. (1999) "Enlightened Monsters," in W. Clark et al. (eds.), *The Sciences in Enlightened Europe* (pp. 175–217). Chicago and London: The University of Chicago Press.

Heckmann, R., Krings, H., and Meyer, W. R. (1985) *Natur und Subjektivität. Zur Auseinandersetzung mit der Naturphilosophie des jungen Schelling.* Stuttgart-Bad Cannstatt: Frommann-Holzboog.

Kielmeyer, C. F. (1993) *über die Verhältniße der organischen Kräfte untereinander in der Reihe der verschiedenen Organisationen, die Gesetze und Folgen dieser Verhältniße (1793),* ed. with an Introduction by K. T. Kanz. Marburg: Basilisken-Presse.

Moiso, F. (1986) "Die Hegelsche Theorie der Physik und der Chemie in ihrer Beziehung zu Schellings Naturphilosophie," in R.-P. Horstmann and M. J. Petry (eds.), *Hegels Philosophie der Natur. Beziehung zwischen empirischer und spekulativer Naturerkenntnis* (pp. 54–87). Stuttgart: Klett-Cotta.

Montalenti, G. and Rossi, P. (1982) *Lazzaro Spallanzani e la biologia del Settecento.* Firenze: L. Olschki.

Salomon, J. (1990) *Die Sozietät für die gesamte Mineralogie zu Jena unter Goethe und Johann Georg Lenz.* Köln and Wien: Böhlau Verlag.

Schmied-Kowarzik, W. (1998). "Die frühen Abweichungen Hegels von der Naturphilosophie Schellings und ihre Folgen für das absolute System," in K. Vieweg (ed.), *Hegels Jenaer Naturphilosophie* (pp. 231–49). München: Fink.

Wahsner, R. (2005) *Hegel und das mechanistische Weltbild: vom Wissenschaftsprinzip Mechanismus zum Organismus als Vernunftbegriff.* Frankfurt am Main and New York: P. Lang.

Ziche, P. (1996) *Mathematische und naturwissenschaftliche Modelle in der Philosophie Schellings und Hegels.* Stuttgart-Bad Cannstatt: Frommann-Holzboog.

面相学 & 颅相学：

Bonfanti, E. (1997) "Il ritratto tra fi siognomica e 'semeiotica morale'," in E. Bonfanti and M. Fancelli (eds.), *Il Primato dell'occhio. Poesia e pittura nell'età di Goethe* (pp. 35–49). Roma: Artemide Edizioni.

Breidbach, O. (1997) *Die Materialisierung des Ichs: zur Geschichte der Hirnforschung im 19. und 20. Jahrhundert.* Frankfurt am Main: Suhrkamp.

Brooks, G. P. and Johnson, R. W. (1980) "Johann Caspar Lavater's *Essay on Physiognomy*," *Psychological Reports* 46: 3–20.

Campe, R. and Schneider, M., eds. (1996) *Geschichten der Physiognomik: Text, Bild, Wissen.*

Freiburg im Breisgau: Rombach.

Cooter, R. J. (1976) "Phrenology: The Provocation of Progress," *History of Science* 14: 211–34.

Hagner, M. (1994) "Aufklärung über das Menschenhirn. Neue Wege der Neuroanatomie im späten 18. Jahrhundert," in H.-J. Schings (ed.), *Der Ganze Mensch. Anthropologie und Literatur im 18. Jahrhundert* (pp. 145–61). Stuttgart: Metzler.

Hall, J. Y. (1977) "Gall's Phrenology: A Romantic Psychology," *Studies in Romanticism* 16: 305–17.

Lanteri-Laura, G. (1993) *Histoire de la Phrénologie. L'homme et son cerveau selon F. J. Gall*, 2nd ed. Paris: Presses Universitaires de France.

Moiso, F. (1986) "Die Hegelsche Theorie der Physik und der Chemie in ihrer Beziehung zu Schellings Naturphilosophie," in R.-P. Horstmann and Michael J. Petry (eds.), *Hegels Philosophie der Natur: Beziehungen zwischen empirischer und spekulativer Naturerkenntnis* (pp. 54–87). Stuttgart: Klett-Cotta.

Oehler-Klein, S. (1990) *Die Schädellehre Franz Joseph Galls in der Literatur und Kritik des 19. Jahrhunderts: zur Rezeptionsgeschichte einer medizinisch-biologisch begründeten Theorie der Physiognomik und Psychologie.* Stuttgart and New York: G. Fischer.

Pestalozzi, K. (1988) "Physiognomische Methodik," in A. Finck and G. Gréciano (eds.), *Germanistik aus interkultureller Perspektive.* Strasbourg: Université des sciences humaines de Strasbourg.

Renneville, M. (2000) *Le langage des cranes: une histoire de la phrénologie.* Paris: Institut d'éd. Sanofi-Synthélabo.

Sampalmieri, A. (1968) "Dalla fi siognomica di Giovanni Gaspare Lavater (1741–1801) alla frenologia di Francesco Giuseppe Gall (1758–1828)," *Medicina nei Secoli* 5.3: 10–16.

Schelling F. W. J. von (1807) "Einiges über die Schädellehre," *Morgenblatt* 74: 542–3.

第6章

积极理性诸形态：心之规律，恢复德性以及事情本身

特里·平卡德

黑格尔对"理性的自我意识通过自身而实现"的考察（*PS* 193-214/M 211-35），是他"理性"章的三个部分中的第二个。主题上而言，这个部分与接下来"理性"章第三个部分的第一个次级部分，也就是"动物王国与欺骗，或者事情本身"（*PS* 214-28/M 236-52）之间关系紧密。相应地，本章一起考虑这些部分。

黑格尔不知疲倦地告诉我们，他的研究是一个"体系"，一个整体，只有在整体性上才可能得到充分的理解。他坚持认为，少了任何东西都不等于科学（Wissenschaft）（或者，更一般地说，严格的理论）。即使说它这样并不能使得它就是这样，但它仍然意味着，任何黑格尔的解释者必须认真对待这个主张。尽管如此，黑格尔并没有使得它易于理解。这一体系的每个部分似乎都要求与其他部分相关联，并且人们很容易就对孤立任何特殊部分的意义而感到绝望。

"理性"这一章本身是作为一个令人困惑的过渡之结果而出现的。在对"意识"的相当抽象的讨论之后，黑格尔转向了他的"自我意识"的社会解释，这导致了两个个体之间主奴关系的建立和接下来的失败（很明显，抽象于所有他们的社会关系，即黑格尔在关于这个主题的谈论中所强调的东西；*Enc.* §432）。然而，由此就产

136

生了古代斯多亚主义和怀疑主义学说之间显而易见的历史讨论，即对其早期和中世纪形式的基督教痛苦的一种解释（如做出承诺的救世主并没有回来进行最后的审判），随后就突然地转向一个完全新的章节，标题很简单，"理性"，这一章开始于，似乎可以是康德和费希特哲学中草率地讨论的某种观念论的东西。[1] 然后，应该就必然地过渡到一个甚至更长的章节，标题为"精神"。

137   然而，理性的这种令人困惑的本性，具有一个更深层次的理由。第一，这一章提出了相当富有野心的论点，即对权威的所有个体主义解释都遭遇部分的失败，这就推动他们进行较为社会性的解释。第二，它为黑格尔的同样具有野心的论点设定了阶段，即我们只有理解了理性在历史上的作用，才能更好地理解个体主义解释的失败。具体而言，一旦我们理解，当历史从我们自身作为自我解释的动物这个观点得到理解，那么在历史中被证明处于风险之中的东西就是规范性权威本身的本性。[2] 第三，这一章提出了这一观点，即随着历史时间的推移，我们学会了更好地标出什么算作规范性的权威，以及理解这对我们所要求的东西就等于"精神达到了一种完全的自我意识"，这最好被描述为一种"绝对的"观点。反过来，这又让黑格尔提出了他最富有野心的议题，也就是，理解一个规范支配我们的最好方式，就是通过看看公认的、"积极的"规范如何失去对我们的支配来发现。这反过来导致黑格尔提出他的各种不同的现象学议题，我们考察如此之类的规范，因为它们在各种不同的实践中起作用，或者是"现实的"（wirklich）（如黑格尔所说），反过来又导致黑格尔提出他的论点，即理性本身必须被理解为社会性的，以及以一种非常复杂的、"辩证的"方式，我们自己只有在以某些规定的方式对彼此负责任时，才能对世界负责任。

      黑格尔称如此之类的诸实践为"意识的诸形态"，它们本身也是他称之为"精神的诸形态"的更为普遍的诸实践之部分，或者，他在前现象学的著述中称之为"生命的诸形式"。[3] 一种"精神的形态"是一种规范和事实的社会统一，它决定了人们如何理解自身，以及同样重要的是，决定了他们如何设想社会生存（也就是说，他们如何看待自身与他者合适相处，他们可以合理地期待在他们和同伴之间发生的事情，这些期待如何得到正常地实现），关键在于，世界可能是什么样的观念使得这些规范成为可实现的（或者不可实现的）。⁴同样关键的是，如此之类的一种"精神的形态"构成了理解这个融合规范和事实的唯一部分地清楚明确的背景；通常，一种精神形态不可能被理解为信念的集合，而是被理解为一种更深层次的定向，即先于明确的诸信念或者以此为先决条件，给予生活于其中的行为者们一种不太明确的流动性，如黑格尔所指出的，"包括，在发生的任何情况下，立即想到的特殊知识或者特殊种类的活动，甚至，我们可以说，直接在我们的四肢中，在我们朝向外部的活动中。"⁵

　　现代个体主义本身是如此之类的一种"意识形态"，即一副规范性权威的图景，具有它自己的融合规范和事实的典型特征。因此，在一系列的实践中的那些人看来是一种方式，在实践中的这些个体以这种方式实际上根本不是把它看成一种实践，而更是看成事物存在的这种方式：他们把世界看成是被构成的，以至在世界中，有些理性的、反思性的诸个体给予彼此理由以及彼此寻求理由；由于他们范例式做法在科学上取得了巨大的进步，这些个体因此必须在实践的世界中或者已经这么做或者努力这么做，并且只有恶意、迷信、过度胆怯、恐惧或者腐败才可以阻止那种观念的完全实现。

　　一句告诫的话：我们很容易理解这样的观点，即在应用规范时，延伸它们、以不同的方式具体化它们时，或者批判它们时，我们总是用一系列的"假设"背景来运作，这些假设是我们在多种主张和批判的活动中的先决条件，哲学批判的目标就是要使得如此之类的先决条件明确，以至它们可以接受批判。黑格尔的观点是不同的：我们以理解规范和事实的结合方式的背景来运作的这种方式本身通常就涉及下述各种不同的争论，如何恰当地陈述规范是什么，在具体的实例中它的意思是什么，到底什么算作属于规范（或者概念），以及某种限制条件的适用范围究竟有多广。而且，由于在这些种类的实践中，起作用的这些理解几乎总是对这些问题相当地不明确，误认为它们给予我们的定向总是能够以完全命题的术语，如"先决条件"来详尽地表达，我们可以讲述这些"先决条件"，并且把它与其他的命题联系起来。事实上，这些定向的命题式表达使得一种方式上明确的东西，在另一种方式上是对立的，因此不可避免地裁定某些东西，这通常就是争论的焦点。尤其，在分裂的例子中（黑格尔最有兴趣），对于这些规范具体是什么意思没有清楚的共识，不清楚它们如何被参与者们认为或者表达为这个意思或者那个意思（cf. Travis 2003）。在如此之类的争议情境中，这些参与者们，对于如何最好地陈述或者明确他们正在做的什么事情上，对于何种承诺形成了真正的限制条件以及何种没有形成，或者什么构成问题的理想的或者"核心的情形"，通常自己都有异议。如此之类的诉求不能通过诉请"标准"来解决，关于这个意义的"固定的诸直观"将会变化。而且，没有任何解决这些争议的情境方式对于所有争议方式是中立的。[6] 在这些最能引起黑格尔关注的例子中——一种规范权威的形态正失去对人们的支配的这些例子——相反，关于人们如何最好地陈述理想情形以及其含义，争议越来越大。

实际上，黑格尔认为哲学遵循密涅瓦的猫头鹰的原因之一是，几乎总是在我们可以说出任何确定性之后，争议实际才最终在参与者们的思想中得到解决，以及它最终对于他们来说意味着什么。并且，只有在这种事实之后，即我们可以注意到是否它最终对于他们意味着什么，这标志着任何种类的规范的成功或者失败——也就是说，是否以"这个方式"以及不以"那种方式"试图陈述规范标志着，例如，只是假装建立了一种压迫性社会权力的形式或者我们对于规范权威之理解的一种进步。

我们可以在下述背景下来勾勒黑格尔的诸论点。在人类相互影响中完全实现对理性的诉求要求，我们思考在康德实践哲学研究中所谓的"消失的矛盾"：一方面，我们总是完全社会性地被建构，以及我们的规范性状态源自此。另一方面，我们是自由的、自我产生的下述主张的来源，即没有任何社会效用可以被无视[7]。当代的社群主义者们、"公民身份理论家们"以及自由主义者们之间的诸争议可以被看成这些方式，以此方式，这个矛盾在现代生命的基本实践中起着作用。

黑格尔的讨论开始于任何幼稚的个体主义形式表面上最基本的问题：一方面，因为这一个体要成为一位现代的个体，他必须与他的规范保持一定的距离，所以，必须在某种意义上仅仅通过取决于他自己的资源而为他自己选取规范。但是，另一方面，如此这样的一种选择从那种虚空范围内做出的，它自身已经是没有意义的，因为压根没有约束人的任何规范，"约束性规范"根本就没有任何意义。

因此，在黑格尔的辩证术语中，现代个体主义被迫在一个"他者"中寻求其"根基"，即在某种其他的东西中，而不是不受约束的选择或者选取行为中。现代个体主义，因此被推向某种"构成性标准"的概念，以便有一系列的非选择性的规范，"恰好意味着"或者"构成"了所涉及的活动，以致无法遵守这些规范只能算作没有参与这个所涉及的活动[8]。当然，把握那个观点的最合情理的比喻是一种游戏。游戏的诸规则（不管指的是象棋、棒球或者英语）构成了那种算作玩游戏的东西。这样做的优点是，提供了规范性判断和义务的一种清楚明白的概念：一个规范总是与一系列的规则相关联，要说人们有义务去做某事，就恰恰要说有一系列规则，人们应该遵从这些规则去做。如此之类的观点在当代各种各样的讨论中都很熟悉，讨论的范围从人们如何必须只能接受某种范畴要求以为了成为一位行为者，直到讨论作为取决于"承认的主人规则"之法律实证主义的所有方式[9]。在讨论行为中的这种观念是,"主人规则"是决定性的、构成行为本身,以致,在拒绝遵从此规则时,行为者谴责自身的某种不一致性,或者甚至自身行为的最终失败。

如果这样的话,那就必定也存在其他必然的、非选择性的行为条件,以至服从它们就是服从一个人们自己的必然性。然而,要使得它是人们自己的,人们不可以简单地使得自身适应于一种外在的必然性以及"认同"它。最多,这只是个体主义困境的霍布斯式解决方案(在霍布斯把自由比喻为自由流向山下的水之著名阐述中)。[10]根据黑格尔的解读,情感主义和伤感主义重新塑造的早期现代欧洲的经验把这点导向了它的下一个逻辑步骤。这一必然性必须是一种符合于被要求成为一个理性个体的东西,以至,在遵从某种伦理命令的要求时,你做出的一项主张,要求你是原本所是的一个个体的人,你在做某件重大规范性事件时,要求你是个体的行为者。这个观点导致理性的这些主张的相关概念在类似于"心之规律"的东西上到达它们的终点,这既是一个规律(约束一切)以及一个个人承诺的问题(因为它指的是"心")。这位顺从他的"心"之规律的人——人们也许认为这个著名的思路属于路德,"我站在这里,我不可能做任何其他的事情"——因此就不是顺从幻想,而是顺从一个约束性的、普遍的规范。然而,这个规范在于个体得看到理性的必然性只能取决于他自己的资源,并且存在某些物质性的主张,构成性地限制可以被合理地意愿的东西。因此,对于现代的理性诸个体来说,如此服从"心之规律"似乎是自由的最高级形式,因为它涉及让你自身服从一个规律,它既是理性的,也就是说,普遍的,又是"你的规律"。因此,在遵从哪种规律时,这种推动你的必然性,就是你自己的必然性。

令人惊奇(至少一开始),黑格尔转向了文学的例子,以提供梳理这个观点的一般架构。转向文学并不是简单地运用文学作用作为普遍原则的阐述的一种方式——这会使得它们成为论证的外在因素——鉴于更深层次的黑格尔观点，而是必然性的，即仅当我们理解了它们在我们的实践中如何被制定和实现时，我们才理解我们规范权威的最基本概念的真实意义，并且与更传统的相互比照的理论原则相比，文学让我们更好地理解那是如何进行的。[11] 因此，黑格尔依赖于集中文学资源以构架他对心之规律的讨论，尤其是，席勒的戏剧《强盗》，剧中的主要人物卡尔·摩尔，他的性格是个人伤害他自己的结果，他反抗现存社会秩序的不人道和不公正，因此赋予他个人的错误一种普遍的意义。[12]

尽管如此，作为一种"意识形态"，"心之规律"的接任者对于现代的感性非常熟悉。在一种模式下，他或者她满足于现存的秩序，因为他或者她知道，尽管现存的秩序有缺陷，但它符合理性的要求，正如我们对某些德性（如仁慈、和蔼、人性）的自然认同以及传统的社会规则鼓励和奖励这些自然秉性所确定的。在另一种模式中（例如卡尔·摩尔），他是反抗的人物，这个人看到了人类的自然仁慈遭到某种不公正的政权的粉碎或者扭曲。然而，在第三种模式中，在这个图景中，出现了一种更加客观的哲学家，他甚至可能试图提出对如此观点的一种哲学的解释。他会认为他的心之规律，或者，如我们现在会说的，就是他关于他的"最深层次的承诺"的"固定的诸直观"，以及，之后，就看看什么遵从于它们，它们如何可能彼此一致，对这些"固定的诸直观"和"最深层次的承诺"的何种替代解释会被排除，等等。另一方面，黑格尔认为，他可以表明，所有如此之类对"最深层次的承诺""固定的诸直观"的诉求，对"我们的规则"的诉求，或者甚至对一种"理想共同体"给予的这些规则的诉求。所有这些诉求都取决于类似于下述观念的东西，（1）对于什么算作"合理的东西"有一种构成性的标准，以及（2）如此一种标准独断地排除了其他的替代方案，实际上，主张它们正试图做的相当于"不玩游戏"的事情。

因此，遵从"心之规律"的行为者并不主张简单地陈述他的特

141 质，即最适合于他的世界的一种愿望清单。关于"普遍"要求的何
种理性，他又做出了新的主张。然而，作为"他的心之规律"的唯
一陈述，他的"固定的诸直观"或者"最深层次的承诺"，他的主
张仅仅是一项单一性的主张，与其他人的"心"产生的其他主张相
互竞争，其他人的"心"也取决于"固定的诸直观"。事实上，关
于"心之规律"的最为独特之处在于它的状况，它既作为一项单一
性的主张（关于人们自己的"固定的诸直观"的一种陈述），以及
作为一项规范性的主张，"普遍性的"状况。[13] 这甚至都适用于"心
之规律"的保守例子，在那里，现存的秩序几乎完全符合人们的喜
好，在那里，给予那种持续约束力的是赞同人们自己最深层次的承
诺。但是，尽管如此，在那里，现存的持续并不符合人们自己最深
层次的承诺，由此（至少没有进一步的讲述），对于这些事实上使
得那种秩序作为一种"积极"的秩序的这些规则，就可能没有约束
性的规范力量（也就是说，取决于某种积极的"主人规则"或者系
列规则的秩序）。

　　如黑格尔所注意到的，人们可以改进这个图景。例如，人们可
以对个体何以必须"深思熟虑地支持"要去约束的任何限制增加所
有种类的限制，但是，事实仍然是，它的约束程度依赖于它被个体
接受的程度，它与个体最深层次的承诺的符合程度。在如此这样的
观点中，黑格尔所感兴趣的不仅仅是不可避免的伴随如此这样的观
点的异化（由于，是否现存的秩序完全符合人们最深层次承诺，总
是一个偶然性事实的问题，并且，它做得如此完整而没有任何残
余，是非常罕见的），而且也是，当现存的秩序戏剧性地失衡于人
们最深层次的承诺时，这个观点的形成方式。作为不仅仅是一种特
质的愿望，而且是一种理性自身的要求，这种"心之规律"必须主
张改革或者废除现存秩序的必然性，现存秩序无法满足"我们最深
层次承诺"的无条件要求。事实上，如果它发现，大部分人接受现
存秩序，以之为或多或少符合于他们认为是正确的和真实的东西

（认为符合于它们自己最深层次的承诺），那么它必须把这个解释清楚。在极端的情形中，它必须把这个归因于某种对真实事物秩序的颠覆，这种颠覆以某种方式已经掩盖、伪装或者欺骗了这种异化的、不公正的现实，而这个现实是它如此明显地遭遇到的。

　　在极端情形下，如黑格尔指出的，如此之类的观点距离某种类型的疯狂只有一步之遥。面对人们希望解放的这些人的抵抗或者反抗，他们有时甚至支持或者认同他们的"压迫者"，以及，有点奇怪，他们似乎不能够看到人们观点的理性、令人信服的本性，人们发现自身不仅仅不同于这个世界，而且有点精神错乱。如果，如黑格尔所说，疯狂是现实的不现实替代品，那么，在它最外层面的界限上，这种"心之规律"提供了一个好的例子。取代了卡尔·摩尔的世界所遭遇的一切现实，同样存在反现实被卡尔·摩尔增加在其中，所有这些其他人都被欺骗了，在其中，政权的宣传工作做得太成功了，或者，如黑格尔评论的，暗指 18 世纪革命时期的普遍观点，存在一种广泛的社会欺骗，"完全是被狂热的牧师和贪婪的暴君，连同他们的仆人们一起编造的，他们，通过把自身降低到落魄之境，寻求通过羞辱和压迫那些低劣于他们的人来补偿自身所遭到的羞辱"（ *PS* 206.9-11/M 226 ）。

　　改革者失败于赢得他希望拯救的这些人的赞同——这种"心之规律"在他者的内心和心灵中赢得立脚点的更大的、必然的失败之一部分——因此，逻辑上就变成为一章关于"世界之路"的犬儒主义（威廉·康格里夫戏剧的题名，1700 年第一次表演）。最初被"心之规律"感动的人得出这个观点，归根到底，不是正义的主张感动了人们的内心。相反，感动他们的是他们自己的自身利益，相当狭隘的想法。如果要保存任何关于自身的东西，那么，"心之规律"因此必须符合"世界之路"，在其中，戏剧的这些规则不是那些正义和道德的东西，而是策略、谋略以及博弈论的东西。唯一恰当地对犬儒主义的"世界之路"的回应，因此似乎也是，唯一真正的道德回应，因此就是人们自己的德性之个体教化。结果，18 世纪早期出现的那幅图景就是重新迷恋上古代人的德性以及"恢复"它的进程，这被解释为了更美好的原因牺牲自我利益而发现人们真实的行为之道路。

这个意识的形态，被黑格尔简单地称之为"德性"，认为自身已经从失败的和愤恨的卡尔·摩尔世界的经验中学到了。根据那种观点，"心之规律"的失败在于其片面地断言个体，以之为反对社会秩序的。然而，"德性"反对那种真实的自我利益，实现人们的行为之真正的道路就不是，使得社会秩序服从于"人们固定信念"的命令，而是形成人们的"心"，以至准备好服务于共同善（当那种善被德性真实地构想时，而不是被"世界之路"的博弈论家们构想）。德性的行为者，的确，就关注表现他最深层次的承诺，但是那些最深层次的承诺涉及（以一种初看起来似乎矛盾的方式）承诺牺牲人们自己的利益（再次，狭隘的构想）支持共同善，因为这种行为的构成性标准要求这样。因此，真正的德性包括了培训和使用人们各种不同的能力，以至这个行为和善的构成性标准将得到充分地实现。[14] 另一方面，这条"世界之路"是一种有限的仁慈和狭隘的自我利益的事态，在这种事态中，这些演员，在不知道的情形下，剥夺了自身以及其他人的真正的自身利益，这就是有缺陷的东西的较好样式，以致根据世界之路的这些规则，玩"游戏"的这些人滥用这些能力，相反，在追寻德性中，可以正确地使用这些能力。

因此，黑格尔认为实际上所有如此之类的恢复德性观念的问题在于，它取决于对古代德性概念中真正起作用的东西——按照黑格尔的术语，现实的东西——与现代个体主义中起作用的东西的混淆。古代德性建立在城邦概念的基础上，它被划分成各种不同的社会角色，以很多确定的方式规定，在那种类型的情形下这种类型的人如何实现人类的善。并且唯一有意义的是，也可以合理地相信，社会整体本身是一个统一体，它自发地引导自身通向和谐，同时，每个人履行他们角色的义务。因此，在"恢复"古代德性的所有如此之类的努力中，一个主要的障碍就是，古代德性所植根其中的生命形式本身已经在其自己的重压下崩溃了。它只是由于压制它自身激起的个体性主张而是一个和谐的社会整体，并且，这个坚固的"社群主义的"基础，通过它自身产生的个体主义力量，而被摧毁了。[15] 因此，对古代德性的"恢复"的现代诉求，必须把它看成是复现某种人类本性之中已经存在的东西，但是已经被某种其他的东西败坏的东西（资本主义通常是罪魁祸首之一）：德性，如它被认为的，要求对共同善的忠诚，但是这个忠诚，已经被现代市场社会扭曲了。因此，恢复德性的这场运动必须反抗个体主义，而个体主义本身依赖于它对抗的个体主义形式，由于它诉求于个体，仅仅依赖他自己的资源，以体验为共同善做出牺牲时它最伟大的个人成就。黑格尔使用了堂吉诃德的形象来描述沙夫茨伯里（Shaftesbury）伯爵（那种观点的主要支持者）的追随者们，和塞万提斯的小说一样具有讽刺意味。毕竟，在古代世界，没有骑士。它们是一个比较近期的——实际上，基督教的——发明。骑士这个"荣誉"被限制于个人，而不是城邦，以及对荣誉的伤害可能同样是实质性的和合理的，或者怪异的和繁琐的。

　　沙夫茨伯里等人提出的这个观点认为，实际上，自然如此构成了我们，以至只有在共同善的命令之前德性上牺牲狭隘的自我利益，才可以算作遵循了人们真实的自我利益。反驳那种观点的这些人（像伯纳德·曼德维尔在他的《蜜蜂寓言》中做的）认为，在市场关系的现代世界中，私人的恶习（或者看起来像狭隘的自我利益之类的东西）实际上导致了公共利益。事实上，对于所谓的行为构成性标准是什么的这场争论终结于支持现代人的决定（曼德维尔为代表），不是由于哲学的论证，而是由于现代的生活方式战胜了被证明仅仅是对它空洞挑战的东西。[16]

如黑格尔注意到的，这不是说德性必须让步，并且承认，世界之路是一条邪恶之路。实际上，现代市场社会自身正创造的对德性和恶习领域的重新描绘并不像它们所想象的那样糟糕。个体主义的行为通过一个"他者"（通过"成为一个个体"的本性，通过"心"之本性，或者就通过"本性"自身）已经无法符合强加于它的这些"构成性标准"，现在认为自身就是给予自身它自己的标准——作为一个个体。它的选择必定似乎是无标准的，以及它的行为必定因此具有"圆圈运动的现象，自由地在自身内在虚空中自身运动……以及完全满意在自身内以及与自身玩游戏"（*PS* 215.18-20/M 237）。规范性一路向前，似乎，意味着就没有出发点，没有从外部而来的固定的原初规范，以及意味着行为者在自身行为的过程中必须为了行为给予自身他自己的标准（这一幅图与萨特著名的例子有很多的相似之处，那个例子，即这个人必须决定是否照料他的母亲还是加入到抵制之中）。

当然，开始的这个问题，如黑格尔指出的，因此变得很尖锐，由于，一开始，似乎当人们遭遇如此一种自身引导的幻想要求，无处可以开始。然而，这幅个体主义的图画至少有一种可能的回答。[17]即使没有限制性的形而上学"构成性标准"规定任何行为的理性内容，但是，对这个个体作为他所是的特殊个体，有一些事实性的限制，因此他必须开始于他自己的事实性，他自己的"被抛性"——开始于他正好发现他自己具有的某种兴趣，他正好碰巧具有某种天赋，以及他正好碰巧发现自身所处的环境。[18]（黑格尔对此所用的术语是个体的"原初确定本性"，一个笨拙的描述，如黑格尔选择的众多技术性术语）。

黑格尔称如此一个个体在他的行为所带来的东西为他的"作品"（Werk），具有像一件艺术或者文学作品那样的双重意义，并且它较为日常的意义仅仅是意指人们制作的东西的结果（如在"那种到处都有你的手工艺印记的东西中"）。因此，一个个体的"作品"就是他根据他已经选择表现他自己兴趣、天赋和环境的结合体的表现。像"心之规律"和"德性骑士"的这些追随者们，如此一个个体也关注表现他最深层次的承诺，但是，现在以这样一种方式，这种表现做出的主张要求以一种完全特殊的方式承认其有效性。它不是一种反抗社会的态度的表现（如卡尔·摩尔），不是指在曼德维尔风车上斜着的堂吉诃德式"德性骑士"，而是某人关心他自己的声音，关心表现对他而言的事情本身，以及关心被承认和接受。（我已经在其他地方论证［Pinkard 1994, 119-21］，一个具有这种性格特征的模式的人就是《忏悔录》中的卢梭。）从那种带有人们自己手工艺印记的行为中产生的东西，同样是一种表现，应该体现了人们最深层次的承诺。当然，这个问题就是，对于如此之类的"作品"，相同类型的问题同样出现在更加独特的艺术作品中。批判一件作品多愁善感，可能只是批判多愁善感是某种错误的事情。要说，你的作品是"多愁善感的"，似乎是要说，作品是你的表现，你是多愁善感的，以及似乎是对你的批判，而不仅仅是你的作品。

　　这个解释的样式，有点言过其实了。如果，除了这一个体在自己"被抛性"的偶然情形中为自己制定了标准之外，没有任何其他的标准，以及，如果这个个体真正地已经寻求澄明它发现自己具有的那些承诺，那么对这类作品的批判就没有任何意义，因为"多愁善感"的指控就只是从别人的标准做出的。如黑格尔更加讽刺性地指出的，这不是完全的相对主义，这里有些主张是对于作品有普遍性标准。正好普遍性的要求是，诸个体要表现它们最深层次的承诺，直接地和诚实地——人们甚至可能增加，真实地——并且，批判充其量似乎仅仅涉及对不诚实或者虚伪的指控，而不是涉及这些最深层次的承诺本身是否是糟糕的。[19]

　　根据黑格尔的观点，这个形式的个体主义有一种逻辑在相当可辨识的方向上推动着它。如果这个个体以及他自在之所是（也就

145

是说，他最深层次的承诺）应该在他的事业和行为中展现出来，那么他似乎就是这些行为和事业的标准，即"普遍性的"标准，它们相应地应该根据它们多么好地表现了这些承诺而被判断。理性的这些要求，如此之类的作品被承认为它们之所是和主张之所说，而不是它们不能是的东西。然而，所有这类活动都涉及行为，或者"作品"，以及如此之类的作用要在一种公共的空间中被发现，不管喜欢与否，它们都要服从于，或者至少接受别人的判断，这些人相应地通过如此个体主义的逻辑不需要仅仅根据它的表现性质而受限制进行判断。这些他者，例如，可能发现作品中有某种东西帮助他们塑造他们自己的怪异兴趣，或者帮助他们根据他们自己的表现活动分析出他们自己的变化。带有人们自己手工艺印记的东西，因此，可能不仅仅是人们对自身所做的评价。可能还有其他的意义，它完全依赖于公共空间以及他人与之共享的公共空间之偶然性。

带有人们自己手工艺印记的东西，因此，就是一种"消失"，如黑格尔的描述。[20] 似乎是一个个人表现行为的东西被其他人当作某种别的东西。但是，如果绝对的东西是人们最深层次的承诺，以及人们的行为和手工艺仅仅不完整地或者不充分地表现那些承诺，那么这些行为本身的绝对重要性就消失了。事实上，怎么可能不是这样呢？人们缺少充分自我表现的天赋，本身就是偶然的事情。人们的周围都是缺少天赋和手段以对行为进行恰当判断的同胞们，同样是偶然的。人们可能选择了错误的表达，而这导致了其他人认为你的行为是侮辱性的，同时，你向他们保证，你的表达中完全没有这种侮辱性的意图——所有这些都可能似乎是偶然的问题，并且对不诚实、虚伪或者无能的指控总是时刻准备着。黑格尔可能已经很好地描述了这个场景，即华盛顿的当代政治家们几乎像阅读剧本那样做的事情。首先，他们说了些令人反感的话，并被抓住现行。然后他们否认说过这样的话。当被证明说过时，他们哭喊着说断章取义了。当表明没有断章取义时，或者不可能断章取义时，他们郑重地宣布，这是一个错误，一个判断上的错误，这并不意味着，以此方式，这样的事情就表现了他们最深层次的承诺，任何了解他们的人都知道这一点。然后，最后一步，几乎从来不是直接地对这个声明道歉，而是对某人部分地误解他们真正的意思而可能造成的任何伤害而道歉。

　　有鉴于此，黑格尔说，在如此之类的现代个体主义中的下一步是一种规范性的自我退缩，一种"对自我的反思"，一种肯定，即一个人不只是表现他最深层次的承诺，而是在他自己的自我中，在他自己的承诺行为中，这个人在较为存在主义的意义上（自身源自一种更为古老的宗教意义）尽最大努力致力于这些事物中的事情本身。这个"对自身的反思"，也就是反思承诺本身的重要性，现在，如黑格尔所指出的，存在一种"消失东西的消失"，以及从"作品"消失的重要性中显露出来的东西是某种更像真实个体的东西，如黑格尔称之的现代个体主义的"真实概念"。这个人自己的手工艺可能消失了，但是他对事情本身的承诺仍然坚如磐石。[21] 这种对自身的反思带来了内在和外在之间，主体性与人们在社会世界中自身表象的方式之间的彻底的分裂，这一举动反之引入了它自己的曲折，直到这样的现代个体主义在它自己的重压下沉沦。毕竟，如此真实性的群体在于，它以一种更为微妙的形式重复着个体主义产生的诸问题。它主张关注的首先不是表现自身，而更是参与到事情本身之中（如黑格尔所称的，die Sache selbst），并且之后，仅仅给予那种承诺的表现。

　　事实上，一旦，诸个体开始标出，每个人意欲的（或者打算说的）东西与每个人真正做的（或者真正说的）东西截然不同，那么，就产生一种不同的社会空间，在这个社会空间中，一种确定的戏剧性就占主导地位。每一个演员都主张要关注这个或者那个，并且在做出那种主张时，同时判断观众看他演的多么好的反应，每一个观众相互做着同样的事情。每一个"剧"中的演员因此都带着质疑表演，即整个的事件真的只是一场具有奇怪规则的"游戏"，其中，所有的演员欺骗他人，而自身也被欺骗，每一个人都在表演着通常归因于格劳乔·马克思（Groucho Marx）的台词："真诚是世界上最伟大的东西，因此如果你可以假装你已经做到了。"（cf. Sennett 1977）

然而，那会威胁整个房子的倒塌。把"游戏"维系在一起的东西是这个观念，即人们真正地应该参与到事情本身之中，而不仅仅是玩一场假装这么做的游戏。然而，正如"世界之路"（在《蜜蜂寓言》中）的这些演员们并没有把他们自身弄得如此糟糕，事实证明，有一种真理以这个戏剧性的个体性形式得到实现。首先，按黑格尔的术语，现代行为戏剧性隐性承认，我们为他者的存在是我们行为的关键。没有他者，表演的角色就没有观众。其次，现代生活的戏剧性认为，行为的标准，毕竟是他们自身"角色"，以及因此是自我立法的，而不是简单地被我们使用的术语的含义，也不是被世界的形而上学结构所规定。然而，这一切恰恰就是戏剧性的，那么，可能真正重要的一切就是我们"对我们自身的反思"，即我们把我们生活中最有意义的部分，我们最深层次的承诺从公共的空间中规范性地撤退出来。那么，我们最多就成为了我们感兴趣的"管理者"（或者甚至是我们生活的"管理者"，配备着自助书籍以及现代通信技术）。

147

这些实践的意义，因此，开始似乎就徘徊于下述两者之间，前者是在我们进入获得任何关于事情本身的观念时必然失败，后者是对于真正只是一场"游戏"和唯一的事情本身是谁让谁信服即谁赢得游戏这种结果的一种异化的、几乎虚无主义的观念。尽管如此，在管理功能中扮演我们的角色时，——在一定程度上，我们仍然致力于事情本身——我们仍然对别人提出要求，并且，如果我们要超越正玩的游戏（在游戏中，参与者们"发现他们自己欺骗自己，彼此之间相互欺骗"，*PS* 226.17-19/M 250），如果我们要真正地关注

"事情本身"（而不只是假装关注事情本身，或者不只是把我们把其他人带到我们碰巧获得的无论何种观点上而取得的偶然成功当作是唯一的事情本身），那么，我们已经要求我们自身在彼此给予和要求理由的这些限制下以及根据彼此给予和要求理由的这些要求来玩那场游戏。

植根于戏剧性和管理专家的这个观念，毕竟有某种真实性观念的东西，即努力正确对待人们最深层次的承诺，既在他们表现自身是谁的意义上，也在他们在生活与事情本身一致的意义上。被那种实践所暗示而不被它所决定的部分重新构想（继续发现自身在两个糟糕的极端间徘徊）在康德《道德形而上学的奠基》的道德意志概念中被发现，在那里，戏剧性的角色被自我立法的法则所取代，或者，在康德著名的公式中，"因此，意志不仅仅服从于法则，而且也因此服从于，它必须被考虑为也给自身立法，以及完全根据这个解释，首先服从法则（它确定为自身建立起来的）"（*Groundwork* 4:431）。[22]

的确，康德自己的公式初看起来，好像正是重复了先于它的个体主义的矛盾本性[23]。要避免这样，康德在《实践理性批判》中修订了，在那里，他把它描述为一种"理性事实"的表达，也就是说，似乎在玩这个给予和要求理由的"游戏"时，人们不可能从规范性的领域中走出来，以看看是否这个"游戏"本事是井然有序的。人们总是发现自身已经有义务首先找到合理正当的行为。[24]

如果行为的这些条件既不被这些语词的"含义"确定下来，也不被行为的某种先天的形而上学结构所确定，那么，行为的这个"构成性标准"本身必须被立法。但是，由于它们不可能被个体性地立法（以及事实上，在一种清晰的意义上，根本不可能被立法），因此，它们就是"实体"，即社会空间，行为者们在这种空间中参与它们的活动。游戏的比喻，因此适合于戏剧性，现在，它本身随着给予和要求理由而消失了。现代戏剧性的这个"角色扮演"，这场游戏，因此，最终不得不成为给予和要求理由的实践，各种不同的信仰和行为的益处和理由——事情本身——本身就不是被作为个体的诸个体立法的。如果事情本身，事实上，就是我们最深层次的承诺，如果我们要忠于我们自己如同忠于那些承诺，如同明智地要求我们的忠诚，那么，我们反而被要求放弃个体主义形态中自足的观念。这一个体在自身内完全没有资源，以把形态给予他的行为，不是因为那些资源外在于他，而总是无法企及，而是因为现代个体主义的发展已经达到了这点（到1807年，因此黑格尔也许想的有点天真），现代生活已经准备承认真理，一旦它首先开启现代个体主义理想的道路，它就隐性地致力于这个真理：我们的行为从来都不是自足的行为，我们的行为本身是一种社会规范，事实上，这已经发展成了康德的公式，因为非常确定无法把握某种"他者"塑造的概念（行为的构成性标准，术语的意义，行为的形而上学结构，现代戏剧性的兴起）。我们就只是存在于参与给予与要求理由的实践行为者们创建的社会空间中，并且，个体的观念本身就是一种社会规范，仅当他者也在那种意义上是个体，我们每个人才可以是个体。以此，事实证明，行为的"构成性标准"这个概念本身就是一种历史性地发展的规范。

从个体主义过渡到社会性的真理显露的是，一系列的"意识之诸形态"，或者角色，每一种形态或者角色都以它们自己的方式被击败。然而，这些角色，尽管是被击败的角色，仍然在现代生活中一而再的出现，"诸形态"似乎是现代生活注定要重复的。[25] 成为一个"个体"社会理想，向内转向的理想（如黑格尔所称的，In-sich-gehen），本身可能仅仅是某种类型的明确依赖性之社会空间范围内的。那种社会空间的部分复杂性在于，它在自身内塑造了一个自我反思的观念，以及伦理和认识主张的一个独立起源的观念。这本身就鼓励把个体的这样一幅裁剪过的图片当作社会空间的原始来源，而不是鼓励"个体"的更加明智的图片，作为如此这样的社会空间在现代性中已经假定的这种形态的一个构成性环节。这个现代的"个体"在那种社会空间内从"反思自身"显露出来，并且已经从它显露出来。现在，这个"个体"成为一位本质意义上的参与者，参与到自我维系的现代的、自我反思的文化之中。

现代生活已经沿着一条道路前行，在现代康德的个体主义中发现倒数第二个顶峰。这条路上的所有争议的意义中起作用的东西是，作为理性之社会性的精神的概念，对于这一结论，黑格尔认为，我们可能只有在那条道路的终点才能获得。但是，一开始就必然地进入那条道路吗？在现代个体主义的发展中，没有任何东西可以回答那个问题。因此黑格尔认为，要回答它，人们不得不再次从起点出发。1807 年，他仍然认为起点就是古代的雅典城邦。他在《精神现象学》写了长长的两章即"精神"和"宗教"，详细地解释了为什么从雅典到巴黎到柏林的这条道路必须采取这种曾经采取的形态。但是，这是接下来的章节所讲述的。

注释

1. 对于这一节的讨论，参见上文，第 4 章。——编者

2. 这就是我的著作《黑格尔的现象学：理性的社会性》（1994）的主导性主题。这点也特别被罗伯特·皮平在不同地方强有力地指出。在对罗伯特·布兰顿黑格尔解读的相当同情的评价中，皮平（Pippin 2005a）认为，布兰顿确实要在这点上完成任务：这个问题不是指"管理"规范，以至我们以我们的祖先采取的方式纠正这些错误，而是规范性权威的本性本身。虽然，这点在皮平的早期研究中被指出来，但是在他的著作《主体性的持久性》（2005b）尤其有力地成为前沿问题。（这个主题是黑格尔分析安提戈涅的核心，参见下文，第 8 章。——编者）

3. 在早期的前-现象学的著述中，黑格尔通常在文本中使用"生命"，他后来更愿意使用术语"精神"，并且他会以一种后来偏爱的"精神之形态"所预示的方式谈论"生命的形态"。在《基督教的精神及其命运》中，他或多或少把"生

149

命的形态"等同于"生命的形式":"同时,集体的爱必须总是已经保留了爱的形式,信仰上帝的形式,而不是活着,以特殊的生命形态展现自身(Gestalt des Lebens),因为每一种生命的形式可能都被理智客观化,然后被理解为它的对象,为一成不变的事实。集体与世界的关系必定成为与世界接触的一种恐惧,每一种生命形式的恐惧,因为每一种形式都展现它的缺陷(作为一种形式,它仅仅是整体的一个方面,并且它的结构隐含着固定不变的局限),并且,它所缺乏的东西就是世界的一部分。"(MM 1:403/Hegel 1975b, 287-8)所有译文都是作者自己翻译的。

4. 在后期,后–现象学的用语中,黑格尔称这个为"理念",被描述为概念和现实的统一。在一种意义上,因此,黑格尔似乎接受了理想理论和非理想理论之间的罗尔斯式的区分。对于罗尔斯来说,理想理论假定,每一个人都根据理想而行为(根据他所称的严格遵守),并且这个理想在现存的社会和历史环境中是可以实现的。这在某种层面上与黑格尔的概念是相符的。非理想的理论处理的是,理想要在诸条件下如何被实现,人们并不根据理性而行动,并且存在各种不同的复杂因素(种族歧视、阶级偏见等)阻止了理想的实现。另一方面,在另一个层面上,黑格尔的方案与罗尔斯的方案在多大程度上一致,这并不清楚。对于黑格尔来说,理想在具有一个理想的人的生活上必须是成为现实的,必须起作用的。理想是可实现的并不够,而是它必须实质性地已经被实现,即使现实的情形并不完全符合理想。

5. *Enc.* §66,补充强调。黑格尔继续:"在所有这些例子中,知识的直接性不仅不排除间接性,而且这两者紧密结合在一起,直接知识甚至是间接知识的产物和结果。"(同上)

6. 这些问题让人想起黑格尔关注的皮浪的标准之困境和相对性的比喻。参见上文,pp. 2-6, 60-64。——编者

7. 康德确实从来没有提出这个方式,尽管在《纯然理性限度内的宗教》中可以看到些线索。在那本书中,他把人性的基本"规定性"分为三个范畴——动物性、人性和个性。"人性"是我们的社会制度,我仅仅在与别人的比较时判断自身,而"个性"与我们根据纯粹实践理性的命令行事的能力相关(Rel. 6: 26-8/22)。(解决这个问题是黑格尔《精神现象学》中新的主体性理论的核心,参见下文,第 13 章。——编者)

8. 这是一幅常见的图景(例如,Korsgaard 2002, Stern 2001)。

9. 参见 Lance and O'Leary-Hawthorne (1997)。兰斯(Lance)称他的替代方案为规范性的"归属"概念(因为成为一个规范的某种东西要遵从公认的系列社会规则)以及规范性的"先验"概念(关于真正的规范是什么)。当然,对"主人规则"的参考来自 Hart (1961)。(兰斯使用了"先验的"一词以描述他自己

的观点，似乎对我来说，是误置的，但是那是另一个时候的另一个叙述。）

10. 黑格尔认为在这一章之前的一章中他已经接受了霍布斯的解读，在那里，他讨论了关于心理学规律和他那个时代伟大的自然主义伪科学面相学和颅相学的其他的自然主义的意向、活动和自由的观念。（参见上文，第 5 章。——编者）对霍布斯的引用来自《利维坦》，章 XXI，"主体的自由"："自由和必然性是一致的：如，在水中，不仅仅有自由，而且必然通过水道向下流动。因此，在人们自愿的行为中也是同样的，因为他们执行他们的意志，从自由进展，也因为人们的意志的每一个行为以及每种欲望和倾向都从某种原因出发，以及从另一种出发，在一个连续性的链条中（他的第一链在上帝手上，所有原因的第一原因），从必然性进展。"

11. 这个论点得到斯佩特（Speight 2001）很好的论证。

12. 参见斯佩特的讨论。黑格尔在他的席勒戏剧讲演录中已经说过："一个相似的例子是席勒［《强盗》］的卡尔·摩尔，他被他那个时代的人、整个的公民秩序和整体的世界环境激怒，他对此的反抗具有这种普遍的意义。"（*Aesthetics*, 1224/MM 15:557）

13. "由于这种强制性的神的和人的秩序与心相分离，对于心来说，它是一种纯粹的假象，应该失去与之相关的东西，也就是说，强制力和现实性。在它的内容上，这种秩序可能偶然地与心之规律相一致，在这个方面，心之规律能够容忍它。然而，纯粹的合法性并不是心之规律的本质。更确切而言，它是在如此之类的合法性中对自身的意识，它具有的意识在其中满足于自身。"（*PS* 203.19-23/M 222-3）

14. "善或者共享正如在这里出场时那样，就是那种被称为天赋、能力、权力的东西。这是精神的东西存在的一种方式，在其中，精神的东西被表象为一种普遍的东西，这种普遍的东西需要个体性原则去激活和推动自己，并在这种个体性中拥有自己的现实性。只要个体性原则在德性意识那里，这个贡献就被这个原则正确地应用着，但是，一旦这个原则在世界之路那里，这个贡献就被它误用了。"（*PS* 210.8-14/M 231）

15. "古代的德性曾经有它一定的可靠的含义，因为它在人民的实体里有它内容扎实的基础，并以一种现实的、已经实存着的善作为它的目的；因而它当时也不是针对那作为一种普遍的颠倒的现实性的，不是针对一个世界之路的。但现在所有考察的德性却从这实体脱离出来，是一种无本质的德性，一种缺乏那个内容，仅仅是表象和言辞的德性。"（*PS* 212.34-213.1/M 234）（关于古代世界，参见下文，第 8 章。——编者）

16. "于是，世界之路战胜德性在于它自己相对立时所构成的东西；它战胜了以无本质的抽象性为本质的德性。但是它战胜的并不是什么实在的东西，而是生造出来的一些不是区别的区别，是奢谈人类的至善和人性的压迫，奢谈为善而牺牲和滥用天赋。"（*PS* 212.23-28/M 433-4）

17. "但这样一来，似乎个体在做出行为以前就不能规定它行为的目的了；但同时，由于它是意识，它又必须事先把这个行动作为完全是自己的行动，也就是作为目的摆在自己面前。因此，要着手行动的个体似乎处在一个圆圈之中，在其中，每一个环节都已经以另一个环节为先决条件，因而好像不可能找到开端，因为它对于那必须是它的目的的原始本质，只有从行为后果里才得以知晓，但是它为了做出行为，又必须事先拥有目的。但唯其如此，它必须直接地开始，而不论状况会如何，都必须在对开端、中介和结局的毫无任何考虑时就展开活动；因为它的本质和自在存在着的本性乃是开端、中介和结局的一切归一。"（*PS* 218.10-21/M 240）

18. "作为开端，这个自在存在着的本性在行动的状况就现成在手了，而个体对某物所感到的兴趣，也已经是对这里是否要有行为和要有什么行为的问题所给出的答案了。因为凡是看起来好像是一个被碰上的现实性的东西，自在地都是它的只具有一个存在的假象的原始本性——这假象包含在自行分裂的行为这一概念里，——但却作为行为的原始本性而在它于这本性中所感到的兴趣里把自身表现出来。"（*PS* 218.21-27/M 240）

19. "与这种单纯量的非本质的区别相反，好和坏会表达出一种绝对的区别；但在这里并不发生这种绝对的区别。不论采用这种还是那种方式看待，一个行为和冲动都以同样的方式是一个个体性的自身呈现和自身表达，因此总是好的；而真正说来，也许就根本不能说什么是坏的。凡是可以叫作坏作品的东西，乃是那将其自身实现于这个作品中的某个规定了的本性的个体生命；它只是由于比较的思想才会被贬低成一个坏的作品，但比较的思想是某种空洞的东西，因为它撇过作品是个体性的自身表达这一本质，而在上面另外去寻找和要求谁也不知道是什么的别的东西。"（*PS* 219.20-30/M 241）

20. "但是，如果我们对这个经验的内容在其完备性中加以考察，那么这个内容就是消失的作品；凡是保持自身的就不是消失，相反，消失本身是现实的，是与作品结合着的，并且自身随作品一起消失；否定的东西自身与肯定的东西同归于尽，它就是肯定的东西的否定。"（*PS* 222.27-31/M 244）

21. "意识就以此方式从自己暂时性的作品里反思到其自身，并坚持它的概念和确定性是面对行为的偶然性的经验而存在着的和保持着的东西。"（*PS* 223.8-11/M 246）。然后，他补充："因此，对于自我意识而言，在作为个体性和对象性之间对象性地形成的贯通过程本身的事情本身中，就形成了它对它自身的真实的概念，或者说，自我意识达到了对自己的实体的意识。"（*PS* 223.35-38/M 246）

22. 修改了译文。尤其，我把 "davon er sich selbst als Urheber betrachten kann" 表

达为 "of which it can regard itself as instituting"，而不是把 "Urheber" 翻译为 "作者"。[字面意思上，它应该被表达为 "instituter"（创造者），但是这似乎更加尴尬。]

23. 因为它要求个体具有先天的法则，以为了非任意地为自身立法，并且由于这个先天的法则（作为非自我立法）绝不可能使得他有义务，因此它可能造成立法是无用的。

24. 在黑格尔看来（以及在费希特看来），这似乎更像是对问题的重述，而不是一种解决方案，由于，就此而言，"事实" 或者只是重述了这个矛盾或者只是退回到这个观念，即我们的意志受制于某个 "他者" 即实践现实性的形而上学结构。（在第 7 章中探究康德对绝对命令的审查。——编者）

25. "由于这些环节还不能具有这样的含义，即与已丧失了的伦理相对立而被塑造成各种目的，所有这些环节在这里虽然按照其不偏不倚的内容是有效的，而且它们所追求的目标就是伦理实体。但是，由于这些环节在其中显现出来的那个形式更接近于我们的时代，在意识丧失了其伦理生活并通过寻找它而重复了那些形式以后，那些环节就可以更多地以后一种表达方式被表象出来了。"（PS 197.24-30/M 216）

152

参考文献

Hart, H. L. A. (1961) *The Concept of Law*. Oxford: The Clarendon Press.

Hegel, G. W. F. (1975a) *Aesthetics: Lectures on Fine Art*, 2 vols., tr. T. M. Knox. Oxford: The Clarendon Press.

Hegel, G. W. F. (1975b) *Early Theological Writings*, tr. T. M. Knox, introduction and fragments tr. by R. Kroner. Philadelphia: University of Pennsylvania Press.

Hobbes, T. (1968) *Leviathan*. Harmondsworth: Penguin.

Korsgaard, C. (2002) *Self-Constitution: Agency, Identity, and Integrity* (the Gifford Lectures, available only online): http://www.people.fas.harvard.edu/~korsgaar/Korsgaard.LL1.pdf.

Lance, M. and O'Leary-Hawthorne, J. (1997) *The Grammar of Meaning*. Cambridge: Cambridge University Press.

Pinkard, T. (1994) *Hegel's Phenomenology: The Sociality of Reason*. Cambridge: Cambridge University Press.

Pippin, R. B. (2005a) "Brandom's Hegel," *European Journal of Philosophy* 13.3: 381–408.

Pippin, R. B. (2005b) *The Persistence of Subjectivity: On the Kantian Aftermath*. Cambridge:

Cambridge University Press.

Sennett, R. (1977) *The Fall of Public Man.* New York: Knopf.

Speight, A. (2001) *Hegel, Literature, and the Problem of Agency.* Cambridge: Cambridge University Press.

Stern, R. (2001) *Hegel and the Phenomenology of Spirit.* London: Routledge.

Travis, C. (2003) *Liaisons Ordinaire: Wittgenstein sur la pensée et le monde.* Paris: J. Vrin.

第7章

自由的伦理：黑格尔论立法的理性和审查法则的理性

大卫·库岑斯·霍伊

论"立法的理性"和"审查法则的理性"这两节是《精神现象
学》第V章的最后两个部分（*PS* 228-37/M 252-62）。这一章的标
题很简单，"理性"。下一章的标题也很简单，"精神"。然而，黑格
尔提供了另一种方式来组织安排这本著作。以此，本书有三个主要
的部分："意识""自我意识"，以及之后留下空白的第三部分。第
三个部分之后被划分为四个部分："理性""精神""宗教"以及"绝
对知识"。问题在于，什么名称应该替补这个空白呢？鉴于黑格尔
后来的体系结构，"精神"明显是最终的回答。如果那个回答是正
确的，那么我们这两节就是，理性意识到自身就是精神。

这里的理性和精神是什么意思呢？理性本质上是个体性的理
性，但是正是这个个体性的理性把自身筹划为普遍的。因此，正是
一个个体的认识真理的自我确定性是每个人必须获得的。正是这个
"我"认为，每个其他的人应该认识它所认识的东西，并且赞同它。
精神，相反，是"我们"，这个"我们"使得理性的个体形式成为
可能。精神是文化和历史的背景，它允许人们成为他所是的人。而
且，精神不仅仅是盛行于不同历史时期的不同文化范例的问题，而
且精神是直到黑格尔自己历史时期的思想发展的累积的叙述。

因此，这些章节非常重要，因为它们代表了个体理性成为道德

的环节。道德意味着，看到人们自己的行动准则可能对每一个其他人是相同的。这个观点的最著名的样式就是康德实践理性理论。黑格尔提供了某些反例以表明康德著名的进程的空洞性，因此，我们可以审查我们的格言，看看是否它们可能一致性地被视为道德准则。对于康德来说，这些道德准则就是义务，必须为了纯然的义务而行动，不管它们是否代表我们的自然倾向。

154　　当人们意识到，黑格尔不仅仅从"我"的叙述转换到"我们"，而且发展了更强有力的论证，即没有"我们"就没有"我"，这个叙述，从哲学的角度来看，尤其变得具有挑战性。然而，这个问题在于，他给予的是何种论证以及它具有怎样的力度？《精神现象学》中的辩证过渡构成了建构必然性的先验论证或者建构可能性的释义学解释吗？这是更大的元-理论的问题，我将围绕他对伦理生活（Sittlichkeit）的解释而展开。这个解释出现在这些章节的最后几段，并且是下一章即精神的出发点。伦理是共享的伦理生活，它围绕和制约着个体的道德理性。因此，黑格尔不仅仅从理性跳跃到精神，而且他对从理性过渡到精神提供了一种解释性的解释。因此，本文将考查元-哲学的问题，也考查《精神现象学》这个关键点的辩证情节结构。由于黑格尔在其他著述中发展了这些观念，包括后期的《法哲学原理》，这些文本也会被参考。

1. 约翰·罗尔斯论黑格尔

　　早期哲学家的解释者们必须意识到当下与早期情境之间的差异。例如，当下，康德被当作一位典范的道义论哲学家，而他的立场标准地对立于密尔的功利主义理论。这个对比带出一些康德理论的特征并压制了其他的特征。黑格尔不可能对立于密尔来解读康德，因为，黑格尔撰写《精神现象学》时，密尔才刚刚出生。哈佛政治哲学家约翰·罗尔斯在他的《正义论》中指出，康德撰写的东西不仅仅反对目的论理论，而且也反对罗尔斯认为的理性的直观主义的传统（参见 Rawls 1971, 30, 396）。这组理论（包括莱布尼茨和沃尔夫的完美主义）假定自然秩序和道德秩序之间有差异，以致道德的诸原则得通过先天的和独立的道德秩序的直观之纯粹理性形式被把握。这个观点，因此，"异质"于康德的观点。作为个体理性的拱顶石，康德试图发展一种道德从理性内部而不是理性外部演进的解释。

　　然而，如今，我们倾向于主要根据与诸目的论理论之间的标准对立来理解道德哲学，目的论理论开始于善的概念，并且唯有如此才明确在道德上什么是正当的，而在道义论理论中，正当并不是根据善来定义的。康德道德意义是基于义务的，而不是基于幸福，这使得他成为道义论阵营的一员，认为目的论理论是"异质性的"。康德对义务的强调，突出强调的是意识的意图而不是行为的结果。如果"道义论"这个术语表明，康德主义者们完全排除行为结果与道德价值判断的相关性，那么，它可能是误导性的。——罗尔斯说，这太疯狂了。

　　罗尔斯关于黑格尔的讲演仍然没有受到黑格尔学者们对它们应得的关注。这些讲演稿被加州大学洛杉矶分校的道德哲学家和康德学者芭芭拉·赫尔曼（Barbara Herman）强有力地汇编在一起，这也阐明了罗尔斯自己的哲学。它们表明，罗尔斯何以不是一位严格的康德主义者，以及他如何超越了严格的康德个体自律和规则支配行为的概念。他承认，黑格尔并不是对立于康德道德原理的观念，而是相反，黑格尔寻求把原则奠基于这个世界的社会领域，而不是先验世界的本体领域。黑格尔对本体自由的拒斥把道德哲学更多地带入政治哲学的范围中（Rawls 2000, 330）。黑格尔也用我们将称的（追随 Foucault 1997, 284）自由伦理来取代康德义务道德。义务道德为行为提供准则，并且要求这些规则仅仅是为了义务而遵循。然而，自由伦理要求反思社会和政治情境中的偶然性。罗尔斯在关于黑格尔的两个讲演中的第一个就把这点带出了，他解释了黑格尔的黑话："自由意志就是，意志把自身意志为自由意志。"（PR §§10, 17）

罗尔斯如此开始这个解释，他强调，黑格尔的目标不是要把个体性的个人视为孤立的单位，被空间和时间之外的自身之部分以某种神秘的方式所引导。相反，黑格尔想要我们自身与空间和时间中的我们达成和解。他想要我们在找到自身的社会最好方面找到我们的自由。然而，要说哲学是和解，并不是说它是命中注定的。对于他那个时代的社会，黑格尔谴责了很多。但是，他相信，以康德的方式把理性世界与现实世界对立起来会适得其反。思考理想世界倾向于导致我们谴责现实社会的世界。如罗尔斯指出的，"对于黑格尔来说，相反于康德，把伦理解释为伦理生活（Sittlichkeit）的目标不是要告诉我们，我应该做什么——我知道这点——而是要我们与现实社会世界达成和解，并且让我们相信不要把固化我们对理想社会世界的反思和思考"（Rawls 2000, 334）。

关于伦理生活（Sittlichkeit），我们在下文中进一步讨论，但是，现在，我们得聚焦罗尔斯对康德和黑格尔的对比。康德认为，通过先验自由，每个人可以以单个性地超越空间和时间的偶然性之上，并且纯粹地出于道德法则而行动，因此实现善良的意志。相反，黑格尔并不认为，人类的自由没有社会架构而是可能的。我们必须集体地理解的东西是，这个架构如何促进而不是扼杀我们的自由，因此，我们完全有能力导向理性的以及善的生活。理性的社会制度是自由的必然背景。

当然，同时，诸个体必须能够反思和判断他们自己的和别人的行为。然而，黑格尔相信，康德设想的定言命令的反思性程序的这种导向是不充分的。这种定言命令的程序排除了某种行为，因此，黑格尔并不认为，在康德解释的实践理性中根本没有内容。更确切

地说，根据罗尔斯的解读，黑格尔所说的是，这种定言命令的进程
并不具有所有康德认为它具有的内容。罗尔斯说，"而且，它给予　156
我们的东西不是我们可能恰当被认为知道的道德结论：我们通过定
言命令的程序并没有获得道德知识。我们只能在黑格尔所称的伦理
生活中获得道德知识"（ Rawls 2000, 334 ）。

黑格尔也不赞同康德对道德行为的心理学解释。康德认为，道
德行为应该遵循道德法则本身而不是其他的任何东西。与康德的罗
尔斯称的"彻底纯净"（ Rawls 200, 335 ）的欲求不同，黑格尔拒绝
道德与明智之间的区别。相反，黑格尔看到，康德可能认为异质性
的利益（例如，家庭、友谊以及日常生活中正常涉及的事务）是伦
理生活的重要环节。

那么，实际上，罗尔斯可能被解读为赞同黑格尔在《精神现
象学》中从理性到精神的过渡。我在下文中会有机会再次回到罗尔
斯关于黑格尔的讲演。通过对黑格尔道德和政治哲学这种解读的引
导，我们现在转向《精神现象学》的诸多细节。

2. 制定和审查道德规则：克里斯汀·科思加德 VS. 黑格尔

有普遍的一致意见认为，黑格尔"审查法则的理性"这一节
的靶子直接就是康德的道德哲学，同时，关于在它之前的这一节目
标是否是针对康德也有些分歧。这一节"立法的理性"，并没有深
刻地和复杂地批判康德文本，并且作为批判道德的道义论路径，也
是相当随意的。米歇尔·福斯德（Michael Forster）倾向于认为，
黑格尔在论"立法的理性"这一节中并不是以康德为靶子，而是
针对费德（Feder）以及加维（Garve）的大众哲学（Forster 1998,
348-50）。

然而，给自己制定法则的观念是康德道德理论的核心，以致

在解读黑格尔对立法者概念的批判时，很难不看到康德的背景。在《实践理性批判》中，康德强调，纯粹理性是实践的，它意味着，理性可能是"制定法则的"（law-giving，立法的），或者，我可以翻译为，自我立法的（self-legislative）。因此，我们应该认为黑格尔的靶子是某些康德的基本直观，以及指出了道义论的道德理论仅仅最小化承认或者忽略的其他的伦理特征。

进一步论述之前，我应该对这个术语做个注解。康德的译本通常区别了"准则"（maxim）和"法则"（laws）。准则是个体性的，而法则是普遍性的。"法则"（law）这个术语可能是模糊不清的，意思可以是自然的法则（法、规律）或者法律的法。一种法律的法是规范性的：它告诉你，如果你不想要被惩罚，你就必须去做。一条自然法则是描述性的：人们不可能违背它。由于道德原理可以被违背，我愿意认为道义论的程序是倾情投入到道德的诸规则（rules）的观念上。我使用"诸规则"（rules）这个术语，因为我认为它把握了规范性的行为导向意义，这在一般的实践理性中利害攸关，并且在"准则"和"法则"这些术语中，它更加具体。

157　　黑格尔对道德规则的批判至少可以从三个方面来解释。第一，道德规则太过软弱，因为它们是纯粹的形式的以及内容空洞的。第二，它们太过于强大，因为它们可能对行为有过于严格的要求，这可能造成贫困的生活。第三，即使它们恰好是正当的，它们不是指导行动的，因为它们依赖于解释，而解释可能有所不同。对于空洞性的指控，我将使用"形式主义"这个术语，对于太过于强势的指控，则用"严格主义"这个术语，对缺少"解释的意识"使用"独断论"这个术语。也就是，一种解释可变性的意识。这三个层次的批判是本文的重要环节，很快就会变得清楚明白。

黑格尔提供了三个例子以表明道德规则的理念的这些限度。第一是这个主张，即每个人应该说出真理（参见 *PS* 229.36-230.36/ M 254-5）。黑格尔论证，在这个规则背后存在些被压制的假设，并且澄明这些假设表明，似乎"普遍必然的"东西和"内在有效的"东西实际上是"完全偶然的"（同上）。他的观点是，个体的理性认为，它知道这个规则具有确定性，然而，当它试图据此行动时，它发现，这个规则必须被限制，因为它认为是真实的东西可能并不是真实的。因此，这个规则只是变成，每个人必须说出真理，仅当被说的东西是真实的。鉴于信念的易错性，事实证明，人们不再确定人们相信或者想要说的东西。理性，很明显是自我确定的，它被证明无法开口了，无法确定它想要说什么。

黑格尔解构的第二个规则是爱邻居如自己的诫命（参见 *PS* 230.37-231.27/M 255-6）。黑格尔在这里再次论证，这些规则取决于解释的背景，以致人们为了爱邻居必须知道，什么对于邻居是好的。似乎是普遍和必然的东西（人们应该爱自己的邻居），因此，为了知道如何对那个特殊的个体采取行动，取决于知道与这个个体相关的特殊环境。然后，黑格尔推断，这些规则只有"形式的普遍性"（*PS* 231.30-37/M 256）[1]。因此，对这个被普遍化的规则的空洞性的阐述导致了形式主义的指控："因为缺少内容的普遍性仅仅是形式的，并且一种绝对的内容本身就相当于是一种没有区别的区别，即相当于缺少内容"（同上）。"普遍性的这种纯粹形式"反映在"意识的同义反复"中（*PS* 231.38-232.3/M 256）。毕竟，同语反复的问题不是指，它们是不正确的，而是指它们的真理是空洞的。

然后，这个叙述将辩证地展开。从道德规则的空洞性中，普遍理性得知，它必须放弃能够给予自身实质性道德规则的观念。理性因此从这种过于强大的道德概念返回到纯粹给予程序规则的软弱的概念上。换句话，理性不再认为自身能够具体地确定善，而是相反，满足于确定获得善的正确方式。黑格尔因此把这个程序道德描述为审查或者批判性考察规则的理性，而不是给予规则本身的理性（*PS* 232.4-7/M 256）。黑格尔提出的第三个例子阐述理性的形态仅仅是审查的理性，而不是制定规则的理性，这个例子是，是否应该有一种绝对的财产权（参见 *PS* 233.3-33/M 257-8）。这里的问题是，财产是否对于社会来说是本质性的。如果是，例如，那么偷窃似乎就是自相矛盾的，在"矛盾"的某种意义上而言，这将在下文继续澄清。但是，如果可能有一种没有财产的社会，那么，如我将揭示的，"无政府主义的小偷"的行为将不是矛盾的，并且定言命令的程序将被它的反例驳倒。

敏感的康德学者们已经很快就为康德辩护，反对黑格尔的这些批判思路。例如，哈佛教授克里斯汀·科思加德（Christine Korsgaard）反驳了黑格尔指控的形式主义和严格主义。（她没有谈到我正指出的独断论的指控。）当然，她的优势在于可以借鉴超过200年的康德学术经验，而黑格尔在康德1787年出版《实践理性批判》之后只有区区20年时间。而且，科思加德并不关注这些批判在《精神现象学》的上下文中所起到的作用。事实上，如她自己明确地指出的，他并不是直接地与黑格尔打交道，而是与布拉德雷（F. H. Bradley）和阿克顿（H. B. Acton）构想的批判有关，他们把这些论证一般性地归因于黑格尔。我接下来简要解释她对康德的辩护。

康德提供了不同的定言命令公式，但是，第一个公式即普遍法则公式是最为著名的：要仅仅按照你同时认为应该成为普遍法则的准则而行动。这个准则的检验方式是，看看如果一个人的准则像自然的普遍法则，会发生什么。因此，我应该询问，如果每一个人可能遵循这个原则，即我会在一种特殊的行动中没有矛盾地遵循的原则。我要检验这个道德准则（一条准则是我为了做某事的个人理由），我得看看是否它的矛盾（非道德的准则）可以毫无矛盾地被遵循。康德认为，当进行这个检验时，非道德的准则将自我毁灭，或者自身消亡，由于它们是不可想象的或者不可能被意愿的。例如，在康德做出错误承诺的最好例子中，科思加德指出，我们正试图想象一个场景，在这一场景中，某人试图通过在一个根本没有人接受承诺的世界上做出一个错误的承诺而欺骗。那么，按照要求，在那个世界做出承诺就会是不可能的。

然而，如黑格尔指出的，存在很多其他的情形，在其中，矛盾涉及的东西并不是完全清楚的。这就是黑格尔上文提及的例子的要点，即关于应该有财产是否应该是"绝对法则"（PS 233.5-7/M 257）。黑格尔运用了康德的可普遍化的检验，这涉及到，看看如果与相关的原则相矛盾普遍化了，会发生什么。在这个情形中，黑格尔看到，为什么没有财产不可能有社会是没有道理的。而康德主义者们试图通过追问，与虚假承诺例子并行，是否我们可以没有财产而意愿一个世界，从而拯救康德。黑格主义者们可能认为，我们不可能没有承诺而意愿一个世界，因为我们要求承诺的先决条件的信任。然而，我们可以意愿，以及事实上，整个国家都已经意图意愿一个没有财产的世界。这些尝试的失败并不必然表明财产不是一个必然的善这个原则是不可思议的。

尽管这也许是《精神现象学》中的论证要点，在《法哲学原理》中，黑格尔采取了一种更加康德式的策略论述私人财产。如罗尔斯指出的，黑格尔并不支持基于我们的欲望和需求的一种对私人财产的功利主义辩护，而是严格地基于自由的理念，这是在尊重其他个人作为自由存在者之尊严而被证明。罗尔斯如下总结了黑格尔的论证：

> 因此，正是作为一个自由意志，我有权利拥有财产，我们的需求和我的欲望的实现与之没有什么关系。如黑格尔所说的，正确的立场是，财产制度作为最适合体现自由的制度而得到辩护。这个制度本身之为表现自由，就是实质性的目的。（Rawls 2000, 342）

　　黑格尔认为，没有什么东西通过规划行为的诸规则以及之后称之为我们的"义务"而获得。如我下文解释的，黑格尔的观点是，自由意志在伦理生活（Sittlichkeit）的体制中得到表现，因此道德的诸规则恰恰就是对来自伦理生活已经要求的东西的反思性活动。

　　现在，评论者们区分了概念上的矛盾和意志上的矛盾。后者更加难以理解。科思加德对此有重要贡献，她注意到，在康德文献中，对于矛盾的意愿，目前有三种不同的解释。这些解释包括逻辑矛盾（因而普遍化会需要不可设想的行动，即逻辑上的不可能），目的论的矛盾（因而普遍化会与系统和谐的诸目的或者原则不一致），以及实践的矛盾（因为普遍化会是自我击败的，因为它会阻碍它自己的目的）。科思加德认为，康德的实际文本可能支持所有这些解释，因此她把自己偏好的第三种解释建基于哲学地考虑关于什么使得意愿合理。现在，我们更加细致地看看她偏好的理由。

　　有时，黑格尔对特殊道德原则的这些反对可能很容易被反驳。例如，在讨论爱自己的邻居这个原则时，黑格尔指出，这个原则不是一个绝对的，而有条件的原则：

> 　　我必须以理智来爱他。非理智的爱也许比恨对他更为有害。但是理智、实质的善行，在它最丰富和最重要的形态中，乃是国家的有理智的普遍的行为——即这样一种行为，与它比较起来，个别人的行为作为一个个别人的行为成了某种完全微不足道的事，以至于几乎不值得劳神费力去说它。（PS 231.5-10/M 255）

　　科思加德接受了黑格尔的观点，即在一个没有任何穷人的世界上，帮助穷人的准则将不可能运用，并且因此根据逻辑矛盾的检验，这个准则就是失败的。黑格尔，像威廉·布莱克（William Blake）和布拉德雷（F. H. Bradley）那样，有时论证，康德的义务例如施恩于穷人或者怜悯那些不幸的人，预先假定一个有穷人和不幸之人的世界。那么，批判就在于，康德主义者的确很重视施恩以及怜悯，以至于他们一定真的想要一个贫穷的世界。没有贫穷，就不可能实现这些义务，并且定言命令的程度就没有任何价值。然后，科思加德表明，定言命令的呈现和逻辑矛盾解释根据这个例子是无效的。她论证，在一个没有穷人的世界，帮助穷人的这个准则不是自相矛盾的，因为这个准则可能仍然是一个规则，但是它是一个这样的规则，"不需要人们做任何事情"（Korsgaard 1996, 87）。

　　然而，黑格尔在《精神现象学》中的观点有点不同。当定言命令程序运用时，黑格尔更加关注行动的效力，而不是它的形式结果。这位康德主义者会发现黑格尔的观点与可普遍化的问题没有关联。然而，黑格尔在辩证法的这个阶段的叙述也要表明，个体行为者的局限，以及强调伦理的要求适用于社会集体：适用于"我们"，更甚于"我"（尽管这个"我"，当然在"我们"之中）。在他讨论是否有缓解贫穷的个体义务的过程中（PS 231.14-19/M 255），黑格尔貌似毫无来由地就引入了这个观点，即一个个体的努力对社会整体来说无济于事，而只有国家才能做些真正有效的事情。如果人们不知道他的社会意图要多于个体意图之和的观点，这就不是如它表面上那样跳跃。而理性仅仅看到我-意图，精神涉及哲学家威尔弗雷德·塞勒斯（Wilfred Sellars）称之的我们-意图，也就是说，我们所拥有的目的是一个集体的目的，并且这些目的不是简单地还原为个体的目标和目的。

　　目的论矛盾解释的优点在于，它可以适合于对集体意愿的强调。这种目的论矛盾的解释建基于人类目的的系统和谐之理念。以康德为例，为什么自杀是错误的，然后，设想某人有脑瘤或者阿尔茨海默病。为了保存他自己的颜面，他自杀了。但是这恰恰完全摧毁了他的人格性。对于这位康德主义者（以及对于康德本人）而言，这个行为就是矛盾的。然而，科思加德承认这里黑格尔反对意见的力量。黑格尔的反对意见是，对于这种自杀而言，没有理由认为自我保存是人类目的之和谐的必然特征。要迎合这个反对意见，科思加德发展了她自己的观点（承认她与马尔库斯·辛格（Marcus Singer）和欧罗拉·奥尼尔（Onora O'Neil）确立的论证密切相关），这就是，这种意愿中的矛盾既不是逻辑的矛盾也不是目的论的矛盾，而是实践的矛盾。实践矛盾的解释之关键在于，这个行为者的目的是明确的。实践矛盾是，在根据普遍准则行为时，行为者的目的会遭受挫折。科思加德回应了黑格尔的形式主义和空洞性的指控——例如，当黑格尔指出在一个没有承诺的世界就没有矛盾——如下：

161　　　　逻辑矛盾观点的支持者回应，这个矛盾不仅仅在一个没有诸如存钱或者承诺之类的实践的体制中，而且也在从事这些在一个体制中没有它们的实践的一位行为者中。根据实践矛盾的解释，我们应该给予的答案仍然是较好的。这位试图意愿这个准则普遍化的人不仅仅因此正意愿一个情境，在其中，像存钱和承诺这类实践并不存在。他也意愿，它们都存在，完全因为他意愿运用它们以实现他的目的。（Korsgaard 1996, 95）

那么，根据她的解释，黑格尔的这个指控被考虑在内并且以有利于康德的方式得到解决。

科思加德也相信，严格主义的指控最好通过这个解释来回答。对于康德义务太过于强势的指控，以及它们预先假定社会之恶（例如贫穷）的实存以便对受苦受难之人有义务，科思加德回应：

　　　　在帮助穷人时，人们的目的是要予以缓解。普遍化准则的世界仅仅与人们的意志相矛盾，如果它阻碍了人们的目的。一个没有财产的世界与这个目的就不矛盾。而用另一个（更好

的）方式满足它，矛盾就不会出现。(Korsgaad 1996, 95)

再考虑下小偷的例子，他是一位无政府主义者，他不相信私有财产。根据逻辑矛盾的解释，每一个人都必须想要财产的存在。但是黑格尔主义者们可能想象一个没有财产的世界。因此那就意味着一位无政府主义者和不相信私有财产的小偷会在偷窃上得到辩护吗？然而，注意，根据实践矛盾解释，当行为者的目的包括在内时，分析就是，这位无政府主义的小偷必定需要财产的存在，因为他要把它据为己有。

我认为黑格尔会感觉，这三种矛盾解释（不管是逻辑的、目的论的或者实践的）都无法完全回应他试图在例子中呈现出来的东西。他确实想要做出的一个主张是，以最一般的形式来陈述，道德诸规则不会以道德学家所认为的方式引导行为。他关于理智地爱他人的观点或者关于仅当人们认识真理时才能够说出真理的观念是要呈现出，要引导行为，这些一般的原则必须通过确定在这种情境解释中假定的这些限制条件而变得更加具体。黑格尔的学生们，因此可能对科思加德对康德的辩护提出下述两个问题。

（i）首先，是否准则真的被普遍化以至于每一个人可能都对它有意愿，或者是否只有那些具有具体目的的人才可能对它有意愿。附加的条件越多，法则就变得越具体。这个问题强化了反对康德论证，即如果普遍法则公式具有某种内容，那种内容并不遵循纯粹义务的观念［Moralität（道德）］，而是遵循被道德观点默默预先假定的更多经验实践［Sittlichkeit（伦理生活）］。

那么，这个逻辑问题就转换成为一个康德道德心理学的问题。后来，在《精神现象学》中，黑格尔说到："由于确定的义务是一个目的，它具有一种内容，它的内容是目的的部分，因此道德就不是纯粹的"(PS 339.8-10/M 381；参见 Wood 1990, 168-72)。黑格尔的指控是，康德的"道德观点"依赖于指出义务与倾向一致的可

162

能性。而行为者能够行为是因为义务而非倾向。而且行为者必须能够区分行为与纯粹义务（例如，信守承诺），而不是与经验义务的区分（例如，信守这个特殊的承诺）。黑格尔的观点是，行为者以此方式不可能抽象出它们的目的，以及履行某人的义务将总是涉及在特殊情形下履行一个特殊义务的某些经验动机。因此，康德主义者错误地相信行为者们只能从纯粹义务行动。事实上，康德自己也这样说。[2] 因此，黑格尔拒斥了康德这个主张，即唯一道德上的相关问题是，是否行为被纯粹义务所激发。拒斥康德道德心理学的黑格主义者们甚至可能质疑这个问题是不可理解的。

（ii）第二个问题是，是否科思加德对黑格尔的两个反对意见（形式主义和严格主义）的第一个反驳没有考虑我前面提出的第三个反对意见，即独断论。这就是在指控康德解释是独断论的，并且没有考虑背景以及解释情境的可变化性。例如，让-保罗·萨特论证，帮助他人的这个原则并没有告诉第二次世界大战期间的法国年轻人是留在家里照料生病的母亲还是走出去并通过加入抵抗运动帮助他人。任何一种试图帮助他人的方式都会同时违背这个原则。如果他加入抵抗运动，他的母亲会死，如果他留在家里照料他的母亲，其他的抵抗运动战士们会死。

而且，如果这个情境取决于对它的描述，那么改变描述可能就改变了这个情境。例如，如果这位无政府主义的小偷真的对任何人的财产都不尊重，包括他自己的，他甚至可能会说"偷窃"以及"小偷"这样的称号并不应该应用于他。当时，他可能对并不反对任何其他人拿走他刚刚偷来的东西。这个情境因此极具讽刺意味，但是并不必然是矛盾的。

康德理论试图通过按秩序编排各种义务来避免这些困境，以使得诸义务之间可能没有冲突，因为某些义务可能在其他义务之前。然而，这只能使得这个理论更加地严格。它使得这个理论似乎认为，对于每一个道德问题来说，都只有一个正确的答案。在下一节中，我将解释，为什么黑格尔的自由伦理学挑战了义务道德的这个明显的独断论。

3. 道德与伦理：先验的论证或者反思性平衡？

一位康德学者已经注意到并且谈论了这个我称为独断论的问题，她是奥诺拉·奥尼尔（Onora O'Neil）。在《理性的建构》（1989）中，她认识到，对情境的描述就是解释的问题，并且，它们甚至可能变化到不可通约的程度。因此，她预见了，我在黑格尔担忧道德部分的普遍性和随之而来的独断论风险之后看到的哲学问题：

> 但是对情境和建议的行动路线之另一种替代描述的可理解性并不充分地保证，对要成为行动基础的一套而不是另一套同样可理解的描述达成一致。如果我们没有办法推理情境和（建议的）行动的藐视公式，那么实践推理必定仍然是局域性的。（O'Neil 1989, 180）

通过考察康德后期著作，包括第三批判，她发现康德称为反思性判断力中的道德诸原则的一个作用，因此他自己的立场并不是局域性的，而是全球化的和康德主义的。然而，她也想要保持对情境的评价是"开放式的"（O'Neil 1989, 186）。评价包括我们直观地把握情境中的风险以及我们理解我们情境的方式。因此，评价涉及一种确定的方式解释这个情境，以致如果这个解释改变了，对它是什么种类的情境的文化理解也会改变。我理解她是要表明，反思性判断力必定在原则和评价之间行动，以便达成罗尔斯称之的一种"反思性平衡"。不承认任何东西是相对主义，她认为，即使我们对情境的评价被"考虑各方的一致和可解释性（以及事实上是'人类的集体理性'）所引导"，这不会必然产生考察情境的唯一一种有效方式（O'Neil 1989，184）。被应用的诸原则将根据对情境如何理解和评价而发生变化。如她俏皮地说，"原则无评价则空，评价无原则则无能"（O'Neil 1989, 186）。

　　这个非独断论的、释义学的思考原则与情境的关系的方式，有助于使我们牢记我们对黑格尔分析具体伦理生活中反思与直观平衡的研究。评价涉及伦理地关注对具体情境的洞见，对立于道德对抽象原则的兴趣。鉴于对这个区分思考的范式，人们惊奇于为何我们面对的是一种非此即彼的情形。什么导致了这个观念即这两者必定是对立的？很明显地，仅仅是由于一种哲学的观念，称之为"康德的"观念。在康德的观念中，哲学的目标是要发现先验的论证，它表明一个概念源自另一个概念。如果我们放弃这种基础主义的哲学，然而，那么我们可以理解道德与伦理，它们如果不是一个硬币的两面，至少是伦理生活的两个相关特征。现在，我探究是否我们可以发现支持这两者不太是竞争者而更多是伦理领域的两个方面的这种方式，我将得出结论以回应对黑格尔的指控，即空洞和独断论的东西不是道德的而是伦理的[3]。

164　　（i）第一，我们要确保我们理解黑格尔的这些术语的意思是什么。关于黑格尔的学术文献包括很多对两者差异的精彩探究。很清晰，伦理和道德之间存在着对立。例如，在伦理中，道德责任源自已经存在于此的共同生活：我的义务产生于这个共同生活，以及我履行这些义务以维系这个共同生活。如查尔斯·泰勒（Charles Taylor）所说的，

　　　　伦理的关键特征在于，它要求我们实现的是已经存在的东西……因此，在伦理中，应该是什么与是什么、应该与存在之间没有鸿沟。

对于道德，情形正相反。我们有义务去实现某种并不实存的东西。应该是什么对立于是什么。并且与这个相关联，义务与我而言并不是基于一个更大的共同体生活的部分，而是作为一个个体的理性意志。（Taylor 1975, 376; 1979, 83）

阿伦·伍德对康德和黑格尔道德心理学之间的这个差异做出更为明确地的对比：

[康德意义上的"道德的"义务]被经验为对主体之特殊欲望、筹划以及生活模式的外在限制。道德告诉我，我的哪些欲望是可以得到满足的……道德义务，如康德通常强调的，被经验为对意志的限制……

另一方面，伦理义务并不限制我的生活。相反，它们是它的最好的部分，"我自己之存在的实体"（PR §148）……伦理义务包括我对我的配偶、我的父母以及我的孩子们的爱，以及我从我的职业或者假期中获得的自我满足（PR §207，§255）……道德采纳的是，如我们的哲学家们所说的，"道德的观点"。然而，伦理生活的观点与具体个体对世界的整体、统一视角没有什么区别。（Wood 1990, 210）

道德的典范是斯多亚主义的康德派，与之相反，伦理的典范例子是古代雅典人，他们的行动"似乎出自于本能"，并且伦理行动对他们而言是"第二自然"（MM 12:57/Hegel 1963, 41。Taylor 1979, 89 引用了）。反思对于道德是本质性的，因为没有对义务的反思，做出的行动就没有任何道德价值，而反思对于伦理是有问题的。历史上而言，伦理的崩溃可能与强化内在反思密切相关，这导致了与伦理直接性的异化。黑格尔认为，我们证明了这种异化存在于安提戈涅（本书下一篇文章中详细讨论）和苏格拉底身上。苏格拉底反思伦理，但是这可能仅仅是因为伦理已经崩溃了。苏格拉底需要反思本身就是这个崩溃的迹象。对伦理的这种反思质疑可能造成了对伦理的摧毁，但是这个并不能被认为是个体理性的胜利。由于对伦理的摧毁、反思，导致了安提戈涅和苏格拉底的不幸死亡[4]。

历史上而言，雅典伦理的摧毁导致了罗马国家，黑格尔认为罗马国家仅仅是原子主义的个体之集合，没有真正的共同体，所具有的法律只不过是曾经生动的伦理（ethos）的死的遗迹。最终，伦理不再存在在这个世界上，它必须被投射到这个世界之外的其他世界上。康德道德是这个过程的晚期变种。一方面，它认同道德能力就是每一个个体存在的理性能力。另一方面，它使得道德价值不太具有如此功能，即诸个体如何与世界相关以及如何与行为的后果相关，更多的是具有这样的功能，即诸个体如何既与他们的内在意志有关又与善良意志有关，这个善良意志最终是本体的或者超俗的。

黑格尔使用的这个单词 Moralität（道德）并不是作为一个一般的术语，像隐喻单词"morality"，而是特别针对试图按照康德道德理论生活的生活方式。也即是说，黑格尔并不完全反对道义论程序。相反，在《精神现象学》中，他认为道德（Moralität）是一种特殊的"意识之形态"，也就是说，是一种辩证地被解释为从理性演进到精神的历史和文化现象。这种哲学解释会表明，为什么道德已经出现，因此，它的何种优势和成就被给予之前的思想史。但是，黑格尔也认为康德的道德是对特殊的现代性历史处境的一种回应。因此，道德是一种现象或者一种实践，而不是要简单地取消。然而，这个解释可能使我们看到道德观点的局限，这些局限在此观点内也许觉察不到。

例如，考虑下，辩证地解释康德的核心理念即自律时会发生什么。黑格尔的靶子就是康德理性个体的概念，这个理性个体渴望诸行动不仅仅基于个人的准则，而且基于每一个人和任何人应该给予自身的法则。由于每个人可能根据特殊个体打算根据此原则行动的原则而行动，因此，这个个体就表现为自律。根据康德的理论，自律是本体意志的一个特征，它不是某些人可能没有的东西。我们可能并不总是符合意志的自律，但是，甚至没有它，也要求我们具有自律。康德自律概念使得他的道德理论成为个体主义的。因此，当康德回答这个问题，"实质性的道德法则从何而来？"他的回答是：从自律的个体。自律的个体在这个意义上把法则给予自身，即个体决定是否每一个人可以遵循特殊法则。这是康德立场的内核，黑格尔给它贴上了"Moralität"的标签。

当黑格尔问相同的问题时，他表明的是，这种康德主义没有理解这个问题。对于黑格尔来说，道德的本能是通过人们的成长和文化熏陶，或者他称为的伦理生活（Sittlichkeit）而获得的。如果道德原则的起源在于伦理中，那就意味着没有诸如自律之类的东西吗？不一定，因为自律不需要被解释为一种个体意志的形而上学特征，而是作为一种社会成就。也就是说，使得诸个体有可能是自律的行为者之社会要好于反对自律行为的社会。因此，黑格尔以一种辩证颠倒的方式扭转了康德的局面，因此，个体的自律没有必要的社会条件是不可能的，这些必要的社会条件能够促使和促进人们行为的自由。

黑格尔的这种辩证颠倒可能看上去对康德而言不太像是解释，以及更像是一种否定，一种误导性的描述，或者如我应该简短讨论的，从哲学到社会学的一种不相关的转换。道德的观点主张适用于任何社会事务，而且，因此超越了社会偶然性的特殊性。也就是说，它主张自身的普遍性，以及优先于任何其他可能与之冲突的观点（例如社会的、历史的或者政治的）。道德源自其自身内部，它的主张不是简单的"一种观点"，并且，黑格尔把它当作其他各种观点之一，这就已经拒斥了它自身的必然性意义。黑格尔所挑战的完全就是这个必然性的意义，而不是道德本身的历史现象。这个自身的必然性和普遍性的意义是，像苏格拉底这样的某人内在错误意识的道德观点，他认为自己独立于他的社会环境。

然而，在指出道德的这些危害时，黑格尔并不是要否定这个现象。这个危害是，道德诸原则是抽象的，并且它们是广泛的元理论反思的结果。黑格尔坚持认为，对苏格拉底或者康德（或者功利主义）理论的反思可能摧毁了什么是正确的具体的道德意义。例如，如此这样的一个结果可能遵循大学本科生哲学课堂上使用苏格拉底方法的标准，在这个课堂上，学生们通常觉察到教授果断地问问题而从来不给任何答案。那种实践可能给予学生们一种感觉，当前的伦理理论，像康德的和功利主义的，对问题的道德解决从来不会令人满意。

道德和伦理之间的这些对立仍然无法解释，为什么对于那种首先出现的问题需要进一步的（先验的）问题。这个非常常见的问题表明，黑格尔受到康德先验哲学影响过大，尽管他非常憎恶这个术语。黑格尔表达他辩证地批判康德对道德实践解释的批判就是要把康德道德与它聚焦的原则及其辩护即具体的伦理实践或者伦理生活（Sittlichkeit）对立起来。道德也做出了这个对立，并且断言自身"取代"了伦理。也就是说，道德主张自身是必然性和普遍性的，因此就超过了特殊社会的风俗或者习俗（Sitten）。黑格尔的策略是要颠覆道德自己的叙述，讽刺地表明，道德真正被伦理扬弃了或者取代了。

尽管评论者们通常都说，好像伦理和道德是彼此对立的，这些概念可以回应不同的问题，因此可能并不必然是对立的。每一个术语都可以解释实践理性的不同方面，以及不需要要求一种非此即彼。伦理是回答关于把人们联结在一起的社会黏合剂的问题。伦理，通常是前-反思的和特殊的，它涉及社会技巧或者亚里士多德所说的实践智慧（phronesis）。道德进入这个图景，当这些技巧被塑造成一个反思性判断的对象时，这一反思性判断要求诸原则给行为立法。黑格尔不需要拒绝康德道德，更确切地说，他与康德对道德的定位不同。相反于把道德原则奠基于一个本体意志上，如康德所做的，黑格尔聚焦于道德获得社会起源。考虑下面两个进一步的

例子（不是来自黑格尔的），它们将表明独立于先验起源论证的这
个区分的价值。

（ii）基于习俗和传统解释（不管多么长久）的这种危害在于，　167
它似乎把道德还原为社会学。这个还原提出了一些困难的问题。如
果道德产生于社会，人们该如何批判现有的诸价值呢？"以什么名
义，"将会被问，"人们可以反对现存的诸价值吗？"阿兰·多纳根
（Alan Donagan）有效地质疑了黑格尔，他通过追问是否伦理和道
德一样是空洞的，从而颠覆了黑格尔的批判。多纳根相信，仅仅考
察具体的情境不可能是道德选择的基础。多纳特引用了一位奥地利
农民法兰茨·耶根施泰特（Franz Jägerstätter）的特殊例子，他于
1943 年因为拒绝加入德军而被斩首，因为他的信念是，战争是不
公正的。多纳特把黑格尔的立场等同于耶根施泰特的主教的立场，
这位主教甚至在战后批评了耶根施泰特，相反"称赞"了纳粹德国
国防军。多纳根写到：

> 黑格尔贬低道德观点的根据在于，它是抽象理性的。只能
> 在某种现实的共同体的习俗中才可能找到进行判断的内容。耶
> 根施泰格的例子揭示了一个相反的过程。天主教的道德理论在
> 为合法的战争服务问题上提供具体的戒律……但是，通过诉诸
> 他们现实共同体的习俗，耶根施泰格的精神导师能够消除这些
> 适用于他的例子而且不可能质疑的戒律。因为，根据那些习
> 俗，除了一场战争宣称想要摧毁教堂这一机构的幻象之可能
> 性，任何个体的公民都认为自己确信，他的国家意图发动的任
> 何战争都是不公正的。这里，任何被揭露为空洞的，作为缺少
> 具体内容的，作为允许充实任何东西的，不是道德，而是伦
> 理。（Donagan 1977, 17）

这个回应事实上挑衅式地挑战了黑格尔。然而，反之，黑格尔

主义者可以论证，这误解了黑格尔转向作为具体实践来源的社会的力量。如奥诺拉·奥尼尔上文指出的，转向社会不需要相对化道德原则。因此，当黑格尔拒绝康德的外在于空间和时间的本体意志概念时，他不需要放弃道德的普遍原则。相反，黑格尔对于社会服务的强调比康德更能向一门不同的道德心理学敞开大门，也就是说，一种对伦理行为的严格现象的（历史的和心理学的）解释。

对于黑格尔来说，他要坚持道德的历史的、社会学的概念化，不需要提供一种竞争的"道德理论"，至少不在"理论"的相同意义上。也就是说，他的诸多批判意图表明，康德的转变成为一种原则演绎的道德经验之局限性。黑格尔的策略不是要提供一套替代原则，并且，更为重要的是，它不是要为这些原则提供一个替代的"根基"，一种元—原则像定言命令或者功利原则。以我们更为当下的话来说，我表明的是，黑格尔不是提供一个替代康德解释（像功利原则）的"基础性的"解释。相反，他主张，尝试在某种超越我们偶然自我解释的东西中"奠基"或者辩护我们的伦理实践是误导性的。这种道德哲学的"基础性的"路径对于伦理实践和道德心理学的解释过于抽象。在欲求一种元—原则或者一种超越任何和每一个其他观点的元—观点上，也是误导性的。

相反，黑格尔似乎在方法论上不太像一位基础主义的"理论家"，而更像现在所称的整体主义的"反-理论家"[5]。黑格尔的伦理路径不是要从一个单一的原则演绎出所有的社会和道德关系（尽管这些关系被说成是从人类的自由流溢出来），而是建构一种解释，以此，我们的各种不同的实践密切相联。"密切相联"这个词语不应该意指，这些实践从来都不彼此冲突，而仅仅意指，大多数情形下，它们彼此之间是相容的。当然，黑格尔的这个解释在这种意义上是理论性的，即它清楚表达了诸实践之间的一致性（并且批判了它们中的任何不一致性），而且它并没有确定以理性主义道德理论的方式纠正道德行为的单一普遍检验或者程序。

如此被理解，黑格尔甚至都不需要放弃道德规则的观念。他需要说的一切就是，道德规则并不遵从一个本体的或者纯粹的理性和必然性的根基，而是遵从历史上偶然性的诸实践。诸规则通过反思实践而得以确定，但是，通过批判性评估，反思不仅仅用以加强实践，而且也会削弱它。

我提供最后一个例子以把各种不同的对伦理生活这两个方面的关系的直观聚集在一起，并且挑战多纳根的指控，即恰恰伦理是空洞的，而不是道德。这个例子就是著名的海因茨困境，其被科尔伯格（Kohlberg）和吉利根（Gilligan）的广泛争辩。这个问题是，是否贫穷的海因茨可以偷残忍的药剂师不会给他的药品以拯救他妻子的生命。在《法哲学原理》的 §127 的附录中，黑格尔的关注是要表明"抽象权利"的局限性，黑格尔明确地坚持认为，纯粹的义务或者形式的权利（例如，财产权）可能被具体的环境所废除。

> 生命，作为整体性的目的，具有权利反对抽象权利。如果，例如，偷面包可以维系生命，这的确构成对某人财产的侵犯，但是要认为这样的行为就是一种通常的偷窃就是错误的。如果某人的妻子处于危险中，他不被允许采取措施以拯救自己，那么他将注定要失去所有的权利。因为他的生命被剥夺了，他的整个自由就被否定了……这里与之相关的是保留生活必需品的正当权利（beneficium competentiae），因为亲属关系以及其他密切关系的联系需要这种权利以要求，没有人应该完全为了权利而被牺牲。（PR §127Z）

与康德坚持遵循不偷窃的规则相反，因此，黑格尔认为，海因茨有理论理由偷窃药品以拯救他妻子的生命。我知道，这个例子会富有争议，但是，给我的印象是，具体伦理生活的实践智慧战胜了抽象规则。黑格尔的伦理生活概念本身就表明，它不是形式主义

169

的、严格主义的或者独断论的，它具有引导行为的价值。

4. 结论：从理性过渡到精神

不管人们怎么思考这些例子，黑格尔更大的观点不应该由此消失。康德提出问题，"为什么是道德的？"康德的答案依赖于形而上学观点，不仅仅有关上帝的实存以及灵魂不朽，而且有关一个意志，它神秘地从外在空间和时间的立场引导行为。如果这些神学的信仰在我们自己的世俗时代不太吸引人，那么，黑格尔的回答就是一个如今仍然有用的替代方案。他的回答依赖于，看到道德不仅仅是个体孤立决定的问题，而且植根于什么是对和错的集体意义中。对于黑格尔而言，个体理性的这个"我"必须扩展为精神的社会之"我们"，规范性活动单单通过个体的义务道德无法有效解释，但是它也要求我所称之的自由伦理。这个更宽泛的伦理架构会承认现实的社会制度在决定个体义务时的作用。鉴于特殊的历史环境，它也会设想在集体驱动的最大化自由中个体意志与它们内在的自律的融合[6]。

要理解从理性过渡到精神，人们必须意识到，作为《精神现象学》的过程，自然意识从个体试图观察意识内部转变到解释规范性行为的诸原则。在理性这一章中，自然意识是在所有他者中看自身的阶段。相反，在精神的立场上，这个关注一开始就转向外在的世界和他者。因此，黑格尔从个体的决定程序转走，并更多聚焦于现实的道德主张本身。然后，在审查法则的这一节结尾处，他强调的是伦理实体而不是道德主体。随着伦理主张成为主题之后，黑格尔必须谈论这个问题，即伦理上如何可以存在令人信服的义务，或者，按照他的说法，"绝对"。这些义务通过文化铸造个体，这个文化要在下一章通过分析安提戈涅和古希腊显现出来。然后，这一章结尾处再次分析了康德的道德，并被指责为虚伪。虚伪，不仅仅在规范意义上，而且也在形而上学意义上，是一个矛盾的双重性，由于它把另一个世界设定为实在的世界，而把这个世界设定为纯粹表面的世界。这一章从受到伦理绝对束缚的希腊人意义，进展到罗马的国家，在罗马，合法的"人"被还原为抽象权利的承载者。如果抽象道德的诸原则代表了面临决定如何行动的个体行为者之枯燥和纤弱的概念化，那抽象的合法权就是维系一种文化之社会黏合剂的干枯残渣。通常，黑格尔被解释为最具有概念性的哲学家。然而，在这个文本的这点上，概念化被认为是枯燥的抽象，相反于具体伦理经验的丰富性。精神直接丰富性将持续多久，以及多久以后，它将堕落成为规范义务的一个贫乏的、过度的概念化，这是本书剩下的论文所要解释的。辩证法继续进行，并且立法的和审查法则的理性这些章节不是黑格尔运用康德作为他自己体系之垫脚石的最后例子。

170

注释

1. 米勒（A. V. Miller）的《精神现象学》译本已经被修订，不再进一步告之。

2. *CPrR* 5:25，参见 *Rel.* 6:7 注释 36；*CJ* 5:450，参见 *CPrR* 5:32, 122-5。（感谢肯·韦斯特法尔（Ken Westphal）的这些参考资料。）

3. 康德的道德作为意识的一种形态后来再次出现在《精神现象学》中，并且是这本书第 10 章的主题。在本文中，我的任务是，把道德仅仅考虑为遵从规则的行为，不是作为上帝实存、灵魂不朽或者自由意志的悬设。

4. 参见第 6 章关于社会规范的历史性崩溃对于理解规范性的重要性。——编者

5. 对于理性主义"理论"与整体主义的"反-理论"之间的对立，参见 Clarke and Simpson (1989, 10-12) 的编者导论。

6. 对于黑格尔强调社会制度在规定义务时的重要性的详细解释，参见 Westphal (2005)。

参考文献

Clarke, S. G. and Simpson, E., eds. (1989) *Anti-Theory in Ethics and Moral Conservatism*. New York: State University of New York Press.

Donagan, A. (1977) *The Theory of Morality*. Chicago: University of Chicago Press.

Forster, M. N. (1998) *Hegel's Idea of a Phenomenology of Spirit*. Chicago: University of Chicago Press.

Foucault, M. (1997) *Ethics: Subjectivity and Truth*. New York: The New Press.

Hegel, G. W. F. (1963) *Lectures on the Philosophy of History*, tr. J. Sibree. London: Bell & Daldy (1872); rpt. London: Routledge & Kegan Paul.

Korsgaard, C. M. (1996) *Creating the Kingdom of Ends*. Cambridge: Cambridge University Press.

O'Neill, O. (1989) *Constructions of Reason: Explorations of Kant's Practical Philosophy*. Cambridge: Cambridge University Press.

Rawls, J. (1971) *A Theory of Justice*. Cambridge, Mass.: Harvard University Press.

Rawls, J. (2000) *Lectures on the History of Moral Philosophy*. Cambridge, Mass.: Harvard University Press.

Taylor, C. (1975) *Hegel*. Cambridge: Cambridge University Press.

Taylor, C. (1979) *Hegel and Modern Society*. Cambridge: Cambridge University Press.

Westphal, K. R. (2005) "Kant, Hegel, and Determining Our Duties," in S. Byrd and J. Joerden (eds.), *Philosophia practica universalis. Festschrift für Joachim Hruschka. Jahrbuch für Recht und Ethik/Annual Review of Law and Ethics* 13: 335–54.

Wood, A. W. (1990) *Hegel's Ethical Thought*. Cambridge: Cambridge University Press.

延伸阅读

171   Hoy, D. C. (1981) "Hegel's Morals," *Dialogue* 20: 84–102.

Hoy, D. C. (1989) "Hegel's Critique of Kantian Morality," *History of Philosophy Quarterly* 6: 207–32.

Pinkard, T. (1994) *Hegel's Phenomenology: The Sociality of Reason*. Cambridge: Cambridge University Press.

Pinkard, T. (2000) *Hegel: A Biography*. Cambridge: Cambridge University Press.

Pippin, R. B. (1995) "Hegel on the Rationality and Priority of Ethical Life," *Neue Hefte für Philosophie* 35: 95–126.

Sedgwick, S. S. (1996) "Hegel's Critique of Kant's Empiricism and the Categorical Imperative," *Zeitschrift für philosophische Forschung* 50: 563–84.

Solomon, R. (1983) *In the Spirit of Hegel: A Study of G. W. F. Hegel's Phenomenology of Spirit.* Oxford: Oxford University Press.

Speight, C. A. (1997) "*The Metaphysics of Morals* and Hegel's Critique of Kantian Ethics," *History of Philosophy Quarterly* 14: 379–402.

Stern, R. (2002) *Hegel and the Phenomenology of Spirit.* London: Routledge.

Westphal, K. R. (1991) "Hegel's Critique of Kant's Moral World View," *Philosophical Topics* 19: 133–76.

Westphal, K. R. (1995) "How 'Full' is Kant's Categorical Imperative?" *Jahrbuch für Recht und Ethik/Annual Review of Law and Ethics* 3: 465–509.

第8章

黑格尔、《安提戈涅》以及女性主义批判：古希腊精神

乔斯林·霍伊

172　　黑格尔的《精神现象学》似乎不太可能争论性别差异、性别角色以及家庭关系。但是，实际上，《精神现象学》的第 VI 章，次级标题"真实的精神，伦理"部分就包括了黑格尔在他著名的《安提戈涅》解释中对这些问题的讨论，一部戏剧和一个角色继续以奇怪的和挑衅的方式向我们讲述。

　　我所呈现的将聚焦于古希腊世界中精神的现象（PS 9: 238-260.23/M 263-89）。我的策略将是，首先，对这些段落中精神的这个现象的"故事"予以简单解释；其次，反思黑格尔使用的戏剧形式，尤其是雅典悲剧，以向我们介绍精神；以及第三，考查《精神现象学》这个部分中黑格尔解释的安提戈涅的当代女性主义解释。我们要考查的问题包括如下：为什么黑格尔认为古希腊人是伦理生活中涌现精神的模型？为什么黑格尔诉诸文学人物，尤其是戏剧性的悲剧，来表现这个伦理生活？为什么聚焦索福克勒斯的《安提戈涅》？黑格尔对《安提戈涅》的处理丰富了我们对《精神现象学》的理解？或者仅仅揭示了黑格尔自己根深蒂固的父权偏见？这个 200 多年前的文本的这个部分论及了当代的社会和政治问题吗？我希望表明，性别歧视、文学人物以及历史例子，在哲学上并不是次要的或者不相关的。探究近期女性主义对这个部分的批判触及了

黑格尔现象学计划的核心，这已经可以很好地支持黑格尔的《精神现象学》潜在地丰富了女性主义和社会理论，也丰富了当代哲学的一种一般的解释。但首先是这个"故事"。

在第 VI 章一开始的评论中，黑格尔说，当理性"意识到自身就是其自己的世界，以及世界就是它自身"（*PS* 238.4-5/M 263），它就成为精神。我们应该在这里不把"世界"理解为一个分离的形而上学或者自然的对象，而是理解为一个历史的、共同的空间，它被支配个体和机构行动的实践规范组织起来。如果我们之前已经认为理性是独立的反思和知识，超越历史和文化环境，那么那种理性观点已经表明是不充分的。当反思和认识的这些方式植根于一个历史共同体的社会关系范围内时，理性就变成精神或者意识到自身就是精神。精神是理性的具体实践体现：精神至少最初是在"伦理生活"（Sittlichkeit）即支配一个历史共同体的习俗和规范中显现的。精神是这个共同体的"实体"和"不变的本质，"它允许人们的行动根据他们的共同规范而具有目的的和有意义的（*PS* 238.8-239.39/M 263-4）。

以此方式来理解精神，黑格尔用古希腊人作为他的历史典范。为什么？重要的是，古希腊人是在黑格尔自己的时代被呈现为如此之"精神的"和谐的一个理想化例子：根据这个图景，古希腊人根据他们在共同体中的社会角色、地位来理解自身。这个社会秩序呈现了事物必须之所是的诸方式、本性或者"永恒的必然性"。对他们的生活和个体行动的最终意义或者辩护的诸问题，根据他们的习俗和法律而得到回答。历史上以及概念上而言，古希腊世界似乎都是精神展开自身为一个伦理共同体的杰出候选。然而，在与他的现象学探究模式保持一致时，黑格尔将用他通常的批判性问题来探究这个世界：这种似乎完美和谐的精神形式实际上是否符合它自己的概念本身——或者至少符合黑格尔同时代人的概念，他们认为它比异化的现代世界更可取吗？（Pinkard 1994, 137）。[1]

尽管古希腊世界似乎是一个完美和谐的共同体或者伦理世界，毕竟，它包括了不同的制度和法律，"多样性的伦理环节"（*PS* 241.33/M 267）。黑格尔聚焦于神法与人法、家庭与国家，以及女人与男人的二元制。例如，存在一些旨在维系共同体社会秩序的政府法、国家法等"人法"。这些法律都是"众所周知的"，"被所有人接受和向所有人公开的"（*PS* 242.18-25/M 267-8），因为他们是被公认的政治当局明确颁布的。然而，也存在些"神法"，感觉是永恒的、"无意识的"，也就是说，不是被特殊的统治者或者政权颁布的，而是被整个共同体理解为必须得这么做的（*PS* 242.26-31/M 268）。这些神法关注与之不同的自然因素，例如出生、死亡、家庭关系和性别的"精神化"或者转化成为道德义务。

显然，更密切地关注神法，黑格尔认为家庭是"自然的伦理共同体"，"内在的"或者"直接的"，或者，再者，是伦理秩序的"无意识的"意义，这种秩序支持以及也使得自身区别于国家利益的这个更广阔或者"普遍的"公共领域（*PS* 242.32-243.5/M 268）。然而，家庭属于伦理秩序，不是鉴于欲望、繁殖和培育的"自然的"关系，而首先是鉴于这种自然状态——"纯粹的存在，死

174 亡"——成为"精神化的"，或者通过葬礼而包括在伦理之内。葬礼把个体家庭成员都关联到祖先谱系上，这允许他们持续作为一个个体性的社会-历史机构之家庭的"精神"的成员，而不仅仅是一个自然的集体（*PS* 244.14-245.17/M 270-1）。而且，女人，由于家庭生活而被束缚，并被赋予了埋葬的义务。相反，男人，离开家庭单位以拥有不同的社会——重要的是，军队的——公共生活的位置和义务。这个劳动的性别划分奠基于自然，自然的差异即"事物之所是的方式"，在平衡社会成员的义务和角色时，也明确地成为伦理，即"事物被造就的方式"。[2]

黑格尔用索福克勒斯的《安提戈涅》作为希腊伦理生活的模型，他更具体地阐述了国家和家庭的内部差异。国家依赖于家庭成

员以维持其活动和共同目标，同时，它承认个体计划和家庭纽带的牵扯可以对抗这个共同目的。因此，黑格尔说，政府"时不时通过战争来动摇它们的核心"（*PS* 246.15-16/M 272）。在战争中，最终的"主人和奴隶，死亡"干预了个体对幸福和财富的寻求，让公民们记住他们的依赖整体的共同体。根据这个解释，战争不仅仅是痛苦的必然或者间歇性的灾难，而且，更是如此，即一个政府机构促使完整地维系国家——我们现在可以说，矛盾地——它通过让它的个体成员死在战场而实现。毕竟，国家是高于其特殊成员的，并且它从它们的牺牲中获益。

　　家庭也包括"差异"或者各种不同关系（*PS* 246.27-247.10/M 273-4）。丈夫与妻子以及父母与孩子之间的关系，都无疑构成了家庭生活。但是，黑格尔论证，姐妹与兄弟之间的义务具有伦理维度，它不同于其他的基于性欲或者自然情感的关系。当丈夫和妻子可以在他们的婚姻关系中获得"相互承认"时，黑格尔仍然主张，这个相互承认——人们可能已经认为是获得伦理关系的典范——严格说来根本就不是伦理的，因为它的基础是性欲和情感。而且，由于照料孩子也是以自然感情和不平等为基础，这个关系也不是黑格尔意义上的伦理关系。记住，黑格尔心中牢记《安提戈涅》。因此，我们发现，姐妹和兄弟之间的关系，不是基于性欲，是一个女人在这个古代社会可以找到的真正伦理认可的地方，以及被称为她的最高伦理义务。[3] 不要奇怪，她的最高义务作为永恒神法的守护者，具体地形式就是埋葬她死去的兄弟，对她而言，损失的是"不可弥补的"（*PS* 248.3-10/M 275）。

　　当我接受女性主义批判时，我将返回来考查家庭关系的逻辑。现在，我们要勾勒出黑格尔关于古希腊秩序的本来面貌——或者，至少，理想化形式的面貌。"整体是所有部分的稳定平衡，并且，每个部分是这个整体内部的一个精神，这一精神并不寻求满意外在于自身的东西，而是在自身内找到它，因为它本身就在整体的这个平衡中。"（PS 249.29-31/M 277）男人和女人，城邦和家庭，人和神：这些要素是稳定的、平衡的，"不受内部的纷争所干扰"（PS 250.20-21/M 278）——或者，因此，这就是看起来的样子。

175　　副标题"伦理行动，人和神的知识，罪责和天命"标志着埋葬在伦理生活的社会关系中的这种悲剧张力或者矛盾的展开。一个行动，一个行为"扰乱了伦理世界的和平组织和运作"（PS 251.13-14/M 279）。实际上，有两个行为：安提戈涅埋葬他的兄弟波利尼克斯（Polynices），以及克里翁（Creon）颁布禁止那种埋葬的法律。安提戈涅的行动符合她对兄弟的家庭义务，并且，因此履行了神法颁布的伦理责任。克里翁的活动符合他作为统治者要升级公共安全、对抗叛徒的义务，并且，因此履行了人法所颁布的伦理责任。他们的行为都不仅仅是义务的冲突，黑格尔提醒我们（PS 251.30-33/M 279）。更确切地说，每一方都毫不动摇地遵从了他们各自地位赋予他们的伦理实体范围内、共同体范围内的法律。每一方都"仅仅看到一方的正确和另一方的错误"（PS 252.27/M 280）。然而，根据黑格尔的解读，两者都"有罪"，他们的行为都"犯罪"了：在遵从神法时，安提戈涅违背了人法；在遵从人法时，克里翁违背了神法（PS 253.31-254.37/M 281-3）。因此，他们的行动把和谐整体内部隐性包含的内在张力和冲突公之于众（PS 255.1-24/M 283-4）。对于黑格尔来说，"双方都遭受到相同的破坏"（PS 256.19/M 285）。这里，没有任何和解或者综合的可能。安提戈涅被克里翁判处活埋，自杀了。克里翁失去了他的儿子、妻子以及他的统治权力。但是，并不仅仅就是作为个体的安提戈涅和克里翁所遭受到的。对于黑格尔来说，他们代表的希腊共同体维度仅仅是"直接性的"，或者未经反思的平衡和和谐。根据这些术语，他们不可能和解他们的对立立场。希腊共同体从其内部分裂了，最终让位于罗马帝国统治的法律个体主义，在那里，个体被认为统一地仅仅是"个人"，仅仅是"权利"的承载者。

这仅仅是这个故事的梗概。在更加细致地考查这个叙述中的某些环节之前，我们先考虑为什么黑格尔在这一章中使用雅典悲剧（Attic tragedy）来介绍精神。

从黑格尔在《精神现象学》中呈现了《安提戈涅》之后，接着在《美学讲演录》和《法哲学原理》中也讨论了，他的解释已经用作后来各种解释的"挥鞭男孩"（Donougho 1989, 67）。歌德可能是第一个反对黑格尔把《安提戈涅》"还原"为所谓的人法和神法的对立，但是他不是最后一个。有些读者（例如，Lacan 1992, Irigary 1996）坚持认为，这场戏剧是被安提戈涅和克里翁的激情和欲望所驱动，虽然他们的方向不同。其他一些人（例如，莱因哈特 [Reihardt]，引自 Donougho 1989, 73）认为这些任务不是伦理规范或者抽象原则的代表人物，而是践行他们宗教命运的"守护神"。还有另外一些人（例如，Nussbaum 1986, 51-82）聚焦于远见、实践智慧的主题，或者缺乏它们的主题。然而，对于这个环节，我想要考虑的问题不是黑格尔的解释，而是他使用悲剧作为哲学论证的形式。[4]

到目前为止，我们已经注意到，第 VI 章形式上把精神解释为一个"世界"，一个伦理规范的社会领域。人们的生活和行动是他们在这个世界上的位置构造的。如我们知道的，亚里士多德把悲剧定义为行动的模仿。但是，在解释作为规范社会空间的精神时，一个行动只有通过其所植根的特殊社会共同体才具有意义和目的。一个行动的意义只有在更大的社会架构中才能展开，并且不可能根据个体意图或者个人动机的概念而被掩盖或者理解，如我可以根据更加现代的术语解释行动。而且，一个行动的这些伦理结果远远超出了个体的意图或者性格。古希腊悲剧，把行动描述为不可避免地与更大的社会结构和先验命运交织在一起，因此提供了理解人类行动和事务的一个模型，它沿着黑格尔在解释精神时提出的相互影响的、依赖社会的理论线索进行的。而且，雅典悲剧不仅仅呈现了演员们的意识转变——如在承认"错误"或者判断错误时，即"悲剧性缺陷"（hamartia）——根据亚里士多德，它也在观众们中产生了一种转变。观众们体验的维度，不管是怜悯和恐惧的情感，还是其他的状态，是黑格尔《精神现象学》整个计划的一个关键方面。他探究的意识的每一个形态都遭受崩溃。他的《精神现象学》就是著名的自称的一条"绝望之路"（*PS* 56.6/M 49）。但是，这些读者们，或者"现象学的观众们"，不会不为所动：他们也一定体验到崩溃，以便理解和赞赏像精神的另一种形式的转变。戏剧性的悲剧，高于传统的哲学论证，它生动地要求如此之类的运动。如果遭受崩溃是黑格尔现象学方法的本质所在，那么，他运用古代悲剧似乎是恰当的，尤其是在精神即作为生动的社会空间的理性之形成这一章中。[5]

回想下，对于黑格尔来说，古代人之间的这个精神的开端性形成的标志是"直接性"，一个某种层面的"未经反思性"（*PS* 365.23/M 412-13）：共同体的这些伦理规范把它的成员当作是必须要造就的东西。神法和人法，在这个意义上，"预先规定"这个个体行为的有效动向。这些悲剧人物必须在他们的前定世界中践行着他们的行为，扮演着他们的角色。例如，安提戈涅不会陷入哈姆雷特的无所作为的痛苦中。她知道她必须做什么，并且她做了。雅典悲剧表现出来的一个特征，引起人们注意到这个伦理认识的"直接性"：在实际表演中使用的面具，可被说成是向观众反映了行动的这个"前-给予的"规定。[6]

如果雅典悲剧的某些一般特征很好地适用于黑格尔现象学的图式，为什么他选择索福克勒斯的《安提戈涅》来讨论希腊伦理呢？除了黑格尔个人对安提戈涅的钦佩外，还有一些更为重要的理论考量。例如，古典学家费南特和维达尔-纳奎特（Vernant and Vidal-Naquet 1981, 9）论证，几百年的雅典悲剧是城邦内发展的社会政治思想的不可或缺的部分，并且反映了那个时代出现的"法"

（nomos）的不同意义之间的冲突。至于黑格尔，这里的"法"有两种意思，现实政治权威的法律和一种宽泛的神圣权力的意思。这些"法"被分为人法和神法，这恰恰允许，当它们被认为是不可分离时，发生冲突。对于这些学者们来说，悲剧实际上根植于社会现实，虽然它不仅仅是对社会现实的反映，更确切而言，如黑格尔所阐述的，悲剧使得那种社会现实遭到质疑。《安提戈涅》也许比任何雅典悲剧都强调法，即"nomos"的社会、政治和宗教维度内出现分歧和冲突的这个问题。事实上，安提戈涅呈现了众所周知的（规范的）"自然法"的现存的最早的特征之一。这个观念就是，存在客观的、非法定的争议标准（Valditara 2002, §B& 注释 43；Ostwald 1973），即黑格尔最终寻求清楚表达和辩护的一个观点（Westphal 2003, §5）。但是悲剧中人法和神法之间的这个冲突允许不和解，没有答案。每一个人物都坚定不移地坚持他或者她的法的意义，无视其他人的使用的法的意义，并且因此注定要破坏。

费南特的解读强有力地支持黑格尔把这场戏剧解释为人法和神法之间的冲突。然而，近期女性主义批判黑格尔的《安提戈涅》强调黑格尔呈现了某些成问题和有分歧的方面。如我在导论中所表明的，我将考虑女性主义对黑格尔的批判不仅仅揭露了潜在的性别歧视，而且也考查黑格尔在《精神现象学》这个焦点部分的论证逻辑。由于黑格尔呈现的古代希腊世界的精神与男人和女人、公众和私人、政府和家庭、宗教与政治的对立紧密相连，这些女性主义的审查直指黑格尔重要的哲学策略的核心。

并不是要呈现个别的女性主义的批判，我首先概括女性主义反对黑格尔的主要论点，然后审查他们手里的文本如何得到证实或者没有证实。为了清晰可见，我将列出十个批判的观点，尽管它们有些重叠，以及并不意图穷尽所有观点：

1. 黑格尔"本质化"了女人的本性，把她降低到家庭内的私人生活，并且否定了她进入公共领域的通道。

2. 女人"感觉"或者直观她应该做什么。她无法有效地自我意识地反思和理解她在共同体中地位的复杂性。后来，在《法哲学原理》中，黑格尔把女人比作植物，甚至在《精神现象学》的这里，黑格尔诋毁了女性的理性能力。

3. 因为黑格尔关于女人在共同体中的角色的短视，他不能解释安提戈涅对克里翁的公开反抗。安提戈涅作为一个女性反叛者不能包含在黑格尔归于她的女性气质的描述中。

4. 讽刺意味的是，黑格尔主张，安提戈涅的罪责等同于克里翁。但是，归于安提戈涅的这个罪责得到这场戏剧本身的支持。

5. 一般而言，黑格尔误读《安提戈涅》这场戏剧以及人物，以满足他自己的目的，把它自己对精神发展的论证强加给它们。

6. 因此，黑格尔忽视了安提戈涅和伊斯梅内之间的姐妹关系。他主张，姐妹只有通过兄弟才可能获得承认，并且否认妻子和母亲在婚姻和家庭内可以获得任何伦理承认，尽管它们都受制于这些机制。

7. 由于女人仍然刻板地与自然、家庭、繁殖以及死亡紧密相连，黑格尔让女人在沉沦中被遗忘，而不是在精神的发展中得到实现。这个发展，因此揭示的是克服与女人相关联的双重性之单面的男性化过程：自然、身体、家庭、神圣的东西等等。

8. 而且，黑格尔接受神与人、自然与精神、女人与男人、家庭与城邦、私人与公众之间的这些对立是自然给予的，而不是历史或者社会的建构。黑格尔把女人与男人、精神和政治生活的"他者性"当作是本性固有的，而不是要辩证地调和与克服的一种差异。

9. 黑格尔设定作为《安提戈涅》结果的这种综合、调和与和解，真正而言就恰恰是对女性的压制，而不是一个真正的和解。黑格尔自称自己是一位差异中同一的哲学家，在压制雌性、女性、女人而支持男性上，他颠覆了他的哲学核心。

10. 黑格尔还把女人看成是"共同体〔生活中〕的永恒的讽

刺"，在某种程度上威胁或者削弱了实质性伦理生活的凝聚力。黑格尔把女然看作精神进步发展的一个外在者。

如上所提，我将考虑这些反对意见仅仅与《精神现象学》相关，而不是涉及《自然哲学》或者《法哲学原理》，在那些地方，反对意见会有不同的哲学影响。

很显然，黑格尔把精神解释为古代希腊人的伦理生活依赖于男人／女人、人／神、城邦／家庭以及精神／自然的二元制。女性主义者们争辩，这些二元制至少有三个理由予以众所周知地质疑：一、一对二元制典型地过于简单化更复杂的相互作用因素；二、一对二元制的一方典型地比另一方面价值更高或者太高于另一方面；三、这些二元制通常都被认为是给予的或者"自然的"，而不是历史或者社会条件的事情。这些二元制隐藏了，也加强了等级制度。因此，问题在于，黑格尔如何处理在他讨论中如此突出的二元制？

我们开始于黑格尔用来区别希腊世界内部"伦理权力"的人法和神法之间的这个区分。如我们已经看到的，人法是命令、颁布的、对特定共同体有权威以及政府例证的。相反，神法超越或者低于任何共同体中实际的人法，以及关注更一般意义上的生和死的问题。神法是不可改变的以及是"无意识的"：它不是任何特定统治者或者当局的一道命令，以及没有明显的要质疑或者推翻的起源。问题在于：人法和神法同等重要吗？它们同等有效吗？

如黑格尔解读的，《安提戈涅》戏剧化了安提戈涅和克里翁代表的同等有效的法之间的遭遇。它们的遭遇揭露了希腊共同体内部的张力和冲突。安提戈涅坚持，她必须埋葬她心爱的兄弟波利尼克斯，不仅仅是因为他是他心爱的兄弟，而是因为，作为她的兄弟，他的埋葬是必须遵守的神法问题。克里翁作为立法统治者，他禁止那种埋葬，因为他必须保护他的城市，反对叛徒，例如波利尼克斯。对于克里翁来说，血缘纽带、家庭关系——波利尼克斯是他的侄子，安提戈涅是他的侄女——都无关紧要。目前为止，他所主张

的仍然是，他自己承认的唯一真正的"纽带"是服务国家时的纽带
（Nussbaum 1986, 57）。重要的是，对于克里翁来说，要求家庭妇
女埋葬家庭成员的神法也是无关紧要的。起初，他甚至似乎忘记了
那种神的命令，或者至少他无视它，最终，公然反抗它。他唯一关
注的是保护他的国家——逐渐地，他确定自己的权力就是国家。因
此，黑格尔设定的一系列二元制在起源上是有问题的以及在对立上
是有问题的吗？他实际上让一方优先于另一方了吗？

下述这个主张不仅仅是女性主义者们做出的，也是黑格尔《安
提戈涅》解释的许多批判者们做出的，即黑格尔为了促进他自己的
事务而把一种解读强加给这个戏剧。但是，我们要明白，与这个
二元制问题相关的事务是如何进行的。这些二元制被说成是明显对
立的，但是同等有效。如黑格尔呈现的，安提戈涅和克里翁各自都
坚持他们自己的伦理法，而且不承认对方法的有效性。它们坚定不
移的正确感完全就是导致它们的毁灭的原因。黑格尔承认，安提戈
涅知道她正违背人法，即克里翁的法，但是仍然"犯罪"了（*PS*
255.30/M 284）。克里翁的情况似乎是不同的。首先，他并不承认
安提戈涅主张的有效性，即一个纯粹女人的主张，但是，最终他承
认自己的错误，他的"悲剧性缺陷"（hamartia），这标志着他作为
一个悲剧人物命中注定要毁灭。

但是，这里重要的点是，对于黑格尔来说，神法和人法的对
立，悲剧性被安提戈涅和克里翁表现出来，它本身就是一个错误，
一个我称之为"错误意识"（false consciousness）的问题。错误意识
在相关意义上涉及例证一个坚持正确的立场，通过现象学分析家的
审查，被证明包含有否定或者削弱那种立场的张力或者冲突。在那
个例子中，黑格尔论证，希腊人仅仅在一种"直接的"、未经质疑
的意义上区分或者对立神的伦理权力和人的伦理权力，例如，鉴于
一个事实的问题，即事情如何代表他们的问题，这些法必须在它们
不同的领域如何被维持的问题。但是，黑格尔，作为现象学的观察

者以及分析家，看到它们对立的"直接的"、未经反思的这个意义掩盖了更深的相互依赖性：

> 双方自身都不是自在和自为有效的。人法在其生命过程的进展来自神法，地上有效的法来自地下世界的法，意识来自无意识，媒介来自直接——并且同样地返回到它所来之处。另一方面，地下世界的权力在地上有其现实的存在。通过意识，它实存以及活跃。(*PS* 248.39-249.5/M 276)

因此，黑格尔这位现象学分析家看到，所谓的未经反思的古希 180 腊人——安提戈涅和克里翁为代表——并没有看到：在它们的社会中运行的二元制根本上深深地相互联系以及相互依赖。《安提戈涅》这场戏剧，根据黑格尔的解读，表明这种崩溃和毁灭完全是由于严格地坚持二元制而悲剧性地发生。那么，并不是黑格尔这位坚持这些二元之间严格对立的人受到这个"错误意识"的影响，而是希腊伦理生活本身。

如果我们更细致地看索福克勒斯的戏剧，这是我们发现的故事吗？这里，黑格尔出于自己的目的误读的这个反对意见变得很中肯，当然，我们发现安提戈涅和克里翁之间的戏剧性对抗，而且也存在于克里翁与海蒙、安提戈涅和伊斯梅内之间。使得这些对抗围绕着克里翁的命令对立安提戈涅对神圣传统埋葬的敬重而展开，这是一种基于性别的对立。克里翁，坚持他唯一正确的统治，拒绝倾听，拒绝被一个纯粹的女人毁掉、"失去男子气概"。然而，戏剧的结尾处，索福克勒斯让克里翁承认他自己是有罪的（l. 1441/1318）。[7]临近结尾处，克里翁甚至为波利尼克斯遭受折磨的身体举行了葬礼（ll. 1320-26/1197-1204），因此，表明他自己实际上通过扮演的女人角色而"失去男子气概"。这场戏剧的合唱团最后的话中，"故事的寓意"鉴于神圣传统的智慧以及对它的敬畏而被讲述。索福克勒斯不是呈现希腊伦理生活为人法和神法、家庭与国家之间的未经反思的、未调解的对立,而是戏剧性地强调完全承认这些领域之间的相互依赖性的重要性。人们可以紧随费南特得出结论,法这个术语的意义逐渐变得有歧义、不确定以及成问题,索福克勒斯在学习如何驾驭逐渐复杂的希腊城邦中法的术语时,呼吁人们关注对更大的实践智慧、更好的判断的需要(参见 Nussbaum 1986,第 3 章)。这支持了黑格尔的洞见,即当人法和神法的关系和相互依赖性被无视时,厄运以及毁灭随之而来。如浪漫主义所理想化的,希腊人很开心地不关注如此困难的问题,他们的生活继续平静地、和谐地被这种悬而未决的二元制系统安排。根据黑格尔的解读,希腊社会,这种浪漫化的社会,在精神上崩溃了。

在什么意义上,或者在何种程度上,安提戈涅对这个崩溃有罪呢?在评论这个高潮段落(*PS* 255.25-37/M 284)时,平卡德(Pinkard 1994, 144)主张,对于黑格尔来说,安提戈涅的罪"也许要大于克里翁",因为她知道违背了克里翁的法,而克里翁明显出于无知而违背了神圣的传统。然而,这场戏剧的结尾强调,在悲剧中,无知不是借口。实际上,克里翁的"无知"包括了顽固地拒绝倾听、学习以及考虑他的行为的更大后果,这本身就是他犯罪的根源,并表明完全是值得谴责的。[8]

在文本中,黑格尔引用了剧中暗示安提戈涅承认自己有罪的一句台词:"因为我们遭受苦难,我们承认我们有错。"(*PS* 256.1/M 284)但是,实际上,她说的完全不同。援用她主张敬畏的神和神法,她说:

181

> 非常好:如果这是诸神的喜悦,一旦我遭受苦难,我将知道我错了。但是,如果这些男人错了,就让他们遭受他们给予我的更大苦难——这些不正义的主人们!(*ll.* 1017-1021/925-928)

安提戈涅援用诸神，而不是人的权力来判定她。如果黑格尔认为安提戈涅和克里翁具有同等的罪，这场戏剧就没有证实他的指控，不仅仅是因为黑格尔插入的有问题的台词，而且也因为合唱团、剧中的底比斯公民、克里翁的儿子以及也许观众，都证实安提戈涅行动的公正性，甚至在她一生都纠缠于俄狄浦斯家族命运的更大架构内都是如此。[9]的确，从克里翁命令的立场看，安提戈涅破坏它而是有罪的。但是，关键在于，破坏这个法是一种"犯罪"，如黑格尔所说的，仅当这个命令脱离它在神圣传统中的地位，如克里翁变成暴君，如此执行法。根据这个解读，安提戈涅的"罪"可能完全取决于把法分裂成二元对立的法，但是这个分裂构成了错误的意识，或者对古代世界的自我误解。我们似乎只剩下哲学选择方案：或者从希腊世界内部运行的错误意识的立场看，安提戈涅是有罪的；或者作为黑格尔自己逻辑的问题，而主张安提戈涅是有罪的。按黑格尔的逻辑，辩证对立的两方必须都保持敬畏，才能实现对悬而未决的生命形式的"否定"。

然而，对安提戈涅的"犯罪"的其他解读是有可能的。例如，她可以作为一个女人拒绝屈从而有罪。"她是自主的，是她自己的法"，并且因此而对城邦具有破坏性（Sjoholm 2004, 43）。或者，如努斯鲍姆（Nussbaum 1986, 63ff）指出的——在这个点，更加接近黑格尔的解读——安提戈涅像克里翁一样缺乏远见、实践智慧而是有罪的。她顽固地拒绝看看，她对死去的兄弟的伦理义务也要求服务于国家。人们必须在共同体内活着，以继续敬重死者。她的顽固性让她屈从于死者之神，而隔绝于爱之神、生育之神和生命之神，但是，这里，她的罪也在于无视，正义要求人和神的相互关联，而不是它们的分离。那么，安提戈涅是有罪的，不仅仅是从她的共同体的错误意识的立场看，而且也因为她自己例证了这个错误意识。

归因于错误的意识、顽固的无知或者缺乏智慧与女性主义批判，即黑格尔低估了女人的理性能力之间是如何相互关联的呢？似乎，男性和女性人物都以重要的方式知道或者不知道什么。他们都知道，他们必须根据他们各自的法而做什么，但是无法预想他们的行动不仅仅影响他们自己，而且也影响整个共同体。根据结果来判断，克里翁比安提戈涅更加缺乏智慧，他的错也更严重以及更值得谴责。安提戈涅受阻的见视最终导致她死亡，男性勇士的"优美的死"（Sjoholm 2004, 44）。相反，克里翁的错误导致他的侄子、儿子以及妻子血淋淋的死去，并且导致他自己的国家以及统治权力的消失。为什么认为黑格尔把女人的理智贬低到低劣的地位呢？

一个简单但重要的回应是，黑格尔的解释所描述的古希腊世界是这样的，女人受限于家庭，以及一般而言被剥夺了受教育的机会。黑格尔并没有以那种方式构建这种世界。事实上，他的现象学分析引起人们关注那些结构内的内在张力。如平卡德（Pinkard 1994, 143）恰当地评论："把这里的这个问题当成是男人和女人生活之可能性的这种希腊观点与现代平等主义观点不相容，是错误的。对于黑格尔讨论的诸目的而言，唯一的问题是，是否这种希腊式理解在自身的话语体系中是合理的，不是是否它无法适合我们自我理解的诸模式。"沿着这些线索，我并不是要试图免除这里对黑格尔的公然或者潜在的性别歧视指控，而是要强调他的现象学计划。辩证法的这个目的是要批判性地审查意识的不同形式或者各种规范性的社会世界，以看看是否它们自己的合理性或者正直的标准可以免于陷入矛盾之中。在黑格尔辩证法分析所看到的古希腊世界情境中，女人的理智和社会限制指出了一个致命的不稳定性的隐秘来源。

然而，人们可能反对，即使黑格尔只是描述和分析希腊世界，同时他通过使用他的辩证法范畴和术语来解释那个世界。毕竟，正是黑格尔把女人与神法的关系称之为"无意识的"：

> 女性，以姐妹的形式，……具有什么是伦理的最高暗示。
> 她没有获得对它的意识……因为家庭法是一种隐性的、内在的
> 本质，不存在于意识的光天化日之下，而只是一种缺乏现实性
> 的内在情感和神的要素。（PS 247.17-21/M 274）

这里，黑格尔的语言表达把女性的"知"降低为一种无知，也许是一种不合理的或者至少是一种无法清楚表达的情感。黑格尔自己是在贬低的意义上使用这个术语。[10] 因此，我们不可以无视黑格尔明目张胆的强化性别歧视，因他归于女人低劣的理性能力。

这个反对黑格尔的指控一般来说难以反驳，但是，至少部分的回应可以是有用的。的确，我们已经反复注意到，黑格尔称，与女人和家庭相关联的神法，是"无意识的"。在黑格尔的辩证法之内，一般来说，无意识的或者不明确的东西，需要被清楚表达而成为"意识的"或者明确的。这个清楚表达的过程——通过语言、行动、原则、社会实践和文化机制——形成精神发展的基础。因此，黑格尔对女人与伦理的"无意识的"关系的解释表明是一种低等关系。然而，鉴于神法与人法的差异，我们也已经明白，神法是某种"无意识的"，仅仅是感觉的或者直观的，以及在那种意义上"未知的"。——对立于人法，它是"已知的"以及"向所有人公开的"——因为这种神法没有历史的起源，没有被特定的当局所颁布或者命令。在理性这一章的结尾处（紧接着第 VI 章），黑格尔已经引用了《安提戈涅》来论述"诸神的未成文和绝对可靠的法：'它们不是昨天的或者今天的，而是永恒的／虽然它们从此处而来，但没有人可以讲清楚'"（PS 236.10-11/M 261; ll 506-508/456-458）。在这个意义上，神法作为"无意识的"和"未知的"情形不是一种损毁或者损失，更确切地说，而是归于其伦理的必然性或者"绝对性"的意义，即如此之法必须被遵守。这里，这种"意识／无意识"的二元制必须与起源、范围和法的力量有关，而不是与在

认识等级中它们的位置有关。而且，这点有助于解释，黑格尔何以能够主张安提戈涅"知道"做她所做的，甚至，当她被认为仅仅是暗暗地、"直观地"意识到她的伦理义务。克里翁的命令是公开的，是所有人都易于理解的，因此，公然反抗那种法，是她所知道的。相反，她对于神法的"知识"涉及在她的世界内自己的位置，而不是一种经受理性检验的一种信仰或者知识主张。当这个解释无法充分地表达女性主义的反对意见即黑格尔贬低了女人的理性能力，至少它引起人们关注黑格尔文本中出现的"无意识的"不同意义。[11]

我们继续考虑这个看法，即根据黑格尔的解释，安提戈涅的女性角色阻止她的公开行动。显然，安提戈涅的行动是公开的和公然进行的。的确，索福克勒斯也呈现她为一位"陌生人"，外在于脚本的性别角色，甚至当她坚持神圣传统内的姐妹义务时（ll. 940-43/849-852）。伊斯梅内显然是位守旧的女性，听话以及顺从，害怕与男人争辩，想要维持现状——最终，表现出真正的感情以及与她姐妹的团结。安提戈涅，相反，抛弃了这种姐妹形式，以及爱、婚姻以及孩子的快乐，反之嫁给了死亡。在那种意义上，拉康（Lacan 1992, 281）主张她受到死亡欲望、一个"超越者"的驱使，这是很好的主张。在任何情形下，我们都被导向接下来的矛盾。完全是通过坚持她对死去的兄弟的姐妹义务，安提戈涅戏剧化了，伦理上规定把女人限制于家庭角色和义务，让人感到深深地敬重。她成为一个不可能的法外之人，事实上成为一个不自然的陌生人，同时，她的法外的位置使得她不能代表共同体内部女人的伦理地位。我们要明白，她不可能既是一位女性法外之人又是伦理生活的女性典范。由于黑格尔以女人、家庭和神法来确认安提戈涅，他掩盖了她的反叛角色。[12]

然而，女人作为破坏性的外在者的角色明确地出现在黑格尔的文本中，审查公众与家庭之间的关系——这一次，接近他讨论的结尾处，以及接近希腊伦理的"精神"结尾处（PS 258.19-260.6/

M 287-9）——黑格尔揭露，男人的"普遍的"公共领域坚持自身，它"摄入和同化成为刑罚的分离，或者女性主导的家庭之自足的个体化……"（*PS* 258.33-35/M 287-8）。最终，对女人和家庭的压制被公开承认。同时，他重申，公众依赖于私人或者家庭。"在它压制的东西中以及对它而言本质性的东西中——女人同样——［这一共同体］为自己创造了他自己的内在敌人。"（*PS* 259.2-4/M 288）紧接着，黑格尔呈现出他著名的——或者不著名的论述"女性"的段落：

> 女人类——这个共同体中［生命中］的永久讽刺——改变了，因之密谋把政府的普遍目的变成一个私人的目的，把其普遍的活动转变成为某个特殊的个体的活动，并且把普遍的国家的财产变成家庭的占有物和装饰。女人以此方式转向嘲笑成熟年龄的真诚智慧，这种智慧漠视纯粹私人的快乐与享乐，以及漠视积极所为，仅仅思考和关心普遍。（*PS* 259.4-10/M 288）

我们应该怎么对待这个"女人类"的描述呢？ [13] 目前为止，我已经论证了，黑格尔并不必然就屈从于女性主义的批判，即他"自然化"或者"本质化"二元制以及一方优先于另一方。我已经指出，黑格尔这位现象学分析家批判古希腊社会那种过于简单化的思维。但是，现在，当黑格尔说出"女人类"，以之为共同体中的"永久讽刺"，对他"本质化"女人本性和角色的指控重返舞台的核心。我们来考察下与这个指控相关的一些可能的解释。

首先，这一段实际上指出了安提戈涅自己如她在这个章中凸显出来那样吗？即使人们容易认为语境就是如此。然而，帕特里夏·米尔斯（Patricia Mills 2002, 214）令人信服地论证："安提戈涅不仅仅与共同体的讽刺之女人明显不同，而且她实际上是'一般而言的女人类'这个图景的反题。"毕竟，安提戈涅没有通过引诱年

184

轻的男人丢掉他们公共的、军事义务，或者通过利用国家以增加家庭财富，来参与密谋反抗国家。根据这个解读，黑格尔明确地把安提戈涅，她的纯洁的姐妹义务的伦理典范与作为操控性的、性感诱惑者的典型女人角色区别开来。尽管他指控她有罪，黑格尔的安提戈涅以某种方式超越了女人的本性而成为他如此赞赏的优美人物。

对这段的不同解读避免了完全本质主义的问题。根据这个解读（Donougho 1989, 85），黑格尔指出，希腊社会内部女人的历史性压制揭露了，那种社会是个体主义勇士的伦理社会，而不是一个和谐的伦理整体。因此，这句话"女人类作为共同体的永久讽刺"所指的是，女人在那种古希腊的共同体中，而不是所有时代的所有共同体中。[14] 黑格尔不会因为判断女人的"永恒的"性感诱惑性而受到谴责，也不会因之而闻名。相反，他应该受到赞赏，因为他揭示了隐藏在希腊伦理生活理想化概念之下的偶然的、暴力的、个体主义的"真理"。

如果后者的解读在黑格尔讨论希腊共同体崩溃的语境中有意义，那可能没有理解黑格尔选取的特定语词的问题，也就是说，他使用的"女人类"和"永久"或者共同体的"永恒的"讽刺。他的陈述暗示了一个主张，即关于作为普遍的或者超越历史的范畴"女人类"，不仅仅是古希腊文化内的特定女人。这个暗示通常被女性主义批判者们当作是黑格尔自己的立场。如果我们认为他做出了一个普遍主义的主张，接下来会怎样呢？

一方面，我们可能称赞黑格尔的洞见，即女人不断地被男性主导的历史和文化排除出去。"女人的讽刺"因此是一种对一个已然封闭的体系的必要的和永久地挑战。但是，黑格尔的洞见也许转向到他自己的哲学体系中，其目标是调解或者辩证地克服威胁仍然被排除出去的"他者性"（Benhabib 1996）。根据这个解读，如果女人，与性感和家庭阴谋相关，就会永远地讽刺性地被精神的"进步"发展排除出去，那么，这种承认就支持了女性主义的指控，即那种发展实际上就是女性不断遭受压制的男性化的过程。

另一方面，我们可以关注黑格尔普遍主义的主张的不一致性。根据他自己的现象学根据，据此，知识主张在一种特定意识形态或者精神世界内得到辩护，他没有辩护以支持，女人必然地、"自然地"或者"永恒地"被排除在精神的进步发展之外，或者——更加世俗地说——仍然限制在私人或者家庭领域，隔绝于文化的、政治的相互作用和承认。女人在历史上如此被排除的确是真实的，但是这个历史观察并不确保一种普遍主义的主张，即女人的本性证明如此排除的合理性（参见 Hutchings 2003, 99）。相应地，要使得黑格尔与他的辩证计划相一致，我们要好好地把他关于"女人的永恒讽刺"这一段解读为仅仅指的是衰退的特定希腊世界。

当通过考查女性主义对他解释的《安提戈涅》的批判而提供对黑格尔《精神现象学》中伦理概念的解释时，我还没有直接地谈及希腊伦理生活崩溃之后的情形。这里的女性主义反对意见，即黑格尔通过支持一种个体主义的、法律主义的对希腊精神世界的"克服"而赋予精神的男性主义发展以特权（参见上文第 7 点和第 9 点）。毕竟，接下来的一节就转向了"法律地位"，精神在其展开中假定的下个阶段（*PS* 260.25-264.6/M 290-4）。但是，在这个情形下，女性主义的批判得到支持吗？何种"克服"在基于法律、权利和财产的罗马共同体中发生呢？

这里，我们发现，黑格尔实际上谴责这个"发展"。"法律地位"通过略掉安提戈涅代表的习俗和神法的非法定规范而避免了"直接精神"的核心问题。然而，这个策略优势有它的代价：希腊精神世界已经被"粉碎成为众多的分离的点"（*PS* 260.22-23/M 289）。它成为一个"无精神的共同体，不再是诸个体的无自我意识的实体"（*PS* 260.27-28/M 290）。这里，"纯粹多样性的个体"被认为等同于"诸人格"，但是，抽象于独立的社会活动和机制的规范世界。黑格尔提醒我们，这种抽象的独立的自我意识的"我"之前在他批判斯多亚主义和怀疑主义时被考查了："个人在法权领域中的独立同样是普遍混乱和相互消解的"，如怀疑主义（*PS* 262.3-5/M 291）。[15] 也就是说，独立的公民，作为权利的一个承载者，特别是财产权，因此不是精神上"更富裕"或者比早期希腊伦理的参与者更加发展了，而仅仅是认为他自己是如此。更强有力地表述是，"指出一个个体是一个'人格'是一种藐视的表达"（*PS* 262.26-27/M 292）。而且，由于法律权利集中在统治者或者帝王的手中——"这个泰坦尼克式的自我意识知道自身是一个现实的神"（也就是，凯撒）——这位统治者的"活动和自我享乐同样是可怕的过度"，"这在他运用破坏性的权力反对他的臣民的自我时揭露出来，这个自我站在他面前反对他"（*PS* 263.9-15/M 291-3）。

那么，如果人们主张，在《精神现象学》这个部分，黑格尔设定克里翁"战胜"了安提戈涅——后者更广泛地说，个体权利的男性主义观念战胜了共同体关系的女性主义观念——我就明白，如此主张是错误的，误解了黑格尔的精神和辩证法发展的观念。根据黑格尔令人沮丧的描述，法律地位等同于克里翁纯粹、实证法令的统治，而没有任何现实社会实践或者家庭关系的基础。这个令人遗憾的发展揭露了，之前讨论《安提戈涅》时强调的如此共同体社会维度的本质重要性。"法律地位"，因此，不是一种对安提戈涅世界的精神改进，但是，更确切地说，是一种历史的改变，它强调或者过于强调自我的现代概念的一个重要但不足的方面。毕竟，它用来引入黑格尔这一章第二部分讨论的"自我异化的精神"（*PS* 264.8/M 294。参见第 9 章）。我们因此了解到，《精神现象学》中不是所有的"后面的发展"都实际上改进了。我们需要记住之前指出的一点：把黑格尔正考察的和批判的一个观点认定为他自己的观点是错误的。在法律地位的情形中，他强烈地否定性语言澄清了，精神的这个构造是非常缺乏的。但是，他的尖锐的批判，因此，与女性主义一致以及并不反对女性主义，女性主义要求克服男性主义的个体性和抽象法权，以黑格尔的现象学视角来看，这些都要崩溃。

　　总而言之，我希望已经表明的是，审查女性主义对黑格尔的反对，尤其是反对精神章的这个部分，是一个重要和有益的方式，以此敞开以及学会阅读这个复杂的文本。探究男性主义对《精神现象学》中的黑格尔的批判表明，黑格尔所主张的性别差异和性别角色需要根据他的辩证策略而语境化处理。在《精神现象学》中，每一种意识的形态或者精神世界都呈现它自己的理想或者知识概念，不管是在开篇章"感性确定性"，还是古希腊世界中的规范实践与个体行动的关系。沿着这个路径，黑格尔不可能正确地被假定认同任何一套审查中的世界之主张。的确，通常难以确定，黑格尔什么时候从那个世界内部叙述的，以及他什么时候转向现象学分析家的语调。但是，重要的是要意识到这个解释转换。根据我对这个部分的解读，我已经反复关注黑格尔作为现象学分析家的立场，他揭露了，突出出现在希腊伦理生活中的所谓的自然或者必然的二元制的脆弱性和相互依赖性。如果我们认为，黑格尔正在断言二元制的真理或者悬而未决的分裂，那么，我们就认定是黑格尔实际上正在批判的一个观点。

　　黑格尔的确不是女性主义者，如他后来明确肯定的观点所证实的。然而，一位女性主义者坚持，性别是社会性被构造的，并且因此是历史的和可变的，在《精神现象学》中，尤其是这个部分，明确遇到了这些问题，并予以了支持。黑格尔自己似乎并没有意识到，他审查的希腊伦理的极端意义。从他后来的著述看，我们明白，他继续认为，性别差异是"自然的"，一种非历史给予的，通过家庭的社会实践融入伦理生活中。但是，当我们明白，他处理的神法和人法表明它们是更加相互依赖角的和易变的，而不是最初所认为的，我们可以基于相似的根据主张，性别类型和性别差异也是社会上、历史上可变的。如果黑格尔自己错失了他的分析的许多极端潜在的东西，《精神现象学》的读者可以在那种方向上推进他的文

187

本。[16] 那么，强调黑格尔的语境主义和历史主义，就提供了对《精神现象学》的另一种解读，让《精神现象学》比人们可能已经认为的更接近或者更有益于女性主义和当代社会思想。

注 释

1. *PS* 238-41/M 263-6 在下文进一步被讨论，pp. 191-191——编者，原著页码。

2. *PS* 244.14-245.17, 251.9-24/M 270-1, 276-7. 鉴于下文考虑的女性主义的批评，有趣的是，要注意到，在《精神现象学》之前，黑格尔在他的论文《自然法》中只把贵族士兵的牺牲行为视作构成伦理秩序。在《精神现象学》这里，黑格尔把伦理行为归于家庭中的女性成员（Speight 2001, 63）。

3. 安提戈涅和波利尼克斯之间的关系，作为兄弟姐妹，是黑格尔《精神现象学》中真正相互承认的第一个例子，虽然，是一种直接的、非发展形势的相互承认。——编者

4. 至于对这个问题的更详细的讨论，参见 Westphal（2003，第 3 和 4 章），Speight（2001），以及 Willett（1991）。这三位作者都强调在悲剧和在黑格尔的现象学方法中情感的、试验的要素，这一点通常被这些人忽视，他们看到黑格尔让理智更优于人类精神的其他方面。而且，韦斯特法尔论证，索福克勒斯的《安提戈涅》，特别是他描述的克里翁，为黑格尔的"内在批判"或者现象学方法提供了文学模型。

5. 关于意识形式的这种崩溃，这点需要比照黑格尔从怀疑主义获得的建设性教训，以及他通过崩溃对规范性权威的考查。参见上文第 1、3、6、7 章。——编者

6. Speight（2001, 64）。从黑格尔《美学》中引用了关于希腊悲剧中面具的重要性后，多努霍（Donougho 1989, 87）注意到，对于黑格尔来说，"希腊悲剧（以及延伸到一般而言的希腊世界观和艺术）的真理是'面具的真理'……对于可塑的性格或者伦理而言，没有什么东西在面具背后。行为者们完全以他们的角色、它们的激情来确认自身，如呈现他们的演员／戏剧作家们所做的"。

7. Fagles（1982），这里使用的是法格拉斯的译本，他设计了他自己的行数体系，希腊文本的行数也是如此，在"／"后面。——编者

8. 反对伊利格瑞（Irigaray）对黑格尔的指控，即他忽视了血缘纽带和共同体之间的这些关系，哈钦斯（Hutchings 2003, 96）写道："没有理由这样解读黑格尔，似乎他意识不到克里翁同时反驳和依赖亲属关系的这些主张的讽刺性。更确切

地说，黑格尔呈现出，克里翁把人法当作完全是自我立法的，无关乎它对血缘纽带的依赖和纠葛，这是他犯罪的核心所在。"一般来说，哈钦斯支持我正论证的思路：黑格尔，这位现象学分析家，强调希腊生活中分裂部分之间的通常隐秘的或者仅仅隐性的相互关系。

9. 伊利格瑞（Irigary 1996, 49）以下述方式解释安提戈涅的"罪"："尽管有罪，她感到她肩负起她母亲的致命婚姻的重担，对出生在如此可怕的怀抱中感到有罪。因此，她受到诅咒，并且通过同意她不应得的惩罚，还不能够逃避。至少她接受了她自己的解释，即欢乐的丧钟——或者她正在哀悼她自己的欢乐？——自杀。"

10. 凯利·奥利弗（Kelly Oliver 1996, 84）在她的论黑格尔处理家庭的论文中发展了这点："女性的要素仍然是无意识的和无法概念化的。黑格尔的《精神现象学》是男性意识的现象学，可能仅仅把女性的'意识'设定为男性意识的否定，然后压制女性。"

11. 这些考虑得到黑格尔观点的支持，即有可能"错误地认识了某种东西"（*PS* 30.36-37/M 22-3）。因为黑格尔的认识是一个过程，在这个过程内，"错误的知识"可以对我们接下来获得真实的（真正的）知识有所贡献（Westphal 1989, 102）。因此，要明确地知道某事物并不足以或者正确地认识它或者得到合理论证地认识它，如在克里翁的例子中。根据黑格尔，不管克里翁和安提戈涅是否不明确地或者明确地"知道"他们的原则与否，他们的知识都受到"直接性"的影响，因为它是独断的以及未得到合理论证的。这即是古希腊精神"直接性"的核心。至少，安提戈涅的优势在于牢牢地掌握了真理，不管她的掌握可能是多么隐性，但它是正确的以及可辩护的，即使她不可能提供合理论证。——编者

12. 赞同其他一些女性主义者们的看法，即黑格尔的解读不会允许这个法外的角色，朱迪斯·巴特勒（Judith Butler 2000）清楚表达了安提戈涅的主张是家庭和政治安排的永久颠覆者。帕特里夏·米尔斯（Patricia Mills 1996a, 77）——也把黑格尔解读为反对这个理路——指出黑格尔没有讨论安提戈涅的自杀。米尔斯把她的自杀看成是超越或者外在于女性伦理理想的有意义的、积极的定位。对于米尔斯来说，安提戈涅可以被解读为现代女性主义的先驱，宣扬个体就是政治的。但是米尔斯断言，在黑格尔的解释中，掩盖了这种安提戈涅。

13. 伊利格瑞（Irigaray 1996）对黑格尔的安提戈涅的批判性思考恰当地标题为"共同体的永恒讽刺"。伊利格瑞玩弄她在这个措辞中也在论述希腊伦理生活的整个篇章中发现的这些讽刺和张力。

14. 共同体被认为遭受到女人类的永恒讽刺（*PS* 259.4/M 288），这个相同的共同体，被认为只有通过压制个体性才得以幸存（*PS* 259.15-17/M 288），黑格尔认

为某种东西是希腊伦理的关键缺陷。——编者

15. 参见上文, pp. 60-64——编者。原著页码。

16. 参见, 尤其是 Hutchings (2003), Ravven (2002), 以及 Gauthier (1997)。

参考文献

189   Benhabib, S. (1996) "On Hegel, Women and Irony," in P. J. Mills (ed.), *Feminist Interpretations of G. W. F. Hegel*, (pp. 25–43). University Park, PA: Pennsylvania State University Press.

Butler, J. (2000) *Antigone's Claim: Kinship between Life and Death*. New York: Columbia University Press.

Donougho, M. (1989) "The Woman in White: On the Reception of Hegel's Antigone," *The Owl of Minerva* 35: 65–89.

Gauthier, J. (1997) *Hegel and Feminist Social Criticism*. Albany, NY: State University of New York Press.

Hutchings, K. (2003) *Hegel and Feminist Philosophy*. Cambridge: Polity Press.

Irigaray, L. (1996) "The Eternal Irony of the Community," tr. G. C. Gill, in P. J. Mills (ed.), *Feminist Interpretations of G. W. F. Hegel*, (pp. 45–57). University Park, PA: Pennsylvania State University Press.

Lacan, J. (1992) *The Ethics of Psychoanalysis: 1959–1960*, ed. J.-A. Miller, tr. D. Porter. New York: Norton & Company.

Mills, P. J. (1996a) "Hegel's *Antigone*," in Mills (ed.), *Feminist Interpretations of G. W. F. Hegel*, (pp. 59–88). University Park, PA: Pennsylvania State University Press.

Mills, P. J., ed. (1996b) *Feminist Interpretations of G. W. F. Hegel*. University Park, PA: Pennsylvania State University Press.

Mills, P. J. (2002) " '*Hegel's Antigone*' Redux: Woman in Four Parts," *The Owl of Minerva* 33: 205–21.

Nussbaum, M. (1986) *The Fragility of Goodness*. Cambridge: Cambridge University Press.

Oliver, K. (1996) "Antigone's Ghost: Undoing Hegel's *Phenomenology of Spirit*," *Hypatia* 11: 67–90.

Ostwald, M. (1973) "Was There a Concept of *agraphos nomos* in Classical Greece?," in E. N. Lee et al. (eds.), *Exegesis and Argument* (pp. 70–104). *Phronesis* Supp. Vol. I, Assen: van Gorcum.

Pinkard, T. (1994) *Hegel's Phenomenology: The Sociality of Reason*. Cambridge: Cambridge

University Press.

Ravven, H. M. (2002) "Further Thoughts on Hegel and Feminism," *The Owl of Minerva* 33: 223–31.

Sjoholm, C. (2004) *The Antigone Complex*. Stanford, Cal.: Stanford University Press.

Sophocles (1982) *The Three Theban Plays*, tr. R. Fagles. Harrisonburg, VA: Penguin Books.

Speight, A. (2001) *Hegel, Literature and the Problem of Agency*. Cambridge: Cambridge University Press.

Valditara, L. (2002). "Scenografi e morali nell' *Antigone* e nell' *Edipo re*: Sofocle e Aristotele," in L. Valditara, (ed.), *Antichi e nuovi dialoghi di sapienti ed eroi* (pp. 101–49). Trieste: Edizioni Università di Trieste.

Vernant, J.-P. and Vidal-Naquet, P. (1981) *Tragedy and Myth in Ancient Greece*, tr. J. Lloyd. Brighton: Harvester Press. (First published 1972.)

Westphal, K. R. (1989) *Hegel's Epistemological Realism*. Dordrecht: Kluwer.

Westphal, K. R. (2003) *Hegel's Epistemology: A Philosophical Introduction to the Phenomenology of Spirit*. Cambridge, Mass.: Hackett Publishing Co.

Willett, C. (1991) "Hegel, Antigone, and the Possibility of a Woman's Dialectic," rpt. In B.-A. Bar On (ed.), *Modern Engendering* (pp. 167–81). Albany: State University of New York Press, 1994.

第9章

黑格尔在"启蒙与迷信的斗争"中对启蒙的批判

于尔根·斯托尔岑伯格

黑格尔对启蒙的最彻底和最详细的批判是在他的第一部独立的、系统的、大胆创新的著作《精神现象学》中标题为"启蒙与迷信的斗争"（*PS* 293-311/M 328-55）部分进行的。这个部分提出了黑格尔哲学中的一个释义学的以及相关的系统问题。我的目标是要理解支撑黑格尔对启蒙批判的核心论证。黑格尔的核心论点并不太明显。正是启蒙与信仰（被认为是迷信）的对抗，是一场未被承认的启蒙与自身的斗争，在这场斗争中，启蒙自身就是试验。[1]这个奇怪的论点要如何理解，以及如何得到黑格尔的辩护呢？现有的文献没有充分地阐述清楚这个问题。[2]

这个系统的问题与我们的下述问题相关，我们的问题包括这个事实，即黑格尔对启蒙的批判是他的精神理论的一部分。对这个理论，人们可能会说，黑格尔把一种新的理性标准引入现代哲学。并且，黑格尔的自我理解是，只有在这个新的理性标准的基础上，才使得现代性可以清楚地意识自身。相应地，黑格尔首先寻求把他的新的理性标准奠基在他批判启蒙的语境中，通过这个新理性，我们可以在这个方面确切阐述黑格尔的自我理解，启蒙本身可以得到阐明。黑格尔使得启蒙得以显明的这个过程，因此就成为辩护他自己的哲学事业和其主要原则的核心。这就是关于黑格尔在批判启蒙时论证之问题的系统性背景。黑格尔论证的这些核心问题在于他对精神概念的分析，我们现在转向这个概念。

1. 意识与精神

"精神",如黑格尔在《精神现象学》论述精神这一章一开始就解释的,"是一个民族的伦理生活"(*PS* 240.1/M 265)。这里的"伦理的"这个表述的意思并不是狭隘意义上的"道德",更确切地说,而是一个民族的生活形式和习惯中表现出来的一些风俗或者价值。因此,精神这个概念在这里指的是各种各样的共同的、共享的生活形式之整体,在这个整体性中,一个民族实现了它的个体性和同一性。在这些生活形式中,有各种不同的社会制度、经济、法律和宗教领域,以及艺术活动的诸形式,包括一个民族的语言和语言特性。如果人们在这里引入更紧密相关的文化概念,这完全适合,那么黑格尔的精神概念指的就是一个民族的文化统一。黑格尔的精神的现象学哲学,可以说,包含了一种文化哲学。[3]

按照黑格尔的观点,刚刚提到的生活的文化形式,一般而言,可以被理解为下述这种方式和手段的客观化形式,即人们集体地组织和解释他们承接和导向的生活的方式和手段。这个客观化可以在下述两种方式上被形式地描述:第一种方式是,个体与普遍领域的关系,这个普遍领域区别于以及独立于个体多种多样的生活计划和行为,也即个体与这些人们归于一个超越–个体的客观有效性之规范的关系。出于这个理由,黑格尔称这个为一种"客观的,现实的世界"(*PS* 238.30/M 263)。第二种方式是,客观化可以被描述成这种说法,即,在其与普遍领域的各种不同的关系中,诸个体只不过是与他们自身的关系。这就是因为这些领域呈现出来的只不过是诸个体之理论和实践意图的客观化,通过此,他们集体地组织和解释他们的共同生活。因此,这个领域是被诸个体集体地产生的,在其中,他们实现他们自己的自我给予的目的。因此,黑格尔强调,这个领域"已经失去了,异质于那些生活于其中的人们的某种东西的一切意义"(*PS* 238.31-239.2/M 263-4)。黑格尔精神的基本结构被这个双重的关系所界定。

黑格尔认为精神是一个民族的伦理生活，也意味着某种进一步的东西，它直接涉及之前的点。这就是黑格尔的自由概念。黑格尔明确指出自由是与自身一同存在（"bei sich selbst sein"）。[4]这包括这个观念，即人们可以在他们生活的世界上是"自在"的。情形是这样，当他们有可能在那个世界实现以及成为他们自己有权利（以及因此真实地和自主地）想成为的以及能够成为的。"我们说，人是自由的，他为了自己而不是为了别人生存。"（*Metaphysics* 1.2）黑格尔接受了亚里士多德的自由定义。他也从亚里士多德那里接受这个思想，即希腊城邦是人类自由首次发现其恰当的合法形式和现实性的地方。当黑格尔谈到一个民族的伦理生活印刻着精神这个关系时，他牢牢记住了这个历史现象。[5]

随之，黑格尔精神的现象学理论的一个更进一步的和决定性的环节进入视野：它包含一种历史的哲学，也可以被称为一种人类文化的历史。它的目标是，通过一种世界解释模型的类型学——如我应该称之的，黑格尔说的是"世界的诸形态"（*PS* 240.7/M 265）——达成一种理解，不是对真实事件之历史的理解，而更广泛地对从古代到现代的理智的和文化的各种变化的理解，在这些变化中，启蒙发现其体系性的位置。[6]黑格尔在《精神现象学》中的精神概念支持这个世界解释模型的类型学。正是通过这个原则，这些变化可以被把握和理解，同时，正是通过这个标准，自由在一个民族的生活形式中的实现可以得到评估和判断。黑格尔的文化历史哲学，如它在《精神现象学》中的发展，因此，同时是这个历史的一种批判理论，可以更好地称之为世界解释模型的一种批判结构理论。它可以被称之为"结构的"，因为黑格尔并不过于关注各种不同的内容，而是关注精神在每一情形中显现自身的一些确定的基本关系。[7]

黑格尔用来发展这个理论以及评估各种不同世界解释模型之可能性的这个方法论概念，可以通过黑格尔附加给下述主张的一个条件更精确地得到理解，没有这个概念，他对启蒙的批判仍然难以理解。他认为，"精神是一个民族的伦理生活"。附加的条件是："只要它是直接的真理"（*PS* 240.1-2/M 265）。这个意味着，精神的基本关系，如黑格尔看到的，它首次历史上的实现是在古代城邦的伦理生活中，它首次呈现自身，概念上被考虑，是一种直接的方式。这就意味着，相应的生活形式还没有对其特定的机制予以承认或者建构一种概念上清楚表达的和基于理性的知识。如黑格尔所提出的，只有 "一种优美伦理生活"（*PS* 240.3/M 265）在这里占主导地位，这一种生活还不是一种概念上得到反思的生活。

　　根据黑格尔，这个反思是精神之概念所要求的某种东西。精神在其中实现和客观化自身的这种生活形式并不是一个在先的事实条件，因此，可以被直接地以呈现自身的形式拾起、采用或者接受。相反，它是一种包含对精神呈现自身和表现自身的这些关系的一种完全清楚的和理智的意识。这就包括这种意识，即黑格尔认为精神是现实的普遍原则，它自身就是这个 "客观的" 和 "现实的世界" 的建筑师或者建造者。这个世界要被称为精神的 "塑造"（*PS* 239.6/M 264），因为它具体化和客观化自身，并且因为它必须能够呈现和指导这个。这就是黑格尔下面这个说法的意思，这些 "世界的形态" 构成了精神的 "恰当的自我存在"（*PS* 239.25-29/M 264）。[8]

1.1　意识的原则

　　黑格尔为这样一种意识提供了一个最小化的结构性条件，这一意识可以被认为对其对象进行概念上反思和理智的一种认识。（这里，我开始分析黑格尔的理论。）这个条件包括这个事实，即如此一种意识必须如此地相关于对象，以至这个对象可以被认识是自为地独立于任何与意识的主观关系的实存。这是显而易见的，因为这个完全就是，当人们对一个对象或者人们不仅仅认为（也可能是错

193

误的），而且也认识的事态进行判断时，人们所意谓的东西，这涉及客观性的基础，以至它不仅仅是一个与意识的纯粹主观关联，而且是独立地实存的。

黑格尔在《精神现象学》导论中的著名的"意识的原则"表达这个事态：

> 意识把自身与之同时相关的某种东西区别开来。（*PS* 58.25-26/M 52）[9]

意识区别于自身的东西以及同时与之相关的东西是一个对象或者一个事态，它不仅仅是与这个意识的主观关联，而且是一个真实判断与之相关联的东西，一种概念上规定的和客观上理智的认知得以可能的东西，以及可以被认为它独立于与之主观关系而实存的东西。这符合黑格尔的表达，即意图使用这个原则来表明，"知识和真理的抽象规定如何在意识中发生"（*PS* 58.24-25/M 52）。它也符合进一步的解释，即，意识在认知的模式中与之相关联的东西，也是如此地与之相区别，以至它"也被设定为外在于这个关系的存在"（*PS* 58.29-31/M 52）。[10]

1.2 精神的原则

尽管这个解释可能富有启发性，但是，很显然，对于描述精神的基本结构，这是不充分的，并且需要本质性的阐述。这可以很容易地从已经叙说过的精神之基本关系中看明白。已经说过，对象仅仅呈现为精神的客观化，出于这个理由，可以称之为精神具体化自身的"塑造"，以及，如已经提到的，它具有"它自己的自我存在"。因此，可以认为——这是关键性的——在它与从自身产生的对象之关系中，精神实际上并不与区别于内容的东西相关联，而更确切地说，是与之相同一的。因此，在与其对象的关系中，精神仅仅是把自身与自身联系起来。

　　在意识的原则中，这个环节，即精神在与其对象的关系中的特定自我关系，很显然没有被提及。意识区别于自身的那种东西，以及它同样与之相关联的东西，仅仅是一个对象或者呈现为一个客观有效事实的事态。然而，这个当然并不意味着，这个事态仅仅呈现为精神自身的客观化。因此，意识的原则不是认为，意识与对象的关系同一于意识与自身的关系。事实上，黑格尔，在阐述意识的原则时，强调，当存在一个意识，对象独立于它并且自为地实存，但是它被"设定为外在于这个关系也实存"时，确实也存在一种意识与自身的关系，这意味着自我意识是存在的（*PS* 59.31-35/M 54）。否则，意识不可能认为这个对象是独立于它的，以及对它就不可能有知识，这个知识就没有任何真理性。[11] 然而，这不是这里的关键点。关键在于，在意识的原则中，意识并不理解或者认为对象就是自身的客观化，以至它就仅仅与自身相关联，并且，在这个意义上，在它与对象的关系上具有"它自己的自我存在"。意识的原则对此保持沉默。

　　因此，人们可以表明，"精神的原则"是意识原则的完成，可以如下列出。回想一下，在意识原则的标示意义上意识的一种关系的最小化条件：

　　　　意识区别于自身的某种东西，同时与自身相关联。

　　相反，精神的关系可以因此而表述：

　　　　意识区别于自身的某种东西，同时与自身相关联，以至只与自身相关联。

这个公式的目标是要澄清黑格尔精神概念的基本结构对于当前分析的有效性。[12]

我的论点是，黑格尔对启蒙的批判可以根据这两个原则的关系来理解，以及他的基本论证可以在这个基础上，以一种不失其细节的方式以及在广泛分析黑格尔运用的术语上重新建构，这要求很多解释以及易于导致最宽容的读者感到挫败而不是鼓励。鉴于上述情形，对这两个原则之间的关系的初步概括，以解释潜在于黑格尔《精神现象学》中批判启蒙的论证之方法论结构，会如下进行：

1. 人们必须从一开始就从提到的这点出发，根据黑格尔，精神的概念首先以一种直接的方式实现自身。这意味着，最初，这些差异和客观的关系，对于精神而言，是本质性的，它们同样不是明确为精神本身而存在，以及不是以一种概念反思的方式得到认知。因此，寻求解释精神概念的理论必须发展这个明确的自我理解得以可能的诸条件。

2. 发展这些条件的基础是，作为在意识原则中表现出来的意识的基本关系。黑格尔精神理论的首先要求就是，意识与其对象之间的这个差异必须被带到精神的结构中，然而，这必须在精神自我关系的条件下发生，因为这个是精神的基本结构。这个条件不可能避免，也不可能被扬弃。

3. 因此，接着，关键性的一步是，精神必须首先如此被呈现，以至以一种客观的方式显现于自身，因此以一种对象的形式显现，这一对象区别于它以及独立于它而实存。精神与一个独立于它而实存的对象之间的这种关系，一般而言，必须是一种简单的关系，因为没有任何其他的选择余地。这个关系的简单性表明，在其与对象的关系中缺少意识的自我关系，而不是对意识和对象之间的区别的任何否定，也不否定隐含在上文提及的意识的自我关系中的与意识原则的区分。

在这种与其对象的简单关系中，在不反映自身的关系中，因此，这个对象以意识的形式显现在精神面前，而精神不能够认知它，以之为事实上仅仅是自身的客观化。精神做不到这点，因为这个关系，以表现在意识原则中的意识及其对象之间的简单关系的形式，向精神呈现自身。并且，如我们已经看到的，这完全是被下述事实所界定，即这个对象不可能被理解为意识自身成就的客观化。精神，我们可以说，最初并不把不同的以及独立实存的对象理解为其自己的"塑造"，它在这个"塑造"中呈现自身以及客观化什么。

4. 相应地，黑格尔理论的主旨是，精神不可避免地陷入自我欺骗中。不可避免，是因为这种要求导致的，即精神首先在意识的基本关系中呈现自身，这意味着以意识与对象的简单对立的形式呈现。精神的自我欺骗，因此，包括了理解它与其对象的关系，好像它与完全不同于其自己成就的客观化的某种东西的关系，实际上，情形并非如此。

人们自然立刻就会追问，自我欺骗的精神如何理解自身和其对象，它是如何与之发生关联的，以及它如何可以克服它的自我欺骗。黑格尔寻求以启蒙与迷信之间的斗争这个阶段来确切地回答这些问题，并且，人们已经可以期待，这将是启蒙与自身战斗的一场斗争。启蒙并不理解这是黑格尔对启蒙的批判。

然而，为什么是一场斗争的问题，为什么是与迷信之间的斗争，以及，最终，在何种程度上，黑格尔可能把精神称呼为"启蒙"？在进一步考虑黑格尔的启蒙理论之前，我们必须澄清这些问题。答案可以在黑格尔的异化理论和教化理论中找到。

2. 异化理论和教化世界

黑格尔对异化概念的评述很容易与我们已经说过的相关联。这个论点即，意识与对象之间的简单对立的逻辑形式（精神在其中发

196

现自己在其与之相关的对象之地位和构成上受到欺骗）必须被引入到精神概念上，被这个事实所证实，即黑格尔谈及的"自我异化的精神"（ *PS* 264.8-9/M 294）和"自我异化精神的世界"（ *PS* 266.25/M 296）。精神在与自身的关系中发现自身的这个异化条件，当然，仅仅是刚刚提到的自我欺骗的另一种描述。

　　这也解释了第二点。黑格尔谈论自我异化之精神的发生与他的教化理论相关（Bildung，其最广泛的意义是"教育"）。[13] 这里，重要的是要明白，教化，对于黑格尔来说，并不是自由地展开自然天赋，而是要塑造。塑造意味着直接地、自然地成长和未经反思的生活形式和直观的损失。[14] 这个损失被黑格尔描述为异化。[15] 唯有通过克服它们的损失，才可能反思性地以及主体间性地媒介和承认自我与世界之间已获得的关系，这可以支持基于自由的一种可持续的生活形式。

　　教化世界——以及在这里重复历史的主题——对于黑格尔来说，是现代自然科学、现代哲学以及已经成为反思性的以及意识到合法性的问题的随之而来的生活关系的世界。[16] 这就是"幻灭的世界"，如马克思·韦伯所称的。在这个世界，主体不再把他的世界观和对其行为的辩护建基于传统权威或者前定的、终极的神之世界秩序上，而是仅仅建基于自身。[17] 现代性，我们可以以为，它有义务根据它自己的原则即主体性原则来奠基和支持它的合法性。[18]

　　从这个视角来看，黑格尔试图更精确地描述精神的自我理解，他认为，精神把自身理解为这种唯一的实体，即它是知识有效性的可靠根据以及担保者，或者理解为这一实体，即，不仅仅客观有效地规定外在自然的有效法则，而且也规定可以被称为公平和公正的社会生活之客观有效法则。基于其权威和其辩护的功能，精神在现代把自身理解为一个纯粹理性的实例，独立于经验世界以及自为地实存，它把自身理解为不可否认地现实的，以及因此寻求合法化自身为所有真理的根据。[19] 根据黑格尔，这个发展的顶峰就是康德的

《纯粹理性批判》。很显然，意识与对象之间简单对立的这个模式，仍然支持这个描述以及黑格尔对康德批判哲学的评价。这点得到黑格尔的证实，他把精神描述为"客观现实性的意识，自为的自由意识"的二元性，对立于"自我和本质的理性统一性"（*PS* 265.7-8/ M 295）。

黑格尔谈到了*客观现实性，自为的自由*——这里必须强调——在当前的语境中，意识不是理论意义上的经验的对象世界，如在"知觉"章中。这个来自精神概念的理性支持这里重新建构的论证。直接遵从精神概念，客观现实性自为地实存，也仅仅与精神概念相关才有意义和含义。相反，这意味着，这里被称为"现实性"的东西可能仅仅意味着精神的"塑造"（一开始就提到的），也就是说，一种特殊类型的现实性或者精神自身的现象。

牢牢记住这一切，就揭示了这种精神的现实性如何必须形式上被构成。这点增加了之前概述的黑格尔通达这些问题的路径。这个现实性必须如此被构成，以至意识与对象之间的差异，对于精神的基本关系是本质性的，并且是精神的活动产生的一个真正的差异，它并不为精神自身而实存，从其自身的角度来看，对精神也没有什么用。因为，仅仅以这个方式，这个现实性可能对精神显现为独立于它与精神的关系，显现为自为的实存，因为精神是某种外在于它自身的东西，是他者。因此，对于精神而言，这个现实性将成为客观的，以及呈现自身为一种意识的形式，这个意识形式，对于精神而言，显现为某种外在的东西，不是由精神产生的东西。这就意味着，这个现实性，对于精神而言，也将显现为一个被意识和对象的直接统一所规定的对象，并且，因此，作为一种意识形式，对于它的自我理解而言，它本身与它的对象之间的这个区分同样根本不存在。

要考虑的进一步情形来自这个事实，即这一统一，如刚刚指出的，产生于教化世界。因此，它不可能是一个直接的、自然的、前

197

反思的、"优美的"统一。相反，它产生于否定一个客观的、经验到的自身实存的现实性而产生的反思。因此，这个统一的直接性实际上是某种反思过的东西，实际上，它已经否定、升华以及抛弃了意识与对象之间有争议的真正区分。这里的这个现实性主题，因此，是一个纯粹理想的、纯粹内在的现实性，它仅仅实存于主观表象的模式中，并且，归于这些属于它的对象的所有内容的规定都仅仅是这个"纯粹的"意识的产物。[20] 因此，这就是之前提到的意识与对象的直接统一，精神自身与之相关联：一种意识的形式，对于它的自我理解而言，自身与其对象之间的这个区分同样根本就不存在。

黑格尔称这样一种意识形式为信仰（*PS* 266.20/M 296），黑格尔认为这就是现代的、反思的、发自内心的虔诚，它逃离于"敌对的"和"邪恶的"世界，并且在此之前就逃走了，例如哈勒的奥古斯特·赫尔曼·弗兰克，法国的詹森教派和寂静教派，或者英格兰的卫理公会。这个信仰的形式，如黑格尔对它的描述，不无讽刺地意味着，从经验的世界取走它的配备物，把他们运送到一般而言的纯粹的、无经验的意识领域（参见 *PS* 226.20-37/M 250），撤退到一个内在性的与世隔绝的、可能"圣洁的"领域，这一内在性领域抛弃了所有的异化生活的形式。实际上，以此方式，这些对象现在被造就成为一个普遍的、理想的意义的承载者。因此，在这个内在性的领域，意识与其对象之间的真正区分被升华了。这个内在性就是心灵的世界和宗教情感的世界，在这个世界，这些对象只能获得与这个情感相关联的内容和现实性。这里，黑格尔进一步指出，信仰的这个现象是要区别于我们所熟悉的实质性的宗教意识，这是黑格尔宗教哲学的对象，因此这里与之不相关。[21]

关键性的东西——这里，我们最终达到了黑格尔启蒙理论的层面——是，以此方式，意识与对象之间的简单对立，已经收到了它第一次具体的解释，鉴于此，精神必须第一次实现自身。这里，这个对立，如黑格尔所指出的，显现为两个领域之间的对立：它就是纯粹、理性的自我意识领域与信仰领域之间的对立，因为，确实，这个虔诚已经从经验世界撤回进入到纯粹意识领域。这个领域，这个信仰的领域，对于理性的自我意识而言，是外在的和陌生的对象。[22]

诚然，这就产生了黑格尔描述为"启蒙与迷信的斗争"的情形（ *PS* 293.22-23/M 329 ）。因为理性的自我意识实现自身——以及这里，人们应该回想康德的理论和实践哲学以及费希特的无限奋斗概念——通过的是，努力把向它显现的简单给予的每一种对象转变成为它认知的内容或者它实践的意图。[23] 因此，它也必须以论战的方式或者否定的方式反对信仰的形象，对它来说，这种形象以一种异化的独立于它的实体和自身实存的形式显现，而且越来越如此，因为信仰坚持自身与理性在相同的要素中，也即是，在纯粹的意识中，不管怎样，它都坚持（或者对于理性的自我意识，它显现出）已经获得了真正的对自身的洞察，以及对它与其在内在性和发自内心的虔诚之世界中的对象之关系的洞察。然后，理性的自我意识试图教导它这个洞见。理性的自我意识，因此，作为反对信仰的启蒙而出现。

3. 启蒙与迷信的斗争

黑格尔的论断，密涅瓦的猫头鹰只到黄昏才会起飞，对他的启蒙理论也是有效的。[24] 因为启蒙时代呈现的这种精神形式对于黑格尔的《精神现象学》而言已经变老了，并且，在审视他的时代时，他发现古老的欧洲已经被幻灭和批判所取代。然而，这个观念即以灰色来画灰色所归属的哲学，几乎不符合黑格尔的启蒙理论。相反，黑格尔以强大的，甚至花哨的色彩来勾勒启蒙的画像。也就是，它被描绘为"纯粹的骚动和暴力的斗争"（*PS* 296.14-15/M 332），对于启蒙来说，出现的斗争就是与迷信的斗争。因此，黑格尔在《精神现象学》中的启蒙理论首先集中于对宗教的批判。[25]

这里，我不可能考虑黑格尔在启蒙理论中考虑的大量具体的同时代理论和文学素材。它们从歌德那时出版的狄德罗《拉摩的侄儿》的绝妙译本——世界文学作品中的第一个流浪汉，他揭露了启蒙社会的腐败以及滑稽地混淆德性和恶习的社会关系——延伸到赫尔巴赫的从功利主义和唯物主义的视角对社会和宗教的批判，以及黑格尔的著述，到处都含沙射影地指责伏尔泰和罗比内的无神论，以及爱尔维修、拉美特利、卢梭以及其他人。[26]黑格尔对启蒙时代的同情要远远多于他对自己国家的启蒙的同情。然而，我们不可能在这里考察这个问题的一切。这里的兴趣在于，启蒙在其反抗信仰的斗争中的命运，以及它将造成何种系统性的后果。

在攻击启蒙认为信仰陷入的广泛的"错误领域"时，启蒙首先就以神职人员的欺骗性阴谋为靶子，如黑格尔所说，"与专制主义共谋"（*PS* 294.14/M 330），以为了通过恐吓来让人们保持安静，同时专制主义寻求维系它享受的权力，以及寻求通过依赖"人民的愚蠢和欺骗性的神职人员的混淆"获得"对自己的快乐和任意的完全满足"，尽管专制主义共享"这个相同的蠢才，相同的迷信和错误"（*PS* 294.14-21/M 330）。[27]然而，当启蒙想要打开眼睛，以看看这个欺骗和它的错误时，信仰拒绝了，它的回应认为启蒙不知道问题是什么以及完全理解这个问题。而且，信仰指控启蒙的蓄意的谎言。因为，一方面，启蒙把宗教崇拜解释为"变戏法的牧师的哄骗"（*PS* 298.32-33/M 335），另一方面，它完全理解宗教，甚至承认信仰完全地信任宗教崇拜以及从其获得自身实存的确定性。出于那种理由，从信仰的视角来看，不可能谈论任何信仰卷入其中的欺骗。对于信仰来说，相反，这是启蒙的困境所在。[28]

这同样适用于对宗教崇拜诸对象的启蒙的破坏。"信仰之神圣的东西是什么",如黑格尔戏剧性地描绘启蒙的冲动,对于启蒙来说,它是"一块石头,一段木头,有眼睛,但无法看,或者其他的东西,生长在田野的一块面团,被人们转化以及返回到土地上"(PS 300.3-5/M 337)。甚至,这些假定的澄清和发现,对于信仰来说,只不过是自以为是的谎言,因为信仰崇拜的东西以及信仰之神圣的东西,对它而言,确实不是可知觉的和非永恒的对象,而是一个永恒的存在。[29]因此,它必须摈弃所有批判性参考的偶然性的、历史的传统的问题以及证明的解释,以之为完全不相关的东西。[30]

由于启蒙以此方式寻求摧毁所有信仰的积极内容,并且把它揭露为人类表象的投射,因此它向信仰呈现自身为它想要成为的东西的对立面,也就是,真实的洞见。对于启蒙而言,一个神的存在的思想成为一个完全没有内容的概念以及无任何规定性的最高的存在,如黑格尔所说的"虚空"(PS 303.7/M 340)。这就是托兰、伏尔泰和罗比内的启蒙无神论的基本假设。相应地,感性经验的世界和有限的实存,自然事物成为它的核心兴趣。人们应该在这里想起英国的经验主义和法国启蒙运动。[31]

现在,对信仰而言,对世界的启蒙解释的这些结果以及其对信仰的批判必须,不仅仅是谎言,而且是完全"令人厌恶的东西"(PS 305.25/M 343),因为,正如启蒙对信仰自我理解的误解,它把世界,即信仰之上帝的创造物,还原为运动之物体的集体,以及它崇敬的神是一个完全无内容的"至高无上"(PS 305.26/M 343)。[32]因此,现在,信仰似乎完全可以反对启蒙了。[33]

然而,这仅仅看起来是如此。如果人们想想这里讨论的意识的宗教形式来自经验世界,即一个经过反思的教化世界,这一点就显而易见了。一般来说,通过从这个世界撤回到纯粹的、独立于经验的世界和"心灵"之内在性领域,这个世界就拯救了自身。也因为它是这个教化世界的形式,不过,信仰必须已经发展了一种概念上明确的意识。相应地,一个意识可以被归咎于它以及它如何结合两个相互对立的领域——纯粹意识或者心灵的世界与经验的世界——成为对世界的一个宗教解释，因为它是唯一的真理。因此，现在，这个问题出现了，即这个统一的意识在信仰的自我解释内以何种方式发现概念上经过反思的表述？

启蒙恰恰是被这个问题所引导，当它把这些信仰坚持的这些不同领域置于信仰眼前时，以及当它向信仰阐明，信仰无法把这些对立的领域置于一个对自我和世界的概念上确定的、统一的解释时，尽管它不过是不假思索地以及非概念式地坚持，存在这样的统一。信仰不能够发展一种合适的以及概念上澄清的意识，即个别感性对象与它所归于的普遍的、理念的、宗教的意义的统一表现出来的意识，因为它否认任何构成性地参考具体的、感性的对象，并且它在一种宗教的意义上绝对地设定普遍理念的意义。信仰也无法成功地澄清它崇敬的神，它把一种自我满足的实存赋予神，最终独立于对世界的任何参考，没有特定宗教实践中的信仰自己的活动，就不可能通达到信仰。最终，无法解释这个事实，即它的绝对神之属性的诸表象，例如智慧、爱、善、仁慈、正义等，与有限的和偶然的内容之表象联系起来。尽管信仰自身产生了这些联系的同一意义，但是它无法理解这个。以此方式，它保持了如黑格尔的冷幽默所评述的双重解释，如启蒙所指出的，但是启蒙混淆了，因为它把这时和这里的这个世界的配备物带到信仰面前，信仰想要予以否认，但是它也不可能否认，因为它们是其世界的必需品，它自为地造就的，并且在其中它实现了它的自我意识。[34]

然而，冷冷地旁观，启蒙的处境好不到哪里去：它的行为仅仅是否定性地朝向信仰，它也分离、孤立和绝对化了，以至不可能被这些分离的要素置于一起，如信仰那样。在它的批判中，启蒙孤立了感性经验的诸多具体对象，例如有限的和偶然的内容之表象，以及其自己行为的诸环节，并且一同否定了这些要素的超越以及统一它们的任何理想意义。[35]

这为关键性的一步做了准备。因为启蒙以这种方式进行，它让人们知道，如果是间接地，它同样不清楚其自己结构性机制的具体统一意义。因为它向信仰表明以及责备信仰，也就是，信仰缺少对其对立环节的具体统一的任何充分意识，这些环节是信仰自身已经产生的。尽管作为教化信仰的形式，应该有这样的东西任其处理，现在，这个就揭示了自身是启蒙自己机制的未被承认的反思。启蒙的解释和对信仰的批判揭示自身是一种批判，这一批判以启蒙并不承认的方式，反过来批判自身。因为启蒙也不可能以一种适合于精神概念的方式理解这个意识和对象的统一，这里，具体而言，就是它与其对象的统一，即信仰。

这就意味着，启蒙与迷信的斗争实际上是一场启蒙不知不觉地指向自身的斗争，由于这个启蒙的意识，现在被证明，受制于意识与其对象之间简单对立的这个原则。这个由它与信仰的立场如何关联揭示出来。它自身与信仰的关系仅仅是一种绝对对立于它的对象，完全外在于以及独立于它而实存的——实际上根本就没有这个情况——因此，它可能仅仅以论辩式地、否定地或者破坏性批判地表现自身。因此，可以说，启蒙根据这个相同的原则理解内在的信仰机制，也就是意识与对象的简单对立的原则，通过这个原则，它理解自身，通过这个原则，它也理解它与信仰之间的关系。这个原则，如一开始所提到的，是在意识的原则中得以构想的。由于启蒙现在指责信仰，认为它仍然陷在其诸环节的对立中，即经验世界和内在性领域，以及指责它不能够对统一的具体意义提供任何理性的和概念上反思性的解释。尽管信仰坚持以及造就了其自我理解的基础，启蒙并不承认，并且基于它自己的结构性机制也不可能承认，这个指责同样也适用于启蒙自身。因为启蒙也不能理解它与信仰立场关系的真正意义。因此，启蒙也不能明白，信仰的形式实际上是它自己的道德的、否定的镜像形象。黑格尔的论点，即他的论证过程的核心，现在可以如下予以理解。

启蒙以及信仰两者本身各自都代表了一种对象与自然意识的统一。然而，这个统一的概念，形成它们各自自我理解的基础，相互之间是排斥的。信仰支持与其对象的直接性关系，以及因此获得了自身的确定性。它实际上也把它的确定性归于从经验世界中超脱，也即是，归于它的否定。根据黑格尔，这就是一种媒介的形式。

相反，启蒙的自我意识坚持——与意识原则的要求一致——它有外在于自身的对象，并且意识到自身仅仅是因为它知道自身有别于它的对象，尽管它与之有关联。在这个程度上，由于这个区分，它间接地与它的对象和它自身有关联。信仰完全不公正地否认关于自身的东西，也即让它的实存与自我确定性依赖于它与经验世界的关系，这被启蒙的自我意识所证实。因此，两者都不可能确定双方的真正统一，双方都是由相互否定它们不真实的自我描述造成的。从信仰的视角来看，这个关系因此呈现自身：信仰自为地不公正的真实的东西，也就是，对象意识和自我意识的直接统一，被启蒙的意识否定。然而，由于信仰实际上可以仅仅通过这个关系和媒介坚持它的自我确定性，当然，从它的视角来看，它否认，根据这个媒介，它在自身内展现出与启蒙意识相同的形式机制。

然而，启蒙的意识不能承认自身与信仰立场之间的这个形式的同一。如果可以如此的话，那么它会满足于精神结构的这个标准。因此它会明白，信仰的这个立场，一般说来，实际上是它自己精神的精神，因此它以如此一种它会知道它实际上有别于它的方式与之有关联，如与其对象的关联那样，并且，同时，在这个关系中，它仅仅与自身有关联。因此，它会明白，它与信仰的论辩行为取决于误解它自己的机制以及信仰的机制，并且它也无法承认它自己的机制和信仰的机制。但是，启蒙的意识不可能这么做，因为它仅仅以意识和对象之间的简单对立模式来运思，并且它以这个模式来解释信仰的结构机制以及它自己与信仰之间的关系。然而，这个模式无法预料这个情形，即意识与一个对象的关系以它因此仅仅与自身的关系这样一种方式而有别于自身。结果，信仰，对于启蒙的意识而言，是以及仍然是一种异化的独立于它而实存的对象，它仅仅论辩性地和破坏性地与之关联。因此，它也无法承认，它试图向信仰阐明的东西，也就是，其自我确定依赖于经验世界，实际上阐明了信仰的结构与它自己的结构相同一。因此，启蒙的意识并没有启蒙自身，并且，它与信仰之间的斗争是一场与自身的未被承认的映像的搏击。[36]

　　总而言之，黑格尔在他的《精神现象学》语境中对启蒙的批判是，启蒙系统性地误解了它自己的活动，并且坚持相反的情形。启蒙坚持认为它知道信仰的真理以及它自己的真理。然而，真理证明它不可能知道这个。事实上已经表明，出于原则性的理由，启蒙不可能知道这个，并且，相应地，启蒙必定系统性地误解自身。这个基础在于这个情境中，即精神概念首先必须被解释和呈现为意识的形式或者意识与对象的简单对立。在这个对立中，对象向意识显现为某种其他的、外在的和陌生的东西。基于精神概念的逻辑，对这个视角，没有任何其他选择了。这里，引导性的误解是启蒙对于自身的一种误解，因此人们可以说，是依赖系统的和不可避免的，因为它是可用于解释精神概念之概念架构的必然结果。

203

　　从这点派生出黑格尔批判启蒙的最后一步，也就是，由于启蒙的意识是一种精神的形式，并且，如变得清楚的，由于建立在它自己的机制的基础上，以及与自身和其对象（信仰）相关，它一致性地以及必然地欺骗和误解自身，因此它也很清楚，它不承认的和一贯地否认的这个结构——精神在其与其对象的关系中与自身关系的统一——完全就是意识的形式，通过这种形式，启蒙与信仰之间的斗争可以终结了以及被克服。这就是这样一个终结，在其中，没有胜利者也没有被征服者，而是对双方的一种新洞见，也就是，对清楚表达的精神结构之基本机制的洞见。然而，如黑格尔强调的，启蒙，以其自身以及以其自己的概念资源，不可能做到这样。[37] 因此，我们讲述的这个故事，关于启蒙与迷信的斗争，直到现在，还不是如黑格尔看到的关于启蒙的整体性真理。

因此，启蒙与信仰的斗争有一部续集。它导致一个新的以及彻底的戏剧性转向。它也再次与它一起带来对启蒙的一种解释，以澄清，精神的结构只能在艰苦的道路终点上才完成，这个道路最终就是整个《精神现象学》的道路。只有在这个意义上，对启蒙的批判才可以被理解为辩护黑格尔哲学基本原则过程中的一个必然的步骤。结束时，我们简略地概述下这个视角。

4. 启蒙的终结：革命和恐怖

对于信仰来说，它的领域和避难所通过启蒙的攻击而荡然无存，看看它的四周只有艰难的、有限的精神抛弃了的现实，[38] 唯一剩下的幸存机会是，超越有限，伸向一个完全未知的以及永远不可知的，一种纯粹渴望形式的完全空虚的超越者，它与浪漫主义意识的核心特征的密切亲缘关系是显然易见的。在这个与完全无规定的绝对之间关系中，它最终符合这个肯定的结果，即启蒙本身已经实现了对信仰的批判：无神论。在这个背景下，启蒙现在似乎满足了。相反，在失去其世界的悲痛中，信仰似乎是不满足的启蒙（参见 *PS* 310.35-36/M 349）。

对于个体意识而言，它伫立于启蒙意识与那种无内容的绝对之间的关系中，"在其直接的实存中的每一事物都自身实存以及是好的"（*PS* 305.27-28/M 343）。进一步分析，这更好地被描述为功利的原则（*PS* 314.25-315.11/M 353-4）。这是因为，形式上而言，有用是那种具有独立地位的东西，因此被认为是某种本质性的东西，并且它也仅仅在一个区别于自身的主体之关系中实存，这一主体自身与有用关联，以之为对它而言某种本质性的东西，因此它仅仅鉴于这个它实现自身的关系来理解它自己的生活和解释性的语境。因此，在实现有用时，这个主体仅仅践行了它自己的本质性意图，以及在如此做时，因此而实现自身。由此，似乎启蒙的意识在功利主义的世界中获得了客观性，它可以以它因此仅仅自身与自身关联的如此方式与之关联。

　　然而，实际上，根据黑格尔最后的以及慎重的戏剧性转向，功利的这个原则已经抹去了这个世界上的所有固定的客观性。由于每一事物都成为另一个事物的意志之问题，任何东西都不再为自身存在。更确切地说，每一事物似乎都从属于一个普遍意志，它在自由处理它的世界时实现自身。这就是黑格尔称为*绝对自由*的基本形式（*PS* 316.10/M 355），在恐怖中以及作为破坏性的暴怒而暴动，基本的历史素材就是罗伯斯庇尔的恐怖，他斩了 40000 人的头颅——最冷血以及最平淡的死，如黑格尔所写的，没有任何意义，"就如砍掉一个蔬菜头或者喝一杯水"（*PS* 320.13/M 360）。黑格尔认为，这种普遍的国家恐怖表明这种暴力隐性地存在于一个完全没有内容、无法无天的以及无限制的自由概念中，由于它被实现了。黑格尔认为，这些是通过启蒙误解自己的行为获得的最丰盛成果。[39]

　　尽管黑格尔隐瞒了这个事实，即，最终，启蒙运动以及法国大革命的最丰富和丰盛结果是它自己的哲学。因为启蒙把自由的思想带到这个世界，法国大革命无法以一种实体法体系来实现它，黑格尔把这个实体法体系融入他的哲学基本原则中。法国大革命垮台的经验，因此就进入黑格尔实体自由的概念中。因此，黑格尔在《精神现象学》中的精神理论要被评价为，对于生活文化形式的批判理论以及他们解释的世界来说，仍然无与伦比的架构。它们的原则是一个真正人类文化之基础的自由思想。黑格尔的《法哲学原理》就是解释如何发展一个社会形式和法的体系的理论，它能使个体以一种可持续的方式践行他或者她的自由。任何时代，包括我们的世界，放弃这个思想可能都是不明智的。[40]

注释

1. 这就是黑格尔下述主张的关键点，启蒙"谴责为恐怖或者谎言……只不过是启蒙自身而已"（*PS* 9: 296.28/M 333），或者，反之，"启蒙与迷信恐怖的斗争之本性"包括了"在那些错误中与自身的战斗以及谴责启蒙所主张的东西。"（*PS* 9: 297.10-11/M 333）

205

2. 黑格尔对启蒙的批判还没有在文献中得到其应有的重视。英语世界之外除了有一个例外，几乎没有得到什么关注，也就是 Hinchman (1984)。Siep（2000, 198-201）和 Jaeschke（2005, 191-3）简略地概述了黑格尔论启蒙的章节。Kreß（1996）提供了更详细地说明。Westphal（2003）提供了对黑格尔意识理论和方法系统的介绍，包括与之相关的当前认识论和社会哲学的讨论。

3. 这个论点是 Schnädelbach（1999, 71）提出的，他讲到："《精神现象学》中论精神的这一章包含了……黑格尔的文化哲学。"

4. 关于黑格尔的观点，自由之为"bei sich selbst sein"（与自身一同存在），参见 Hardimon (1994)。——编者

5. 参见上文，第 8 章。——编者

6. 关于黑格尔的"世界的诸形态"的观念，也参见 Wisser-Lohmann (2006)。

7. 关于这个主题，也参见第 6 章，11-13。——编者

8. 相关的段落是这样说的："就精神是直接的真理而言，它就是一个民族的伦理生活；这个个体就是一个世界。精神必须继续前进到对它直接所是的东西的意识，必须扬弃美好的伦理生活并通过一系列的形态达到对它自身的认知。不过这些形态与以往经过的那些形态的区别在于，它们都是些实在的精神，是真正的现实性，并且不仅仅是意识的诸形态，而且是一个世界的诸形态。"（*PS* 240.1-7/M 265）

9. 对于讨论，参见当下的一流文章 Cramer (1976)，也参见 Westphal (1998)。关于黑格尔《精神现象学》导论，参见 Karásek et al.(2006)。

10. 参见上文 pp. 4-6。——编者，原文页码。

11. 这就是黑格尔陈述的关键点，"……意识一方面是对象的意识，另一方面又是对它自己的意识；意识是对在它看来是真实的东西的那种东西的意识，又是关于它对这种真实东西的认知的意识。"（*PS* 59.31-33/M 54）

12. 这不是讨论黑格尔自我意识概念和精神概念之间的系统关系的地方，相关论述，参见 Pippin (1989)。

13. 参见下文第 13 章。——编者

14. 参见黑格尔对奴隶劳动的讨论，上文，第 2 章。——编者

15. 参见黑格尔总结性陈述："自我异化的精神在教化（Bildung）世界内有其实存。"（*PS* 286.27-28/M 321）

16. 关于黑格尔《精神现象学》中自然科学的重要性，参见上文，第 1、4、5 章。——编者

17. 黑格尔在解释"积极理性"和《安提戈涅》时分析了纯粹习俗生活形式的消亡，参见上文，第 6、8 章。——编者

18. 参见 Habermas（1993）。参见 *infra*, 第 7、10 章。——编者

19. 在这个方面，最初的"理性确定性"（上文，第 4 章）在启蒙中以及作为启蒙在社会上盛行。——编者

20. 在这个方面，精神的当下形式承担着与最初的"自我意识"和"理性"形式的比较，有关论述参见上文，第 2、4 章。——编者

21. "因此……不是在这里所考察的宗教，而是信仰，就其是对现实世界的逃避、因而不是自在自为的存在而言的信仰。"（*PS* 266.31-34, cf. 287.27-288.1/M 297, cf. 322）

22. "因此整体是……自身异化了的实在性；在它所分裂成的一个王国中，自我意识现实地既是它本身、又是它的对象，而在另一个王国中，则是纯粹意识的王国，它在前一个王国的彼岸，不具有现实的在场，而是处在信仰之中。"（*PS* 265.30-34/M 295-6）

23. 参见，成为奴隶之上的主人的骄傲意识，理性的最初现象，以及"精神的动物王国"，上文讨论的，第 2 章、第 4 章和第 7 章结尾。——编者

24. "当哲学以灰色来图灰色，那么，生活的形式就已经变老，不可能被灰色中的灰色来恢复活力，而仅仅是知道；密涅瓦的猫头鹰只到黄昏才会起飞。"（*PR*, 1820 前言，结尾）

206

25. 启蒙与迷信的这场战斗在双方关系的直接性标语下有一个初步的阶段。从这个视角来看，黑格尔把启蒙与迷信之间的破坏性关系描述为，一般而言的一种不知不觉的、没有被注意到的、自我完成的对精神生活的消解。在这个不流血的、和平的革命之后，"到这个时候，意识知识仍然在记忆中保留着以前的精神样态的死去了的形式，以之为一段人们不知道是怎么过去的历史；而新抬上来供人崇拜的智慧之蛇，就以这样的方式毫无痛苦地仅仅退去了一层干枯的皮。"（*PS* 296.4-6/M 332）

26. 参见 Falke（1996），Harris（1997）2: 247-405。

27. 我们在这里不可能考察"三个方面的敌人"：（1）普遍的"错误领域"，对应的是"普遍的民众意识"；（2）教士阶层的欺骗，"所满足的是自己永远独占明见的虚浮的嫉妒心以及其他私心"，以及牺牲这些民众；（3）专制主义，与教士阶层共谋，"凌驾于民众的坏明见以及教士的坏意图之上，并且还将两者结合

于自身。"（PS 294.5-21/M 330）

28. "不过启蒙在这里完全是犯傻；信仰将它经验为一种言说，这种言说不知道它说的是什么，并且当它谈到僧侣的欺骗和大众的幻觉时，对这件事却并不理解。……启蒙当作一种对意识陌生的东西说出来的东西，启蒙又把它直接作为意识最特有的东西说了出来。——那么，它怎么可以谈论欺骗和幻觉呢？由于它自己关于信仰直接说出的就是它对信仰所持的看法的反面，它倒是向信仰表明了它自己是故意的谎言。"（PS 298.29-299.3/M 335）

29. 参见，上文讨论的"观察的理性的""高级"和"低级"的意义，第5章。——编者

30. "启蒙冒充自己是纯粹的东西，在这里，它把对于精神是永生和圣灵的东西都变成了一种现实而易逝的事物，并以感性确定性的那种对自身毫无价值的观点对之加以玷污，——这种观点对于虔诚崇拜的信仰来说，根本就不是现成所有的，以至于启蒙纯粹是让它背上了这个黑锅。"（PS 300.8-12/M 337）

31. 参见上文，第5章，以及对比"不幸的意识"，上文，pp. 64-70。——编者，原文页码。

32. "当然，对信仰来说，启蒙的这种肯定性结果也像它对信仰的否定性态度一样是令人憎恶的。对绝对本质的这样的明见，即认为在其中除了正好是绝对的本质、最高的存在或虚空之外看不到任何东西。"（PS 305.24-30/M 343）

33. "信仰有神圣的权利反对启蒙，这权利是绝对自身同一性或纯粹思维的权利，而且信仰经验到了启蒙的完全不公正，因为启蒙把它的一切环节都歪曲了，使它们成了某种与它们在信仰中所是的大不相同的东西。"（PS 305.36-306.2/M 343）

34. "启蒙扰乱了精神在这信仰王国里所掌管的家务，因为它把此岸世界的器具携带了进来，精神无法否认这些器具是它自己的所有物，因为精神的意识同样也是属于此岸世界的。"（PS 266.13-16/M 296）这符合后来黑格尔的陈述："因此启蒙对信仰有了不可抗拒的支配力，因为，在信仰意识本身中就可以找到一些使这种支配有效准的环节……信仰意识持有双重的尺度和砝码，它有两种眼睛、两种耳朵、两种口舌和语言，它使一切表象都双重化了，却并不把意义的这种双重性加以对照。"（PS 310.1-13/M 348）

207 35. "但是启蒙这一方却在这里把内在的东西、非现实的东西孤立起来以与现实性相对立，正如它曾在信仰的直观和虔诚默想中抓住事物的外在性而与信仰的内在性相对立一样。"（PS 309.30-32/M 348）

36. 关键的段落如下："但是，启蒙虽然提醒了信仰，使之回想起自己那些孤立环节的对立，但对它自己本身同样，也是启蒙的不足。它以纯粹否定的态度对待信仰，是因为它把自己的内容从自己的纯粹性中排除出去，并把这内容当成对它自身的否定。因此它既没有在这种否定中、在信仰的内容之中认出自己本身

来，也没有以此为根据把这两种思想即它所带来的思想和它用这带来的思想所反对的那种思想聚拢到一起……因此它并没有将两者的统一作为两者的统一即作为概念产生出来。"（ *PS* 306.28-34, 307.1-2f./M 344；补充重点强调）参见上文 pp. 55-58，关于黑格尔对思想的解释。——编者，原文页码。

37. "然而，启蒙就只是这个运动，它是纯粹概念的尚未意识到的活动，这种活动虽然回到了作为对象的它自己，但是它却把这个对象当成一个他者。"（ *PS* 307.7-9/M 345）因此，黑格尔可以概括："但是自身异化了的概念——因为它在这里还处于这一异化阶段——就没有认识到自我意识的运动和自我意识的绝对本质这两个方面的同一本质，——没有认识到它们的同一个本质实际上就是它们的实体和尺寸。由于这概念没认识到这个统一体，所以在它看来本质只有在对象性的彼岸的形式中才有效准，而做出区别并以这种方式在自身以外拥有自在的那个意识，却被看作是一种有限的意识。"（ *PS* 311.30-312.2/M 350）

38. 参见"不幸的意识"，上文讨论过，pp. 64-70。——编者，原文页码。

39. 很明显，这与黑格尔对费希特哲学以及他的自我意识概念最尖锐、不言而喻的反对相关联，黑格尔不断地批判它的无内容的虚空，它不可能从自身内部产生任何实体性的内容。黑格尔的批判是否公正，不可能在这里考察。

40. 这一章是威廉·德弗里斯（Willem deVries）、肯尼斯·卡斯基（Kenneth Caskie）以及编者翻译的，我深深地感谢他们所有人。

参考文献

Aristotle (1924) *Aristotle's Metaphysics*, tr. W. D. Ross. Oxford: The Clarendon Press.

Cramer, K. (1976) "Bemerkungen zu Hegels Begriff vom Bewußtsein in der *Phänomenologie des Geistes*," in U. Guzzoni, B. Rang, and L. Siep (eds.), *Der Idealismus und seine Gegenwart. Festschrift für Werner Marx*. Hamburg: Meiner. Rpt. in R.-P. Horstmann (ed.), *Seminar: Dialektik in der Philosophie Hegels* (pp. 360–93). Frankfurt am Main: Suhrkamp, 1978.

Falke, G.-H. H. (1996) *Begriffene Geschichte. Das historische Substrat und die systematische Anordnung der Bewußtseinsgestelten in Hegels "Phänomenologie des Geistes." Interpretation und Kommentar*. Berlin: Lukas.

Habermas, J. (1993) *Der philosophische Diskurs der Moderne. Zwölf Vorlesungen*. Frankfurt am Main: Surhkamp.

Hardimon, M. (1994) *Hegel's Social Philosophy: The Project of Reconciliation*. New York: Cambridge University Press.

Harris, H. S. (1997) *Hegel's Ladder*, 2 vols. Cambridge, Mass.: Hackett Publishing Co.

Hinchman, L. P. (1984) *Hegel's Critique of the Enlightenment*. Tampa and Gainsville: University Presses of Florida.

Jaeschke, W. (2005) *Hegel-Handbuch. Leben-Werk-Schule*. Stuttgart and Weimar: Metzler.

Karásek, J., Kuneš, J., and Landa, I., eds. (2006) *Hegels Einleitung in die Phänomenologie des Geistes*. Würzburg: Königshausen and Neumann.

Kreß, A. (1996) *Refl exion als Erfahrung. Hegels Phänomenologie der Subjektivität*. Würzburg: Königshausen and Neumann.

Pippin, R. (1989) *Hegel's Idealism: The Satisfaction of Self-Consciousness*. Cambridge: Cambridge University Press.

Schnädelbach, H. (1999) *Hegel zur Einführung*. Hamburg: Junius.

Siep, L. (2000) *Der Weg der "Phänomenologie des Geistes." Ein einführender Kommentar zu Hegels "Differenzschrift" und zur "Phänomenologie des Geistes."* Frankfurt am Main: Suhrkamp.

Westphal, Kenneth R. (1998) "Hegel's Solution to the Dilemma of the Criterion." In: J. Stewart, ed., *The Phenomenology of Spirit Reader: A Collection of Critical and Interpretive Essays* (pp. 76–91) Albany, State University of New York Press.

Westphal, K. R. (2003) *Hegel's Epistemology. A Philosophical Introduction to the Phenomenology of Spirit*. Indianapolis: Hackett Publishing Co.

Wisser-Lohmann, E. (2006) "Gestalten nicht des Bewußtseins, sondern einer Welt-überlegungen zum Geist-Kapitel der *Phänomenologie des Geistes*," in D. Köhler and O. Pöggeler (eds.), *G. W. F. Hegel: Phänomenologie des Geistes* (pp. 183–207). Berlin: Akademie.

第10章

黑格尔《精神现象学》中的"道德"

弗里德里克·拜塞尔

1."道德"的语境

有时候，虽然不是经常如此，在黑格尔《精神现象学》的蹩
脚的、枯燥无味的话语中，读者会偶然发现引人注目的优美句子。
有一个这样的句子出人意料地出现在第 VI. C 章"道德"中："Die
Wunder des Geistes heilen, ohne daß Narben bleiben."（精神的伤口愈
合了，不留下任何伤疤。）这就是疲惫不堪的遵循黑格尔对这点的
论证的读者需要知道的。他也在试图攀登黑格尔的顶峰时受尽折磨
以及增添伤口。但是，他得到补偿的承诺：将没有任何伤疤。这样
的一句话也让读者想起精神的非凡再生能力。它帮助他理解，精神
如何在自我意识的每一个阶段不断地重塑自身、精神抖擞以及准备
继续前行，好像所有过去的斗争都从来没有发生过。黑格尔以这个
陈述作为第 VI. C 章的结束语并不是偶然的。读者已经走了一段很
长的路，并且这一章特别长而且很难。但是，现在他的旅程的终点
就在眼前：绝对精神（ PS 361.25/M 407-8）。正是绝对精神成就了
没有任何伤疤，尽管有如此多的自作自受的伤口。

回想下我们在黑格尔的现象学之旅中走了多远，将有助于《精
神现象学》第 VI. C 章"道德"的读者的精神。没有什么比目录表
给的概观更好。[1] 从目录来看，我们看到，第 VI. C 章是标题"精

神"部分下面的章节之一。这个关于文本类型学的显而易见的关键点，虽然平常，但是意义重大，因为它向我们表明，"道德"是精神发展的诸阶段之一。精神，如读者们将回想很久之前的"自我意识"的第 IV. A 章中的精神，它是"我就是我们，我们就是我"（*PS* 108.39/M 110）。尽管黑格尔早在第 IV. A 章就引入了精神，但是"精神"部分的这些章标示了超越它的一种明显不同的进步。在精神发展的所有这些阶段上，黑格尔在"精神"部分的开头就告诉我们，不同于《精神现象学》中早前的阶段，因为他们是"一个世界的诸形态"，而不仅仅是"意识的诸形态"（*PS* 240.5-7/M 265）。有了精神，我们不再处理个别的主体，而是集体的主体，不再处理这个或者那个自我，而是处理一个民族作为一个整体的精神。道德是精神自我意识的一个阶段，是在从一个实体成为一个主体，从纯粹"自在"的某物成为"自我"的某物的长长的旅程中的关键一环。

但是，究竟是哪个阶段哪个关键点呢？我们需要更为精准，因为精神的自我意识有很多阶段。第 VI. C 章"道德"的导论中，建筑术的问题被讨论，依照黑格尔的标准，都是相当模糊的。这里，黑格尔把精神在这个阶段描述为"自身确定的精神"。它不单是在其"真理"中的精神，如它在伦理生活共同体中实存，而是在其"自为的确定性"中的精神，如它在构成它的诸多主体中的实存，并被这些主体所确证。"自为的确定性"这个语句是熟悉的，而且也是令人困扰的，因为似乎我们已经返回到了第 IV 章"自我意识"中，那里有个相似的标题，"自我确定性的真理"。当黑格尔在第 VI. C 章中写到精神已经超越意识的所有阶段时，我们的困扰似乎出现了，在那里它对立于它的对象，并且，现在，它仅仅因为其对象而具有自身（*PS* 323.31-39/M 364）。这难道不是他告诉我们返回到第 IV 章"自我意识"吗？因此，似乎精神根本就没有到达任何地方。难道它患有健忘症吗？它的所有斗争难道都是徒劳的吗？我们只需要重新收集更多的意识之旅就会明白，情况并非如此,我们实际上在"道德"中达到了一个新的和更高的自我意识阶段。因为,在"自我意识"的第 IV 章中,我们仅仅关注个别的主体,而且仅仅关注其理论发展的一个阶段;然而,在第 VI. C 章"精神"中,我们不仅仅关注一个普遍的主体——先验哲学的纯粹理性主体——而且也关注其实践发展的一个阶段。当黑格尔在第 VI. C 章的导论中写道,主体的自我确定性现在由其"普遍的意志"所构成时(*PS* 323.30/M 364),他标示了从理论到实践维度的这个重要的转换。这个阶段的问题不仅仅是一个思维的主体问题,而且也是一个意愿和行动的主体问题。

但是,一位脾气暴躁的读者可能会追问,我们已经在前面的章节中看到了那个意愿的、行动的主体。也许不是在第 IV. A 章,而是出现在第 V. B 章和 V. C 章,实际上贯穿"精神"的前几章,即 VI. A 和 VI. B 章。然而,我们可以让我们的不耐烦的读者放心,实际上,关于"道德"的意愿和行动主体有些新的东西。黑格尔在 §C 的导论中告诉我们,我们不再处理个体的自我,即具有权利的个人以及外在于伦理共同体而存在的个人。意识的那种形态已经在文化和信仰的世界中被超越,即 VI. B. I 和 VI. B. II 章。现在,就其认识到自身就是一位普遍的立法者而言,就其是有权利为自身制定普遍法则的一位道德行为者而言,我们关注这个自我。黑格尔很明确:这个自我认识到自身就是普遍意志(*PS* 323.27-30/M 364)。回顾前几章,值得注意的是,道德的主体对之前的主观性的阶段已经有了两个明显不同的进步。第一,比伦理生活的主体更加进步,第 VI. A 章的"伦理生活"(Die Sittlichkeit),生活在其共同体的一种天真的和直接的统一中,并且接受基于信任和信仰的生活方式;道德的这个新的现代主体超越于此,因为它追问问题,并且要求知道法和习俗的诸理由。第二,它也比绝对自由的主体更加进步,第 VI. B 章的主体认为自由只不过是做任何他想做的事情,并且这个主体试图摆脱法的一切限制;道德的新主体也超越了这个不成熟的阶段，因为它认为自由是根据法则的生活和行动。道德的自我意识认识到，自由可能仅仅通过法则支配的社会才有可能，这就对人们的需要强加限制。它的主要问题不是承认法的有效性，更不是规定法是什么，而是如何通过法而生活，以及如何适应具体的环境。

所有黑格尔的概念，就其本性而言，都整合了普遍性和特殊性、实体性与主观性。[2] 道德，作为精神的一个阶段，并不例外。它由精神中出现的那种统一的特殊形式或者形态构成：它是在其特殊性和主体性这一极上的精神。道德从来都不会无视普遍性和实体性的环节；但是它们是较为次要的和依赖性的环节，被特殊性和主观性所主导。真正的统一是这样的，两个环节都被给予了同等的分量，它们都是一个更广阔的整体的相互协调的部分。然而，在"道德"的开头，只有这位哲学家知道这个统一。道德自我意识，这个经历 VI. C 章中描述的经验的主体，只有对它最模糊的直观。它在黑暗中跌跌撞撞，挣扎着发现和构建它。道德自我意识不再停留在异化的阶段，在异化阶段，它把自然和共同体看成敌视自身的某种东西。它想要克服这个异化，以与自然和共同体建立某种生活联系。尽管如此，它坚持，它以其自己的方式具有那种统一。它要求成为主导的一方，成为独立的和本质的环节，而自然和共同体依赖于它。根据这个策略，它认为，它自己的自我意识，它自己主观性的深度，提供有效的基础，以重构和重建它与共同体和自然的纽带。贯穿第 VI. C 章的道德自我意识的艰难和痛苦的经验就会是，这是不可能的。主观性依其自身不可能是重新创造整体世界的基础，不管它是宇宙的道德秩序，还是共同体的结构。第 VI. C 章的"道德"被划分为三个部分："a. 道德世界观"；"b. 虚伪"；以及"c. 良心，优美灵魂，恶及其宽恕"。我们将试图概述每一个部分的主要论证。再现黑格尔的微妙和深刻论证是本论文的任务。[3]

2. 道德世界观

"道德"的第一部分，§a 或者"道德世界观"，首要地就是批判康德和费希特的道德世界观。黑格尔讨论的背景就是，康德《实践批判批判》中的最高的善的理论以及费希特的《人的使命》中的道德理论。黑格尔在这个部分从来都没有明确地提到康德和费希特，但是他对道德世界观的描述完全符合他们两人的学说。这并不意味着 §a 完全或者仅仅变相反对。我们有很好的理由认真对待黑格尔的主张，即康德和费希特是对现代性的世界特征的更为普遍态度的代表人物。这个态度由三个基本信念刻画：由道德而不是由艺术或者宗教构成的生活中的最高的价值以及最终的权威；显现在个体理性和良心中的道德，而不是共同的习俗和法则中的；以及自然本身不是一个目的，而仅仅为了道德行为而实存。这样的一种态度是几个基本的历史发展的结果，在《精神现象学》前面几部分被讨论：第一，现代的个体与传统共同体的分离，以至个体在法的习俗的判断之前信任他或她自己的判断；第二，启蒙的世俗化比任何宗教启示的形式给予自然理性更大的权威，不管是传统、经文还是灵感；第三，现代哲学的特征即自我和自然的二元论，出现在笛卡尔、莱布尼茨、康德和费希特那里。根据二元论，自我是一种我思，同时，自然是一种我存在或者由"死的物质"构成的"机械论"。

在 §a 的第一段中，黑格尔详细讲述了道德世界观的基础。他的第一句话宣称："自我意识知道义务是绝对存在。"（*PS* 324.30/M 365）他进一步指出，它只受到义务的约束，并且，这是"它自己的纯粹意识"。这里很大程度上取决于，黑格尔认为义务是道德自我意识的"绝对存在"是什么意思。这个短语非常丰富，以及是接下来很多论证的基础。义务是道德自我意识的"绝对存在"有几种意义：（1）它予以义务优先于倾向和自身利益；（2）它使得道德义务具有比国家法律和社会习俗更高的权威；（3）它通过道德法则知道它作为一位道德行为者实存；（4）它相信上帝存在以及灵魂不朽，因为那是一种道德义务，而不是因为任何形而上学证明或者理论论证；以及（5）它把自然仅仅看作实现道德目的的一种手段。所有这些命题都是康德第二批判和费希特《人的使命》中概述的道德世界观的基本特征。

还是在§a的第一段，黑格尔详细解释了另一个道德世界观的基本特征。他指出，道德自我意识涉及一个"媒介和否定性"的环节，例如，它与某种不是自身或者外在于自身的东西相关联。道德自我意识，因此也涉及意识的一个环节，即对一个区别于主体的一个对象的意识（像《精神现象学》中自我意识的所有阶段）。意识的这阶段由主体和对象的完全独立性构成；一方可以没有另一方而实存，以及每一方都遵从它自己的明显不同的系列法则。道德的自我意识把世界看成某种异化和漠视自身的东西。黑格尔在这里想到的是，康德-费希特世界观中隐藏的道德自我与自然之间的二元论。不管它们在笛卡尔遗产中多么重要，康德和费希特已经继承了，并且，事实上，改进了自我与自然之间的笛卡尔式二元论：他们支持自然本质上的一种机械论观点，并且他们把道德主体置于高于自然的自足的本体领域。

我们可以追问，为什么道德自我意识由意识的运动构成？为什么它不是停留在道德领域以及把自身限制到道德法则的自我意识中呢？事实上，黑格尔不是已经指出道德自我意识在自身内获得真理以及它已经克服了所有的意识形式吗？虽然，黑格尔不是太明确，但幕后的假设是，道德主体，证明其义务的绝对性的道德主体，必须在外在的世界或者自然的领域中行动。毕竟，道德世界不单是一种思辨的立场，也是一种实践的立场：它告诉行为者应该做什么，以便它必须行动。但是，如果它行动，它必须在世界之中行动，它必须涉足自然。在世界之中行动的必然性，而不是对自然的沉思，是《精神现象学》的一个根本性修辞——它已经出现在"主人与奴隶"（IV. A）和"怀疑主义"（IV. B）中——并且，实际上，它将再次出现在第 C 章"精神"中。

§a 的第二段对于正题论证同样是根本性的（*PS* 325/M 265-6）。现在，黑格尔明确地介绍了"道德世界观"（这个部分的标题）的概念。他指出，它由两个环节之间的关系构成：（a）"自在和自为的道德存在"和（b）"自在和自为的自然存在"。这个模糊的短语的意图不难于理解：道德和自然领域是彼此相互独立的。黑格尔只是指出了他已经在第一段介绍的道德和自然领域的独立性。但是，现在，我们被更准确地告之这些环节之间的关系由什么构成。这个关系有两个方面：它由道德和自然独立性与冷漠性构成，而且也由道德对自然的优先性和主导性构成，以及因此由自然的非本质性和依赖性构成。在介绍哲学方面之后，黑格尔，在这一段的最后一句中，对 §a 中出现的整体论证做出了一个自命不凡的陈述。他宣称，道德世界观的辩证法由"涉及具有如此矛盾的先决条件的这个关系的诸环节之发展"构成。这些矛盾的先决条件是什么呢？如我们应该看到的，它们有很多，并且它们随着辩证法的展开就会变得清晰。但是，它们的普遍形式已经是显而易见的：自然既是独立于又依赖于道德；它既平等于又低于道德。或者，相反，道德既独立于又依赖于自然；它既高于又平等于自然。[4]

在 §a 中接下来的很多论证解释了这个普遍矛盾的各种不同形式。由于自由呈现出各种不同的形式，道德和自然之间的这个冲突相应地也不同。在 §a 的第三段中（*PS* 325/M 366），黑格尔介绍了这个冲突的第一种和主要的形式。这里的自然代表着宇宙，外在于道德自我意识的事物之整体领域。我们已经明白，道德自我意识认为自然是一个独立的领域，漠视它的理想和目的。道德的自我意识是否实现它的理想和目的，单单取决于它自己的努力。然而，现在，黑格尔对自然的独立性与冷漠强调了一个新的方面：一位善良的道德行为者是否在其一生中实现个人幸福，完全是偶然的；不管他多么严格地遵循他的义务，都无法保证这将使得他幸福；实际上，一位邪恶的人也完全有可能兴旺。我们必须比较这个现代的自然观与传统的基督教的观点，根据基督教的观点，宇宙是一个道德领域，被神的旨意所支配，神的旨意确保有德者得奖赏，邪恶者受惩罚，不管是在这一生还是在来世。黑格尔对于这里的现代道德世界观的世界体现了两个根本性的康德-费希特原则：（1）道德要求我们无条件地践行它的戒律，不管结果，尤其是任何会使得我们幸福的戒律；以及（2）幸福属于自然的领域，因为它涉及快乐和个人的欲望和需要。这些因素都意味着，在道德和幸福之间存在着一种完全偶然的关系：一个幸福的人并不必然是道德的，一个道德的人并不必然是幸福的。存在一种如此这样的偶然联系就是康德在第二批判中论证最高的善的核心前提条件（*CPrR* 5:114-19）。

在第三段的最后一句以及第四段的第一句话中（*PS* 325.34-326.2/M 366），黑格尔对这个悲剧的偶然性做了最后的评述：它产生了对世界不公正的抱怨。尽管道德自我意识相信义务的首要性，它仍然不可能调和自身与这个事实即正义之士蒙难，而邪恶之人兴旺。尽管它非常重视道德，但道德主体不能放弃其对个人幸福的诉求。尽管它更高的自我坚持道德的诸原则，但它低级的个体自我仍然主张满足。我们这里想起了康德在第二批判中对斯多亚主义的批判：履行我们义务的快乐永远都不够，斯多亚主义者不承认"个人幸福"的重要，并且不关注"我们自己本性的这些需求"（*CPrR* 5:127）。现在，我们看到内在于道德世界观的一种矛盾形式出现了：道德自我意识宣告完全独立于自然，义务绝对高于自然的提示物；然而，它也想要自然带给它个人幸福，以满足它的自然需求。它坚持宇宙是一个冷漠的非道德的机械论领域；但是它也想要被正义的法则所支配，这些正义的法则嘉奖有德之人，惩罚邪恶之人。

道德自我意识如何解决这个矛盾呢？黑格尔在第四段的结尾

处概述了答复。这个答复诉求了康德以调节性术语重新制定的一个构成性原则的康德实践标准。不是坚持构成性原则，即存在一个道德世界秩序，而是采用了调节性原则即应该存在一个道德的世界秩序。"道德与自然的和谐"，如黑格尔指出的，"被认为是必然存在的，或者被假定存在的。因为，要求表达了，被认为实存的某物仍然不是实在的……"（PS 326.19-24/M 367）。这里，黑格尔想到的是，康德-费希特的最高的善的理想，它要求道德的主体应该努力去实现德性和幸福之间的完全符合。这个康德-费希特理念重申了古老的基督教正义概念，根据这个概念，正义之士得嘉奖，邪恶之人受惩罚；但是这个理想恢复成为一个行动的目标，而不是关于已经实存的宇宙秩序的一个信念。

解释了道德和自然之间的冲突的第一个形式后，黑格尔立即介绍了第五段的第二种形式（PS 326-7/M 367-9）。现在，我们了解到，自然不再是外于道德主体的某种东西，外在于意识的对象，而是，它是道德主体本身的一部分。自然，现在是道德主体的感性，它以其驱动力和倾向的形式存在。这些驱动和倾向是个别的，黑格尔写道，因为它们关注的是我个人的幸福，即我作为这个确定的生物，喜欢什么或者需要什么；它们与道德的普遍原则形成鲜明的对比，这些普遍原则要求我以一种适用于相似情形下的每一个人的方式行动。众所周知，感性的驱动和倾向，实际上，通常都与道德的这些原则相悖：它们通常产生些诱惑以破坏道德原则；并且这些原则通常都要求我们压制我们的驱动和倾向。

现在，我们可以看到道德和自然之间冲突的第二种形式。道德既要求又禁止理性与感性之间的对立。它要求对立，因为只有我们具有不可能根据它行动的感性，道德法则才有重要意义；定言命令，如康德教导的，对于从来不受诱惑违背它的天使来说，没有任何意义。但是，道德也禁止这个对立，因为它要求我们成为道德上的完美行动者，他们道德上的行动从倾向出发，并且他们并不屈从于受诱惑而基于对立于道德法则的欲望和倾向而行动。要解决这个矛盾，道德再次诉求一个假定：它使得道德完美的理想成为一个目标，我们应该通过无穷的奋斗通达到这个目标。同时，现实中，存在道德和感性之间的冲突；原则上，这个冲突应该，通过无穷的奋斗以控制我们的感性，并让它置于理性的限制下，以克服之。

　　道德和自然之间的冲突的第三种形式，在下面几段中被介绍（PS 328-9/M 369-70），它就是普遍的道德法则和具体的义务之间的冲突。现在，自然采取了义务多样性的形式，即道德法则的各种不同的内容。这些属于自然的领域，因为，根据康德和费希特，道德的对象或者内容必须是可能的经验中被给予的某种东西，它与自然的领域一样广泛。现在，我们看到道德与自然的一种新的冲突，主要的术语就是纯粹的道德原则和具体义务的多样性。这里的纯粹的道德原则只不过就是康德定言命令：我们应该按照我们可以认为如同普遍的自然法则的那种准则行动。定言命令，如康德在《道德形而上学的奠基》(Groundwork 4:416；cf. CPrR 5:27-28) 论证的，本质上是法则的形式，并且同样它内在地漠视内容；原则上，任何东西都可能是它的实例。但是，同时，它要求某种内容：对于可能的道德行为而言，我们必须根据一个具体的准则行动，并且我们必须有我们行动的某个目的。因此，义务的纯粹原则既排除又要求内容。再者，道德既独立于自然——以普遍法则的形式或者以其纯粹的普遍性——又依赖于自然——以必须根据具体活动和具有一个具体目的而行动的形式。

　　在讨论第三个冲突时，黑格尔介绍了意识的两个层次之间的一个区分，这在接下来的论证中将起到重要的作用。有一种经验的意识在我们的日常经验中起作用，并且，正常世界里的所有行动的需求都因它而产生。也有一个更高层面的意思，它自身关注道德法则的纯粹形式以及纯粹义务的要求。尽管，黑格尔并没有介绍这方面的术语，这个区分对于任何康德或者费希特的研究者都是熟悉的：

它就是经验立场和先验立场之间的区分。先验层面的意识担任道德法则的立法者，它屈从于赞同或者否定所有的经验意识的具体目标或者目的。黑格尔把一种新的要素引入这个区分，就是他提出的"世界的主人或者统治者"，它确保道德和自然之间的和谐，并且，庇佑着各种各样的具体义务（ *PS* 329.22-23/M 370）。这里，我们可以发现康德-费希特的上帝，它的本质功能就是确保最高善的道德和自然之间的和谐。从先验的东西到神似乎是一种非同寻常的跳跃；但是，黑格尔在这里只是反映一种推理的思路，这在费希特那里已经很明确了，并且这也是他非常非常熟悉的。在《论学者的使命》中，费希特（ *FSW* 6: 310）论证，一个纯粹道德的理想在上帝的理念中达到顶峰，因为纯粹的道德要求我们消灭自身所有有限的个别性的自然属性，并且成为完全纯粹的人。

3. 虚伪与替代

§b 部分"虚伪"（Dissemblance）或者"替代"（Displacement）（ Die Verstellung），黑格尔继续讨论着康德-费希特的道德世界观。相比较而言，§a 更多的是阐述这个世界观，而 §b 则是对这种世界观的批判。黑格尔已经构想好了影响 §a 中这个世界观的主要矛盾；但是他没有主张，它们是不可避免的，并且他也没有详细地解释它们。§b 的辩证法进行到进一步的一个阶段，因为它批判了在 §a 中解决这些矛盾的企图。它明确的主题是三个假定，通过它，道德意识试图解决道德与自然之间的矛盾。现在，黑格尔论证，这些假定不起作用，并且这些矛盾实际上是不可避免的。

§b 的标题是 *"Die Verstellung"*，非同一般，并且是很多评论的来源。"Verstellung"是动词"verstellen"的实质，意思非常含混。"Verstellen"可以意指取代某种东西，并且因此从它恰当的位置改

变或者更改它；它也可以意指虚伪或者隐藏某种东西，以至它具有
欺骗的含义。米勒（Miller）把这个标题翻译为"Dissemblance or
Duplicity"，而鲁宾逊（Robinson）使用了"Displacement"。两者
的翻译都是正确的。黑格尔在两种意思上使用这个术语。如所有的
黑格尔学生很快从"aufheben"（扬弃）中学到的，黑格尔珍惜德语
的含混。然而，在任一具体的段落中，黑格尔意思是什么，必须通
过其语境来决定。黑格尔自己解释了在这个章节中 Verstellung 的意
思。道德世界观是一个"矛盾的完整巢穴"，他写道，错误地引用
了康德。[5] 要避免矛盾，道德世界观来来回回的转换，首先主张一
个术语是本质性的，然后主张它的对立面。在这么做时，它欺骗自
身，并且试图欺骗它的听众，因为它认为，它已经避免了矛盾，而
实际上，它并没有。§b 的结尾处，黑格尔介绍了虚伪动机的另一
种变体：伪善。

恰如在 §a 中，黑格尔在 §b 一开始就解释困扰道德意识的主要
矛盾（PS 332/M 374）。在 §b 中的所有矛盾都是这个主要矛盾的
变体。黑格尔一开始相当含糊地谈论创造其对象的道德意识，然
后，谈到这个对象超出了它的能力。当我们把它置于康德-费希特
的道德理论的语境中时，他的观点就变得更清晰了。这里的这个对
象只不过是道德世界秩序的理想，即假定的最高善，如在康德和费
希特中出现的。一方面，道德意识应该创造道德世界秩序，道德世
界秩序应该只是其活动的产物。毕竟，道德世界秩序不是信仰的一
个对象，如在传统基督教中，而是我们行动的一个目标，即一个理
想，我在此生创造的，并且试图此时此刻就实现它。然而，另一方
面，道德意识也看到这个道德世界秩序是超越其能力的某种东西，
是身处"雾蒙蒙的远方"的一个对象。这就是因为最高善也是一个
我们可以通过有限的努力的成功而通达的理想，但是从来都没有获
得过。不管我们多努力地实现这个目的，它将永远都逃避我们的掌
握。因此，最高善的假定充满着矛盾：它应该是某种内在的东西，

是地上的天堂，但是它被证明是先验的，是天上的天堂。

黑格尔通过讨论道德意识的第一个假定，即最高善中的道德和自然的和谐，而开始（*PS* 333/M 374-5）。他对这个假定的第一个反对是，它弄巧成拙或者自我毁灭：如果我们根据他来行动，我们会毁灭我们意图创造的东西。第一个假定要求我们行动以实现这个最高善，我们努力让它成为现实。它宣称道德和自然之间应该是完全和谐的，幸福的获得与德性成正比。尽管如此，这个假定也预先假定我们无法实现它，因为如果我们要这么做，我们要毁掉它作为一个理想的地位。它不是完美的和理想的，而是被拖入自然的领域中呈现出不完美的和有缺陷的（*PS* 337/M 379-80）。最高的善要求道德和自然之间的完全和谐，同时，它也假设它们之间存在某种不和谐。因为它要求我们努力奋斗，并且，如果没有什么东西要去努力反抗的，就没有什么东西要去努力获取的。这种不和谐是道德行为的必然诱因和挑战。

这好像还不太够，黑格尔对第一个假定提出了第二个反对意见（*PS* 333-4/M 375-6）。道德意识要求，最高善的理想通过道德行为来实现。这个道德理想是普遍和必然的，因为它被纯粹理性所规定。但是，道德行为是具体的和偶然的，因为它发生在自然世界中。然而，道德行为应该实现道德理性，以使得它在这个世界上成为现实。这怎么可能呢？在黑格尔这里的论证之后，有可能发现困扰柏拉图理念论的经典困境。一方面，理念的世界对立于感性世界，因为它是永恒的和普遍的，而感性世界中的每一事物都是暂时的和特殊的；另一方面，理念的世界应该是感性世界的结构，以致感性世界应该是理念的现象。相同的困境出现在道德的理想世界和应该实现它的具体行为中。因为，道德是普遍的、永恒的和完美的；而应该实现它的这些行为是特殊的、暂时的和不完美的。黑格尔理解了道德的高要求和行为的不完美之间的张力，他写道："因为这个普遍的至善应该被实现，任何其他的善都无需去做了。"（*PS*

218

334.6-7/M 375-6)。道德，作为至善的支持者，是善的敌人。

在重创了第一个假定之后，黑格尔转向第二个假定，即一个人内部的理性和感性的和谐（ *PS* 335/M 377-8 ）。道德意识制定了严格和纯粹的义务要求，这要求我们单单为了义务而行动，因此我们抑制了所有的感性动机。道德的最高理想是圣洁的意志，在那里，我们会根据道德命令直接地和必然地行动，而不受任何欲望的诱惑或者情感的踌躇的制约。尽管如此，道德不可能完全消灭感性，因为它的需要和情感是其行动的媒介。我们从来不会从纯粹的道德动机出发而行动，而且也是因为我们的需求和欲望。就道德要成为这个世界上的一个有效力量而言，它必须接受以及适应感性的情感和需求，以之为其行动的诱因。如康德自己在第二批判中承认的，我们不仅仅是纯粹的理性存在者，而且也是感性的存在者，我们有权利要求个人的幸福，并且，他最终承认，人类可能只有按照混合动机行动（ *CPrR* 5: 25，参见 *Rel.* 6: 7 注释 36 ）。

最后，在这一章的结尾处，黑格尔开启了他对第三个假定的攻击（ *PS* 337/M 380 ）。道德自我意识首先宣称，唯有纯粹的道德法则——法则的纯粹形式——是道德的本质。它规定了一个道德立法者的理想，这位立法者根据法则的纯粹形式通过其合适性来规定准则之内容的价值，例如，它的普遍性。但是，同时，道德要求行动的某种内容、行动的具体的目的。如它坚持其自己分离于一切内容和目的，它就会只是一个空洞的抽象，普遍性的纯粹形式，而不要求我们为了任何目的而行动或者做任何具体的事情（ *PS* 338/M 381 ）。但是，只要道德接受了某个目的，具有某种内容，它就复杂化了它的简单性，它就污染了它的纯洁，它就玷污了它的完美（ *PS* 339/M 381-2 ）。在这个困境中，总的矛盾的一个变体浮现出来，黑格尔已经在 §a 开头就讲到了。道德，在其纯粹的形式性上，主张是纯粹自主的，这是所有道德法则的来源。但是，在具有某个内容上，在其行动具有某个目标上，它成为依赖于某种外在于自身的东西。因此,道德,不可能既独立于又依赖于自然。

4. 良心

§c 部分标志着开启了一个新的道德意识(*PS* 340-1/M 383-4)。现在,它试图构想一个新的立场,以避免困扰 §b 部分的道德世界观的"矛盾的巢穴"。这些矛盾出自先验的道德领域和经验世界之间,道德的纯粹理想和日常生活的行动需求之间的张力。要避免这些矛盾,现在,良心拒绝把道德置于任何先验领域中,并且它拒绝任何义务与行动之间的二元论。现在,它退回到自身之中,并且它单单在自身内发现道德。现在关键的东西,不是在其普遍性和必然性中的自我——再次成为先验的自我,我们现在试图从它撤退——而是在其所有的特殊性和偶然性中的自我。现在,我们正试图在个体的自我内发现道德的来源,这个自我实存于这个经验的世界,实存于其一切的偶然性、具体性和个体性之中。道德,被置于个体自身之中,它只不过就是良心(*Gewissen*)。良心显示自身就是个人的信念(Ueberzeugung),即直接地确定我做什么是对的(*PS* 343/M 386-7)。确定性与良心的含义在德语中实际上是相同的:"das Gewissen"告诉我们"was gewiss ist"。

在 §c 一开始,黑格尔就给我们到目前为止的良心进展的一个总的回顾性观点(*PS* 341/M 384-5)。他说,良心的自我是精神世界中浮现出来的"第三自我"。第一个自我指的伦理世界,这就是"这个人",他的实存在于承认。这个人在共同体中具有完整的身份,它仅仅是共同体的一个部分。第二个自我指的是"绝对自由",它打破了把这个人维系在共同体中的纽带。个体与普遍现在彼此对立,以至这个共同体成为个体的一个纯粹的对象。很显然,这些早前的自我是两个极端:第一个自我缺少个体性,第二个自我缺少普遍性。良心的自我没有这些缺点：它是在自身内具有普遍的个体。有了良心，我们就获得了对个体性和普遍性这些环节的一个新的综合，在意识的早前阶段，则避开了这种综合。

具有良心的道德意识向前迈出的一大步是，它已经克服了纯粹义务和道德行为之间的分离（ *PS* 342/M 385）。普遍性和特殊性的领域之间曾有一道鸿沟，并且，那道鸿沟在普遍和特殊的新鸿沟中没有架起桥梁。现在，第三个自我返回到自身，并且在个人信念的声音中发现义务，它不一定要参考某个先验的标准，然后看看它如何应用到某个具体的例子上。不再需要"以义务来忙乱的检验"，如黑格尔提出的（ *PS* 343.12/M 385-6 ）。[6]良心直接地根据它自己的价值来考查每一个实例；它直接地看看所有特殊性中的环境，并且单单由此来决定如何行动。它从其自己的直接意识，从其万无一失的直观和个人的信念而知道，它在任何特殊的境况中应该做什么。

重要的是，要理解普遍性仍在良心的领域中运作。起初，人们可能认为，对于良心来说，没有普遍的道德原则，它根据每一个实例的要求行动，并且它已经放弃了道德世界观的纯粹义务。事实上，黑格尔把良心比作第 A. I 章中的"感性确定性"，众所周知，它以纯粹直观而根本不以概念来运作（ *PS* 342/M 385-6 ）。良心似乎只是道德形式的直接性的感性确定性。尽管如此，黑格尔非常明确，存在一些涉及良心的普遍原则，并且，它仍然遵守普遍的义务原则（ *PS* 344/M 387-8 ）。重要的关键点是，看看这些普遍的原则如何在意识中起作用。它们不再是个体自我必须遵从的标准。更确切地说，它们必须遵从个体自我的信念。如黑格尔现在提出的："……现在，它是这种为了自我的法则，而不是自我为了它的法则。"（ *PS* 344.15-18/M 387 ）诸普遍原则只是个体信念的表达。黑格尔以更加技术化的语言构想了对普遍性的这种新态度：义务，对于良心而言，不再是某种自在的东西，似乎它是一个外在于它而它必须遵从的一个对象，但是它现在也是某种自为的东西，被个体内在化和占用着（*PS* 344.18-20/M 387）。

有了良心，似乎我们就抛弃了康德–费希特的道德理论，毕竟，康德提醒我们不要把良心当成道德标准。然而，如果说康德从黑格尔的视野中消失，费希特仍然在黑格尔视野中。他用来描述良心的语言，以及他赋予良心的这些具体观点，很多都是费希特《伦理学体系》（1789，《义务学说体系》）中的，这一部著作也是黑格尔非常了解的。[7]在《义务学说体系》中，费希特使得良心成为他的道德之根本性标准。[8]良心，对他来说，本身不是源自理性的道德法则的来源，而是确定道德法则如何应用于特殊事例的手段。因此，它是所有具体义务的来源。正如黑格尔指出的，费希特强调了良心的直接确定性，并且根据信念和直观来描述它。

对于良心而言，它对早前阶段取得了一些进步，但是，它也有弱点，即它的内在矛盾。普遍和特殊在良心内部的这种综合很快就分离，以致普遍和特殊的这些环节以类似于道德世界观中的方式彼此对立（*PS* 346/M 389-90）。良心主张根据它自己的价值来对待每一个特殊的例子，以了解它所有的确定性。但是，就其也主张普遍性而言，它不可能对待每一个实例，以之为完全独一无二的，如它假装做的那样。因为普遍性要求在每一种例子中找到相似的彼此尊重。普遍性的代价是抽象，它把我们移出环境的独一无二的确定性。因此，良心不得不承认，特殊和普遍之间从来都没有一种完美的匹配。因为，它越多地考查特殊例子，它就越详细地审视它们的确定性，它就发现它们越来越复杂："……这个实在性就是环境的多元性，它无限延伸，并且在所有方面上划分自身，向后划分为它的条件，横向划分为它的关系，以及向前划分为它的后果。"（*PS* 346.15-17/M 389）但是，这些环境被证明越来越复杂，对于良心而言，从环境获得一个单一的道德义务就越来越困难。更确切地说，它发现它可能获得的是多元性的义务，每一个义务都是"做正

221

确的事情"的同等的候选，它们中的每一个与另一个一样，直观上都是合理的，但是，我们失去了在它们之间做出选择的任何标准（PS 346/M 390）。为了阐明这点，黑格尔假设我们处于岌岌可危之中。如果我们选择站起来以及战斗，我们是勇敢的以及支持我们的原则，这是令人钦佩的；但是，我们也危及自身，并且危及我们对他者的责任。如果我们选择逃避，我们是懦弱的，这是卑劣的。但是，至少，我们没有危及自身，以及没有否认我们其他的责任。良心可能宣布任何一种行动是正确的，因此它不可能是在它们之间做出选择的一个手段（PS 347/M 391-2）。从这个良心的不确定性中，黑格尔获得了招人谩骂的结论："这个纯粹的信念与纯粹义务一样空洞；它在这种意义上是纯粹的，即在它内没有任何东西；没有任何东西是义务的确定内容。"（PS 346.34-36/M 390）很显然，尽管我们很努力奋斗，现在，我们返回到这种道德立场的阶段：普遍的东西是纯粹抽象的，没有任何具体的内容；普遍性和特殊性的领域，一如既往，彼此相距甚远。（PS 350/M 394）

良心漠视任何具体的内容就意味着，没有任何东西阻止它转变成为任意以及混乱。对于良心而言，最重要的是它自己个人的自我决定；某事对它是正确的，仅仅因为它需要它或者选择它。"在其自我确定性的权力内"，黑格尔写道，"它具有绝对独裁的统治权，约束和赦免的权力"（PS 349.26/M 393）。这很明显没有基础以形成一个共同体或者国家。由于良心漠视任何内容，就无法保证，一个人将会同意另一个人（PS 350/M 390-1）。现在，甚至在与另一个人的交流时都存在一个问题。正如感性确定性，当被追问确定其直接的直观时，陷入沉默中，因此，良心在面临要求辩护其信念时，变得缄默。这个问题"为什么相信这个？"对于良心而言，没有任何意义，因为没有什么比内在的信念更高的法庭（PS 351-2/M 395-7）。[9]

5. 优美灵魂

在 §c 中意识的辩证发展，最终导向一个新的道德意识形态：道德天才（*PS* 352-3/M 397）。当道德意识试图从其最大的弱点造就一个德性时，这个形态就出现了：它无法提供具体的内容或者明确的义务。良心仍然把自身看成是法则的来源；但是，现在它认为，它有很大的实力，不需要让自己受制于任何具体的法则。由于，只要良心断定它是法则，某东西就是法则，并且由于它不受制于任何具体的法则，良心认为它的权力就是神的。像路德或者加尔文的上帝。不管良心决定什么是正确的和善的，这个东西就是正确的和善，正是因为良心决定了它是如此。由于它的声音是神的，它就是天才的法令。道德天才不是简单地下意识地以这种方式行动，而是他自我意识地颂扬它。转向内在，它从自身塑造出一个宗教团体。现在，它只不过是"自身之内的神的服务"。简言之，道德天才是道德立场的自恋主义。

虽然深度地以自我为中心，道德天才仍然进入一个有他者的共同体（*PS* 353/M 397-8）。但是，它是一种特殊类型的共同体，它让自身与日常政治世界的腐败分离开来。这就是致力于培养道德纯粹和德性的一个共同体，在那里，每个人可能对另一个人完全诚实，在那里，每一个人都会顾及他人的需求。由于每一个人都是一个天才，如果他仅仅逃避了日常社会的腐败，一个平等的精神就盛行。如此这样的一个社会是一种世俗的修道院，虽然，现在，它所献身的上帝是内在的自我。

在黑格尔展开道德天才及其共同体的内在矛盾之前，他从他的哲学立场告诉我们，在那里，最终的失败在于：它在世界上缺少外在化自身的一切力量（*PS* 354-5/M 399-400）。由于，它认为世界上的任何生活形式或者行为都是污染和腐败的一种来源，它就撤回到自身中，并且麻痹自身。没有什么事情是它可以做的，因此它变得沉沦于它"自我为中心的无能为力"之中。很明显，这就是极端的主观性，完全撤回到自身的一个自我，以及拒绝行动于或者参与到这个世界的生活中的一个自我。黑格尔认为它就是第 IV. B 章不幸的意识的反面。不幸的意识最终感到无能为力，因为它把所有的外在于自身的生命的一切意义和目的都置于一个已经抛弃人间的上帝上；但是道德天才最终也感到无能为力，那是出于相反的理由：它已经把生命的一切意义和目的都置于自身之内。黑格尔引入了一个让人回味无穷的术语来描述蒙受这种磨难的这个意识：优美灵魂（PS 355.5/M 400）。因为它的不幸，黑格尔告诉我们，这个纯粹的以及透明的优美灵魂"像消解成稀薄的空气的无形蒸汽那样消失"。

　　这个优美灵魂是谁？黑格尔对此谈论了什么？这个概念有几种意思。并且它在德国文化中有一段长长的和复杂的历史。黑格尔已经在他早期的某些手稿中讨论了这个概念，尤其是在《基督教的精神及其命运》（1798）中。这里，我们不可能开启对这个历史的讨论，甚至不讨论黑格尔早期对这个主题的讨论。[10] 我们关注的仅仅是，如果有的话，黑格尔在《精神现象学》第 VI. C. c 章中想到的是谁。这个问题并不是纯粹的历史兴趣的问题，因为确定黑格尔的对话者将有助于我们重构以及领会他的论证。

　　大多数评论中的标准假设是，黑格尔攻击的是浪漫主义，尤其是诺瓦利斯、施莱尔马赫、弗里德里希·施莱格尔，以及甚至是他的老朋友赫尔德林。[11] 对于这个见解，有一些外在的证据：在黑格尔的《哲学史讲演录》中，他以非常类似于《精神现象学》中的优美灵魂的术语描述诺瓦利斯和施莱格尔（MM 20:415-18/H&S 3:507）。他们被指责将费希特的主观主义推向极端，指责他们从自己的自我中造就宗教团体。实际上，在这一点上，黑格尔甚至把诺瓦利斯描述为一个优美灵魂（同上）。然而，对于这个解释，也存在严重的问题。黑格尔在《精神现象学》中对优美灵魂的解释与实际的浪漫主义态度和学说之间也存在着巨大的差异。浪漫主义并不遵循良心的伦理学，它们并不宣扬与公共生活隔绝，并且，他们并不坚持天才的理论，这更是斯特姆和德朗（德国狂飙时期）的基本特征。黑格尔优美灵魂概念的通常解释背后的东西——必然要说——是对浪漫主义的陈旧和老套的解释，几乎不符合历史实际。由于黑格尔自己就是这样的刻板人物，他想到的是浪漫主义仍然有可能。但是，如果情况如此，必然要承认，他的批判完全失败了，指向的是他自己造就的一个怪物。

然而，如果我们考虑黑格尔反思的其他更可能的来源。其中之一就是歌德的《威廉·迈斯特的学习时代》，"一个优美灵魂的忏悔"。歌德对优美灵魂的处理和诊断预示了黑格尔章节中的许多方面：它对道德纯洁的怀疑，它对撤离世界的批判，以及它信仰自我限制的必然性（参考 PR §13Z）。另一个可能的来源是卢梭在《朱莉，或新海洛伊斯》中解释的优美灵魂的生活。黑格尔对优美灵魂的解释非常类似于卢梭小说中的主要人物，沃尔玛、朱莉和圣-普勒。他们完全是被他们的道德情感所引导；他们完全相信他们的道德纯洁；他们试图脱离社会，形成他们自己的道德共同体，在那里，完全的诚实和开放盛行。最后但不是不重要的，他们的共同体失败了，失败的理由非常像黑格尔在《精神现象学》中讨论的那些理由：他们都是虚伪的牺牲品。

事实上，虚伪是优美灵魂的致命缺点。优美灵魂从这个世界撤回到他的小共同体的生活中，因为他不想自己妥协或者堕落。卢梭，因为自然情感、一切德性的来源都被普通社会败坏了，而推荐了这样一个生活的实验。但是，问题是，甚至在这个小共同体中，这种优美灵魂不得不妥协于他的道德原则。优美灵魂想要导向的一种生活是完全诚实、开放和真诚的，并且他想消除一切社会上的不诚实、压制和顺从。出于这个理由，他选择仅仅与他的朋友一同生活在一个隐蔽的共同体之中。但是沃尔玛、朱莉以及圣-普勒不断地发现，甚至在他们之中，如果他们不想冒犯另一个人或者使得他们尴尬的话，他们也不得不隐藏他们的信念、压制他们的情感以及美化他们的意见。他们仍然主张遵从开放、诚实和真诚的原则；但是，他们在日常的生活中并不遵从这些原则。换句话说，他们是伪君子。因此，优美灵魂凭其自己的标准而失败了。它要求诚实、开放和真诚；然而，它的虚伪只不过是自我欺骗而已。

在 §c 部分的最后一段中，黑格尔描述了优美灵魂与通常的道德意识之间的争论（ *PS* 355-62/M 401-9 ）。每一方都指责另一方是邪恶的。共同的道德意识强调在日常生活中行动的必然性，并且需要履行我们的义务；它指责优美灵魂完全缺少责任心，因为，它不履行自己的义务，试图逃避义务，完全逃进它自己的内在领域。就其本身而言，优美灵魂认为，通常的道德意识是邪恶的，因为，在屈从于日常生活的要求时，它被迫放弃道德正直的理想。道德的这个原则要求，我们单单为了自身而履行义务。但是，如果我们考察日常生活中诸行为的真正动机，我们发现，它们的真正动机是财富、权力和荣誉（ *PS* 358/M 403-4 ）。优美灵魂让我们想起，没有人是他的仆人的英雄。

黑格尔认为，这个争论的双方都有真理。通常的意识有权利坚持，我们必须在这个世界上行动；但是它无法看到，我们行动的这些动机实际上通常是自私的。优美灵魂有权利认为，我们日常行动的哲学动机是自私的，但是它看不到需要在这个世界上行动。当每一方都承认其失败，原谅对方，以及承认它并不必对它更好时，这个争论的解决方案就出现了。通常的道德意识承认，在日常行动背后存在着一些自私的动机；它忏悔自己的邪恶："我就是这样的人"（ *PS* 359.24/M 405 ）。同时，它承认没有人是他的仆人的英雄，它也坚持，这个问题更在于仆人，而不在于英雄，因为一个人即使他的动机有时是自私的，他仍然可能做些违法的事情。优美灵魂承认在这个世界上行动的必然性，并且它承认，它所坚持的纯洁和正直仅仅是一种它自己的虚荣心和自尊心而已。现在，它明白，它并不比通常的道德意识更好。

在承认他们各自的失败以及宽恕另一方后，双方基于相互的自我尊重而重新进入一个共同体中生活。尽管，他们承认人们行动背后的自我利益，黑格尔认为，这个并不会破坏基于相互尊重他者之平等权利的一种生活之可能性。通过相互尊重，每一方都承认他者中的自身以及通过他者承认自身。这个自我在他者中看到自身，如他者在自我中看到自身。因为，我们就见证了精神的恢复，即我就是我们，我们就是我，但是，现在的精神比之前的精神处于更深的层次上。黑格尔主张，各种道德判断之间的相互和解和承认的行动，就是绝对精神的到来（ *PS* 361.22-5/M 408 ）。[12] 由于存在着和解和宽恕，所有的伤口都已经愈合了。正如黑格尔所承诺的，一个小奇迹发生了：没有任何伤疤。

注释

1. 黑格尔的目录表在上文中以纲要的形式出现，p. 28。——编者，原文页码。
2. 参见上文，pp. 9-10，14-16，23-24，53-58，92-116 各处。——编者，原文页码。
3. 参见下文的延伸阅读，p. 225。——编者，原文页码。
4. 黑格尔对“道德”中的这个矛盾及其含义的考查，继续了在“自我异化的精神：教化”中第一次声称的主题，虽然它们让人想到“自我意识的”第二个部分。参见上文，第 3、6、8 和 9 章。——编者
5. 黑格尔参考了康德的一段话，康德在此指出了“辩证假设的整个巢穴”（ *CPR* B637 ）。
6. 参见上文第 7 章。——编者
7. 黑格尔在他《费希特与谢林哲学之间的差异》中不断地提到这部作品，参见 *GW* 4: 49-62。
8. 费希特《伦理学体系》§15 （ *FSW* 4:163-70 ）。
9. 这让人想起黑格尔在导论中转述了塞克图斯的话，“一个纯粹的保证和另一个一样重要”（ *PS* 55.18-24/M 49 ），对垄断权威机构的斗争在主人和奴隶之间，以及在安提戈涅和克里翁之间对峙；参见 *infra*, pp. 2-3, 25-26, 27-53 各处，60-

64, 178-80, 229-30, 239-40。——编者
10. 对于 18 世纪对其意义的一个好的解释，参见 Norton (1995)。
11. 参见，例如，Harris (1997, 2: 478-508), Pinkard (1994, 207-21), Lauer (1993, 253-7), 以及 Taylor (1975, 193-6)。
12. 参见 *infra*, pp. 25-26, 229-30。——编者

参考文献

Harris, H. S. (1997) *Hegel's Ladder*, 2 vols. Cambridge, Mass.: Hackett Publishing Co.

Lauer, Q. (1993) *A Reading of Hegel's Phenomenology of Spirit*. New York: Fordham University Press.

Norton, R. (1995) *The Beautiful Soul: Aesthetic Morality in the Eighteenth Century*. Ithaca, NY: Cornell University Press.

Pinkard, T. (1994) *Hegel's Phenomenology: the Sociality of Reason*. Cambridge: Cambridge University Press.

Taylor, C. (1975) *Hegel*. Cambridge: Cambridge University Press.

延伸阅读

Brinkman, K. (2003) "Hegel on Forgiveness," in A. Denker and M. Vater (eds.), *Hegel's Phenomenology of Spirit* (pp. 243–64). Amherst, NY: Humanity Books.

Gram, M. (1978) "Moral and Literary Ideals in Hegel's Critique of 'the Moral World-View'," *Clio* 7.3: 375–402.

Harris, H. S. (1997) *Hegel's Ladder II: The Odyssey of Spirit* (pp. 413–520). Cambridge, Mass.: Hackett Publishing Co.

Robinson, J. (1997) *Duty and Hypocrisy in Hegel's Phenomenology of Mind*. Toronto: University of Toronto Press.

Westphal, K. R. (1991) "Hegel's Critique of Kant's Moral World View," *Philosophical Topics* 19.2: 133–76.

Westphal, K. R. (2009) "Urteilskraft, gegenseitige Anerkennung und rationale Rechtfertigung," in H.-D. Klein (ed.), *Ethik als prima philosophia?* Würzburg: Königshausen & Neumann.

第11章

黑格尔《精神现象学》中的宗教、历史与精神

乔治·迪·乔瓦尼

但是我们这里不考虑自为的上帝，如自然神学所做的，而是考虑
宗教与其知识不可分离的上帝，因此，我们必须阐述宗教的实存。
（*Lectures on the Philosophy of Religion,1831*, Vorlesungen 3: 353）

> 亲爱的亨利艾特，没有什么话能表达我的感受！我可以大
> 声——并且我会——在整体世界面前忏悔，我们是所有人中
> 最有罪的……现在，我们身上的东西对我自己的自我是如此死
> 气沉沉……同样是坚忍不拔的骄傲……我应该学会谦卑；我应
> 该是你的人……哦，接受我吧！（F. H. Jacobi, Woldemar *[Werke,*
> *5:461, 476]*）

精神，它自身的绝对确定性，掌控每一个行为和现实性；它可以抛
弃它们，使得它们像从来没有发生过那样。（Hegel, *Phenomenology*
of Spirit, PS 360.8–9）
宽恕我们的侵犯，如我们宽恕那些侵犯我们的人。（Matthew 6.12）

1. 黑格尔与宗教

在这篇论文中，我们关注的是《精神现象学》中宗教的经验，或者，更确切地说，关注的是我们（这些哲学家们）基于那种经验而建构的宗教概念。宗教是第 VII 章的主题，并且，在那里，宗教过渡到了绝对知识的概念。但是，宗教现象，实际上从一开始就已经存在了，并且，我们已经在第 VI 章结尾处的我们可以称为"感恩"的一种经验中见证了它的成熟形式，在那里，"忏悔"和"宽恕"起到了核心的作用。"忏悔"和"宽恕"势必需要一种特殊的社会契约。只是为什么这个契约本质上是宗教的，以及为什么我们（这些哲学家们）应该能够反思宗教本身，然后进展到绝对知识。只有在基于这个契约的一个共同体出现之后，我们才必须考虑这点。然而，在其他的一切之前，重要的是要澄清一些术语。[1]

Glaube（信仰），即 "faith"（信仰）（或者 "belief"，英文里通常都翻译成这个单词）在黑格尔的语言以及在日常用语中，通常都与宗教相关。但是，信仰与宗教这两者的意义并不同一，黑格尔通常都把它们区分开来（例如，*PS* 266.31-34/M 297）。康德就已经坚持了这个区分。宗教总是与宗教团体（cult）相关联，与某种宗教仪式相关联。在基督教传统中，它本质上是一种 agere gratias，即一种"感恩"的活动，它把一个共同体紧密联系在一起——正如 agere bellum 是一种发动战争的活动，它以此方式也把一个共同体联系在一起。相反，信仰，势必需要关于宇宙的某个观点或者其他观点，这个宇宙对人类的境况具有直接的影响，并且，因此促成了我们在宗教团体中看到的这种共同体对它的积极回应。[2] 在这个广泛的意义上，信仰本质上是理论的。康德毫无困难地接受了它的一种形式；他甚至认为信仰对于道德生活是必要的，只要它以实践理性为基础，并且以履行法则作为它的终极范围（*CPrR*, AK 5:126）。但是康德拒绝了一切邪教的（cult）的形式，他发现这些形式本质

上是迷信，充其量，是向有道德心的穷人扔去的一种安慰（*Rel.*,
6:168-170）。他接受的唯一的宗教团体是道德实践——以及，当
然，不是任何严格意义上的"邪教"。相反，黑格尔很早就承认宗
教团体的颂扬本性以及其社会意义（*GW* 5; 505, Fragments 88, 89）。
宗教实践本质上是一个共同体的实践判断的一种表现，这个共同体
规定着每一个成员与所有其他成员处于什么关系中。它是"关于
其精神的共同体的表达"（*PS* 353.34-35/M 398），如黑格尔所指出
的，它是关于自身的具体的和直观的知识。然而，广义上而言，这
个表达可能必须被建构成包容一切实例，它在每一个事例中都反映
了这个判断，即在第一个例子中建立一个共同体的判断。因此，它
也提供了，指控在其内部出现的道德责任的具体情境。宗教完全就
是颂扬一个共同体所创建的判断。虽然自身是一种实践活动，它预
先假定关于构成人类生存的某种理论承诺。这个理论承诺就是信
仰——因此，宗教总是与信仰相关联。

　　然而，重要的是要在尽可能广泛的意义上对待信仰。根据它
长期以来的英语以及德语意思，这个词的使用是与"理性"相对立
的。由于对信仰的任何陈述都必然地是以独断论的形式做出的（以
尼西亚信条为例，"我信仰上帝，这个全能的天父，天堂和地狱的
创造者"，等等），实际上，它至少传递了这种印象，即它对于事物
的本性和实存提供了一种解释性的解释，并且这个解释可能与科学
单单基于"理性"提供的解释处于竞争之中。至少，这个明显的竞
争已经是以及仍然是信徒和科学家之间，教堂的权威或者《圣经》
与理性的权威之间的很多冲突的来源。但是，这样的竞争在这样一
种文化中可能没有，以及仍然不可能有任何空间，这种文化即理性
在其中还没有获得它在现代世界具有的这种反思性的意识或者实践
的自主。对于安提戈涅来说，相信她死去的但仍未埋葬的兄弟的精
神力量，不是一个科学立场的问题（虽然它是一个体现国家法的理
性立场的问题），而是服从自古以来每一个人都接受的方式，包括

228

国家之父。信仰和理性之间根本就没有冲突。只有当理性在现代开始自为地主张解释性的霸权时，这个冲突才会出现。而且，这个冲突现在必定出现。这是一个必须要强调的点。解释必然倾向于要完成。一旦科学和信仰的这个区分已经做出，不管是一方的解释还是另一方的解释，它本质上都是霸权的。传统知识分子们试图在两者之间做出的调和注定是要失败的，如在启蒙运动时代他们实际上所做出的。

现在，黑格尔自己认为，信仰本身是理性的一个产物。启蒙运动中信仰和理性之间的冲突实际上是家族世仇，在这个世仇中，信仰，尽管由于其表象的人性丰富性而优越于新科学的形式主义，但是它已经进入到与科学的对话中，因此注定要输掉。因此，它自身已经屈从于批判性的自我反思，并且这就暴露了它自己的合理性（*PS* 295-6, 310.1-3/M 331-2, 348）。但是，哲学，对于黑格尔来说，不仅仅是解释性的知识。它是智慧（Wissen），而不只是认知（Erkennen）："智慧"（wisdom），不只是"认知"（cognition）。并且，在逻辑学中，这个智慧在"理念的理念"中达到顶峰，即完全地理解观念化的过程，通过这个过程，思想自为地通过把它转变成为一个有意义意向的宇宙，而把握原本只是"存在"的东西（或者，以更具体的语言来说，仅仅是"被给予的自然"）。哲学，对于黑格尔来说，是一个自我认识的问题，澄清人们在自然中的地位的问题。但是，如果宗教对于作为宗教团体和信仰的人类生存是本质性的，那么，必须在一种这样的文化中采取什么样的形式呢？这样的文化即，在其中，科学是唯一的解释宝库，行动是在完全理解精神本质上意味着什么的情况下进行的。这个问题现在恰恰非常迫切，恰如黑格尔那个时代。并且，很有可能，黑格尔所谓的答案，在传统上，已经是非常不同的各种解释的对象，因为，他实际上从来没有给出一个明确的答案。他不可能给出一个明确的答案，因为那个时代不允许。它们过去不允许，恰如现在它们仍然不允许的。

但是，应该在结尾处返回到这个问题。这个时候，它只用于激励我们跨越《精神现象学》的道路。

2. 宗教经验

2.1 精神与自然

我已经强调了宗教的生存论的特征，并且已经把它与自然联系起来。这些举动的正当理由就在黑格尔那里。我们在第 VII 章开头就被告之，宗教在一定意义上是精神的完成（die Vollendung），这个意义即，正是精神本身作为绝对本质的意识，目前为止已经出现的所有确定形态都起源于以及返回到这个绝对本质，这些形态是黑格尔审查过的（意识、自我意识、理性和精神）（PS 363-364.32, 366.9-13/M 409-12, 413）。换句话说，宗教是一个作为具体个体之精神的现象。同样，它必然从一开始就出现了，它是所有我们（这些现象学家）目前为止已经逐一考查的所有这些经验的不言而喻但统一的基质。它已经在这些经验中出现了，如黑格尔现在提醒我们的，但是以受如此经验之抽象性限制的形式出现，作为现象，一般而言，它是其他众多现象中的一种现象。现在，是时候确切地考虑它本身，作为意识，精神一开始就具有它，虽然仅仅是隐性地（PS 366.14-367.26, 108.34-35/M 414-15，110）。人们应该不会在假设精神这点上犯错，这种精神，似乎是某种宇宙的人格——虽然，这完全是信仰在虚构的内容的媒介中所做的。在《精神现象学》的语境中，任何如此的举动堕落成为某种误导性的自然神学的立场。这里讨论的精神的这个自我意识指的是认识到自身是一个特殊共同体的成员的诸个体，如我们应该看到的。更为重要的是，精神的自我意识是一种成就：精神仅仅在参与自然和超越自然时才获得历史的

229

实在性。正是在那里，在其与自然的交涉中，它遭到驱赶并且面临着激发宗教实践的生存论问题。这些实践恰恰是不可避免的，如同精神参与自然那样不可避免。黑格尔注意到，宗教不在"理性"的意识中，即第 V 章，也许是因为，在那一章考查的意识中，自我呈现的这个态度是典型的科学（不管是理性主义的还是经验主义的）。它自身远离于它自己的主体性——换句话说，它成为一种脱离肉体的观察者或者探究者，对他们来说，可能不会出现（也就是说，正式地）生存论的问题以及因此也没有宗教（参考 PS 363.17-20, 249.13-15）。但是，尽管宗教是这样一种现象，即它是《精神现象学》之对象的历史"自我"的最形象化的表现，我们（这些现象学家们）只是现在在第 VII 章中才正式地转向对它的关注。因为，直到现在，凭借我们观察它的意识和《精神现象学》中被观察的意识两者所获得的这种经验，是理解它的本质的必然概念。

这个概念是什么？或者，更为重要的是，导向它的这个经验是什么？在第 VI 章的结论部分，恰恰是在正式地引入宗教主题的最后的感恩经验之前，黑格尔描述了一场冲突，他所描述所运用的语言把我们带回到第 IV 章威望之战（PS 344.33-35/M 388）。在早期的自我意识的战斗过程中，一个"自我"的首次形象出现了（PS 109ff./M 111ff）。[3] 话说回来，威望是有争议的。然而，在第 VI 章中，这个冲突关注的是真理的对立主张，诸个体基于他们个人良心的排他性见证下在他们真理的绝对确定性中进展（PS 343.19-39/M 386-7）。这就是一场这样的冲突，在冲突中，对于任何冲突的看法来说，任何其他的主张必定必然地显现为不仅仅客观上错误的，而且也基于主观上不正当的根据而进展（PS 350.1-31/M 394）。在暗指这场原始的威望之战时，好像黑格尔想要提升和揭露，以看看两场斗争之间进行的整个经验范围——似乎是，被两场战斗包括的。因为这两场战斗是人类境况的极端典范例子，也就是说，任何人绝对地断言自己的价值，因此把自己提升到精神的地位，这是不可能的，同时不从某个单一的自然立场来断言它，实际上，就是不以一个偶然的内容赋予这个价值，这必然就与同样地从单一立场绝对地断言的其他价值相冲突。[4] 在威望的原始战斗中，没有"恶"的问题，因为没有对自我的足够反思以把一个私人的欲望提升到普遍的地位，即一个骄傲的问题。威望并不必然骄傲。但是，骄傲，圣经上所有恶的根源，在最后的冲突中是有争议的，并且恶是威胁共同体生活的最终威胁。黑格尔在第 VI 章的结尾处克服了它，他援引了忏悔和宽恕的语言。我们应该返回到它。唯有这样，基于标志着从发动战争（agere bellum）到感恩（agree gratias）的过渡的这个语言的实力，第一个具体的诸个体之共同体被紧密地联系在一起。如此这样的一个共同体本质上是典型的宗教共同体。它如何从原始的战斗中出现？或者，再者，在弥合联系冲突和宗教的这两场战斗的经验中，这些要素是什么？以及，因此是什么使得从"战争"到"感恩"的过渡成为可能，或者使得第一次明确地出现宗教共同体的自我意识成为可能？

2.2 自然的魅力：宗教态度

在《精神现象学》这一段描述的第一次战斗是这本书中最知名的一个。一个意识有机体获得自我意识，以及至少在与另一个如此之类的意识有机体的相互承认的活动中获得了随之而来的自我性的开端。每一方都在意识到它是其他意识的对象时意识到自身，并且意识到这个他者本身就意识到是另一方的意识的对象（PS 110.1-16/M 111-12）。但是，为什么这个相互的承认活动必须采取一场冲突的形式，以及为什么它必须出现，也就是说，不可能就是自然的一个意外？对于这两个问题，答案是相同的，也就是说，因为，通过自身就是自然产物的某个过程，这两个有争议的有机体已经获得了概念化的能力（参考，PS 110.35-112.2/M 113）。因为，概念化就意味着抽象，反之，抽象就意味着，每一个有机体可能碰巧在任何时候欲望的不管何种特殊对象，即使出于最自然的动机，也被认为仅仅是一个如此之类的可能对象，对它的欲望就仅仅是一种如此之类的可能欲望，以至，在欲望任何对象时，对它的欲望，而不是这个对象本身，成为首要的问题。人们对"这个"的欲望而不是对"那个"的欲望（即使"这个"似乎是，物理上而言，唯一可用的选择）为什么要求合理论证呢？换句话说，此外，对一个事物的自然欲望会是什么，现在成为（至少原则上）对它的一个主张。正是这一有机体准备支持的一个欲望，现在成为一个对话的主体。但是，一个主张除了在一种诸多对立主张的领域中没有任何支点，在这之内，对于这个主张的有效性而言，最为重要的完全就是，它要求承认。威望，以其最原始的形式，就是来自这个承认的满意。它应该只有通过一场战争被剥夺，以及如此一场战争应该必然地发生（也就是说，人类历史必然开始于冲突），这遵从这个事实，即一旦各种欲望被概念化塑造成无限，自然就必然地仅仅成为一种量化。我的意思是：人们不可能主张有权无差别地获得"这个"或者"那个"，以及对"这个"与对"那个"是一样的，并且要求，这个被某个其他人承认的主张同样有相同的权利，而"这个"或者"那个"并不立刻成为两位主张者同时占有的一个狭小空间。它们假定的平等的主张不可能基于相同的根据而被提出，且不相互干扰。因为每一个主张原则上都是整体根据的一个主张。自然动物事实上可以避免战斗，如果它们恰好有足够的空间以共享的话。但是概念式主张不可能，因为它本质上得对造成空间的不足负有责任。当然，限制可以建立起来。但是，一个限制要有意义，完全因为它避免了现实的或者威胁性的冲突——一个预先假定的冲突。只有在不可避免的冲突的情形下，如不同的个体天生倾向于占有相同的空间，如此之类的诸个体的一场真实的遭遇（而不仅仅是偶然的聚集）才会发生。对于黑格尔来说，社会并不开始于爱（虽然它应该以及可能在爱中达到顶峰），而是开始于斗争。

注意，黑格尔如何在刚刚概述的范式中成功地引入了超越自然的环节，而同时以此来保留自然的连续性。一方面，通过抽象概念化的力量，一个其他的纯粹自然有机体获得与它自己的自然过去保持距离，它把自身看成是不仅仅被偶然发生的情形而且也被（概念上）可能发生的情形所规定，因此，在决定对相同情况下的他者采取什么情形时，是可回答的。另一方面，它要求的抽象能力本身是自然的产物（一个新的有机复杂性），并且不管它现在可能鉴于它而采取何种行动的路线，都会有不清楚的自然结果。人们不可能在不冒生命危险的情况下而参与战斗以获取他人的承认，也就是说，不冒终结整个人类的计划的风险的情况下（*PS* 112.3-18/M 114-15）。这个风险使得承认的事情成为严重的生存论问题，而不只是一场诸主张的游戏。一个对另一个负责，同时对自然负责。这两种负责的秩序是不可分开的，一个连续着另一个。的确，黑格尔是一位观念论者。正是因为概念化的抽象能力，自然（用现在一个流行的表达）成为有魅力的；或者，换句话说，自然，对我们来说，呈现出典型的人类的意义。人们参与到威望的战争中，害怕战争可能会有的自然后果。这个害怕不仅仅是动物对于死亡的恐惧，而且更是对自然可能为我们准备的东西的恐惧，因为，在超越它的努力方式上（通过使得威望而不是饱腹感成为人们主要的关注点），我们正在诱惑它——敢于挑战其似乎匿名的力量。自然假定了一个隐藏的敌人的形象，因为我们使得它如此。

在第 VI 章的结尾处，自然呈现的最终的风险指的是罪行，不是因为自然是邪恶的——自在地看，如康德所认识到的，自然是无辜的（*Rel.* 6.34-35）——而是因为精神通过绝对化依赖于它的良心的单一性环节来诱惑它。现在，这个风险指的是精神的思维，因为接踵而至的冲突可能会削弱构成精神生活之相互承认的可能性。宗教共同体的兴盛是对这个风险的回应，并且，宗教实践，实际上，一般而言，一开始，就是精神对魅力自然的匿名力量的回应。但是，在最终的兴盛之前，精神必须穿越一段长长的道路。我们可以列举它们：顺从、不满、不幸、自我满足、内疚——每一种态度，如我们现在必须看到的，都与宗教实践的不同形式相关联。

2.3 顺从的悲哀

在黑格尔对原始的威望战争的神话式重构中，没有宗教问题，除非我们把如此之类的战争之仪式化当作史诗时代的特洛伊城墙前以宗教团体形式发生的战争，战士们相信，在发动战争时，他们实际上涉及的是作为理论对手的诸神之间的一场冲突。但是，完全是在如此之类的一种史诗社会的习俗中，黑格尔找到了精神在超越自然时在自然面前经验到的客观化的恐惧，即在设定自身为精神时（ *PS* 363.21-23, cf. 255-56/M 410-11, 283-5）。一方面，现在非常有魅力的自由，存在着这种匿名的力量，一种宇宙的正义（dike），它掌控着所有事物的秩序，有规律地导致个体性的人的诸行为走向悲哀。另一方面，存在着这些行为本身。它们是特殊的自然欲望的产物，它们由于概念化而被提升到审慎选择的地位，它们是特殊的，而有意图普遍化，就必然倾向于扰乱事物的普遍秩序。这样，它们不可避免地以正义之手来要求矫正。每一方都构成一个判断——普遍的正义之判断无法适应它被传递于这些行为之特殊性，因此，通过消灭它们来矫正它们引起的无序状态。一个特殊行为的自我判断需要通过审慎，以及因此，完全出于这个理由，需要把自身设定在事物之普遍秩序之上。当时，两种判断都是一个判断的两个方面，事实上，这位史诗式的个体对这一判断负责任。正是这一判断无法和解自然的特殊性与精神的普遍性（ *PS* 252.2-34/M 280）。我们知道这个，史诗式的个体不知道。因此，他不可能不认为他的行动是被一个更大的秩序凌驾，实际上，虽然是无意的，但是他们扰乱现有秩序。自然以普遍化的正义之形态威胁着他，作为命运，唯有其面前的顺从之悲哀（刚刚列出的第一种态度）才是可能的。因此，正是俄狄浦斯，采用了一个完全合法的行动方针（"合法"是根据他自己的个人立场），发现自己进行着一个更大的阴谋，而他没有参与撰写这个阴谋的脚本。对此，他理所当然要蒙受苦难（*PS* 256.1/M 284）。

233

　　宗教团体通过颂扬行为来介入，以救赎原本只是苦难的东西。当然，存在着天上诸神的宗教团体，城市的守护神代表着理性，例如在一个特殊的共同体中获得了反思性意识，并且已经被载入法律之中。但是，这些神本身服从正义的规则。更重要的是，这种慎重态度，即家庭通过埋葬仪式，人性化（因此救赎）原本只是已故成员之死的生物实践（*PS* 242-5/M 267-72）。这些成员在死亡中获得的他们可以具有的唯一普遍意义即单一的、自然的个体，也即是通过加入家庭的神中。同样，现在，作为地下世界的一部分，他们仍然能够影响有生命的东西，他们把那个世界的黑暗力量带来以报复那些侵犯他们的人。这些力量代表着相同自然的匿名的、无意识的，仍然不合理性的一面，这一面以不同方式假定着正义的抽象形象——通过这一面，后者践行着对自然魅力束缚着的人们的控制。在史诗文化的世界中，这个力量的宗教团体被赋予家庭女性成员，出于这个理由，因为她们矗立于精神和自然的交叉点上，她们最能使用产生对两者的一种新的创造性的重新安排。因此，正如这个著名的故事所说，安提戈涅埋葬了他兄弟的身体，公然无视国王的禁令。她是在对地下世界的暗影的敬畏中这样做的，如家庭里的任何一位其他女性，但是，这一次她以法之名，她认为这个法高于所有其他的法，正如普遍性的正义：

　　　　它们不是昨天的或者今天的，而是永恒的，虽然没有人可以告诉我，它们来自哪里。（索福克勒斯《安提戈涅》）（*PS*

236.10-11, cf. 381:23-27）

　　这里，我们已经第一次和解了普遍的判断和个体的判断，诸问题成为第一个明确的"自我"。安提戈涅，是女性，她属于冥界的宗教团体（cult of underworld）。然而，通过审慎地违反了代表明确的理性声音的城邦法，她已经步入了后者的领域，并且，现在，具有了典型理性声音的普遍性主张，但是是以一个已故个体的名义，她宣称的一个责任如同正义的力量一样普及。后者，因此被转变成为理性的法——它的判断不再是对普遍宇宙秩序的矫正，而是对违法行为的诉讼，一个个体做出的以及为了个体的行为。

　　这个法的主体就是"法律的自我"，三个"自我"中的第一个（其他两个自我是文化的自我和良心的自我），黑格尔在第 VI 章中的一个总结中列出的（PS 341.17-342.3/M 384-5）。它的声音是安提戈涅听得到的声音。因为它说出了她的特殊语言，但是，是作为来自远古的声音而被她听到。它就已经是一个个体的良心的声音。但是它是一个良心，仍然不知道自身是良心。把安提戈涅与最终的宗教共同体（religious community）分离开来的这个距离完全就是良心在获得自我理解之前必须跨越的距离。对此，其他两个自我必须在这个场景中出现。

2.4 不满与不幸

　　从历史上来讲，法律自我的世界指的是罗马帝国。在这个世界上，对判断的这种支配形式是理性形式主义的产物，在这个意义上，诸个体受其制约，实际上，明确地就是"自我"，但是，抽象于它们自然地规定个体性的需求。他们被赋予了各种权利和特权，但，矛盾的是，他们作为人是匿名的。在这个方面，判断对它们施加的力量与正义的力量没有什么不同，除了它不再隐藏在无意识之中，而是在光天化日之下践行。这个"自我"，作为权威的来源所体现出来的"自我"，因此，就像是强有力的世界之主宰者——他以理性的人的声音说话，但是，像一个盲目的宇宙力量，不受任何个体需要的影响。它的理性判断的最后效果实际上就是以不同方式破坏习俗的、自然的做事方式，并且，因此在这个世界上再次释放出，矛盾地非理性力量，这种力量在迄今为止公认的世俗中仍然存在（ *PS* 260-3/M 290-3 ）。

　　为了理解向接下来的一种文化的过渡，对这个世界而言，要把握的关键是，构成它的这些个体，虽然在法律上被赋予权利，但是其感觉和行动本质上仍然像奴隶。他们知道，他们在其内部活动的这个世界是他们的世界，即一个理性的产物，这个理性是每一个人的理性。他们有自由，但是他们的自由破坏了他们实际生存于其中的世界的实在性。斯多亚主义和怀疑主义知道这点——斯多亚主义是隐性地，怀疑主义是明确地。他们作为知识分子，有脑子的知识分子而知道的，虽然他们中的很多人已经成功地把他们的宇宙理论和辩证实践转变成为脱离于严酷的沧桑生活的和平生活方式。然而，他们需要脱离的这个事实本身就见证了他们感觉到的潜在的不满，也许不是作为思想家，而确实是作为人类的个体。我谨慎地选择"不满"这个词汇，作为我们列出的第二个态度。这不是一个"不幸"的问题，至少不是黑格尔的"不幸的意识"的不幸（稍后会详细讨论这个问题）。这里，没有异化，没有任何与之相关联的不幸，因为，这些法律的个体所生活于其中的这个世界，是他们生存的唯一的世界。它是他们的世界，并且这个不满是由于他们的情感，即，在他们这个世界上，他们被限制，甚至因赋予他们权利的自我而失去人性（ *PS* 121.23-39/M 126 ）。因此，人们可以理解，渴望和解普遍自我和个体的自我，在前面的部分的"心之破碎"（在适当的地方也有更多的表述），如何将在这个世界上扎根，并且，为什么这个信仰要在群众中获得根基，这些群众是世界的主宰者已经假定的一个身体，像每一个的身体那样的，并且，因此已经以一种新的尊严投入人类个体的最自然方面，包括苦难与死亡，这在伦理世界中，被留给照料家庭的女性：

> 绝对精神自在地为自己、从而也为自己的意识赋予了自我意识的形态，这件事现在是这样显现出来的，即这意识是对世界的信仰，精神作为一个自我意识亦即作为一个现实的人而存在着，自我意识对于直接的确定性而存在，信仰的意识看到、触到和听到这种神圣性。于是，信仰的意识就不是想象，相反，它在人那里是现实的。（ PS 404.33-405.1/M 459 ）

当然，这是在上帝的道成肉身中对基督教信仰的演绎。但是，黑格尔并不是要释义圣经。更确切地说，他正系统地编定自然假设的新意义，并且这种新的可能性对于人类的行为是有用的，如，在魅力的自然中的概念工作就成为更明确地对自身的意识。

世界的主宰者实际上已经通过摧毁无论何种类似自然的社会安排而精神化自然。他的工作就是一种破坏，而没有因此就不是精神的。现在教化是这种过程，通过这个过程，这个工作的已经精神化的自然被明确地造就出来，并且它的有效性转变成为某种肯定的东西。这个教化的世界就是这样一个世界，在这个世界上，这些当前分散的精神力量重新规范自身，因此为一个仍然抽象的精神创造一个可见的实体（ PS 264.10-265.4/M 294-5 ）。似乎，在这个世界上，诸个体故意地设定魅力的自然。当然，历史上而言，他们并没有看到自身的这个作用，我们看到了。他们所做的，实际上，是要再次利用所有非理性的力量，这个法律的自我已经通过神圣化自然和社会的每一个方面而释放出来，即，通过把所有的事物解释为要到来的荣耀世界的象征。"信仰"现在上场了，因为，在道成肉身的上帝之信仰中上演的普遍性和单一性的新的重新安排以叙述的形式被表述，在一种想象的、异化于理性的媒介中表现出来。因此"异化"也是如此，因为信仰把这个世界当作人类的真正的家园，实际上是理性所无法理解的，相反，当下的世界呈现出一个陌生的地方，陌生的居民住在陌生的地方。随着异化而来的也就是"不幸"，我们列出的宗教态度的第三种。这个不幸不是一种不满。相反，现在确定地满足于，人类的使命就是一种光荣的本性。但是，这个满足仍然不是现实地自为地表现出对它的辩护——其中还存在这种不幸。现在的工作是克服这个不幸——实际上，就是把信仰的先验世界带到这里的这个世界，以致，再次只会有一个世界，正如处于合法状态中，但是现在还不满意——是教化自我的工作（ *PS* 265.4-266.23/M 295-6 ）。黑格尔在第 IV 章的结尾处对这个世界特有的宗教实践进行了反思，以好几页纸出色地总结了西方精神的整个发展，从中世纪早期本笃教会的边缘工作到改革后的耶稣教会的神之荣耀工作（ *PS* 122-31/M 126-38 ）。[5] 对于我们来说，更为重要的是，要看到这种明确的良心自我如何出现的，这是在第 VI 章这些实践与之关联的社会安排中发展的。

236

2.5　自我满足

因为这个文化世界的异化本性，它的结构充满着内在的分裂（ *PS* 266.26-267.5/M 296-7 ）。一方面，把它带入现实的这个工作直指它的超验要素。在这个领域的这些劳动者们就是牧师和哲学家。它们的工作基本上就是被对所有事物合理性之首要洞见所支配的理性工作。但是，这个洞见仍然只是在原则层面上的，它仍然不能够把自身转变成为一个关于宇宙的具体图景，因此，就是空洞的，恰如它是无所不包的。信仰进入进来，它通过以想象的光荣的超越世界来充实它而弥补这种空洞性。这里就是信仰和理性之间的这个区分（以及可能的冲突）成为惯常的区分之地。另一方面，也有日常的实践领域，在那里，到处都是对象，这些劳动者们都是各种各样的力量的中介人（*PS* 268.18-35/ 298-9）。然而，也是在这里，对超验的东西的因袭也没有错过，因此，这些劳动者们被划分为两类：一类是这些人，权力，对于他们来说，意味着为所有人的福利而服务于国家，换句话说，这些人明显地不是为了自私的目的而行动，而是在高度的特殊化自然需求之上的行动；另一类这样的人，相反，他们公开地寻求财富以为了完全满足这些需求。后面这些是这种人，他们为了服务的理想而提供具体的内容——并不不同于牧师为了哲学家们的理由而做的，只是在他们的情形中，这个内容是现实的（*PS* 270.10ff./M 301ff.）。

现在，文化世界达到的顶峰以及同时消解的这个过程就是这样的过程，即这些区分彼此相互干扰，最终崩溃。它们必须崩溃，因为它们是激发他们世界的一个真理的所有异化的表述——也就是说，上帝与我们同在，因此，精神的超越性，除了在此时此地的自然受限制的特殊性中，在其他任何地方都寻求不到。黑格尔以一种解释编定这个过程，即这种解释在概念上很出色，恰如它在历史上令人惊讶地精准。一方面，存在着理性的洞见，它在努力在自然中发现实现的自身时，发展成为一门普遍的现实自然科学以及具体的自然人类行为科学。黑格尔在第 V 章独立地考虑了这个工作，只是在第 VI 章重新获得它的结果，在这点上，文化的整个世界准备崩溃。[6] 在这里，理性超越自然与社会，理性与信仰在这里发生公开冲突。这场冲突中，信仰注定要失败，因为，如我们已经说过的，在科学的争论中，它揭露了它自己的合理性（di Giovanni 1995, 66）。另一方面，在实践的领域中，这些在服务和财富领域中的劳动者们，在不同社会语言的媒介中定义以及重新定义自身——前者，为了弄清楚什么构成了一个社会中的合法权威（实际上，为了确定"服务"的意义）；后者，为了承受致力于满足个人自然需求的不适，因此而辩护他们在社会中的地位。这个也是一个不可能得到坚持的区分。人们不可能在服务国家的工作同时不获得财富以及因此满足纯粹的自然需求。人们不可能在工作中积累财富而没有因此也促进整个社会的财富，因此，实际上，他们做了服务的工作。各种不同的语言在不同的时代被发明出来，是为了制度化这个区分，以最终让位于哲学家的语言，在这种语言中，所有的差异都是相对化的，并且任何价值都被表明同样是它的反面（*PS* 283.17-33/M 317）。

　　避免陷入盲目的信仰中，晚期启蒙运动的受教化的个体在这个点上没有任何选择的余地，只能沉溺于自鸣得意地满足消解任何被认为与其对立的事物，或者同样自鸣得意地满足于哲学家们，即现在的新世俗神学家们，对于他们来说，宇宙中的一切尽可能地都是好的（cf. *PS* 310.35-36/M 349）。这个态度（第四种）可能显现为古典的怀疑主义和斯多亚主义的一种返回。实际上，它是完全不同的东西。因为这个其承载者的自我是不幸意识之自我的继承者，这个相同的自我开启了教化的整个过程。并且，这个理性，现在被认为普及全世界，根本就不是什么抽象的东西，而是基督教上帝的继承者，这个人格化的上帝，他的知识甚至延伸到了其头发上。对这个新的自我的满足，要求一个新世界——然而，不是一个超验的世界，如在教化开始的世界，而是一个此时此地的社会世界，它使得无处不在的严格的这个神的理性成为可见的。这些哲学家们已经在一个宇宙的理念中客观化了它，在这个宇宙中，任何发生的事情都是贡献于整体的完美的。在这个世界上就没有宗教信仰，但是的确有一种宗教。它就是普遍理性的宗教。黑格尔称之为有用的宗教，在这个意义上，每个事物和任何事物仅仅作为整体的一个工具才有意义（*PS* 305.24-35, 314.8ff./ 343, 353ff.）。转换成社会，相同的理念成为一个社会的计划，在这个社会中，每一个成员意愿它的个体善就是整体的善（*PS* 14-26/M 6-18）。由于行动必然地表明个体之为个别性的，因此，必然就对立于普遍，正是在这个社会中，很清楚，每一个人原则上都是对整体的威胁，每一个政治行动方针最终都是对共同善的背叛（*PS* 319.18-320.33/M 359-60）。因此，个体是作为共同体之一名成员履行其使命，他承认，在行动时，它因此已经犯罪了，除了消灭作为个体的自己外，没有任何其他的补救措施。合题必须要求他自己的惩罚。视希腊悲剧英雄为一个非个人的力量，这个命运现在是对一个社会的明确判断。历史上而言，这就是被法国大革命创造的社会。它崇拜的就是断头台的工作，这是被哲学家的语言引起的大脑流动性的实践对应物。

2.6　内疚与宽恕：宗教共同体

238　　　　之前，我已经说过，在理性与信仰的冲突中，后者注定要失败。但是从一定意义上来说，塑造这种文化世界的这个理性也已经失败了。关键在于，这个理性内在地就是实在论的。像伦理世界中的这些任务，这种文化的自我仍然以客观的术语来描述实际上只是概念的和社会的成就的事件和情形，好像是在一副宏大的宇宙画布上。断头台的崇拜非常清楚地表明，在社会问题上采用这个客观化的立场的危险所在。但是，启蒙理性在这个方面的失败已经在第 V 章的结尾处被黑格尔指出来了。不太可能这样解释一个社会的宇宙，即在这个社会中，一个自我真正地有家园的感觉，而不采用一个行为者的立场以及相应地定义法则的立场，即不放弃理性客观化第 V 章的立场（cf. *PS* 193.5-17/M 211）。安提戈涅第一次无误地听到了良心的主观声音，她在《精神现象学》这一章结尾处首先出现并不是偶然的（*PS* 236.10-11/M 261）。现在，假定，这个文化的自我最终承认，它目前为止已经假定的超越它的这个秩序，实际上是它自己富有责任的秩序，以至任何在它的知识和关于它的真理之间的反题都会被取代（*PS* 323.25-324.4/M 364）。也就是说，它承认，这样的一个秩序是理性自身为了他自己的主观满足而要求的秩序，理性现在被认为是主观活动的体系，这样的话，以至于认识自然实际上就意味着，承认后者符合这个主观地被规定的秩序的程度，以及行动就意味着把这个秩序产生的诸价值强加给它。这个假设的结果就是黑格尔称的"道德秩序"，明显历史性地参考了康德。

这就是《精神现象学》中的一个关键性的举动。起初，似乎可能是，它重新陈述了实在性的两层见解，如我们在教化的开始时有的，这次显现的这个划分"应该是什么"和"是什么"之间进行的，以及它在努力完全克服这个区分时，把信仰带回来起作用（*PS* 25.16-24/M 366）。但是，没有什么可能是进一步来自真理。这个"此时此地"和这个教化世界的"超越"，可以说，共享着一个连续的空间，一方只是通向另一方的朝圣之路。然而，启蒙理性已经创造了一些新的稀缺性的空间。理性现在是唯一起作用的因素。它的世界是被"应该"所产生的，这个世界是唯一具有合法地位的世界。有一个经验上可理解的自然（毫无疑问，事实如此），它抵制着后者的秩序，事实上就是这样一种情形，最终没有任何解释。自然，作为被给予的，因此，呈现了现象的特征——不是一个超越的世界的显现出来的"现象"，而是"纯粹现象"的意义上的现象；不是"揭示"意义上的而是"隐藏"意义上的。由于在道德视角中有两个世界，道德信仰的引入完全是为了努力满足，在一个内在对立于它们的自然环境中，试图实现意图时遭遇到的生存论的困难。不像早期的信仰，它已经不是知识，虽然"好像穿过了黑暗的玻璃"（1 Cor. 13: 12），因为它的意向对象是公开自相矛盾的。确切说，它是对确定信念的承诺，纯粹是出于实用的目的以满足一个其他的生存论上不可能的情形（*PS* 341.2-6/M 383; di Giovanni 2003, 379）。从黑格尔立场来看，它是另一种掩盖的虚伪的方式，从道德义务和自然需求的立场来回转换，而没有和解双方，这就是道德观点的特征。

　　这个虚伪使得真正的个体行为成为不可能。有意义的是，黑格尔指出这个道德的"我"是"不说话的",并且在他的"自我"清单中并不包括它(*PS* 351.24, 343.19-23/M 396, 386-7)。这个"我"尽管具有德性,迫使自我从开明的观点来看待可能显现为一件极端的疯狂之事,但是,实际上,唯一的举动在生存论上是可能的。那就是一起断言,似乎是暴力的,这两个术语,在事件的道德观中处于矛盾之中,也就是价值的普遍性与自然内容的特殊性之间的矛盾。[7] 现在,良心的声音成为关于我们是谁以及我们必须成为谁的最终判断来源。安提戈涅已经提到了这个相同的声音,它现在终于出现了。这个声音的意义在于,虽然是某人完全语境化的声音,但它拥有普遍的权威。作为个别的个体是普遍价值的贮存库。我们返回到最开始的问题,但是现在有了巨大的差异,因为这个个体现在对他或者她的个体性的重要性具有完全的反思意识。安提戈涅让位于罗马的"道德天才""优美灵魂",对于它们来说,内在的声音就是上帝的声音,对它的直观就是对上帝的崇拜(*PS* 352.35-353.2/M 397)。随之而来的就是一场新的战斗,因为我们再次有了关于诸多自然个体的冲突。但是,现在这个竞争不是在对自然的无限欲望之间,这样的欲望只是使得自然本质上成为稀缺的,而是在关于什么算作自然的真正意义的竞争的证词之间。以此方式,这场冲突仍然是主张自然是"我的"以及不是"你的"主张之间进行的。但是,"我的"和"你的"现在假定了道德视角的这些形态,并且自然对每一方竞争者的威胁(现在这些视角的战争根据)在于,如他或者她以普遍的意义投入自然的特殊性上,他或者她正在对普遍的东西犯罪——实际上,切断了他或者她自己与人类共同体的关联。实际上,在这个威望的新战争中,每一方竞争对手传递给他或者她的对手的判断是,在僵硬地坚持他或者她的信念时,这个对手内疚于邪恶或者虚伪(*PS* 356.7-10/M 401)。如我们之前说过的,这些威胁不再仅仅是死亡,而是精神的死亡。

这个阶段是为了宗教共同体的兴盛而设定的。我之前也说过,宗教是共同体关于自身的具体言说。这个言说对于所有一切都是最根本性的，因为它是关于个体本身的，因此包含所有之前自身内的判断，似乎是在一个矩阵中。如此之类的判断就是，解决人类经验中普遍与个别的冲突之一切企图。我说的是"解决"，而不是"消灭"，因为，根据黑格尔的分析，这个冲突是经验的动力，以及其本身虽然是有希望创造性地被控制的，它是永远不会被消灭的。然而，现在在这个已经实现的关键上，能够自我意识到邪恶的诸个体之共同体之可能性是有问题的——诸个体的，换句话说，是以其特殊性的极端形式而使用的；一个共同体的，因此，同样是以其历史具体性的极端形式而使用的。它"在世界历史中"，黑格尔（Hegel 1975, 43）说道："我们照面着全部所有的具体恶。"一个新的稀缺性空间，一切中最为极端的，已经被创造出来。如果要克服自然之分散的精神力量在任何地方都以具体形式被显现，这里就是那个地方（*PS* 359.33-360.4, 362.5-10/M 406）。我们之前也说过"坚硬的心的破碎"，关涉的是和解普遍和特殊的第一个判断。它的出现是作为世界的主宰者，出于对人类命运的怜悯而道成肉身。教化的世界是源于这个判断的工作。但是这个普遍再次硬化，如我们已经看到的，首先是在一个社会秩序的形态中，在其中，个体仅仅是整体的工具；然后，是在道德的"我"的形态中；而现在是在个体以普遍价值投入单一性上的形态中。正是这些个体的"坚硬的心"，现在必须为了最终和谐普遍和个别而"破碎"。根据黑格尔，这个可能基于两个条件（*PS* 357.17-37, 360.31-361.10/M 403, 407）。第一个条件就是，诸个体必须意识到，他们不是在追求恶，而是现实地招惹了它，因为，不可能的是，任何人要断言他的普遍价值开始于一个单一化的自然基础，而因此不侵犯其他人同等做同样事情的权利，即不暴力地对待其他人。以此，他们是内疚的，并且必须忏悔这个事实。但是，在忏悔他们的恶时，诸个体必须平等地理解，每个人都与其他任何人一样，受到人类境况的界限所限制，因此，必须准备着宽恕。这就是第二个条件。换句话说,这个判断就是一种"忏悔"和"宽恕",因为它,"坚硬的心"最终破碎,并且和解最终达成。这就不是否定恶的问题,或者更糟糕的,容忍恶的问题。在那种情形下,这个稀缺性的空间使得精神的力量显现,它会被消灭,并且,精神将会再次消解成为一种抽象。更确切地说,它是一个控制恶的问题,它承认,社会秩序的任何尝试,道德义务的任何定义,都必然地弥补已经发生的错误以及不可避免地正发生的错误,对于这些错误,弥补错误将必须去做的。在这个和解中,在这个"和解的赞同中,两个'我'放弃了它们之间的对立存在"(*PS* 362.25-26/M 409),精神的力量直观地被经验到。但是,现在,有力量自觉地约束和释放罪行的这些人的共同体,就是宗教共同体,也因此,这个共同体克制着它自己的恶,而否定它。

3. 宗教的概念

宗教,对于黑格尔来说,不是一个情感的问题(虽然情感当然伴随着它,就像它们伴随着每一个人类行为),而是一个判断的问题,尤其是这样的一个判断,即它通过定义实际经验媒介和环境,每一个成员彼此如何相处以及所有成员如何与自然相处,而建立起一种社会契约。它是在关于宇宙的给予的视角中以及在一系列的崇拜活动中表现出来的一个判断。这就等于说,在这个精神断言自身超越自然的过程中,宗教属于自然在其中起作用的调解因素——当然,不是在这个意义上,即自然积极地参与到这个过程(自然本身,没有这个能力),而是在这个意义上,即通过建立一个它自己高于自然的目的性,精神以一种新的力量(因此,典型的,是他自己的)作为不可预知的来源投入后者上。自然是非理性的领域,而宗教在这里是要应对它的。因此,它使得终有一死的人类理性在恐惧中敬畏自然的主宰者，不管它的力量被感觉是来自在它之上的还是在它之下的，或者被投射到一个超越者上，或者被确认为同于理性，或者被发现在自身内部，根据黑格尔文本中编定的这些宗教态度来看的。但是，仅当终有一死的人类最终接受了有限性，并且理解了，精神创造了有限性；当他或者她意识到，原罪是人类的命运以及赎罪只在承认那个事实时才出现——之后，恐惧才会消除，正如黑格尔在第 VI 章的结论非常依赖雅克比《沃尔德马尔》的场景，恐惧才会让位于感恩（di Giovanni 1995, 53）。

因此，我们可以理解，为什么"宗教"，尽管是人类经验的本质性维度，却仅仅在第 VII 章中被正式地处理，以及为什么黑格尔在那一章中重复已经走过了的现象路线，现在，甚至从其最简单和最原始的结构出发展现宗教形式的意识。在《精神现象学》一开始的地方，有一个有意义的事情即它的两个主角之间部分地脱钩——这个我们，即反思意识现象以及观察中的现象意识的哲学家们的人格化（PS 5-7/M xxxiii-xxxv; 参见上文，p. 28）。这两者都是抽象的，但是，理由各不相同。这个我们，因为，虽然是被与我们同在的绝对之确定性所激发的一个历史人物，它没有客观的证据辩护它的信念；现象的意识，因为，虽然原则占有所要求的证据，它意识不到它，甚至设法伪造它。随着《精神现象学》的展开，现象的意识被这个我们迫使着变得更多地意识到自身，并且这个我们本身获得了更多客观证据以证明它的原始确定性，两者之间的鸿沟进一步被缩小。在现象的自我意识已经为这个我们展现出所有的社会结构之后，这个鸿沟实际在第 VI 章的结尾处被弥合了。这些社会解释则是现象的自我意识在一开始使得它充满活力的精神之启发下产生出来的。在这点上，充分的概念工具和有效地具体自我意识这两者都是这个我们和现象的意识准备认识的，刚刚被考查的这些经验的历史载体——这个我们和现象的意识都只是抽象的——是作为精神的自我意识中的人类个体。但是，如此这样的一种意识，作为直观的意识，是宗教经验的内容。因此，这个阶段的设定是为了反思这个经验的各种不同形式，而不再是作为一个肩并肩伴随他者的现象，而是作为根本性的经验，它定义着历史的人类个体本身，并且告知所有剩下的经验。

242   关于宗教经验，没有什么直接的或者简单的。黑格尔回顾了它的很多种形式，在它们与它们是定义要素的意识类型之间取得联系。然而，他的主要兴趣在于，阐明在所有宗教中隐含的概念化工作。这个工作，在原始的威望战斗中，标志着超越纯粹自然和精神生命的开端。第 VII 章的潜在主题，因此就是向第 VIII 章过渡，在那里，这个概念本身被精确地处理。我们这里不可能遵从黑格尔的复杂辩证运动。[8] 然而，一个最终的评论将用作概述和结论。黑格尔把精神定义为"在自身外在化中的自身的知识；这个存在就是在他者中保持自身同一性的运动"（*PS* 405.17-19/M 459）。这就是一种知识，我们已经看到的，它明确地出现在这样一些人的共同体中，这些人知道他们能够克制他们自己的恶，但是它在原始的威望战斗中已经出现（虽然仅仅是原则上）。接下来，宗教的各种不同形式都是被它精确激活的自我的一切外在化。如果，现在，我们从属于黑格尔称为"自然宗教"的诸形式中抽象出来，相反集中于黑格尔与古典古代的这些形式——在那里，自我以艺术的形式外在化，不管是雕刻的还是喜剧的媒介形式——我们发现，从这个宗教到一种典型的文化世界的关键运动是对上帝道成肉身的信念（*PS* 405.14-16/M 459）。在神-人的形象中，人类的个体发现他超越自我和他的恶的一种直接意义，对原本不幸的境况提供安慰。黑格尔对基督教教义的处理，不管是三位一体说还是创世说，在这个方面都有基督教逻辑主义的特征——虽然是在一种宽泛的以及甚至模糊的意义上，因为黑格尔确实不是一个正统的基督徒。黑格尔主张即"神的本性与人的本性相同"（*PS* 406.8-9/M 460），在面临尼西亚教派和查克顿议会的宣言时显得轻飘飘，并且一定会招致路德的严厉谴责。但是，黑格尔处理的关键在于，要把精神的概念带出来，这，实际上，自在的以及自为的，都已经隐含在基督教教义中，但是迷失在（可以说，分散于）各种不同的崇拜实践中和想象力工作的信仰象征中。这种想象力坚持人性和神性的分离，以及因此逼迫理性走向信仰——然而，原则上是在第 VI 章的结尾处，以及明确是在第 VII 章，这位哲学家和现象学意义应该知道，虽然后者仅仅是直观地知道，基督教信仰的真实意义在于黑格尔所定义的精神概念。

尽管如此，在现象学的媒介中概念的这种分散，对于黑格尔来说，在生存论上是必然的（PS 409.10-25/M 464）。它是自我外在化的一部分，后者通过这个自我被实现为精神。现在，以寓言的形式阐述新的启示宗教的诞生时，黑格尔描绘了古典古代的所有神以及古代世界特有的所有意识形式，围绕在新的肉身化的上帝周围，好像是见证他的诞生，外观上仍然栩栩如生但是现在仅仅是背景的形象（PS 402.34-403.16/M 456-7）。它们已经解除了救赎的任务，迄今为止它们都在进行的，因此可能被归入记忆之中，也许成为审美赞赏的对象，而不再是切身的利益。然而，在第 VII 章中，这个寓言可能也会被延伸到肉身化的上帝之宗教上，现在，《精神现象学》已经提炼了这个激活它的概念——已经提炼，也就是说，它意象化的意义。因此，这个意象化可能也被归入到记忆之中，作为赞赏的对象，正如古代的诸神曾经那样。在第 VII 章中，黑格尔实际上正在发展上帝之死的主题，他最早开始这个问题是在他的论文《信仰与知识》中（GW 4:413.34-414.1）。

我们返回到我们开始的这个问题。当然，宗教，包括崇拜的和信仰的，对于黑格尔来说，都是生存论上是必然的，那么在一种这样的文化中会发生什么呢？这种文化即，在其中精神的概念已经得到充分的反思。这不是不同于黑格尔已经提出的传统的宗教问题——也就是说，不管是绝对知识取代基督教信仰，还是相反，对

243

它的辩护。可以这么说，这个问题要么忽视了人类个体把他的境况感知（不仅仅是思维）为肉身化的精神之不可消除的需要，要么失败于理解这个概念的去神话的能力。更确切地说，这个问题是关于在后基督教文化中什么可以算作宗教，对此，黑格尔没有明确的答案。当然，很多已经是宗教了（通常，要么有害要么无意义），这些宗教已经试图取代黑格尔时代以来的旧宗教，现如今，就有原教旨主义的复兴。但是，所有这些发展，对于黑格尔，太过多地反思了，在人为的或者反动的意义上，以致无法真正表达人类的内心。人们也许应该在新的图像学中寻找如此之类的表达，现在的传播媒体就是它们的载体——在饥饿的孩子、大屠杀、无家可归的难民、污染的地球的形象中——以及在这种信任中寻找，即相信精神将最终在如此之形象地呼唤中取得胜利。但是，这些现象对于我们来说仍然太近了，以致不允许思考。与所有的哲学一样，黑格尔的哲学可以帮助我们提出正确的问题，但并不必然地回答它们。

注释

1. 关于这个主题的文献有很多很多。我几乎不太参考，不是因为我忽视了或者不予考虑，而是因为编辑的限制。所有引用的文本都是我自己翻译的。
2. 黑格尔在第 VII 章中回顾了各种不同形式的崇拜，开始于 *PS* 382.28ff./M 432ff。
3. 参见上文第 2 章。——编者
4. 这个典范类型的冲突可以追溯到黑格尔对循环论证的处理，以及《精神现象学》导论中的标准困境。参见上文 pp. 2-3, 25-26, 37-53 等处，60-64, 178-80, 219-24。——编者，原著页码。
5. 参见上文，pp. 64-70, 190-204。——编者，原著页码。
6. 评论家们明显的一致意见是，第 V 章与观念论的（谢林的）自然哲学相关。但是，这明明是错误的。这一章与前启蒙与启蒙的理性主义科学以及经验主义科学相关，而不论是自然的科学还是行为的科学，以及与主观地按照这些科学的

客观化态度行事的个体之自我知觉相关。在这点上，参见在本书中供稿的辛奇 　244
亚·费里尼（上文，第 4、5 章——编者）。

7. *PS* 340.30-341.16, 342.11-13, 349.25-27/M 383-4，385，393。

8. 对于黑格尔文本的神学背景格外敏感的详细和精确的解释，参见 Crites（1998，第 4 部分，第 5 章）。

参考文献

Crites, S. (1998) *Dialectic and Gospel in the Development of Hegel's Thinking*. University Park, PA: The Pennsylvania State University Press.

di Giovanni, G. (1995) "Hegel, Jacobi, and 'Crypto-Catholicism' or Hegel in Dialogue with the Enlightenment," in A. Collins (ed.), *Hegel on the Modern World* (pp. 53–72). Albany, NY: State University of New York Press.

di Giovanni, G. (2003) "Faith without Religion, Religion without Faith: Kant and Hegel on Religion," *Journal of the History of Philosophy* 41: 365–83.

Hegel, G. W. F. (1975) *Lectures on the Philosophy of World History* (1830), tr. H. Nisbet. Cambridge: Cambridge University Press.

Hegel, G. W. F. (1983) *Vorlesungen über die Philosophie der Religion* (1831), in W. Jaeschke (ed.), *Vorlesungen*, vol. 3. Hamburg: Meiner.

Hegel, G. W. F. (1984, 1985, 1987) *Lectures on the Philosophy of Religion*, 3 vols., ed. P. C. Hodgson, tr. R. F. Brown, P. C. Hodgson, and J. M. Stewart, with the assistance of H. S. Harris. Berkeley: University of California Press; reissue: Oxford: Oxford University Press, 2006.

Hegel, G. W. F. (1998) *Jenaer Notizenbuch* (1803–1806), ed. M. Baum and K. R. Meist. *GW* 5: 483–508.

Jacobi, F. H. (1796) *Woldemar*, in J. F. Köppen and C. J. F. Roth (eds.), *Werke*, vol. 3. Leipzig: Gerhard Fleischer, 1812–25.

延伸阅读

Beiser, F. C. (2005) *Hegel*, chapter 6. New York and London: Routledge.

Desmond, W., ed. (2003) *Hegel's God: A Counterfeit Double?* Aldershot: Ashgate.

Desmond, W., ed. (2004) *Philosophy and Religion in German Idealism.* Dordrecht: Kluwer.

Dickey, L. (1987) *Hegel: Religion, Economics, and the Politics of Spirit, 1770–1807.* Cambridge: Cambridge University Press.

Dickey, L. (1993) "Hegel on Religion and Philosophy," in F. Beiser (ed.), *The Cambridge Companion to Hegel* (pp. 301–47). New York: Cambridge University Press.

Fackenheim, E. (1967) *The Religious Dimension in Hegel's Thought.* Bloomington, IN: Indiana University Press.

Hodgson, P. (2005) *Hegel and Christian Theology: A Reading of the Lectures on the Philosophy of Religion.* Oxford: Oxford University Press.

Houlgate, S. (2005) *An Introduction to Hegel: Freedom, Truth, and History*, chapter 5. Oxford: Blackwell.

Jaeschke, W. (1990) *Reason in Religion: The Foundation of Hegel's Philosophy of Religion*, tr. M. Stewart and P. Hodgson. Berkeley and Los Angeles: University of California Press.

Jamos, D. (1994) *The Human Shape of God: Religion in Hegel's Phenomenology of Spirit.* New York: Paragon House.

245 Kolb, D., ed. (1992) *New Perspectives on Hegel's Philosophy of Religion.* Albany, NY: State University of New York Press.

Magee, G. A. (2001) *Hegel and the Hermetic Tradition.* Ithaca, NY: Cornell University Press.

O'Regan, C. (1993) *The Heterodox Hegel.* Albany, NY: State University of New York Press.

O'Regan, C. (2001–02) "The Impossibility of a Christian Reading of the *Phenomenology of Spirit*: H. S. Harris on Hegel's Liquidation of Christianity," *The Owl of Minerva* 33.1: 45–95.

Schlitt, D. M. (1990) *Divine Subjectivity: Understanding Hegel's Philosophy of Religion.* London and Toronto: Associated University Presses.

Stewart, J., ed. (1998) *The Phenomenology of Spirit Reader: Critical and Interpretive Essays*, chapters 9, 16–19. Albany, NY: State University of New York Press.

Walker, J., ed. (1991) *Thought and Faith in the Philosophy of Hegel.* Dordrecht: Kluwer.

第12章

绝对认知

阿莱格拉·迪·劳伦蒂斯

1. 导论

尽管形式上有弱点——历史的嘈杂（拿破仑入侵耶拿）和 246
体系的犹豫导致黑格尔送到出版社的是一个异常杂乱无章的文
本——《精神现象学》最后一章起到了两个关键性的作用。第一，
它阐明了潜藏在所有之前章节中的一个根本性的论点；第二，它提
供了向设想的和宣告的科学体系的"第二部分"过渡，这个科学体
系包括逻辑科学、自然科学和精神科学——最终会成为《哲学科学
百科全书》。

这个根本性论点是《精神现象学》的路线中已经描述的各种
不同类型的意识与对象之关系所共有的，它包括下述的一般性主
张：思维，只要它不承认其对象的根本性动态结构或者实体与它自
己的结构或者实体相同，它就必定无法获得它思考的对象之真理。
这就是黑格尔现代的、批判性的经院哲学之实在论样式，即中世纪
的、反唯名论的对柏拉图和亚里士多德形而上学根本论点的重新解
释。在下文中更详细地解释。这里，注意，对于黑格尔来说，"实
体"意指一个动态的"实体性的关系"（*SL, GW* 11:394-6；参见上
文，pp. 15-24）。记住这点将利于理解他的根本主张，即"实体性"
必须最终根据"主体性"来解释。

在这最后一章中，黑格尔构想了经验与这些术语中"认知"的概念把握之间的关联：

> 没有什么被认知的东西不是在经验中的……因为经验正是这种东西：内容——而这内容就是精神——是自在的，它就是实体，因而是意识的对象。但是这个本身就是精神的实体，就是精神向它自在的所是的那个东西的形成过程。(*PS* 429.20-26/M 487)[1]

247　　简略地澄清黑格尔的思维概念和精神概念是有必要的。对于黑格尔来说，"思维"首先并不是指一种认知的能力，伴随着知觉、意愿、欲望，等等。更确切地说，它是一个更加宽泛的范畴：它包含着"人的所有"(*Enc.* §2)，因此，包括人的知觉、意志和行动。因为思维总是有一个内容（它总是在思某个东西），所以它也等同于认知——虽然不必然是真实的认知 (*PS* 30.36-37/M 22-3)。分析完在《精神现象学》的路线中的思维或者认知的基本形式后，黑格尔现在的旨趣最终在被思维的概念规定为"真实东西的认知"(Wissen des Wahren) 或者在强调的意义上的"真实的认知"，如在导论中所宣告的：

> 科学在它出现时本身就是一种现象，……还不是真实的科学：因为当前的阐明仅仅是对其对象的现象的认知……它可以……被认为是自然意识向真实的认知的前进的道路……自然意识将表明自身仅仅是认知的概念，而不是真正的认知……概念的这种实在化对自然意识而言倒是被看成了它自身的丧失，因为它在这条道路上失去了它的真理性。(*PS* 55.12-56.5/M 48)

规定思维的概念，就如规定任何其他东西一样，对黑格尔来说，意味着提供它的本质性逻辑结构。相应地，他把这个《精神现象学》看作为把握思维或者认知逻辑结构而铺平道路。

关于"绝对认知"，源自黑格尔的观念的两个特征值得特别关注。第一，因为思维是一种活动，它的结构，像实体的结构，必须是一种复杂的关系，思维的充分概念必须反映这个。第二，由于"思维"总是意味着"思某事物"，这个所谓的对象就是思维的内容，也就是说，这个对象是思维本身的一个完整的部分。[2]

黑格尔对传统和通常接受的"思维"的批判在 *Enc.* §20 中得到简明地表达。思维（Das Denken），我们这里的理解是，通常都被认为指的是一个主体的能力，它的活动产生多样的思想或者抽象的普遍。因此，思维被称为普遍能力或者出色的普遍化活动。这并不是错误的，但是，是片面的，因为，正如诸属性以它们的实体为先决条件，并且不同于它们的实体，一种能力以一个主体为先决条件，它就是这个主体的能力，并且它不同于这个主体。相应地，思维的主体必须是一个独立于这个所谓的能力的主体。但是，主体性和思维，对于黑格尔来说，是不可分割地联系在一起。出于逻辑上的理由，不可能存在一个思维之底层或者基质，本身不是思维。因此，传统的实体主义的观念把思维与其伪装样式之一表象（Vorstellung）混淆起来，以致思维的这个主体被描绘为具有些观念，像一个画布具有图画；或者它们导致"思维"颠倒成为"思想家"。通过指出思维意味着思维的东西，普遍的活动就被转变成为一个单一的实体。（这个变形的最直接的表述就是笛卡尔的"思维的事物"，除了其他地方外，在 *Enc.* §64 中被讨论。）

黑格尔关于思维与其对象的结构同一性的形而上学主张在他的知识论中具有根本的影响。也许，这些主张中的关键是，黑格尔明确重新构造的观念论论点，即知觉、知性或者直观都把它们的统一归于主体的本性上，它们都是主体的对象。换个说法，为什么每个对象都必须被认为是杂多属性以及内在于它的诸关系的矛盾统一体的理由在于这个事实，即认为自身包含着将杂多永久地引回到统一性上——这一活动被表征的和心理学的理论认为指的是"自我"。

"精神"，在黑格尔的使用中，是思维活动的一个名词（在上文给予的广泛意义上）。它是一个普遍的范畴，包括简单的和自然的意识、自我意识、理性、精神本身以及它们各自的各种形态。认知的失望，即黑格尔这本书的过程中"现象的"或者"显现的"认知的每一个阶段的结论，只是精神重复失败地理解其结构与其对象同一的一种症候。然而，注意，当每一种精神的形态（因此也是意识的每一种形态）已经展现出这个失败时，已经使得这个描述得以可能的元-现象学的思维则不然。"意识"被定义为一种精神的形态，意指未解决自身与其对象之间的区分。如黑格尔说，它是仍然在差异的媒介中被理解的精神。然而，"我们"，这些探究意识的人不是以及不能因此从那个相同的视角来把握。

每一种意识形态的否定表现相对它们的共同目标来说，也就是真实东西的知识，总体上都有肯定的效果。每种形态的不完备性就是它演进到下一个形态的原因。从类比的角度来看，强烈地回想下亚里士多德的《灵魂说》，认知和饲养是同类问题。1820 年，黑格尔说到思维是"本能的"：正如缺乏事物对于驯服饥饿什么用处都没有，重复地"节制"真理不是强化了怀疑主义，而更是刺激了"对真理的饥饿和渴望"（*GW* 18; 43.15-26/H&S 1; 17-19）。

现在，第 VIII 章指出了摆脱思维重复出现的不充足性的一条道路。它为这个洞见铺平道路，即真理原则上不是易变的，并且认知不是可以还原为其现象的或者显现的诸形式。然而，如刚刚已经提到的，这些判断可能仅仅是从不同于被观察意识的视角的一个视角形成。最后一章的这个意图就恰恰是要使得这个视角清楚明了。

重复下："自然意识"（*PS* 55.35, 56.1/M 49）在任何时候都意指自身（或者自我：das Selbst）与经验为"对立面"（der Gegen-stand）之对象之间的一种不一致性。它们共有的结构的知识不可能

也被另一个自然意识形态所提供——虽然那种知识的出现完全是
在实现自然意识的各种能力的基础上而被述谓的，也就是说，通过
经历其所有的阶段。之前的这些章节完全就证明了，思维与对象
的结构的同一性不可能被感知、知觉，也不可能被知性所知。它
也不可能被"产生"或者"直观"，如在其他观念论体系中论证
的[3]——在黑格尔看来，都是不成功的。这个同一性不可能仅仅被
把握或者理解（begriffen）。它纯粹是概念式的，并且产生于对现
象的意识的反思，而不是在现象意识之内。对于黑格尔来说，如对
柏拉图来说，理解或者把握不同于知性认知、认为和相信，因为它
涉及提供被把握的东西的逻辑解释。

　　因此，我们就瞥见了这一章臭名昭著的晦涩的内在理由，根据
黑格尔致谢林的一封信，最能体现这个"不纯洁的混乱"的东西，
"主导着这个著作的处理和印刷过程，也部分地主导着这个著作本
身的构思"。[4]这个哲学的罪魁祸首就是其主题的认识论上的混乱
地位。一方面，思想与其对象的结构同一性的知识的确属于对意识
诸形式的现象学探究，只要它一直都隐含在其中——这一个事实也
解释了为什么它现在可能从这个探究本身出现。另一方面，这个同
一性的知识不可能本身就是诸现象的形式之一，因为，这些意识形
式中的每一种都完全表明了缺乏思想与对象之间的同一性。因此，
这个同一性必须在概念上被把握。然而，这个可能仅仅在一种"纯
粹"思维的结构或者《逻辑学》中才得以完成。它也将必须在对思
想与其对象的诸多关系的广泛解释中得到证实，也就是说，在自然
和精神的一种实在哲学中，这种哲学将包括作为其部分内容之一的
意识现象学。

　　黑格尔当前这一章的主题，绝对认知，不是一种心理学的、道
德的、科学的、审美的或者宗教的认知类型。这些类型中的每一种
的意义和有效性都取决于其各自的经验内容和它的内容与其认知相
符合的模式之间的分离（原则上）。换句话说，由于认知是一种关

系，所有这些类型的知识都依赖于坚持客观的东西（本体论的）和主观的东西（认识论的）这两方之间关系的这个区分。关于真理，这两方是不对称的：或者，认知的模式被认为是有效的，因为它自身适应于对象；或者，对象被称为真实的，因为它被塑造成充分适应认知的模式。但是，"绝对认知"指出的完全是一种不被任何外在于它的东西所"限制"（拉丁语：ab-solutum）的认知。没有知觉的、科学的、审美的、道德的或者宗教的经验意义上的"绝对经验"。绝对认知指出的是一种"绝对关系"，在这种关系中，经验的根据和经验的行为者是同一的和相同的：被认识的对象完全就是进行认识的主体。

虽然不是明确的，但这个特有的认识坐标已经浮现在《精神现象学》的节点上。例如，它构成了艺术作品和宗教表象的精神（geistig）核心。对于我们当下的关注而言，更为重要的是，这个特有的关系已经在第 IV 章中出现了，这一章的标题是"自我确定性的真理性"（参见上文，第 4 章）。那一章的导论性段落展现了这种矛盾的结构，它在逻辑上是一个精确描述其主题所需要的，也就是说，自我意识（参见 *PS* 103.11-16/M 104）。自我意识在自我关系的模式中是思维，也就是说，思维同时是它自身的主体和对象。这就意味着思想与自身的一种区分（"分离"或者差异）。自我意识是差异之同一的逻辑结构的实例。最终，把握这个结构将意味着把握了"同一与差异的同一"的范畴。唯有《逻辑学》才使得这个思想与对象之同一性的纯粹概念成为易于理解的。

自我意识已经是一种绝对认知的形式，这个事实似乎与刚刚做出的这个主张相矛盾，即绝对认知不可能是一种意识的现象形式。但是，第 VIII 章之核心的"绝对关系"的双重本性，事实上，已经隐含在第 IV 章。自我意识只是不恰当地被称为一种现象意识的形态。黑格尔已经在第 IV 章中指出它是一个相当新的坐标，"在之前的这些关系中都没有出现"（*PS* 103.12/M 104），也就是，在感性、知觉和知性中。自我意识既不仅仅是一种伴随的特征，也不仅仅是意识与对象的一个条件。它已经是精神的一种绝对形式，虽然"仅仅"在意识的层面上。同时，第 IV 章已经把这个绝对的关系描述为在被观察意识的发展中的一个极端，现在，第 VIII 章独立于任何现象的显现努力解释其动态。这个结构（下文讨论的）被黑格尔说成是"三段论"。

　　根据黑格尔，要通过抽象其时间的或者发展的特征来探究一个思维对象的动态结构，就等于是探究它的"逻辑"。这类似于这个方式，即以此方式，我们认为一种推理是对立于推理的心理事件：一种推理是非时间性的过程，尽管这个术语事实上指的是一种流动或者思想的"运动"。如果现在，思维的对象就是思想本身，它们的动态结构或者逻辑将是同一的和相同的。

　　《精神现象学》的最后一章，既概括了导致认知与其绝对形式之关系的发展之关键方面，也提供了当从那种发展中抽象时，这种绝对关系之逻辑的梗概。换句话说，这个梗概期望作为自我的精神形式的逻辑，它的概念（最完美的概念）在《逻辑学》的概念论部分详细分析。接下来的单个部分讨论黑格尔对精神运动的概括，以及他对精神逻辑的概括。

2. 现象的认知及其绝对根据

　　黑格尔在这一章的前半部分致力于选择性的概括，《精神现象学》中直到以及包括"显现的"或者"启示的"宗教为止所描述的一般的思维方式。因此，这个文本部分包括了黑格尔自己概述的关键结构和过渡。他对此一共做出了两次概括（ *PS* 422.29-428.15, 430.5-431.12/M 480-6, 488-90），每一次都强调精神的两个主要方面，也就是，它的逻辑结构和它的历史存在。在两个概括中，目标都是要解释现象的认知和由之引发的这种认知之间的联系和区别：纯粹的概念式理解。

在之前这一章中的精神结构指的是"启示宗教"（参见上文，第 11 章）。这个表达指的是有神论宗教的共同体形成的信仰和实践（原则上而言，对于黑格尔来说，就是基督教），这些宗教的崇拜对象不是隐藏在而是显现在人之形象的神中，并且在历史事件、经文和教义中显示。

如在其他的形式中，精神作为启示的宗教，不可能把握真实的东西。对于黑格尔来说，宗教中"真实的东西"指的是信仰和崇拜的现实对象，它超越于其杂多的物理和象征表象。而且，新教，启示宗教最符合现代性精神的形式，也表现出一种精神异化的极端形式。在新教中，意识把自身当作是伦理问题的最终法庭，它所宣称的一切都完全依赖于神圣的意志。哲学的任务就是要克服这些种类的宗教反题或者精神"分裂"：原罪 VS. 个体的神圣，世俗 VS. 隐退，自主 VS. 绝对依赖。

认识论上而言，启示宗教的异化隐藏了根本性的不一致。通过宗教信仰，被认识的对象就意味着是无限的和无条件的——神是绝对——同时，信仰的主体被限制到形成对它的有限表象上。其实宗教不可能提供对其对象的一个充分概念，以免成为思辨的哲学。

从宗教的表象到哲学理解的过渡，遵循《精神现象学》中普遍存在的一种运动方式：精神作为认知主体和自身作为被认识的对象之间的一种不平衡迫使它去克服它当前的状态。在每一个例子中，这个鸿沟都通过精神的实现而跨越（也就是说它自我意识的方式），这个实现即对象是其自己的内容而不是某种极端外在于自身的东西。以其有神论的形式，这个鸿沟是宗教有限表象形式与其客观无限的内容之间的分裂。基督教的崇拜者向一个人的形象低头，但是这意味着崇拜上帝。一神论不可能说它是意味着什么。犹太教，宗教的最理智形式——"崇高的宗教"，如在《宗教哲学讲

251

演录》中所称呼的——明确地禁止如此之类的错误表象。上帝的
一个人类之子这种逻辑上复杂形象的真理在于，上帝是人，或者
人是神。［黑格尔对新教传统的解释最好是这样来理解，即牢牢记
住德国术语"和解"（Versöhnung），字面意思就是"一个儿子的诞
生"。因此，一个神生下一个人，代表着神和人的原则的和解。］然
而，这个真理对于思维并不直接有用。它需要一个新精神之异化阶
段以能够反思和返回到其真实的自我上——毕竟，这个异化是自我
异化，自我异化不是产生一个类的他者，而是他自己的恰当的他者
（PS 422.10-20/M 479）。

　　在"绝对认知"中，黑格尔预先假定他的读者们都熟悉潜在
于一切精神过渡中的普遍原则，包括从启示宗教到绝对认知。这
个原则也需要阐明。对人们来说，有用的是要牢记黑格尔的作为
活动的精神概念——集中体现在这句话中："精神的历史是他的行
为，以及它仅仅是它做的什么。"（PR §343）——本质上是亚里士
多德的。亚里士多德灵魂中的潜能（dynamis）与原初实现（prote
entelechein）之关系的辩证概念（De Anima 412a27），讲述的完全
就是黑格尔精神的自我分化和自我统一，它的自在和自为模式的区
分，以及它们（有限制的）在精神的自在和自我或者绝对模式中的
进一步实现。在他的潜能-实现辩证法的最重要的使用中，亚里士
多德解释所谓的质料与形式，尽管逻辑上明显不同，但它们在本体
论上何以是不可分离的。每一种实存的存在者，不管是自然的还
是人造的，都一定是两者的统一（De Anima 412a9）。相似地，在
他的灵魂概念中，潜能和实现逻辑上以如此这样一种方式是相关
联的，即，尽管两者都不可能没有对方而存在，但它们都不会崩
溃为一种无差别的统一——正像弯曲图形的凹面和凸面。现实性
总是一个潜在的实现，潜在性仅仅是在实现中实存。[5]亚里士多德
自己不断地重复认知的等级区分模式，知识（epistemē）以及理论
（theorein），以阐明思维灵魂的实现的不同层次（参见 De Anima

252

412a10, 22)。

这个背景解释了这种普遍的意义，即，对于黑格尔来说，认知的运动是自身必需的。它也阐明了黑格尔的作为一个整体的体系，因为亚里士多德的原则，通过调节每一个从属部分以及整体体系的内在关系在其中运用。在我们的例子中，这个就解释了每一种现象的认知如何可以被说成是自在的，虽然还不是自我的一个绝对知识的环节。（黑格尔从运动物理学借来"环节"："动能"（momentum）指出了物体位置的一个内在特征，这个物体可观察的显现就是它的实际运动。）例如，在自然意识的层面上，纯粹的感性确定性已经暗含着绝对认知，因为感性的主观方面和客观方面，即感知的东西和被感知的东西，是一致的。在本章的结尾处，黑格尔重复，绝对精神的自我确定性已经出现在感性中，虽然仅仅是在这种限定的意义上，即一种意识的形式可以被说成具有绝对性：

> 自我认知的精神正由于它把握了自己的概念，所有它才是与自己本身的同一性，这种同一性在自己的区别中就是关于直接东西的确定性，或者感性意识，——即我们曾由此出发的开端。(*PS* 432.33-36/M 491)

相似地，在正确精神的更为普遍的层面上，自然意识的整体意味着自我意识。如果不是这样的情况，自然意识就从来不会经验它自己的不充足性，因此，就从来不会开启纠正以及自我扬弃。（这个内在的否定经验，黑格尔通常称之为"对象对意识的否定"。）完全是基于其隐性地自我反省的解释，自然意识可以最终反思自身（是"自为的"），成为自我意识（成为"自在和自为的"）。这个相同的方式在绝对精神的三个主要形式的相互和内在关系中起着作用：艺术、宗教和哲学。（虽然在 1807 年《精神现象学》中，艺术被当作一种宗教形式。）

应用到我们当前的关注上，这个精神的概念意味着，宗教已经 253
具有作为其内容的绝对，但是以一种表象的形式不充分地实现它。
这就是为什么启示宗教必然是欺骗性的：它必须总是意味着与它说
的东西不同的某种东西。因此，它以一种划时代的自我反思活动转
向自身，扬弃自身而成为思辨的哲学。

3. 自我的发现与结构

迄今为止，从这个旅程中获得的最一般的教训就是，没有任何
意识的形态或者精神的正确形式，凭自身，已经产生了真实的客观
的认知。然而，这个反复出现的不足性并不妨碍完整系列的意识形
式产生真实的知识（*PS* 422.22-423.1/M 479-80）。这的确是黑格尔
的主张，然而，伴随着非常重要的论述，即知识的现象形式的整体
自身不可能是一种现象的认知。相反，它是在显现认知中的真实东
西的知识。黑格尔论证，现象的认知必然地成长为哲学的科学，正
如在这个体系中，他论证，自然必然地被扬弃成为精神，或者精神
的自然诸形式必然地被扬弃成为正确的精神形式。一门现象学"不
是纯粹把握对象的认知"（*PS* 423.5/M 480）。尽管，它的环节事实
上是"纯粹认知或者正确概念"的清楚表达，但它们也仅仅是"以
意识的诸形态的形式"表达（*PS* 423.8-9/M 480）。黑格尔当前重
构的现象学旅程的目标是要解释这个认知诸形态与概念式理解之间
的这个关系。

对作为一个整体的现象学旅程的反思表明，精神与其对象在
它们反思发展的每一个阶段都共有些根本性的特征。例如，直接的
意识（感性确定性）的内容是在其直接性上的存在，也就是说，没
有任何关系的物性；被媒介的意识（知觉）的内容是在其媒介上的

存在，也就是说，物性作为一个关系网；本质意识（知性）的内容是作为一个本质而存在——物性既作为直接的又作为媒介的（参见 *PS* 422.29-423.1/M 480）。客观性的每一个根本性特征都直接取决于客观性思维的相应特征。

那么似乎，客观性，或者对象—存在，是被思维所规定。把握这个一般的规则就等于把握了这个对象是"一个精神的本质"（"ein geistiges Wesen," *PS* 422.26/M 479-80）；或者"geistige Wesenheit"（*PS* 432.10/M 480）。客观性的本质是精神的，而不是精神的对立面。这就是亚里士多德主张的黑格尔样式，即思维的正确对象总是一个思想，因为理智并不同化这个对象本身，而仅仅是其可理解的形式。在这个意义上，以及单单在这个意义上，理智总是思维本身。[6] 相应地，在《精神现象学》中徒劳寻求的这种充分的认知可以被另一种思维形式所提供，这种思维形式在对象的本质是其逻辑的这个发现中有其出发点。感性、知觉、知性等等的对象的充分知识将被其逻辑结构的概念所提供。

当然，对象已经自在的（对我们而言，意识的科学观察者）就一直是"精神的一个存在"。但是，这个就是思辨哲学的一种洞见，而不是现象学的。对象的这种精神本性，通过把握每一个它的规定是认知自我的一个面向而被认知到（参见 *PS* 422.25-28/M 479-80）。黑格尔称之为自我"概念"的逻辑结构。在"绝对认知"中，他现在主张，这个结构是三段论。换句话说，他把客观性概念（一个世界的概念）比作为自我的概念，并且，后者是三段论推理的概念——不是一个特殊的三段论形式或者样式，虽然，他认为范畴三段论是所有这种类型的推理的典范。

黑格尔的三段论理论在这里不可能详细地被处理，黑格尔在这章中也没有这么做。他的理论在《逻辑学》的概念论中可以发现（尤其，*Enc.* §§180-93；*SL, GW* 12；90-126）。在当前的语境中，黑格尔只是强调这个方式，即三段论推理的概念可以被用来解释自我的根本性动态。

在形式逻辑的古典三段论中（统称为"知性三段论"，相反于"理性三段论"；*Enc.* §182，参见下文），单一、特殊和普遍项表现为主词、中项与谓词（S, M, P），它们可以指称任何东西。然而，黑格尔规定这个自我完全就是世界的单一、特殊和普遍方面之间的永恒媒介活动。相应地，自我的概念（"概念"或者"理性三段论"）把这个媒介反映为受到作为媒介者的自我的影响。黑格尔对于概念的初步的或者"抽象的"定义是这个：

> 概念……包含普遍性的环节，……特殊性的环节，……单一性的环节，［因此后者是］内在的对普遍性和特殊性的反思。这个与自身的否定性统一是自在和自为地被规定的，以及，同时是自我同一或者普遍的。（*Enc.* §163）

黑格尔对这个部分发表的评论解释了，概念的单一性，不同于一个单一存在者的单一性，并不依赖于外在于它的其他存在者，它并不是产生于外在的原因。概念并不仅仅是潜在的实在或者现实，而是绝对的实在或者现实："概念的单一性本身就是这样起作用（schlechthin das Wirkende），也就是说……实现自身的东西（das Wirkende seiner selbst）。"（*Enc.* §163R）

换个说法：黑格尔的"理性三段论"标示的是三段论推理的概念，不仅仅潜在于形式一逻辑的推理中，也潜在于实在性的理性方面包括自我的实在性的一个概念。因此，一个思维的主体最好被描述为"实在的东西的普遍性和单一性之间的媒介根据"（*Enc.* §180）。"概念"指的一个思维主体的动态，像一个生动的三段论，永恒地区分着和统一着普遍的、特殊的和单一的东西。在必然判断（S 是 P）中的系词总结范畴三段论（S 是 M, M 是 P, 因此 S 是 P），系词是在主词象征的单一性和谓词表达的普遍性之差异内

255

的同一性的语言表述。三段论一直都认为这些术语不重要（S, M, 以及 P 是彼此不同的），同时证明它们是同一的，以及在系词中陈述它。[7]

如果现实中合理的东西根据三段论得到最好的表述，这个更适用于自我的实在性。事实上，如果一个三段论推理的主词项指的是推理的发起者，这个主体可能被说成是"以自身来总结自身"（*Enc.* §182）。一个实体根据它自己的活动证明自身不仅仅是有效的而且是真实的，这个笛卡尔的观念是哲学史中这个自我结论的最著名的表述。

那么，在《精神现象学》的结尾处，思维与其对象的逻辑结构被承认是三段论的。并且，现象的意识本身对此一无所知。它不是"对对象的纯粹把握"，虽然，这个对象实际上只不过是其概念。这个真理在之前各章中描述的不同视角中呈现出来，但总是以扭曲的形式出现。一种类型的扭曲包括主观性的片面客观化。例如，当作为观察理性的精神承认自身在自然之中，它误解这个同一性，把自身当作是自然的一个"物"（*PS* 423.23-25/M 480-1）。由此而得出最深奥的主张，例如，"灵魂"一定是一个物，虽然没有任何一个灵魂可以被感知。（在《逻辑学》中，表达相似主张的诸判断被分类为"无限的判断"，像这类判断"精神不是红的，不是黄色……"，也就是说，不是错误的而是无意义的判断；参见 *SL, GW* 12:69.12。）相反，在认知中主体和对象的其他扭曲包括客观性的片面主观化。在这些例子中，物性被认为自身什么都不是，而仅仅是在思想家那里的一个关系。如在文化-理论的和功利主义的世界观中，对象最终只是主体想要成为它所是的那样，一个纯然的被其自我异化产生的"构想"，或者只是对它有用的东西。这个世界不存在：唯有意识。黑格尔认为，这些扭曲也属于现代世界观，对于现代世界观来说，一个行为的道德价值完全只在于它所来源的那种意识，也就是，纯粹知识与纯粹意志，这一观点使得"优美灵魂"

对它自身如此透明，以至于"消失在虚空的蒸汽中"（*PS* 425.35-426.6/M 482-3）。

尽管有如此之类的错误表象，每一种认知的主要现象形式以其自己的方式都是三段论的实例，根据三段论，精神"以自身来总结自身"。实在的自我意识个体性（第 V 章的结论），道德良心（第 VI 章的结论）以及宗教启示（第 VII 章的结论）都是精神的自我意识，或者其绝对自我认识的诸形式，虽然仍然是一种不充分的形式。精神自我的唯一充分的知识是其逻辑结构的知识，也就是说，概念式的理解。由于正确的自我恰恰就是自我理解，认知自我的概念等于实现它。因此，认知这个概念就是成为概念。

精神与自身相关联的所有其他方式都涉及自我异化，如当感性在另一个自我中感觉到自身或者理性在另一自我中发现自身，显然就是无精神的对象。只有在绝对的关系中，精神知道这个对象是"它自己的行动"，而不是"一个他者的表象"（*PS* 427.18-20/M 485）。这个行动，如我们已经看到的，包括了在理性三段论中自我的永恒的自身推理。它的实存包含了这个推理：精神是它做的事情。[8]

《精神现象学》已经产生了一系列的认知形式，随着对它们的整体的理解，即绝对认知，开启了哲学的科学。作为精神显现的纯然观察者，我们还没有把握绝对认知本身。然而，我们很熟悉它的存在的单一形式："我"，黑格尔在这几页中把这个"我"定义为"自我意识的为自我的纯粹存在"（*PS* 428.5/M 486），"自我与自身的同一性（*PS* 430.38/M 489）"，以及"主体同样是实体"（*PS* 431.1/M 489）。

因此，现象学的旅程作为一个整体，现在，似乎对于理解逻辑的"我"已经是一个准备性的练习。恰如一般而言的精神，它就是它的自我意识的单一实存，"我"是联系的一种活动。然而，相反于这个简单意识的联系，这个"我"的联系首要地是与自身的联系。它是相对于它们永恒差异而保持自我与其内容同一性的不停的活动（参见 PS 428.4-15/M 486）。在这个意义上，"我"是否定性：它包含差异与扬弃。然而，这些差异和扬弃都是自我差异和自我扬弃。这种活动就是绝对。像一个莫比乌斯带，"我"是"穿越自身的精神，它通过在其客观化时具有概念的形态而作为精神自为地这么做"（PS 428.14-15/M 486）。它的对象具有自我性的形式，也就是，它自己的形式。

把这个自我表现为一个可识别的实体或者作为简单的自我同一性是不恰当的。它必须更是作为自我确定的实体而被把握，也就是，作为积极的主体性。描述自我性的这个同一性并不充分地在像"我 = 我"这种重言式的静态术语中得到充分地表达。它更必须被理解为一场运动，一种平衡的活动。黑格尔认为，它是"平衡"自我意识在朝向绝对形式的认知前进中相对简单的对象意识的部分。在其最初的阶段，简单的意识似乎在认知中具有最大的部分，但是，在旅程的过程中，认知逐渐地涉及自我的意识。例如，自我意识的地位在知觉中比在知性中就显得没有那么明显；在艺术作品中，它就比在思辨哲学中没有那么占主导地位；在当前这一章靠前几行，启示宗教的根本性局限被定位在这个事实上，"[宗教的]真正的自我意识不是其意识的对象"（PS 422.4-5/M 479）。

复述下：自我反思的、思辨的认知维度掩盖了知识探究的所有模式，但是，只有在它们的动态联系中，它们的系列被理解时，它才会被正确地把握。作为一个整体，这个运动已经追溯到"[精神的]生成，成为它自在的之所是"（PS 429.26/M 487）。因此，虽然精神的生成必须先于其自在和自为的存在，以及熟悉其显现（在《精神现象学》中）就必须先于对其概念的把握（在逻辑中），同样正确的是，这个概念是这些显现的逻辑基础：

于是，在现实性中，认知实体早于其形式或者概念形态就存在着了。因为这实体是尚未发展起来的自在，……概念在其……简单性，……精神的内在性或者自我也还不在那里。在那里的东西是……表象意识的对象本身。认知……因此就首先只有一个贫乏的对象……［以及］实体……仍然是自我的存在……首先只有……丰富自身，直到它从意识中夺取这个的实体，把实体的那些本质性的整个结构吸收到了自身之内……相应地，在认知自身为概念的概念时，这些环节要早于完整的整体……尽管在意识中，整体要早于诸环节，虽然未被理解。（ *PS* 428.26-429.7/M 486-7 ）。

从简单意识（对于它而言，自我甚至是一个对象）过渡到自我意识（对于自我意识而言，客观性甚至是自我性），已经展现出了"自在的东西向自为的东西的转变，实体向主体的转变，意识的对象向自我意识的对象的转变"（ *PS* 429.28-30/M 488 ）。这些早期的构想也描述了当前这一章的主要主题，也就是说，从作为一个整体的现象学意识进展到自我认知的精神。

黑格尔对现象学认知的必然的时间性维度（对立于绝对自我认知的无时间性）的进一步评论（ *PS* 429.7-19/M 487 ）不可能在这里详细地考虑。（黑格尔的时间形而上学在自然哲学中稍微有点发展，*Enc.* §254-259。我们在本章与之关联的最后几段将简单地返回到他的时间和空间。）这里，只需要注意，这些段落重点强调了精神的"绝对"运动的逻辑方式，不应该掩盖这个事实，对于黑格尔来说，完全是这个非时间性的、纯粹逻辑的运动奠定了，人类思想的时间性的包括历史的和个体的发展。[9]这里，只给出一个后者的标示，黑格尔对于意识与自我意识的关系的解释，为当代自我的心理学和心理分析的理论发展，意识的和非意识的理论发展提供了一个非常需要的理论的基础——从最初的意识"自我性"概念到通过迫使与实体分离和吸收实体而丰富它的概念，到精神作为穿越自身的运动。[10] 黑格尔把这个发展集中体现为"精神生成为它自在之所是",这为弗洛伊德结论提供了形而上学的基础:"我在哪里,我应该变成什么。"[11] 然而,黑格尔自己迫切关注的是,绝对精神的逻辑和实在的(自然的和历史的)维度之间的关联。他在《精神现象学》最后几段致力于这些。

4. 作为自我科学的绝对认知

如我们已经看到的,对于精神探究自我认知的这个过程,黑格尔的措辞是它"生成为它自在之所是",这相应地,以广泛地亚里士多德术语,被描述为潜能的实现(黑格尔的 Verwirklichung)。对于黑格尔来说,这个实现是一个双向的过程。

一方面,这个过程包含了精神的外在化,偶尔也被称为它的"客观化"(Vergegenständlichung)。这就构成了精神外在经验的内容。从这个经验中获取的知识就是精神对自身的熟悉(Bekanntschaft),但是也还不是正确的知识。然而,这个经验是正确知识的一个内在部分,或者,如黑格尔愿意说的,它是精神的实体,因为经验既在时间上先于知识,也在逻辑上奠基于其中:"精神是实体,……这个实体循环地返回到自身,这个循环预先假设其开端,并且只在最终获得它。"(PS 429.25-32/M 488)

另一方面,精神的生成也展现一个相反的方向,也就是内在化:随着它自己显现出逐渐增长的知识,精神也学习其最内在化的工作,即其自我的逻辑。

黑格尔对现象学旅程的第二次概述(PS 430.5-431.12/M 488-90)核心在于这两个对立面之间的关系上以及相辅相成的发展上,以及在于科学体系中的它们被设想的功能上。人类社会的伦理的、法律的、政治的、道德的以及宗教实在性的历史要被理解为精神

的 "劳动，它的完成就是现实的历史"（*PS* 430.6/M 488），通过劳动，它寻求自我认识（在《哲学科学百科全书》《法哲学原理》以及《历史哲学》中，黑格尔重申，苏格拉底的命令，"认识你自己"，是内在性的目的，动力以及一般的人类思维的调节原则和特殊的哲学调节原则。[12]）精神以一种粗俗的状态开启它的实存，在这种状态中，自我是枯燥的以及野蛮的生活（参见，*PS* 430.6-10/M 488）。但是，这个实存（Daseyn）与本质或者精神的概念不相容：在这个条件下，"它自己的本质［对自我来说是］一种外在的内容"（*PS* 430.9-10/M 488）。因此，一方面精神的本质与另一方面它的存在模式之间的分离与统一的系列开启了——这个过程，它在绝对认知中达到顶峰。

在这个第二概述中，黑格尔强调了在之前的几页中仅仅简单显露的一个视角。根据这个观点，由于精神正在自为地变成它自在之所是的道路上，我们必须理解《精神现象学》中这个运动被描述为 "自我的运动"（*PS* 431.15-16/M 490）。这个自我的运动在刚刚提及的两个相反的方向上发生的：自我作为其实体扩展到世界中，同时，它也加强了它的内在性。它在空间和时间中的活动的每一个客观化都伴随着其内在性的深化。这就是黑格尔在之后多年里一而再坚持的一个思想。例如，在 1820 年，他论证，哲学体系的历史不仅仅意味着这个表述，而且同样意味着思维的深化（*GW* 18:47-48.4，参见 H&S 1:28）。

现在，黑格尔论证，自我性的双重方向的发展是其逻辑结构的必然所在。我们已经看到，自我，远非一种直接的同一性，而是一种关系，也就是说，其同一与其差异（或者自我差异）的一个中介。抽象地来看待这个自我的同一性，也就是说，与其差异割裂开来看，它包括了其空间的延伸。例如，自我的实存仅仅是作为一个外延的物体；从一个逻辑的观点看，空间，对于黑格尔来说，只不过是简单的自我–同一性或者 "与自身的纯粹同一性"（*PS* 430.36-

37/M 489）。以相同方式，抽象地看自我的差异包括了它在时间中的实存，时间是永无止境的自我差异化的东西（参见 *PS* 430.35/M 489）。但是，当然，这些只是对自我实在性的抽象。在具体的自我中，它们的关系把它直接解释为实体和主体，实在和思维，或者更好的说法，实体就是主体。如果自我要还原为纯然的自我同一性，它将没有内在性，因此就没有内容。它就是没有内容的思想，没有对象的知识，或者黑格尔的表述，就是"没有内容的直观"（*PS* 431.2/M 489）。相似地，如果自我要还原为纯然的差异，将没有任何东西——没有自我——是它要区分的。它根本什么都不是。只有在与另一个自我的关系中，自我的同一性和自我差异才可能解释自我的实存，正如同一与差异的更为简单的逻辑范畴解释了一般而言的实在的东西的实存。

黑格尔说，自我"作为主体的自我差异从其实体"开始（*PS* 431.19-20/M 490）。在内在于简单实体的这个"否定性"中（*PS* 431.26/M 490），开启了自然主体性的一系列的阶段，它最终转化成为精神的"自我的形式"（*selbstische Form, PS* 432.8/M 491）。

如果"实体性"和"主体性"分别对应的是精神条件的"自为"和"自在"，而自我的形式则是精神的"自在与自为"的条件。由于精神的思维的活动，这个自我形式指的是思想完全透明的一个条件，或者精神的条件，这是它自身绝对地知道的。我们这里看到，黑格尔的 *Selbst*（自我）不仅仅意味着自我的逻辑同一性，而且意味着自我认知的自我性。如自我就是思维的"最纯粹的"形式，也就是说，它仅仅是通过自身媒介的形式，它完全就是"绝对认知"之所是。

尽管是一场运动的结果，自我也发展，但是，是在一种不同的"其实存的要素中，［也就是］概念"（*PS* 432.1/M 490）。与之前认知的现象学显现之媒介相比较，这是自我认识展开的一个完全新的要素。它是形而上学范畴和它们的逻辑关系的中介。只有在这个中介中，精神获得它真正的实现，实现为自我。在这些密集的段落中，黑格尔慷慨地借用了亚里士多德的纯粹理智和光的类比，以之为一个透明中介的实现（De Anima II, 7, III, 5:430a15-16）。黑格尔写道：

> 因此，在这个认知中，精神结束了它的构形运动，就这种构形带有意识的尚未得到克服的区别而言。精神已获得了它定在的纯粹元素，即概念。这内容按其存在的自由来说，就是自身外化的自我，或自我认知的直接统一性。……以这样的一种自我的形式，以定在在其中直接就是思想的这种形式，这个内容就是概念。因而，由于精神获得了概念，它就在其生命的这种以太中，展开自己的定在和运动，它就是科学。（PS 431.36-432.10/M 490-1）

换句话说：在这种"绝对关系"中的思维，摆脱了它的显现，以及因此摆脱了差异，它就是一种认知，它既是确定的也是真实的。它"把真理的对象形式与自我的认知形式统一起来"（PS 432.18-19/M 491）。现在，思维认识的东西就是它的本性，自在，或者自我。它就是概念。然而，如我们在三段论的讨论中已经看到的，精神的这个最内在的工作就是实在的最内在的工作。它们的研究都是形而上学的研究。对于黑格尔来说，第一哲学就是自我和世界的逻辑科学："逻辑科学"本身。要认识自我的纯粹结构就意味着认识诸概念（形而上学范畴）之间的客观逻辑关系，这些概念在一种特殊的意识形式中独立于它们的主观存在："这个［逻辑环节］""摆脱了它在意识中的现象"（PS 432.21-22/M 491）。

直到这一章的这点，黑格尔已经主要地强调了现象学和精神逻辑之间的对立。现在，他解释它们的连续性，因为他必须为作为一个整体的这个体系给予一个基本原理，这个整体的体系不仅仅是

260

逻辑科学，而且也是自然的哲学科学和主观精神和客观精神的哲学科学。

黑格尔开始于第一个概述中已经论证了的东西：尽管，它不是时间中的一个事件，甚至，这个纯然的逻辑自我是一种动态的关系或者一个关联。就像所有的运动，甚至，这个关联是由于内在的差异。在现象学的意识中，这是一方面的思维与另一方面的它的顽固内容之间的（明显的）本体论差异：尽管是意识的内容，这个对象总是对它显现为完全的"他者"。相反，在逻辑意义上，这个差异将被显示为自我这个结构的部分："[意识的]差异已经回到自我中"(*PS* 432.12-13/M 491)。换句话说，逻辑学将不仅仅解释思维本身的动态结构，而且也解释它与对象的本体论差异。这就是黑格尔的陈述的意义，在逻辑的"媒介"或者"以太"中，思维对自身是透明的，或者认识自身是"绝对的"。

现在，黑格尔论证，精神的现象的每一个形态符合于其逻辑的一个范畴，并且，反之亦然，也就是说，现象学的和逻辑的环节是相同实在性（思维）的不同伪装。[13]《逻辑学》概念式地揭示了意识中的思想的经验。例如，感知就是认识纯存在范畴的一种形式，也就是说，思维和存在以一种原始的、无中介的方式统一经验；或者对可见现象"背后"的不可见力量的假设就是认识存在之本质的一种形式等。完全是基于对逻辑范畴与它们的现象学形式之必然关系的解释，黑格尔在这里辩护了哲学科学从概念的逻辑（或者"逻辑理念"）到自然和精神科学的未来发展——因此，宣告逻辑科学体系的续篇：实在哲学。

黑格尔对于精神自我外化为自然、精神以及其创造物之必然性的论证(*PS* 432.31-434.9/M 491-2)，最好是根据他后来体系的主要部分之间的过渡章节来理解：从《逻辑学》到《自然哲学》（参见 *Enc.* §§238-240），以及从《自然哲学》到《精神哲学》（参见 *Enc.* §§376-381）。然而，出于解释的考量，我们将尽可能地接近

《精神现象学》结尾几段话实际做出的这些主张——尽管它们在黑格尔体系的发展中的这个点上，只有纲要的价值。

在倒数第三段，黑格尔讲到，绝对认知，精神自我的科学，必须通过内在必然性来摆脱它的抽象性，也就是说，摆脱它的纯粹逻辑形式，并且做出"向意识的过渡"（*PS* 432.22/M 491）。这是最令人惊讶的，因为绝对认识已经被呈现为从被称为"意识"的精神之现象学形式中产生。黑格尔已经写道，精神的纯粹自我是一种思维的形式，它从意识的内在缺陷中"解放"。黑格尔，现在，必须从一个不同的视角来论证，也即是，体系的视角。如我们所知道的，《逻辑学》展现了自我的抽象、纯粹的逻辑形式。然而，这个不是自我性的充分的实在性，因为后者的实存仅仅是"我"，并且"我"也意味着外延、时间中的永恒、自我同一性："'我'不仅仅是自我，而且是自我与自身的同一性……一个主体同样就是实体。"（*PS* 430.37-431.1/M 489）因此，把握自身为"理性三段论"之结论的自我，不仅仅把握一个思维的主体（我思），也把握一个实在（我在）。自我认知自身为思想与存在的统一。相应地，自我的科学将不得不进一步地发展，而不是其在《逻辑学》中的纯然概念式展现。它将不得不解释自我性的实在性，它在认识论上的第一个形式是最晦暗的，最不能反映认知的关系："感性意识——我们由之开始的开端"（*PS* 432.35-36/M 491）。在《逻辑学》中，黑格尔用了相同的论证以解释，为什么哲学的逻辑和历史的开端都必须是"存在"（Sein）的范畴：一个没有外在先决条件的思维不可能不从自己对象的自身出发，也就是说，从纯存在出发。因此，《逻辑学》以同样的如同哲学史的方式开始于：纯粹的、抽象的巴门尼德的"存在"（参见 *GW* 21: 53-68, 76.24-34）。那么，从（未来）体系的视角来看，精神的现象学形式奠基在精神自我的逻辑本性中。在这个意义上，它们就是它的"结果"。例如，感性确定性可以被理解为纯粹逻辑自我的绝对感性确定的一种粗俗显现。如在所有的进一步显现中，（潜在地）绝对精神"不仅仅认知自身，而且也认知它自己的否定，它的限制"（*PS* 433.4/M 492）。

在我们称为思维或者精神的三段论活动中"限制"的地位，在《哲学科学百科全书》讨论的主观性与客观性关系的一个段落中有所澄清。黑格尔在那里论证，客观性不是主观性的外部（正如我的身体不是我的外部），因此，它也不是"充实"一个空洞主体的一个内容："相反，它自身就是主观性，是辩证法的，突破它自己的障碍，通过三段论向客观性开放自身。"（*Enc.* §192 Z）

这种类型的知识的例子有，思考思维的限制，在黑格尔呈现的术语中，这种知识就是直观。当思想思考它的限制时，它就在空间和时间中直观自身。空间和时间的诸直观代表了思维自身的诸限制。由于，思维自在的就是一个非空间的、非时间的活动，黑格尔指出这些直观是思维外在化的诸形式。要选择从单一意识的个体发生学的领域进行阐述：单个的个体对自身的首次直观是空间-时间连续体的部分，这可以被说成是她首次的自我外在化，或者，如我们也说的，她在一个世界中首次"实现"自身的实存。如我们从《法哲学原理》的前言中知道的，黑格尔认为精神的划时代发展是根据相同的方式发生的：对自身的一种划时代直观是一个自然的和历史的连续体的部分，这个直观能够使得它首次获得对自身的完全把握，也就是说，以哲学体系的形式把握。

正如思维必须总是具有一个内容，因此直观总是对某物的直观。精神的宗教自我直观的内容是，通常被称为"自然"的东西。它的时间性自我直观的内容就是"历史"。那么，自然和历史是精神的直观自身的对象。由于黑格尔把这个直观描述为精神的首次的外在化，自然和历史都要被算作是第二次外在化（例如，类比于加速度何以是速度的一种派生物，并且，因此是运动的第二派生物）。

自然通过不断地外在化自身而实存：无机自然成为有机的

自然，有生命的自然成为自然的主观性（黑格尔的人类学的"灵魂"），简单的主观性成为意识和心灵。自然中主观性的产生和繁殖代表着精神的自然方面"永恒的"（*PS* 433.10/M 492）返回到它的自我。

另一方面，历史是精神的自我直观在时间中的对象。像自然，历史包含了一系列经久不衰的外在化。这些都是划时代的人类历史，通过同化与扬弃取代另一个："这个生成呈现自身为不活跃的运动和精神的连续，一个图片库中每一副都赋予了精神的整体财富"，虽然每一幅图片都没有装备它的充分知识。知识的运动通过历史是如此的缓慢，"因为自我必须渗透和消化其实体的这个整体财富"（*PS* 433.15-18/M 492）。

这些段落中精心设计的隐喻隐含的论证可以如下重构：精神运动的目标是他的完成。完成（像亚里士多德的理智的 entelecheia）意味着潜能的完全实现。由于精神是认知，它的完成不可能是绝对认知之外的东西，也就是说，是对认知及其内容的认知。（这个目标是精神的一个条件，类似于亚里士多德理智成为"能够思考自身"条件；*De Anima* III, 4:429b9。）导向这个目标的道路包括把精神的外在经验转变成为它的内在内容。换句话说：绝对认知所认识的东西就是存在的东西，Dasein（定在）或者其自我的实体。如它把目光引向外部时，它就获得了内在的洞见。内在化也意味着回忆或者记住人们过去的存在，因此，保存缺乏外在实在的东西（因为现在，它就是过去）。一个已知的过去就是一个事态，它已经从时间和空间中消失，但是仍然存在。它是活跃的，因为它形成了当前和未来的物质和精神的基质：

> 在其内在化中，［精神］已经沉浸在它自我意识的黑夜之中，但是它消失的存在被保存在那个黑夜中，并且，这被扬弃的存在——过去，但重生在认知中——是新的存在的东西，

一个新的世界和精神的形态。（*PS* 433.21-23/M 491）

在这个新的开端中，看起来，似乎精神没有任何可以建构的，但是，实际上，它正在建构其自己过去的被扬弃的实存形式。认识论而言，经验就是内容，因此，就是一般而言认知的整体部分。过去的思维方式、表达方式以及人类生活的产生方式都是认识中与历史相关的经验：它们是当下人类生活的主导形式的内容或者"实体"。在自然和人类的历史中，精神的空间和时间展开是一个循环的运动。但是，当（根据黑格尔）自然中的诸个体和物种以一种纯然循环的方式诞生和灭亡，主导地位的文化和政治的历史时代的兴盛与衰亡最好的表现就是一种螺旋式的样式。精神时代（"精神领域"，*PS* 433.31/M 492）的历史形成了一个系列，在这个系列中，每一个阶段通过扬弃前一个在世界占主导地位的阶段而取代之。在《法哲学原理》（§342-343）中，黑格尔写道，历史不是盲目命运掌控的世界权力的不合理的连续，而更是精神在把握自身为这个展开的理性过程中的展开。在《精神现象学》最后几段中，相同的观念是根据解释人类历史事实的一个内在目标而表达的。[14] 我们可以称这个为人类思维的完全实现（entelechy）（这是黑格尔广泛使用的术语）：使得自我向自身透明，或者揭示"绝对概念"（*PS* 433.34/M 492）。至于人类历史明显的偶然性，国家、人民和个体的"正义和德性、不法行为、暴力与邪恶，才能与成就，强烈与柔弱的激情，犯罪和清白"（*PR* §345）都是现实的东西，在这个现实的东西之中，行为者们都是精神自我认知运动的"无意识工具"（*PR* §344）。[15] 作为一门学科，历史可以很好地回忆诸事件，好像它们在时间中的承续除了时间本身之外没有任何存在的理由。但是，哲学科学能够揭示这种真正承续的有机秩序、其存在的逻辑、人类历史的理性解释。然后，精神行为的逻辑以及回忆形成了"被理解的历史"（*PS* 434.4-5/M 493）：哲学科学本身。

注释

1. 这里关于黑格尔的所有翻译都是作者自己译的。
2. 这一点也在上文第 1、3、5 以及 9 章中得到讨论。（关于这个主题，参见上文，第 9 章。——编者）
3. 参见上文，第 4、5 章。——编者
4. 黑格尔致谢林的信，1807 年 5 月 1 日（*Briefe* 1:161/B&S 79）。
5. 这点是黑格尔在“力与知性”中分析的核心，参见上文 pp. 15-24。
6. 参见 *Metaphysics* XII, 7:1072b20-22; *De Anima* III, 4:430a1-9, 8:431b16-432a2。
7. 关于对对象的述谓、思想以及概念式理解，参见上文，第 1 章，第 3 章第 1 节和第 5 章。——编者
8. 参见上文，pp. 24-29。——编者
9. 参见 Wartenberg (1993)。——编者
10. 例如参见 Lacan (2002, 187n. 14)。
11. Freud (1993, 111, Lecture 31)。
12. 参见 *Enc.* §377, PR §343R,《哲学史讲演录》（MM 12:272/Sibree 220）。
13. 这些通信得到亨利希的详细检查，Heinrichs (1974)。——编者
14. 哈里斯（Harris 1997, 2:142 n. 59, 721, 723-4, 747）详细论证，黑格尔真正的历史哲学包含在《精神现象学》中，并且它在历史上要远比之前意识到的要完整和精准。——编者
15. 黑格尔的历史哲学和社会理论大量利用了社会学“意外后果法则”，不可预见的后果可能产生于众多相互影响的人践行相同种类的行为。史密斯的“不可见的手”是这个法则的一个例子。——编者

264

参考文献

Aristotle (1907) *De Anima*, tr. R. D. Hicks, with Bekker's Greek text. Cambridge: Cambridge University Press.

Aristotle (1924) *Aristotle's Metaphysics*, tr. W. D. Ross. Oxford: The Clarendon Press.

Freud, S. (1933) *Neue Folge der Vorlesungen zur Einführung in die Psychoanalyse*. Wien: Internationaler Psychoanalytischer Verlag.

Harris, H. S. (1997) *Hegel's Ladder*, 2 vols. Cambridge, Mass.: Hackett Publishing Co.

Hegel, G. W. F. (1872) *Lectures on the Philosophy of History*, tr. J. Sibree. London: Bell & Daldy.

Heinrichs, J. von (1974) *Die Logik der Phänomenologie des Geistes*. Bonn: Bouvier Verlag.

Lacan, Jacques (2002) "On a Question Prior to Any Possible Treatment of Psychosis," in *écrits. A Selection*, tr. B. Fink (pp. 169–214). (New York and London: Norton).

Wartenberg, T. (1993) "Hegel's Idealism: The Logic of Conceptuality," in F. C. Beiser (ed.), *The Cambridge Companion to Hegel* (pp. 102–29). Cambridge: Cambridge University Press.

第13章

黑格尔《精神现象学》中的精神与具体的主体性

马丽娜·贝科娃

1. 导论

黑格尔的《精神现象学》被正确地认为是在哲学领域中所撰 265
写的最困难和最令人困惑的著作之一。虽然黑格尔的写作风格造成
了这种看法，但是，《精神现象学》是如此难以理解和阅读的主要
原因在于黑格尔讨论的复杂内容和广泛问题。作为他的第一部主要
著作，黑格尔的《精神现象学》谈论了很多根本性的问题：形而上
学的、认识论的、逻辑的-本体论的以及哲学的-历史的。黑格尔重
铸以及重塑了从古希腊到他同时代的前辈们讨论的疑难和问题。然
而，《精神现象学》不只是整合了他的前辈们的洞见，他的整合是
以解决这些核心哲学问题的方式进行的。黑格尔全面的、通常非传
统的通达标准问题的路径在哲学上非常丰富，虽然也很复杂以及具
有挑战性。然而，所有这些问题，不管是传统的还是新的，都被这
样一个核心主题联系在一起：主体和主体性的本性和发展。

黑格尔的《精神现象学》的核心问题以及当前章节的主要主
题是，显现的精神诸形式内的思想、意识和行为的社会发展的和历
史定制的普遍主体的构形。这些形式作为普遍的（"宇宙的"）不同
"形态"而出现和实存。黑格尔的目标是要揭示显现的精神中的普
遍和绝对，以及把这个把握为人类个体的具体主体性的真理。

这里采取的路径明显地不同于两种传统的、突出的黑格尔解释路径，尤其是对他的《精神现象学》的解释。一个路径典型的是德国学者的，它开始于宇宙的精神（*Geist*），以及试图把这个宏大的宇宙-历史的视角与黑格尔的《精神现象学》不同阶段联系起来，以表明意识的诸形式如何从降临到这个世界的"宇宙"精神下降。[1] 这个"自上而下"的解释，夸大了黑格尔《精神现象学》的"宇宙"维度，不经意地就淡化了（或者甚至忽视了）黑格尔对人类个体的解释。大部分支持这个观点的文献都不可避免地以此收尾，即把在黑格尔文本中所谓的东西同化为解释者自认为是黑格尔关于宇宙的-历史的精神宏大叙述的任何东西。

相反，第二个路径予以黑格尔"精神"的现象一种无意义的、次要的地位。这个路径聚焦于个体意识向绝对知识奋斗的观点。[2] 根据这个英美讨论广泛代表的"自下而上"路径，《精神现象学》似乎是一个具有很多台阶的梯子，代表了个体意识如何向绝对知识演进和发展的诸阶段。那么，《精神现象学》的这些阶段就与普遍精神及其在世界上显现的不同形态内的具体个体意识的发展阶段联系起来。然而，这个发展，通常都是以纯粹的认识论术语来讨论的，而社会的、哲学-历史的以及这个过程的其他重要方面都被低估或者被忽略了。

两条路径都表现出不完整的、片面的观点；两条路径都掩盖了黑格尔著作的最重要的维度，并且，因此误解了《精神现象学》的真正计划，以及误解了黑格尔如何看待他的著作的一个关键任务。本章试图解决这些问题，本章表明，在《精神现象学》中，黑格尔既强调集体和历史现象的广泛规模，也强调被认为参与这些现象的诸个体的特殊维度，按照黑格尔的观点，大规模的集体和历史现象通过这些个体发生。换句话说，黑格尔在《精神现象学》中的主要任务是要把握，精神通过人类历史和它的真正行为者即人类个体的活动以及在其中如何体现在现代世界中。通过这个过程，个体的主

体性，通过显现自身内普遍和绝对的东西为精神的诸环节，而成为
具体的。要探究这个主题，就是要探究主体性自身，黑格尔争辩，
这必须以一种完全新的方式被重新思考。

出于几个理由，黑格尔的解释恰当地被称为一种"主体性的
理论"。一个理由是，"心灵的哲学"过于植根于笛卡尔的心-身二
元论，并且与认识论的关联过于紧密。发展一种"主体性"理论要
直接地顾及认知与行为的融合，包括道德行为、心灵与身体的融合
以及个体主体与他们的自然和社会环境的融合。更为肯定地说，一
种主体性理论允许聚焦于人类主体性的积极主动的本性，这一点已
经在康德解说的知觉和判断的综合中得到强调，通过这一点，我们
独自就能够确定我们自己是自我意识的个人。在他的分析中，康德
强调，认知和行为两者都是规范性地被支配的。它们不可能仅仅因
果性地被解释，以及因此是"自发性的"。这些创新是德国观念论
者们的核心，相应地，他们论证，要理解人类的主体性就要求考察
人类主体性是如何通过一个个体与他或者她的自然和社会环境的相
互影响以及在其环境中发展。这标志着与笛卡尔的主体的画面彻底
的决裂。德国观念论者们认为主体性不仅仅是积极主动的，也完全
是由活动所构成的。因此，主体性的相关概念不是本体论的，而更
是功能性的：主体性的这些关键特征被它所做的以及它如何做的东
西所揭示，而不是被它所构成的揭示。因此，一个主体积极主动的
参与世界（互动）以及其自我发展的活动成为主体性哲学分析的
焦点。

2. 黑格尔对主体性的解释：总论

黑格尔对主体性的兴趣来自他与费希特和谢林在法兰克福
（1797—1800）以及尤其是在耶拿（1801—1806）的交往。他在这

些时期所聚焦的自我的发展直接回应了费希特的自我的概念，自我设定为"我"，是一种无限制的以及原则上不可改变的存在。费希特的主体被认为是一个简单的、原始的自我同一，似乎是呆板的、冷漠的以及以某种方式外在于它自己自我反思的过程。它似乎仅仅是形式上的，并且缺少一个必然的实体性的方面，因此它的内容空洞，且不能够真正的发展。

黑格尔完全拒绝了这个同质的和不可改变的自我的概念。黑格尔不满意"抽象的"和静态的对自我的解释，而试图把这个自我塑造成为具体的，并且在其生动的动态中描述它。相反于在其原初的"纯净"中讨论自我，他想要，通过它在世界上的实际显现而"在行为"中把握它。这个对费希特自我概念的重大背离标志着通向主体和主体性的一个本质上全新的路径的出现——对于一般而言的德国观念论和现代哲学都是新颖的。黑格尔的自我的新概念和它的自我呈现不仅仅涉及它与实在世界和现实经验的"接触"。如此样的一种趋势在费希特把自我解释为设定（"我"）和反-设定（"非我"）的综合中已经可以看出来。黑格尔主体和主体性之路径的新颖性在于他的观点，即自我产生于与世界的相互影响。在《精神现象学》中，他以这些术语来表述这点："唯有这个自我恢复的同一性或者自身内对他者性的这个反思——不是一种原初的或者一种直接的统一——是真实的。它［即主体性］是他自己的生成……"（*PS* 18.24-26/M 10）[3]

这段话标志着三个关键的创新，并且给予我们黑格尔解释主体性的彻底性一种三重的意义。第一，通过主张自我是一个结果，而不是一个"绝对开端"，如笛卡尔、费希特以及早期谢林所理解的，黑格尔陈述，主体性是概念式综合以及其自己整体发展的统一。构成这个统一的东西是被自我的永恒持续自我规定的成长所构成，即"它自己的生成"的过程。黑格尔把这个过程描述为"教化的道路"（*Bildung*），它有两个重要的维度：社会的和认知的。从社会的角度看，这是一个历史的过程，即个体在其社会现实和文化历史内所经历的。然而，它同样也是认识的过程或者通向真实知识的"自然意识的路线"（*PS* 55.35-36/M 49）。通过这个过程，自然意识继续地发展成为"绝对认知"或者自我意识，它囊括了意识之前已经塑造的整个经验。黑格尔在上文引用的段落中阐述的第二个观念是，自我的概念构成了它的整个发展。真实的东西不是某种我们从其开始的东西，它不是纯粹的一个或者另一个特殊发展的结果。[4]相反，它是一个被当成整体性和完整性的一个整体的发展。对于谢林而言，整体性是事实之综合的同义词，不同于谢林，黑格尔理解的这个整体不是作为所有事实的总和，而是整体发展的一个过程。应用到自我，这就是生成为自己的整体过程。生成自己的媒介就是世界。这就是所考虑的这个段落的第三个观念所描述的，也许是间接地。由于自我不是某种被给予的东西，它必须不断地在与世界的相互作用中形成自身，并且继续在自身内通过这个相互作用以其自我—他者性的中介而创造自身。（黑格尔尤其是在《精神现象学》的导论中强调了这个。[5]）自我是内容"返回"的那个人，它是内容丰富和发展的一个结果，其自己生成的产物和过程。它不仅仅是被设定的。人的自我关系作为主体，不再被黑格尔视为某种直接实存的东西，先于参与到语言和行为的主体间的一个领域，而是作为某种从这个经验出现的东西。以他的观点，自我同一性和自我关系不是原初被给予的或者通过任何外在的东西强加给人类之个体的。一个人是谁，总是产生于一个人在自然和社会世界中以及与世界的积极互动以及和解的结果。同时，世界本身成为个人的重要组成部，不仅是个人的源头，而且是其自我意识的基础和必要条件。黑格尔的《哲学科学百科全书》以下述方式澄清了这个问题：

> 照面着［个体的人］灵魂的世界不是某种外在于它的东西。相反，个体的人的灵魂在其中发现自身的诸关系的全体构

成了它的现实生命力和主体性，以及相应地已经与它一起坚定
地成长。用一个比喻来说明，树叶随着树成长，树叶，虽然不
同于树，但属于它，以至，本质上而言，如果树叶不断地从树
上剥离出来，树就会死掉。（*Enc.* §402Z）

这段话清楚地阐述了，黑格尔的自我和主体性的路径高于费希
特的主要进展。像笛卡尔的我思，费希特的自我通过纯粹的和直接
的思维活动原初地同一于自身，这个思维活动发生在与"非我"任
何关系之前，并且独立于此。根据费希特的观点，这个世界（"非
我"）外在于自我而存在，它提供的仅仅是自我活动的偶然性和有
用的媒介，而从来不是它的自我意识和自我承认的必然性或者条
件。在费希特的体系中，世界从来都没有被吸收进自我之中。虽
然，费希特寻求表明，意识是一个统一的普遍，他的我和非我这两
个领域仍然是分离的，并且他们所谓的综合仅仅是一种妥协和共
存，而不是一种整体的统一。[6]

黑格尔并不简单地拒绝自我的原初统一，他寻求的是把它把
握为"本质上的一个结果"（*PS* 19.13-14/M 11）。他把世界分析为
这个发展的现实中介，自我的生成。它就是这个领域，在其中，任
何自我和主体都在其所有的维度上成长和发展，物理上的、理智上
的、情感上的、社会上的以及道德上的。世界与自我的这种关系就
不是外在的，构成自我的这个世界的诸关系之整体就成为其意识的
本质要素。自我似乎就是一个综合，不仅仅是一种共存，而是一个
整体的对立中的统一。因此，黑格尔以被矛盾原则推动的辩证统一
取代了费希特原始的纯然共存的综合和统一，它在同一性原则即
"我 = 我"的基础上建构起来的。黑格尔把建构这个综合的过程称
为"辩证法"。

"辩证法"这个术语植根于古代传统，它来源于古希腊词汇
"对话的艺术"。然而，在黑格尔看来，这个术语的这种古代使用

是次要的。相反，他认为辩证法是主体自我发展的内在过程以及支配两个或者更多明显不同的概念、对象或者事件之间诸关系的内在"机械论"。它不仅仅是应用到某个主题上的一个方法，而是这个主题自身的内在结构。诸种"辩证的"解释通过它们的辩证关系和具体动态来解释现象。在黑格尔的体系中，主体自我发展的过程凭借"辩证的矛盾"得到解释：构成的对立和张力在一种新的、进步的发展阶段达成和解。

　　这里，值得更充分地考虑黑格尔的"辩证矛盾"概念。矛盾的传统（形式的-逻辑的）含义是，一个明确的陈述既是正确的，同时又是错误的，或者它和它的否定都是正确的。把矛盾应用到真实事物的世界，当某物被予以一些属性，它们不仅仅是不同的，而且更是彼此相互排斥的，以至事物的实存本身受到损害，矛盾就出现了。作为逻辑必然性的一个问题，某物不可能同时具有相同的属性又缺乏这种属性，或者具有两种或者更多的逻辑上不相容的属性。黑格尔非常熟悉形式逻辑，并在他的哲学建构中巧妙地使用它。然而，他的辩证法超越了大量概念和观念的形式-逻辑的使用。黑格尔并不反对形式逻辑的矛盾律。然而，这个定律仅仅支配共时的关系，因此不能把握涉及发展的历时关系。[7] 相反，历时关系服从于辩证的规律而不是形式逻辑的规律，它们展现的这个矛盾是"辩证的"，或者，如黑格尔对它们的称呼，反思性的逻辑（辩证的）矛盾。[8] 约翰·博比奇（John Burdidge）注意到，这种类型的矛盾，"不是推理的借宿，而更是某物是错误的一个线索，指向将解决这个矛盾的一个方案"[9]。

　　相同的辩证过程在《精神现象学》中被描绘。但是，这里，意识本身成为一个具体的对象，在这个对象内，辩证的过渡发生，并且变得明显。这里，自我本质上成为矛盾与和解两者的综合。关于费希特，对于黑格尔来说，自我是自我产生的活动。但是，费希特不能理性地解释什么推动了这个自我的产生，而黑格尔表明，自我

270

本质上是反思性的，它必然地展现自身（"我"）与其对象（意识的对象）之间的一种"内在的冲突"。这个冲突并不是内在的事物和外在的东西之间的一个冲突。相反，它阐明了意识之内的一种辩证矛盾的关系，在那里，每一个关系最初似乎与他者是不相容的。意识，用作自我的一个实体，陷入自相矛盾之中，破坏了其要素的平衡，导致它原初的统一性和概念式同一性的破坏。然而，由于反思性存在内的这个否定关系，"恰恰就是实体与自身的非同一性（*Ungleichkeit*）"（*PS* 29.35-36/M 21），它必须从内部被"修复"，以重新获得实体（意识）本身的完整的整体或者同一性。因此，黑格尔得出结论，意识与其对象之间的这个矛盾包含其自己和解的根据。这个反思性的自我调和着自身与反映它自己的结构的客观世界，并且最终"被吸收"成为自我。这个"对自身的反思"是这种活动，通过它，自我继续创造自身。因此，意识内的这种"内在冲突"（作为我与其对象之间的一个区分的否定）在任何发展着的自我中成为运动的来源，这场运动积极地创造自我。由于自我从来都不是静态的，以及它的活动从来都不会停止，它的存在就是一系列的被和解的矛盾。它既不会停滞不前，也不会遭受抹杀。自我，因此，就不断地进行着塑造自身以及成为它之所是。自我自己进行着生成自身的过程，自我的"现实的有效性"，黑格尔称为主体性。

　　黑格尔系统地解释主体性的路径揭示了三个方面。第一个方面是现代意义上的"逻辑的"，它包括形式的三段论和认知的判断。这个方面关注我们形成谓词判断的逻辑能力和认知能力。例如，认识到多种多样的特征属于一个空间-时间对象或者事件。第二个方面是"具体的"，它关注一个有生命个体的自我意识。第三个方面关注作为一个物种的主体性，它融合前两个方面，它解释自我意识的个体如何可以做出逻辑判断（在广泛指示的意义上），并且表明个体的自我意识只有在做出如此之类的判断的基础上才是可能的。[10]

　　主体性的这三个方面在黑格尔哲学的几个突出方面被重申，包括他对"辩证法"和"反思"的解释。然而，不同于他的前辈们，黑格尔独特地把主体性的所有三个方面都融合成为一个复杂的主体性理论，这个理论提供了他很多著作的焦点。黑格尔的主体性理论包括两个主要部分。一个部分关注"纯粹的"（"绝对的"主体性），另一个部分关注"具体的"经验上被给予的主体性，一个有限个体的主体性。同时，第一个部分在《逻辑学》中得到充分发展[11]，第二个部分是黑格尔的实在哲学的一个主题。关于黑格尔主体性理论的大量文献，包括欧洲大陆以及分析传统中主要学者们撰写的著作，[12] 都强调了黑格尔对某种基础层面的"纯粹思维"或者"纯粹主体性"的承诺，它们必须以某种方式从自身产生一个完整的逻辑学和形而上学。如此这样的一种解释也再次重申了一个巨大的笛卡尔圆圈，这个圆圈已经以各种不同的、经常扩展的形式在洛克、莱布尼茨、康德和费希特中重复出现。黑格尔的"纯粹（绝对）主体性"的路径的确归功于现代哲学，虽然它也通过成功地解决许多之前形而上学中仍然没解决的问题，而超越它。

271

　　黑格尔既拒绝传统形而上学（它关注上帝的实体、普遍的东西和人类灵魂），也拒绝康德对它们的批判。黑格尔自己的"本体论"目标是要确定以及解释我们基础概念和范畴之间概念式的相互关系，因为这些相互关系是由这些概念或者范畴的意义或者内容所构成。只要这些相互关系被很好地理解，它们就可能被运用于精确以及合法的认知判断。出于很多理由，黑格尔"本体论"与他的主体性理论以及他的逻辑学相结合。黑格尔的逻辑学不仅仅关注传统的三段论逻辑，而且也关注现在被称为推理的质料原则的东西。约翰·博比奇强调了黑格尔在他的逻辑学中运用的新颖的程序，表明了黑格尔的逻辑学明显比康德和其他的前辈们的方法论要高级。初看起来，黑格尔的逻辑学，"在探究支配我们所有思维的根本性概念时，遵循康德"。然而，它没有被限制于分析传统运思的或者有限的人类思想。它的目的是要阐明出自人类有限思维之限制的内在诸矛盾，虽然也克服了这个思维的有限特征以及获得无限（字面上而言，"无限制"）或者绝对的知识。因此，黑格尔的逻辑学"不仅仅把握我们自己的思维过程，而且也把握这些原则，即它们最终也支配这个世界"[13]。因此，黑格尔非常有重大意义地超越了形而上学的现代概念，他的兴趣转向逻辑学，并以此为根据，提供了通达"纯粹"（"绝对"）主体性的一条概念上创新的路径，这个主体性完全不同于"纯粹"自我和绝对的传统概念。

黑格尔阐明，只有一门详细的和全面的逻辑学可以提供一种"纯粹"主体性的理论和确定思想的理论。这个"纯粹的"主体性必须与经验上被给予的心理学主体相区分，因为它是逻辑的和认知的，因此是规范性的，不仅仅是心理学上的。仅当被视为"纯粹的"，这个主体性的逻辑理论才可以阐述自我意识的结构，并且阐明相关的"纯粹"形式和思想行为。后者被黑格尔解释为关于合法逻辑关系的判断。它们是我们如何形成、把握和支配我们自己思想的关键所在。因此，黑格尔"纯粹"（"绝对"主体性）的思辨理论解释了"真理"，也就是说，陈述或者判断的真理条件。因此，它必须考虑本体论，尽管它自身不是本体论。更确切地说，它规定着哲学本体论的界限和基础。

尽管黑格尔对纯粹主体性的解释可能是成问题的，但是它会错误地把绝对主体性解释为一个纯粹抽象的逻辑或者心理学幻相。黑格尔坚持，绝对主体性可能只有根据它与个体的主体之关系以及与有生命的人类的关系而得到理解。事实上，他的"理论的"或者"逻辑的"思维的概念并不是被某种"纯粹的"认知活动所产生。它是以及只能是植根于现实的、正常运转的人类主体之"真正的"思维中，逻辑地以及认知上被考虑，而不仅仅是心理上考虑。这就弥合了绝对和具体的主体性之间的一条鸿沟，以及使得后者成为黑格尔分析的主要焦点。

因此，探究具体的主体、实在的人类个体，就是黑格尔主体性理论的核心。这首次在《精神现象学》中变得清晰可见，之后重复出现，并且在《哲学科学百科全书》（特别是 1827 年和 1830 年版本）、《法哲学原理》中，以及在黑格尔柏林讲授的关于实在哲学各个部分的课程中，不断地得到反复证实。[14]

在《精神现象学》中，黑格尔对具体的主体性进行了结构合理的解释。尽管它以黑格尔后来的实在哲学的众多样式被阐述，以及稍有修正，但对具体的主体性的一般解释已经形成，并在这里介绍。[15] 一些学者或者倾向于放弃黑格尔《精神现象学》中的主体性解释，或者至少倾向于认为它不重要。他们争辩，《精神现象学》是一部早期著作，标志着黑格尔对他哲学体系的基础和范式的探究，以至于它介绍的所有概念和观念都是初步的，以及因此不可能澄清作者的真正立场。他们指出《逻辑学》（或者少见于《哲学科学百科全书》）是黑格尔第一次构思他的主体性概念的文本。那么，《精神现象学》仅仅被认为是"实验性的"根基，这位思想家在这本著作中阐述的诸概念和观念，被赋予了非本质性的意义，它们只是用作一种探究性的装备，以为了完成一个更大的目标，也就是，哲学的体系性发展的目标。[16] 尽管，《精神现象学》事实上是黑格尔出版的第一部严肃的哲学著作，但对于黑格尔的哲学体系来说，这并没有降低它的核心地位和深刻意义 [17]，对于一般而言的历史的-哲学的发展来说，它的地位和意义也没有降低。[18]《精神现象学》不是一部"纯然初步的"著作，是黑格尔在法兰克福和早期耶拿时期从事哲学探究的一个结果，那就是对于意识系统理论的一个新模式的探究。不满足于他的前辈们提供的理论，尤其是费希特，黑格尔发展了下述这样一种意识的理论，这个理论能够避免先验观念论陷入其中的逻辑的圆圈，相反，黑格尔是在其理论和经验的历史和事实中解释意识。因此，《精神现象学》是他的主体性新理论的一个计划，黑格尔把它确定为自我意识的历史。

3. 作为具体主体性理论的《精神现象学》

273 《精神现象学》在其真正的发展中是"意识经历的经验"的体系研究（"*Wissenschaft*"或者科学）(*PS* 29.18-19/M 21)，它的发展是从其精神所植根的感性-知觉演进，历经其首次在古代文明中的历史开端，以及在现代世界和现代文化中的成长，最后在哲学中达到对自身的充分了解和理解（被介绍为"绝对认知"）。意识在其发展过程中经历的这些真正步骤和阶段是显现的精神的不同形式（*Geist*），它在世界中以及向世界表现自身。出于这个理由，黑格尔认为《精神现象学》是一部"意识的诸形态"的历史，通过这部历史，"精神发展自身"(*PS* 29.16/M 21)。意识的诸形态与精神的"图片库"之间的关系通常被误解，甚至被神秘化。与黑格尔相关，"精神"也通常表明了某种先验的、超-人类的存在或者某种绝对实体世界内的存在。黑格尔自己由于他的观念论和他的体系的整体化倾向也许会愧疚于模糊的"精神"的意义。然而，尽管有些过度的说明，黑格尔的"宇宙"精神的哲学以及它与人类意识的发展的关联是实在论的以及非常重要的，尤其对于理解黑格尔《精神现象学》的计划。黑格尔强调"宇宙"精神与个体意识的相互依赖性，并且主张，个体意识的发展只不过是精神的自我发展。这里，可以显现的东西是一种纯粹的观念论的"宇宙"结构，实际上，这个结构反映了具体的和实在论的观念。这就是这种观念，即世界历史关注人类个体（自我，具体的主体性）的进步发展，发展到它真正是什么的实现和理解，也就是说，精神以各种不同形式在世界上实现自身。

黑格尔区分了精神的三个主要方面：主观的（个体的）、客观的（社会的）以及绝对的（历史的）。这个总的划分后来支配了黑格尔在《哲学科学百科全书》体系内在《精神哲学》中对精神的分析。然而，在《精神现象学》内，它不太具有结构性的意义，而更

多地具有功能性的意义。精神的这三个方面的每一个方面都抓住了
人类发展和互动的一个确定方面，但是，这三个方面只有结合到一
起，它们才能把人类的实在重构为一个整体。尽管，我们作为个体
的"有限精神"（主观的、个体模式中的精神）活跃着，并且努力
自我规定（自由），但是，我们与其他个体的互动才把我们塑造成
为自身之所是。通过互动，人们创造共同体，而这些共同体凌驾于
它们成员的特殊利益和实存之上。通过其特殊的社会法律和规则，
共同体的生活（客观精神的领域）把复杂的现实施加到我们之所是
以及我们如何引导我们的生活上，同时也使得我们个体活动的不可
能的形式成为可能（例如，通过契约交换，艺术流派，传统或者地
域美食）。但是，诸个体对这个共同体的依赖，实际上，是一种相
互依赖，因为，共同体生活的真正行为者，也就是说，共同体内
部（共同精神）思考、意愿以及行为的那些人，是在彼此的互动中
的诸个体。这个互动不仅仅是一种社会的过程，而且也是一个历史
的过程。其结果不是随着时间而消失，而是通过人类历史以及人类
文化的历史发展以修正的形式重新出现。因此，通过在我们的共同
体内我们与其他人的相互牵涉，我们在获得绝对精神以及承认其成
就时起到关键的作用。确实，作为个体的主体，我们发现了这个世
界的结构和形式的充分意义，这些结构和形式向我们呈现为客观的
和普遍历史的以及文化的现象。尽管，这些形式和结构是现成在手
的，但是我们仍然必须为我们自身发现以及"解码"它们。我们仍
然必须使得它们成为我们自己的个体意识经验的诸事件和行为。根
据黑格尔，这就是，为什么世界历史是自我意识的进步和发展的历
史，它从不成熟——以人类个体的部分的、不完整的知识之不同意
识现象——到其全面的阶段，真正地自我实现为普遍的意识，实现
为自我认知。当后者意识到以及实现其精神为其自己的自由和知识
时，它是意识与自身的一致的状态。因此，精神（*Geist*）是自我意
识的充分实现。

274

　　尽管如此，精神源于人类的主体以及它们与世界的具体经验，只有在其中并通过它而成为实在。自我意识必然通过个体思维的主体的现实生活形式被媒介，因为没有这个"实在-生活"的媒介，就没有自我意识：精神的出现要求照面最初超越意识的东西，要求理解它以及融合它成为自己的自我理解，这包括人们对我们生活和发展于其中的自然的、社会的以及历史的世界的理解。如此这样的媒介，因此，是精神自我实现的一个条件，以及也是其构成的模式。这就澄清了黑格尔精神自我发展的通常神秘化的概念，实际上，它包括我们人类参与其中的具体的历史过程。出于这个理由，仅当人类社会和政治发展到一定的层次，精神的充分自我实现才能实现。因此，这就是一个历史过程，这必须在人类个体生活和社会互动中人类主体的历史发展之背景中得到理解。按照黑格尔的观点，人类实存的个体和共同体形式的进步被精神"推动"，以及以一定方式被"引导"，这个精神是内在于这个世界的，内在于我们个体的为我们自己的自由和自我理解而奋斗中。

　　重要的是要强调，尽管有点形而上学的调调，黑格尔的立场不同于费希特的立场，也尤其不同于谢林的立场，谢林试图发现"一切事物背后的无差别的绝对的无条件的存在"。[19]黑格尔的"精神"不是某种从无中降临到这个世界上的东西，它是某种在世界内发展的东西，而且通过我们自己的努力才能发展，即使我们无法实现。因此，黑格尔的"精神"不是潜藏在具体个体的主体中的一个实体或者一个基质，它是给予自身以及世界目的的有意识的人类个体之纯粹无限的活动。这个目的性的活动推动着人类历史的一切时期，把它引向人类实存的理性形式的进步和提高。黑格尔论证，这条路径导向自由的显现。这就是为什么人类个体的发展在《精神现象学》中是作为解放的一个过程出现的。这个过程从其直接性、自然性以及其最初的自我确定性的形式中解放人类主体，因此，就使得其现实的自我构形以及自我实现成为可能。通过这个解放，这个主体解释其普遍的（"宇宙的"）本质及其绝对的自我规定。黑格尔表明，我们的自由是我们作为世界之中的主体的能力的实现，是一种历史的和社会的现象，是必然地通过我们与"宇宙"精神的相互依赖而被媒介。

通过系统地考察这个相互依赖性，黑格尔谈论了他的哲学中的很多核心问题。它们不仅仅阐明了《精神现象学》的计划，也提供了对黑格尔解释的主体性的真正的和相当原创的洞见。这些问题在四个标题中出现，根据黑格尔《精神现象学》，主要分为意识、自我意识、理性以及精神：（1）我们每一个人如何能够确定自身是（自我）意识的个体，何以能够具有反思和命题态度；（2）我们如何根据我们的本质性的相互依赖性，即我们的主体间性，来辩护我们个体性的合法意义；（3）我们如何集体地以及文化地表现我们自己，以及我们可以如何理解如此之类的自我表现；以及（4）我们可以如何在我们的社会和文化背景中评估我们显明的自我认识的充分性，不管是个体性地还是集体性地。这些研究的每一种，对于黑格尔核心的关注，即人类自由的本性与发展，都是本质性的。我应该按照它们在《精神现象学》中出现的顺序来讨论黑格尔的四个探究。

3.1 意识的个体性与精神

黑格尔在《精神现象学》前三章的认识论兴趣不是被限制在纯粹的理论问题上，而是通过探究和研究关注我们知识的现实生产。

黑格尔坚持这个（康德的）论点，即我们只能通过把我们自己与对象以及我们意识到的事件区别开来，才可能是自我意识的。他以下述主张开始对意识的研究，即，对于我们而言，要成为意识的，必须要满足两个重要的要求。由于我们的意识是有意的，所以必须有一个意识的对象，并且与这个对象的一种关系必须被建立起来。黑格尔注意到，在意识中，这个关系的两个要素都不是直接的，它们是被它们建立起来的关系所媒介，只有通过它们的对方才获得它们的具体性。黑格尔讲道：

> 在这个确定性中，以及在这个纯存在中，前面提到的两个"这一个"分开了：作为自我的这一位和作为对象的这一个。如果我们对于这个区别加以反思就会得出，无论这一方和那一方都不仅仅是直接地存在于感性确定性中，而是同时间接地存在于其中：我通过一个他者，即通过事情而具有确定性；而事情同样通过一个他者，也就是通过我而处于确定性中。（PS 64.6-11/M 59）

我的这个中介通过"现存的对象"产生意识，最终，"对于自身成为理解的意识"（PS 83.2-3/M 80）。因此，我"纯然隐性的意识"及其具有命题态度（概念式结构的意识）的能力，只有通过参与到现存实在性、诸对象以及质料世界的诸事件中才是有可能的。

意识只有通过与其对象的关系而演进，这个事实引起了一个困境。"我"与对象这两者最初的出现是作为独立的、不相关的实体。而且，在其直接的、确定的特殊性中呈现为"一个纯然现存的事实"的这个对象的出现是外在于意识的，意识本质上而言是一种对普遍性的反思活动，因此必然被中介。尽管如此，"我"（作为意识的所在地）"无视"所有的差异，"牺牲"其独立性，并且建立起与对象的一种关系。同时，这个"我"存在于与对象之他者性的这个不可避免的关系之中。这个境况就引出了三个难题。第一，仅仅假设意识与其对象之间的关系是不够的，必须解释这个关系是如何被建立起来的，以及什么"力量"把意识吸引到对象上。第二，对象总是伫立于与意识的唯一确定的关系中，然而，为了获得对对象的意识理解（能够概念式地意识），这个"我"必须在其普遍性中把握这个对象，因此，必须能够在其所有关系的统一中认识对象。因此，对意识的这个综合能力应该有一种解释。最终，第三，也必须解释什么东西给予意识在面临与对象的关系时保持自身的（实质上而言，自我同一的）能力。

黑格尔在《精神现象学》的第一部分"意识"中考察了这三个问题。他的考察产生了对精神在人类意识发展中的地位的一种相当原始的解释。黑格尔对刚刚提到的这三个难题的关注得感谢他的德国前辈们。康德对统觉的综合统一的解释，费希特的原初冲动（Anstoß）的概念，以及谢林的绝对概念（作为一个纯粹同质的实体封闭在自身内以及只有通过自身中介），是解释意识可能性的不同尝试。然而，这些解释或者概念没有一种让黑格尔满意，他发现它们都是片面的和有限的。

根据黑格尔，把意识吸引到对象上的这个"能力"并不是一个单一的幻象行为或者暂时的行动。相反，这是一种无条件的普遍现象，内在于意识的本质性活动。在《精神现象学》的前三章中，黑格尔讨论了作为"知性能力"的这个力量，它能够渗透进"事物的真正幕后"（*PS* 88.12-13/M 86），以及揭露意识的这个隐藏的内容。这个探究的力量总是在黑格尔的《精神现象学》中出现，虽然，在后面的章节中，黑格尔是根据自我意识、理性和精神来讨论它。黑格尔在这里所想到的是，教化理性的能力，它"使得自身成为它自在之所是"（*PS* 20.6-7/M 12）。这种目的性的活动不仅仅为自身设定一个目标，而且也在其活动中坚持作为其存在的本质性规定。这个活动以及对其构成性能力的理解就不是外在地强加的，意识在自身内部发现它。这个关系性的"我"也是反思性的"我"。它通过其针对世界的活动创造自身，通过此活动，它参与到世界中，并且，把它的世界经验吸收到自身中。

黑格尔声称，个体理性活动的意识的这个能力把它与精神联系起来。唯有精神保证这个活动的普遍性特征，以及努力朝向每一个

277

个体意识展现的理性理解。根据黑格尔，精神推动了人类历史的所有时期，依次清楚表达了人类生存的更加合理的形式，如他在人类的诸个体和它们的社会的思想和行动中发现的表现。以这个方式，精神对于人类生活是本质性的，黑格尔把它描述为一个个体生成为一个理性存在者的过程。精神并不规定这个生成的过程。黑格尔的"我"是一种自我产生的活动，通过这个活动，它继续地创造自身。推动这个自我创造的过程的这个原则是矛盾以及最初对立东西的和解。精神提供一个中介，也提供个体在这个发展过程中进步的普遍准则或者标准。黑格尔强调，任何个体都是被中介和反思构成的，因为这些就是这样的一些行为，通过它们，任何实体都能够使得它遇到的任何东西与自身联系起来："中介仅仅是自我运动的自我同一性，或者它是自身内的反思。"（PS 19.29-31/M 11）这就意味着，这个被中介的和反思的自我并不是"宇宙"精神的对立者，而是其构成的恰当模式。[20] 以此方式，黑格尔提出了两个重要的关键点。第一，他再次重申了生成为一个个体的理性存在者的过程与精神的自我发展之间的联系。第二，通过它们的中介和反思活动，人类的诸个体既有内在也有外在，唯有这个双重性构成了它们的"现实活力和主体性"。

几百页后，黑格尔写道："只有自我才是它自身的真正对象，或者对象只有当它拥有自我的形式时才有真理。"（PS 289.18-20/M 324）这个陈述代表了黑格尔对《精神现象学》中描述的整个精神领域的理解。黑格尔在这里确定，没有像"宇宙"精神这样的实体，可以被赋予一种绝对的能力以及独立的存在。不是这样的精神，而是人类的这个个体是这个世界上行动的真正行为者。那么，这个世界，作为我们自己渴望的和努力实现自我发展的对象和情境，而向我们开放。因为这个理由，这个个体的自我在每一个"宇宙"精神的显现中被反思。精神的这种普遍性只是人类生活历史特征以及我们人类参与的这些过程的表现。我们确定自身是能够反思的存在者之能力的意识是我们自己的活动的一个产物，这要求我们极大的努力。黑格尔表明，我们对世界的研究和探究不仅仅提供了关于世界的真正知识，它们也提供关于我们能够认识什么以及我们如何认知它的自我知识。然而，我们的独立性探究以及我们意识我们自己限制的能力要求，基于我们的相互依赖性，而建立起我们个体性的合法意义和肯定。这问题就成为黑格尔在现象学的"自我意识"部分的焦点。

3.2　主体性之为主体间性

在自我意识的阶段，意识发现分裂的自身。一方面，"凝视自身"以及把自身与其自己的对象联系起来，意识要求一个更加实在的形式，即生命的形式。这就是个体意识在其所有的特殊性中的生命。另一方面，意识也照面另一个世界，即在其生命的普遍形式中的客观实在性。根据黑格尔，这两个世界——内在的意识领域以及外在的实在性领域——并不是不同的，它们必须被认识为一个一体化世界。产生于主体与对象的"欲望"关系的这种统一维系着生命本身。黑格尔这里构想的这个问题对于我们的主体具有重大意义。这就是这个看法，即人们的自我确定性只有通过建立人们与客观世界的真正的统一才可以获得。通过和解主观的东西和客观的东西，黑格尔声称，这个统一只不过是自由本身。黑格尔在这里想到的和解并不是一个瞬间的行为，它是一个长长的以及复杂的过程。自由是一种实践的成就，它发生在时间之内，以及以有生命的世界为基础。黑格尔把自由的实现与精神的发展联系起来，虽然是通过把它与教化（Bildung）的现象联系起来。教化在应用中可以表达为"formation"（构形）或者"enculturation"。精神作为自我发展和自我沉思的一种无限的活动，被黑格尔等同于自由。根据黑格尔的观点，自由和精神的"自我发展"不仅仅是世界的成就，而且也是

278

人类的成就。它们发生于以及通过历史时代中的人类活动而发生。然而，它们不是一个个体事业的结果，而更是一个集体的人类事务的结果，必须被理解为教化的普遍活动。这就是一个人际间的、主体间的活动，它标志着向个体生命的社会-文化维度的过渡。

在"自我意识"中，这个过渡才刚刚开始形成，个体的特殊性仍然在这里盛行。然而，在这个自我意识阶段，"普遍教化"的这些结构似乎是在为实现自我确定性的斗争中个体意识的本质性要素（参见 *PS* 118.16/M 122）。黑格尔澄清，教化是一个具体的普遍的过程，这个过程是我们人类必然要参与的过程，通过这个过程，我们意识到我们自身以及我们的自然和社会环境。只有当一个个体与其他集体寻求他们自己目标的诸个体之间互动时，这个过程才会发生。因此，自我只有在或者通过自己的活动才会获得其主体性（它的自我确定和个体性的意义），这个活动不仅仅是指向世界的，而且也是通过与其他人之间的关系而被中介的。

因此，黑格尔声称，个体的自我意识根本上而言与主体间性相关联。在自我意识的层次上，意识是在其对象的否定关系上被定义的：自我意识的"对象"就是意识自身。这个"否定的关系"是人们对自我确定性的欲望，对人们的个体性之意义的欲望。一个困难就产生于这个事实，即，在寻求欲望时，意识倾向于摧毁（否定）它的对象，例如，通过消耗它，虽然这么做阻碍了它自己的自我确定性的意义。因此，要在一个对象的关系中成为自我意识的和自我确定的，就要求一个对象通过否定保留其独立性。满足这个要求的唯一对象就是另一个自我意识。一个自我意识为了获得其作为一个个体性的主体的实存之意义而满足以及需要满足的欲望，就是被他者欲望的一种欲望，也就是说，对承认的一种欲望：

> 自我意识是自在自为的，这是由于并且借助于它对一个自在自为的他者而存在：这就是说，它只是作为一个被承认者而

存在的。它的这种在自己的双重化中自身统一的概念，这种在自我意识中实现出来的无限性的概念，是多方面多种含义的交叉，一方面这个统一体的各个环节必须得到严格的区分，另一方面在这种区别中它们同时又必须被当作并被认为是没有区别的，或者总是必须从与自己相反的含义去看待和了解的。这种区别的双重意识就在于自我意识的这一本质，即它是无限地或者直接地就是它由以建立起来的那个规定性的反面。对精神统一性在其双重化中的概念的这一分殊，向我们演示了这种承认的运动。(*PS* 109.8-18/M 111)。

对于自我意识而言，存在另一个自我意识，它已经从自身中出来。这具有双重的意义：第一，它已经失去了它自己的自我，因为它发现自身是一个他在的本质；第二，它因此已经扬弃了他者，因为它并不认为她就是本质性的，而是认为自身在他者之中(*PS* 109.8-23/M 111)。

承认通过源自两个自我意识遭遇的一场戏剧性的斗争而出现。黑格尔根据主奴之间的动态关系把这个描述为生死斗争。主奴辩证法的最终教训在于，我们作为世界之中的主体的能力的实现要求相互承认我们都是一个共同体中的成员。

这里，黑格尔指出人类主体性的一个基础性特征：它的实在性不在于孤立的生存，而在于与其他自我之间的互动。这个互动不仅仅被"外在性"(客观世界)，而且也被他者中介，它是"在他者的存在中……一种我自身与我自身的无限关系"(*Enc.* §490)。根据黑格尔，某人只有在被其他人承认的事实中获得主体性的特征(黑格尔通常在这个语境中使用"人格性"[personality]这个术语)。对于黑格尔来说，承认的这个现象是社会化自我的最重要的方法论工具。承认的过程是一种建立单一个体之间的重要关系的过程。这些关系在他们彼此之间的互动中被反映。在这些互动中，一个个体性的意识，意识得到它自己的个体性，也占有普遍的内容以及作为其依赖他者之结果的自由。这个依赖性并不是单方面的。这些个体们"承认自身就是相互地承认的"（PS 110.29/M 112）。这个相互依赖性就是人类个体的教化和构形得以发生的真正结构。黑格尔表明，自我不可能作为一个孤立的个体而生存，甚至都不是作为一个仅仅与他者共存的自我而实存。这个个体性的自我必须参与到与他者的具体关系之中，这些关系由相互的利益和关涉所规定。然而，与他者的自我之关系不是与自身的关系，它必然是以及必须被承认为与他者相关联，这些他者不仅仅不同于自身，还与自身对立。这个承认的过程，因此，就是朝向冲突实体之统一的一种辩证进步，在这些实体中，对立的东西的他者性不是简单地被消耗，而更是以一种方式被占有，这个方式允许发展到意识发展和（历史）关涉的更高阶段。

黑格尔讨论为承认而斗争的关键主题是，主体性通过与其他人的关系而被中介。这涉及承认我们（甚至作为思想家）相互依赖性的一个非常基本的特征，也就是，我们的主体间性。黑格尔在这里的洞见是，主体性总是主体间性，因为我们的主体性必然地通过我们与他者的关系而被中介。我的主体间性的生活与活动，包括我们的知识，他称为"精神"。黑格尔指出，在为承认而斗争中，"一个自我意识因为［另一个］自我意识而实存，""精神的概念已经为我们所用"（PS 108.29-35/M 110）。他继续，

> 对意识来说要继续做的是去经验精神是什么，而这样的绝对实体在它的对立面，即在各种不同的自为存在的自我意识之完全的自由和独立中，作为这些自我意识的统一又是什么；我就是我们，而我们就是我。意识在这个作为精神概念的自我意识里，才第一次拥有了自己的转折点，在这个转折点上，它才从感性的此岸之五光十色的表现里并且从超感官的彼岸之空虚

黑夜中走出来，跨入到当下的精神白昼中。（ *PS* 108.35-109.3/ M 110-11 ）

在这一段中，黑格尔再次肯定，没有涉及主体—客体关系以及与其他对如此互动同样感兴趣的诸个体的互动，个体性的主体的这种构形，是不可想象的。相互依赖性的这种特点存在于这个事实中，尽管它产生于我们的个体活动，它必然地在自身内具有根本性的普遍要素。这个普遍性是被这种社会联系的特征所规定。尽管主体间的关系是异质性的，当它们总是具有某种共同的东西，也即是，共同的行为方式，包括身体上的和语言上的，没有这些共同的东西，诸个体之间的互动不可能发生。我们每一个身上都有共同的东西，没有它们，我们的生活将不可能进行，共同的东西就是我们的共同体的和社会的本质。黑格尔称为"精神"。

在《精神现象学》后面的章节中，黑格尔进一步解释了主体间性的观念，他强调了它以各种不同形式出现在人类社会生活中的核心性。通过考察人类个体的社会维度，包括诸个体在其中成为其所是的各种习俗、实践和制度，他表明，诸个体和社会制度是相互依赖的，没有它的恰当补充，它们就既不存在也没有这种特征。然而，在自我意识的这一章中，黑格尔已经形成以及强调了主体间性的整体概念。[21] 黑格尔的概念试图克服孤立个体的原子主义观点，这种个体，在他参与到世界中以及进入与其他类型存在者的任何关系之前，本质上是自成一体的以及完整的。他者成为意识以及人们自己自由之实现的一个不可或缺的条件。同时，黑格尔澄清，自由行为者们的共存以及他们的互动预先假定了诸个体的共同体观念，以之为一个先天的条件，这种共同体，不是历史地而是先验地先于这些个体。"我们"奠定了"我"。不仅仅我的自由只有通过我的共同体承认的我的行为而是可能的，而且个体性的这个概念是一个互惠的概念，只有在与另一个自我的关系中才可以被思考。黑格尔把承认当作纯粹自我意识的"我"之进步的一个关键要素，他阐述，诸个体意识到自身仅仅是集体价值、努力和制度的参与者，而不是原子的诸个体，自身之独立自我性的承载者。笛卡尔或者费希特，他们的主体和主体性可能根据"原子主义的个体主义"而被描述的，不同于他们，黑格尔发展了一种"温和的集体主义"的立场。22 根据这个观点，认识论的辩护不可能简单地依赖于单一的个体性的主体。每一个认识论原则必须在一个得到辩护的过程中被发展，这个过程必须不仅仅获得个体的有效性，而且也获得集体的有效性。个体性地评估某人的判断是不够的，认识论的辩护要求对很多的理性个体进行相互的评估。因此，尽管个体的自律和个体性的主体的认识论诸条件对于理性辩护是必须的，只有集体的（"普遍的"）自律才可以充分地获得如此之类的辩护。这个观点同样也适用于支配共同生活的社会实践和原则，它们同样只有在诸个体之间的相互关系中以及通过他们之间的相互关系才可以得到辩护。

费希特也强调主体间性的关系对于自我发展的重要性，但是他对主体间性的理解仍然是抽象的。与费希特相反，黑格尔主张，主体间性积极主动地以及必然地参与到具体的共同体和社会生活中。他认为主体间性是任何个体的生活的一个关键要素。自我意识以及任何主体之个体性意义被与其他人的关系所中介。如果人们的自由行为不被其他理性的主体所承认，人们不能恰当地意识到自身以及自身的人格性。自我与他者之间的这些关系对于人类的意识和活动是根本性的。意识首先经验为其目标的一个障碍的他者性是（明显的）自然和社会世界的外在实在性。这个明显的外在性阻碍了个体的自由和独立性。然而，这个他者性没有摧毁自身就不可能被摧毁，因此在他者和自我之间必须存在某种和解，以至于意识通过他者把握自身。这个和解的阶段涉及以及要求互惠的承认。通过承认他者是另一个主体以及同样是一个自我，人们承认自身就是一个自由的和有意识的存在。人们的意识或者自我意识只有通过相互的承认，通过其他的主体，才是有可能的。这就辩护了我们的集体和社会的本质。[23] 这就是为什么主体间性的活动发生在一种广泛的社会现实的情境中以及是教化自我的过程的一个关键部分，这种活动推动了我们的精神的生活，也就是我们的共同体的生活。黑格尔在论"理性"和"精神"的部分中分析了这个教化的机制以及我们集体地和文化地表现我们自己的这些方式。

3.3　主体性与社会世界

黑格尔得出结论，个体的自我理解依赖于一个共同体的理解，他从逻辑上把他的叙述公开地转向历史的和社会的考量上。论"理性"这一章的主要主题就是在社会领域中的个体之自我实现。黑格尔在这里的核心问题就是我们如何以及在何种程度上集体地表现我们自身。这个"理性"的基本主题，因此，就是主体东西的客观化。由于这个客观化发生在社会现实中，黑格尔聚焦于个体性的主体之自我实现的社会客观化的、不变的诸形式。

黑格尔以社会现实概念的一种历史叙述开始他的分析。他表明，社会现实的现代理解建立在"非个人的"普遍理性的概念基础上，这个理性在基督教的上帝观念中找到它的根基。在基督教中，上帝显现为我们人类心甘情愿地屈从的最高真理的承载者。人类的生活，因此不仅仅完全依赖于上帝和其"纯粹的"存在，而且也只有通过上帝和其"纯粹的"存在而获得其意义。应用到人类事务上，这个观念反映在承认"非个人的"（超-个人的）理性对于社会生活的根本性、构成性的地位上。[24]

黑格尔指出希腊城邦是第一个以及也许是最显著的建立在理性原则基础上的生活形式的范例。古代社会的城-邦（city-state）展现的一种社会形式被其参与者们承认为由理性的法律体系构成的。因此，理性隐性地被确定为这种生活形式的实体：在一个城邦中，

282

人们的生活被一个伦理的实体（*sittliche Substanz*）、一系列的共有的实践和标准所绑定，这些实践和标准支持着希腊人的社会生活。悬而未决的这个合理性是没有得到辩护的价值，虽然它具有一种实践的意义，因为它是以习俗的方式合理地做着某事。对于黑格尔来说，希腊人以及希腊人的生活方式总是用作讨论的一种积极的背景，他称赞希腊城邦是个体可以实现其公共地位的一种社会生活形式。然而，希腊文化算作"直接的精神"，因为它缺少有效的理性资源以解决根本性的规范冲突。它的"自我与世界之间的实质性统一"的确是暂时的，不久就成为共同体与诸个体之间的一种对立。"城邦的这种伦理力量……作为现实的普遍性是对立于自为存在之个体的一种力量。"（*PS* 242.27-30/M 268）这就导致了对个体性的忽视："这个［特殊的］个体仅仅算作一个不切实际的影子。"（*PS* 251.12/M 279）[25]

　　根据黑格尔，不仅仅是希腊城邦，而且其他的前-现代模型的社会生活都忽视了个体性，因为它们的社会现实的建立都没有考虑个体的意图以及他们自己关于什么是善和正当的诸观念。[26] 因此，即使诸个体已经意识到自身是社会制度的参与者，但是理性个体性的社会实现在这里也是不可能的。不仅仅个体与世界是分裂的，而且社会的生活形式也表现为与其个体的形式处于一种不可调和的冲突之中。有能力承认自律的诸个体是集体和社会价值的承载者，就是现代文化和政治的独特标志。在现代，法律、道德和宗教的基本概念依赖于这个主张，即诸个体可以根据他们自己的合理地被规定的信念而行动，并且社会制度尊重这些信念。

　　然而，如黑格尔表明的，现代文化最初失败于发展一种社会现实的模式，这种模式可以恰当地表现这些主张。根据"充实的人类生活"重新建构"真实的"实在这种浮士德式尝试，对"心之规律"的情感上的信仰，诉求"德性"和利他主义，都不可能提供这样一种模式，即它可以解释诸个体通过社会行为和判断的自我实现，以及在社会行为和判断中的自我实现。黑格尔论证，现代文化原则上不可能成功，因为个体行为与普遍的（"非个人的"）理性之间的对立是不可和解的，至少在现代文化显现出来的形式中不可和解。黑格尔把这个解释为理性中以及因此在现代文化自身中的深度危机的一个信号。他解释，在它关注个体性在社会生活中的实现时，现代文化聚焦于私人的利益以及诸个体的诉求，而不是聚焦于代表一个集体意识和普遍意志的社会制度。以此方式，现代的各种理论都个体主义地对待个体及其对自我实现的探究。甚至是康德，他要拯救现代文化，并且似乎通过他的"目的王国"的概念回应了"非个人的"理性的挑战，这个概念包含了自发性的行为，自我立法的个体。他无法完全理解和考虑互动的诸个体之间的多层次的相互依赖性。因为这个理由，黑格尔论证，尽管根据现代理论的发展，它很重要，但是现代文化不能够提供诸个体的自我实现的一个融贯的模型，因此，它不可能作为行动的一个现实指南。

黑格尔对欧洲生活的精彩但有时晦涩的一系列描述，以及他对现代社会现实模型的批判的主要教训是，个体的自我实现用作其自己的个体主义信念的出发点时，就失败了。在现实社会，个体的自我实现总是不仅仅在于其他人的相互依赖性的情境中发生，而且也在集体的生活形式内发生。如黑格尔提出的，

> 个别的意识，由于它在它的个别性中把普遍的意识作为自己的存在来意识，它就只是这种存在着的一而已，因为它的行为和生存是普遍的伦常。

> 实际上，在一个民族的生活中，自我意识到的理性的实现这个概念，如果在他者的独立性中直观到与他者的完全统一，或者把一个他者的本身是我自己的否定并被我碰到了的这种自由的事物性作为在对象上的我的为我存在来拥有的话，这个概念就具有了自己完成了的实在性。（*PS* 194.14-21/M 212）

因此，个体的自我实现不仅仅依赖这个具体个体的欲望和决断，而且也依赖其他实践行为者的意图和行为，并且，必然地受到法律、习俗和其他社会因素的影响。

284　　通过以此方式构想社会现实，黑格尔完成了几件事情。第一，他重申了主体间性的观念，但是，现在是我作为个体自我实现的一个中介。这个"自在自为的"实在的这个个体自我，通过主体间的活动在社会世界中，"呈现"或者"表现"自身。第二，以此方式，黑格尔也强调诸个体的社会维度。社会生活是任何个体性和主体性的关键要素：

> ［诸个体］意识到，它们之所以是这些个别的、独立的本质，是由于它们牺牲了自己的个别性，而且这个普遍的实体是它们的灵魂和本质；正如这个共相又是它们这个个别的东西的行为，或由它们所创造出来的作品一样。（*PS* 194.26-29/M 212-13）

唯有在社会现实中以及参与到社会制度与实践中，诸个体才成为其所是。仅当它们"牺牲"它们的特殊性，"放弃"它们的纯粹个体需求和欲望，以及"消解"自身于普遍之中，把共同体的和社会目标当作自己的目标，个体成为其所是才会出现。

个体"消解"于普遍之中的这个观念通常被认为是黑格尔普遍主义以及他强调普遍高于特殊的一个标志。我认为，黑格尔的确得愧疚于有时没有避免这样的一个问题，这是因为他的观念论的绝对特征。然而，在这个特殊的语境中，黑格尔强调社会主体的普遍性是绝对正确的。这里，他明确地抓住了，在社会现实的场景中行为的实践行为者并不是一个单一的主体或者一个分离的个体，而更是诸个体的一种联合体内部的一种联合，或者更确切地说，诸个体被组织成为一个共同体。这个"普遍的行为者"，黑格尔称之为"一个民族",它承载着"共同体的""自我意识"。

黑格尔并不主张,像市民社会或者国家这样的制度或者集体组织在具有主观表象或者观念的意义上具有它们自己的意识。尽管,他论证,共同体的自我理解有时可能嵌入在代表一个共同体的价值和目标的特殊个体上。他强调,共同体的自我意识并不同于个体的自我意识。然而,它们以一种特殊的方式也彼此相联系。"共同体的"自我意识,虽然不同于个体的自我意识,它通过社会领域内的它们的意识互动中诸个体的相互作用而出现和发展。而且,我们人类不仅仅"定位"于社会实现中,而且更是内在于社会世界中,并且产生我们自己行为之舞台的社会—政治情境。共同体的精神并不是从无中降临到世界以及降临到我们身上,而是从在我们自己的主体间的(共同体的)活动之产物内部,通过我们持续的互动,而出现的。即使是个体主义最喜欢的个体经济主动性的例子也是如此:

> 个体为了自己的需要的劳动,既是他自己需要的满足,同样也是对其他个体需要的一个满足,并且他自己的需要的满足,只有通过别人的劳动才能达到。——正如个别的人在他的个别的劳动里已经无意识地完成了一种普遍的劳动一样,那么他也把这种普遍的劳动又当作他自己的有意识的对象来完成;整体作为整体就成为了他的作品,他为之献身,并且正好由此而从这个整体中恢复了自身。(*PS* 195.1-7/M 213)

然而,这个整体并不是与个体分离或者外在于个体的东西。尽管,这个个体为了整体的普遍性而"牺牲"它的单一性,个人的个体性并不是简单地消失成为共同体的精神,它在社会领域内保留其"本质性的特殊性"和独立性。这个单一性和个体性的保留得到共同体精神本身的普遍性的保证。用黑格尔的话来说,"甚至特殊个体的这些最通常的功能不是毫无意义，而是有其现实性，这都需要借助于普遍维系着的媒介，借助于整个民族的力量才行"（*PS* 194.32-35/M 213）。

以此方式，黑格尔强调，个体和社会制度是相互依赖的。没有一方，另一方既无法存在也没有其特征。因此，相反于广泛的误解，黑格尔并没有让个体从属于他们的共同体。两个方面彼此之间都是必需的，以及是彼此相互依赖的。正如一个个别的自我，没有在生活的社会和共同体形式中以及通过它们显现和实现自身，就不能获得其完全的自我实现。普遍的（"共同体的"）自我的（自我）发展，就是精神，没有个体参与到具体的历史和社会过程中，它是不可能的。理解这种类型的发展是黑格尔历史哲学的关键点，在《精神现象学》中，被展现为"宇宙"或者世界历史精神的哲学。对精神的自我发展的这种解释揭示了人类的共同的本质。

在"理性"这一章，黑格尔明确地表明，个体的自我实现必须根据人类生存的集体形式和社会情境的人类产物来理解。然而，错误的是，把这个主张理解为肯定这个观念，即唯有集体的力量是实在的，个体性没有独立的实在性。完全相反，对于黑格尔来说，使得社会世界成为实在的东西恰恰是个体以及其行动。黑格尔论证，

> 这个普遍的实体，在一个民族的伦常和法律中讲着它的普遍的语言，但这个存在着的不变的本质并不是别的，而只是显得与普遍实体相对立的那种个别的个体性自身的表达而已；法律说出了每一个个别的人的所是和所为……（*PS* 195.11-15/M 213）

世界的真正的行为者并不是一个无相无形的普遍理性或者共同体精神，而是在他的具体主体性中的个体。社会或者共同体的实在性被个体产生，以之为他自己的个体性和主体性的一个显现。然

而，这就并不是无意识的，而是个体性的主体的有意识的社会活动。黑格尔强调，仅当个体意识到社会秩序以及在他自己的社会地位中显现这个意识时，个体才可能是"实在的"。根据黑格尔，个体可以实现自身的唯一领域是有活力的文化的领域。对文化的历史讨论以及它在人类个体和人类的自我发展中的地位是黑格尔"精神"这一章的核心主题。

3.4 "教化"之为个体与普遍之间的联结

黑格尔的"精神"这一章的内容很丰富，并且广泛范围地考察了重要的哲学问题和概念。这里，我聚焦于一个很少被讨论的，虽然对我们的主题具有本质意义的概念，也就是说，黑格尔的教化（Bildung）概念以及其对于我们解释具体的主体性的意义。这个讨论阐述了黑格尔对下述这个问题的回应，即我们如何可以辨别我们显明的自我知识（既是个体的又是集体的）在我们的社会和文化情境中的充分性。

在他的社会现实的分析中，黑格尔指出，社会世界不是简单的我们集体事业的一个结果，也是我们历史的产物。尽管在任何特定时代的任何个体都参与到这个产物中，我们通过历史行动集体地创造了社会的情境。这个社会世界不是一个个体或者任何一个团体塑造的，它也不是唯一的特殊的行动（甚至是最崇高的和最受尊重的）的一个后果，相反，它是人类的一个创造物，人类通过历史的世代活动的结构。这个历史是人类发展的具体过程，它本身就发生在社会和文化的实在性中。每一代，每一个历史时期，都在这个宏大的过程中留下了其独一无二的个体性踪迹。这些踪迹都在人类的文化中被描绘，根据黑格尔，它们从来都不是静态的，而总是不断地发展、运动和改变着的。

我们这些人类个体与这个自发的要素处于复杂的关系之中。作为单一性的主体，我们似乎被抛入一种特定的社会环境中，因此遭遇着作为一个世界的文化，这个世界作为"现成在手"的东西被给予我们。然而，在我们的遭遇中，我们必然地建立起与我们遭遇的东西之间的关系，因此在我们的文化内参与到某些活动中，这就是我们找到的"现成在手的"发现。这个发现的过程不仅仅是一个认知的过程，而且同时是一个外在东西的内在化的实践活动。以这个方式，个体解码他遭遇到的东西之意义。然而，通过实践地参与文化现象，他也产生了新的对象、情境和意义，它们自身在文化内就成为诸事件。这些事件不仅仅对个体的行为如此出现，也对其他的诸个体如此出现。因此，他们的互动就被社会和文化的对象和事件所中介。因此，文化就渗透到人类实在和事物的所有领域中，它是人类集体的事业。

在他的"精神"部分中，黑格尔通过聚焦一个特殊方面，提供了文化历史过程的一幅宏大的全景图，这个具体的方面被黑格尔认为是人类主体性发展的关键所在。这就是他所说的"教化"，意思是上文提到的教化的过程。通过聚焦教化，黑格尔追随他同时代很多伟大人物的步伐[27]，然而，他的路径是新颖的。这个新颖性在于黑格尔赋予这个术语一种新的意义。相反于他的同时代人，黑格尔不把教化解释为一种教育，狭隘地解释为发生在个体层面的教育，而更确切地解释为普遍的历史过程。在这个过程中，我们都集体地涉及其中，并且我们都必然地参与其中。

287　　黑格尔明确地区分了文化（Kultur）和教化（Bildung）。按照他的观点，"文化"，一般而言，指的是人们的社会环境中的任何东西，"教化"指的是人们从那种环境以及在那种环境内已经内在化的或者（更好的说法）掌握的任何东西。黑格尔的区分标志着比他的前辈们和同时代人的进步，包括康德和费希特。黑格尔通过强调教化的过程建立起这个区分，这就为他提供了解决例如主体与客体、个体与普遍或者内在与外在之间的区分和整合的情境。这些过程并不是自行发生或者展现的，而是要求和发生在个体、团体（例如生产或者研究团体）或者甚至民族的现实的、历史的工作中。

在《精神现象学》中，黑格尔表明，教化是多方面的现象。黑格尔对教化的几个洞见在这里特别相关。在黑格尔著作中第一个以及最容易辨认的教化的作用，是给个体文化（或者精神的）发展贴上标签。《精神现象学》作为一个整体（包括其内在的过渡）的路径代表了个体意识的教化，从其纯粹的自然或者未开化的感性确定性立场以及其对自我意识的缺乏转变到结论性的哲学立场。在结论中，个体通过理性地反思他的知识和他的社会地位而完全意识到自身。这就是一个这样的过程，"我"通过它发展成为具体的主体性。这个转变并不是一个自然的生物学过程，也不是纯粹的成长，像自然的有机成长。教化必须假设，个体的积极主动的参与以及他完全有意识的承诺。它是个体对自然性和感性确定性的自我克服以及朝向对自身的完全意识的自我发展。因为个体并不是孤立的，因为他与世界的关系通过他与其他人的关系而被中介，教化就是相互独立的诸个体的有意识的活动。[28]

教化在黑格尔的《精神现象学》中的第二个作用关注的是，个体的教化如何通过他重新捕捉和占用"世界文化发展的历史"（*PS* 25.7/M 16）而发生，这代表了"世界精神"之教化过程的"诸阶段"。因此，单一的个体，在他的自我教化的过程中，穿过"宇宙"精神已经穿过的诸阶段，并且，在这些阶段中，它留下了它自己的踪迹。因此，个体发现这些阶段是，伟大的精神"对过去的征服"。黑格尔写道：

> 这一过去了的定在是普遍精神已获得的财产，而普遍精神既构成着个体的实体，同时因为它显现于这个个体之外，又构成了个体的无机自然。这样一种考虑中的教化，就个体方面来看，就在于这个个体将赢得这种现成在手的东西，消化它的无机自然，并将它据为己有。（*PS* 25.7-12/M 16）

　　被"抛入"文化中并在文化中成长的个体，已经受到现存文化及其传统价值、规范和标准的影响，并且由之构成。因此，传统似乎是个体的实体，即他的主体性的构成基础。然而，从一开始，个体就认为这种传统是某种外的和外来的东西。尽管就其本身而言，作为一种社会实体，它是一种精神的本质，它似乎并不适应个体自己的精神及其对精神独立和自由的渴望。解决这个真正冲突的办法在于，个体占用传统，并且使之成为自己的、内在化的内容："无机的"东西现在成为一个个体的"有机的"本质的一部分。以这些术语，黑格尔讨论了文化历史的个体内在化的非常重要的问题。黑格尔认为，这个过程涉及单一个体与"宇宙"精神之间的一种特殊关系。黑格尔指出，

　　　　引导个体从他未被教化的立场到认识的 [立场] 的任务，必须在其普遍的意义上，通过考虑普遍的个体即世界精神，在其教化中，被把握。（ *PS* 24.13–15/M 16 ）

　　从《精神现象学》呈现的这个视角来看，个体认为以及内在化文化历史为精神自身的教化。因此，单一的个体依赖于这种普遍精神，它既是个体的人由此获得他们身份（在文化上阐述的诸价值和规范的意义上）的来源，也是评价他们成就的框架。然而，黑格尔强调，不会存在与特殊的个体相分离的"宇宙"精神："宇宙"精神的存在、思考以及行动只有在具体的个体中进行，并且精神的"自我发展"是由于这些个体的动态发展以及继续的转变。这就是为什么黑格尔要求传统和文化历史不仅仅从精神自身的教化过程中获得它们的重要意义，而且，更确切地从塑造他自己的这个传统的个体中获取。以此方式，对传统的内在批判不仅是可能的，对于黑格尔来说，它是文化和人类历史进步的一个关键来源。因此，个体仍然是教化过程的最终衡量尺度和"绝对形式"。

　　同时，黑格尔警告，教化的这个过程不仅仅是一种生物图形学的事业，而是一种历史的人类事业。它把自身展现为一个社会过程，单独的个体在这个基础上可以重新探究各种不同的主题和问题，以通过更好地确定任何具体的自然和社会现象学的真正特征而推进我们集体的知识和理解（参见 *PS* 10-12/M 1-3）。在教化时，人类的个体不仅仅可以认识自然和社会世界，而且也意识到自身以及他们在世界中的位置。

　　黑格尔的教化概念中根本性的是，它不是自动的，它也不是前-形成的潜在东西的纯然展开。相反，通过教化被实现的任何潜在的东西都是普遍的东西，无论它们获得什么具体的形式，它们都是我们在解决我们面临的任何问题或者我们认真探究困惑时，被我们建构的，无论是个体地还是集体地建构。单单通过这个解决，我们就获得了我们本质性的"第二本性"——在这个方面，黑格尔赞同亚里士多德和马克思（参见 *PS* 267.26-37/M 298）——作为受教育的、有效的理性行为者，有能力在我们自己的现实活动中表达我们自身。[29] 当我们承认、评价和回应我们实际上已经做的东西时，如此之类的或者在思想中或者在行动中自我表达的能力，是自我意识和自我认识的一个工具。这个过程，被勤奋地追寻着，它发展了我们真正的自由，我们理智和实践地掌握我们自己和我们的世界，既是社会的又是自然的。[30] 因此，教化的过程是我们自我实现和我们社会与自然环境知识的核心，并为此提供了基础。而且，我们不是纯然的观察者，也不是冷漠的、不务实事的思想家。相反，我们是积极主动的、有效的行为者，是那个过程的现实载体和场所。这就是为什么我们的失败和成功成为我们进一步行动、探究或者实验的部分背景，以及因此是我们集体的（普遍的）和个体的（经验的）主体性的一个本质性的部分。

　　有三个重要的关键点直接遵从这个讨论。第一，没有把握他的教化概念，不可能理解黑格尔对具体主体性的解释（以及他的自我性的概念）。这个教化的过程要求和保证黑格尔哲学中的自我的有意识活动，由于没有这个活动，就没有教化，因此就根本没有主体性。而且，教化表现为人类主体性的一个构成性要素。它不是我们为了满足某种个体的欲望或者为了获得一个确定的和暂时的目标而从事的某种附加的活动。相反，这是我们在这个世界上生存的最重要的模式。第二，认为黑格尔把教化还原为仅仅是个体的理智事件（教育，狭隘的解释）或者还原为经济生产，这是误解了黑格尔对教化的解释。[31] 黑格尔声称，教化是发生在任何个体的生活、任何文化以及（原则上）甚至是人类这个种族内的一个真正的历史过程。它是一个具体的普遍的过程，在这个过程中，我们人类必然参与其中，通过这个过程，我们意识到我们自身以及我们的自然和社会环境。第三，教化在不同的和相互冲突的主体与客体、个体与普遍、内在与外在的概念之间提供了一个概念式的桥梁。黑格尔在个体教化和"宇宙"精神教化的过程之间铸造的这个联结指出了，在社会、文化和历史生活中个体与普遍的本质性的相互依赖性。正如，没有诸个体参与到普遍社会的和文化的生活中，就没有个体性；没有诸个体的活动，就不可能有如此之类的普遍文化生活。在这个教化的过程中，个体，既作为具体的主体又作为一个集体的历史主体即整个人类，创造了文化，并且，同时通过文化创造自身。

4. 结论

黑格尔的《精神现象学》提供了实在世界内的精神发展和精神具体化的一幅巨大全景图。在人类个体跨历史时代的活动中以及通过这个活动，这个过程展现了人类自我理解的进步和自由。从这个"宇宙"精神的视角所描述的东西，同时发生以及应该从另一视

290

角理解为人类个体的真正发展。在《精神现象学》中，我们观察到一个双重的运动："宇宙"精神在个体中的实现和具体化，以及个体的发展把自身提高到"宇宙"精神。这两个运动，虽然在方向上是对立的，但在历史上和实践上是一致的。唯有一起对待，它们才可以重构黑格尔在《精神现象学》中捕捉到的人类精神历史发展的真正过程。我们必须在两个方向上解读这个运动。个体的自我通过吸入精神而成为他之所是——以其在世界上的各种不同的形式和形态——成为他自己的特殊结构，并且，相反，精神在它具体体现中以及通过它的具体体现在彼此互动以及与世界互动的诸个体上获得它的自我实现。根据黑格尔，集体精神和个体精神之间的这个复杂的媒介过程就是人类历史。

在把他的社会本体论奠基于精神的概念上时，黑格尔把人类的历史呈现为人类共同体的历史以及共同体的生活形式。他表明，诸个体是共同体的、社会的行为者。作为一个自然生物，受到其生物学的和生理学的构造的限制，个体，通过参与到教化的过程铸造和教育的文化和共同体中，而发展其所有的能力、技能和特征。然而，个体的这种对共同体的依赖性并不是单方面的。正如，个体没有参与共同体生活，就不可能成为他们之所是；没有实在的行为者，就没有共同体生活也没有人类共同体。这些行为者即进行思考、意愿和行动的人类个体，并且，单单通过他们的行动，人类历史发生以及成为实在的。因此，个体与他们的共同体是相互依赖的，并且它们的发展是互为条件以及彼此相互补充的。这就是，黑格尔根据精神与具体主体性的相互关系，在《精神现象学》中所分析的东西。黑格尔坚持认为，唯有视之为个体与共同体发展的一个相互的过程，我们才可以理解人类历史中的普遍性，以及维护其社会行为者的自主性。

注释

1. 参见 Löwith (1991), Theunissen (1970, 尤其 59-62), Schmidt (1974), Henrich and Horstmann (1984)。

2. 参见 Pippin (1999), Rosen (1974), Taylor (2000), Pinkard (2000)。

3. 这个陈述直接关注作为主体的"宇宙"实体。然而，黑格尔关于个体的主体性坚持相同的观点。这个观点明确地遍布在黑格尔的导论中。下面两个句子最直接地阐述了："意识自为的就是它自己的概念，因此，它直接地就超越了被限制的东西，以及，由于这些限制属于它，它就超越了自身"（PS 57.25-27/M 51）；"这个辩证的运动，意识在自身上践行的运动——在其知识上以及在其对象上践行——就这个新的、真实的对象作为它的结果出现在意识中，它完全就是那种被称为经验的东西"（PS 60.15-18/M 55）。

4. 在前言中，黑格尔指出，这个结果并不代表"现实的整体"，后者是"结果与其生成在一起"（PS 10.35-36/M 2）。

5. 参见上文，pp. 2-6——编者，原著页码。

291
6. 详细地分析费希特的个体主体性的概念，参见 Bykova (2008, 131-39)。

7. Westphal (1998, 139-40)。参见上文，pp. 10, 14——编者，原著页码。

8. 对于黑格尔"辩证的"矛盾概念以及其与形式逻辑的矛盾的区别的最好的处理之一见 Wolff (1977，尤其 pp. 35-57, 102ff.)。

9. Burbidge (2006, 38, 注释 2; 参见 p. 65-6, 72-3)。

10. 详细分析黑格尔对主体性解释的所有三个方面，参见 Bykova (1991)。

11. 对于《逻辑学》作为绝对主体性理论的延伸分析，参见 Düsing (1984)。

12. 参见 Horstmann (1990), Fulda (1990), Hösle (1998，尤其 vol. 1), Pinkard (2000), Pippin (2005，尤其 27-56), Seigel (2005, 391-423)。

13. Burbidge (2006, 24).

14. 也许，在这个方面最有趣的是黑格尔在 1827/1828 冬季学期的关于《精神哲学》的课程（Hegel 1994）。

15. 黑格尔的关于"纯粹的"或者"绝对的"主体性的某些核心看法也在《精神现象学》中找到它们的根基，这最初的形成是作为黑格尔哲学体系的第一部分和范式，只是后来让位于逻辑学和《哲学科学百科全书》。

16. 这样的一种立场尤其在霍斯乐那里得到很好的表述（Hösle 1998, vol. 1）。参见 Habermas (1999)。

17. 对此的一个明确的标示是，在《逻辑学》的两个版本中，黑格尔都讲到，《精神现象学》是独一无二的，是《逻辑学》立场的"辩护"和"演绎"（GW 11:

20.5-18, 21: 32.23-33.3; 11: 20.37-21.11, 21: 33.20-34.1)。

18. 在他对黑格尔《精神现象学》的详细评论中，亨利·哈里斯（Henry Harris）指出，黑格尔的真正的历史哲学是在《精神现象学》中，而不是在传统上认为的《世界史哲学》中。哈里斯论证："经验的科学恰恰就是历史的思辨哲学，它应用到作为一种自我建构的，以及自我意识的（例如，普遍被承认的）共同体之西欧的历史中，并且成为完美的例子。因此，这样看来，以它恰当的视角来看，《精神现象学》在历史的思辨哲学上远比《世界史哲学》更为有趣，后者是在黑格尔成熟体系中在柏林构思和完成的……《精神现象学》像我们表明，世界精神（Weltgeist）是什么，而《世界史哲学》似乎理所当然的认为，我们已经知道那个了。"（Harris 1997, 2:732-3）同意哈里斯意图强调《精神现象学》中呈现的历史发展的现实意义，我也认为，它的主要目标不同于《世界史哲学》的目标。以我之见，黑格尔在《精神现象学》中主要关注的是自我意识的历史，其目的在于人类心灵的认知能力的系统产生。费希特和谢林认为自我意识的历史是认知能力的发展，与之相反，黑格尔认为这个是一个历史的过程，通过这个过程，自然的意识在辩护我们的认知和实践主张中进步。

19. Zöller (2000, 208).

20. 这个相同点，虽然与黑格尔《法哲学原理》相关联，它得到肯尼特·韦斯特法尔（Kenneth Westphal）的强调，他解释了黑格尔的陈述，即实体只不过是其偶然东西的相关关系（以及反之亦然）："黑格尔以容易引起误解的形而上学术语讲述了他的观点。他讲到，诸个体与'作为实体的偶然的东西'的伦理秩序以及其能力相关联（§145）。这的确像是，个体屈从于一个社会整体。然而，黑格尔坚持，'实体本质上是偶然的东西与自身的关系'（§163R）。这就是说，实体本质上而言是某物'诸偶性'（诸属性或者诸成员）之间的关系。更简单地说，他陈述，'实体是其偶性的全体'（§67R）。这个学说是黑格尔整体主义形而上学的一部分，并且，它是在《哲学科学百科全书》的部分中讲到的，黑格尔在 §163R 中指的就是《哲学科学百科全书》的部分 Enc. §150。"（Westphal 1993, 265n. 5.）也参见 Westphal（1994），这里注释了黑格尔《精神现象学》中摘录的内容，在那里，他解释了《精神现象学》中的这点。

292

21. 然而，在这里，他仅仅解释了这个概念，同时为"真正的表演"设置了舞台：一项证明即这个概念对于我们人类是正确的。"精神"章概述了这个证明，之后将进一步详细说明，《法哲学原理》带进了更多的历史事实素材。在《法哲学原理》中，黑格尔根据自由行为者的一个共同体的概念发展了对主体间性的证明。这个共同体不仅仅是基于互惠的承认的一种联合，而且要求一种超-个体的身份，这是不同于以及逻辑上先于诸个体的。这个超-个体的身份得到主体间性的关系的保证。在一个更加抽象的权利共同体的情形中（《法哲学原理》

的开始处），主体性的倡导者就是权利本身，它是个体的意志之普遍实体。

22. 在把这个立场归于黑格尔时，我遵从肯尼特·韦斯特法尔（Westphal 2006），他称呼黑格尔独特的社会本体论为"温和的集体主义"。他论证，黑格尔通过表明人类个体的社会特征以及个体与它们的共同体之间的相互依赖性，而"削弱了［原子主义的］'个体主义'与社会本体论中的'整体主义'之间的枯燥的争辩"（同上，555）。对于这个主题的更详细的讨论，尤其与认识论问题的关系，参见 Westphal（2003，尤其第 10 章）。

23. 在一个重要的意义上，德文术语"das Bewußtsein"的意思是成为有意识的或者意识到自身。

24. 参见上文，第 3 章，有时是关于"不幸的意识"。——编者

25. 黑格尔在《法哲学原理》中讨论了这个观点，他表明，主体的自由问题和主体特殊性的权利都是缺失的，只在现代才出现在生活中，与基督教一同出现（参见 PR §§124R, 46R, 185）。评论黑格尔观点时，劳伦蒂斯（Allegra de Laurentiis 2000, 73）解释："黑格尔的论点不是笼统地主张古代缺乏对个体差异的关注。他并不否认，古代世界能够辨认出或者甚至承认个体的人格性或者人们的特殊存在的怪僻性格……黑格尔的观点要更为具体：古代世界不会容忍'特殊性的自主发展'，哪怕承受自身瓦解的惩罚'（PR §185，劳伦蒂斯重点强调）。古代哲学的仇敌正是个人的主体性的自由或者权利，而不是其偶然的此在（Dasein）。"

26. 在《法哲学原理》中，黑格尔详细地分析了古希腊和其他前-现代社会失败于承认主体性的一种权利或者自由。他表明，个人的主体性首先只是在现代国家中被承认，因为，与希腊城邦不同，"现代国家的原则要求，一个个体活动的整体应该通过他的意志被中介"（PR §299）。因此，主体不仅仅必须参与到社会行动中，而且自愿地参与其中。这个行动是"愿意的"，以解释个体的自主性以及主体性的自由。主体行动的这个"有意的"特征缺乏所有前-现代的社会生活模型。

27. 值得注意的是，教化这个概念是 18 世纪和 19 世纪德国学术对话的核心。德国浪漫主义、伟大的教育改革家以及哲学家们，每一个人都以他自己的方式，深刻地探讨着教化这个概念。参见 Schmidt（1884-1902，尤其是 vol. 6）。

28. 教化没有被黑格尔解释为一个个体活动的一种自我意识的目标。尽管，自我构形和自我实现的路径是，每一个个体都必然地遵从的一条路径，教化原初并不是被设定为人们自己的目的或者诸个体之共同体的一种自我赋予的集体目标。也许，它要更好地被描述为一个积极的"无意识的"结果的例子，像亚当·斯密（Adam Smith 1904, 4.2.9）"看不见的手"的比喻所阐述的例子。斯密论证，每一个个体寻求的"仅仅是他自己的利益……被一只看不见的手引导以促进他

[最初的] 意图所没有的一个目的"。教化的情形也是如此：从它们自己的自我利益（获得它们自己的自我意识和规定自身）行动，个体也在文化和共同体内被教化时促进了集体的（公共的）利益的这个目的。如黑格尔使用的"无意识的后果"这个社会学的规则的例子，教化被解释为个体的行动之一种无预期的结果。要保证其进步的特征，黑格尔指出，它必须不断地经受对其原则的相互评估，以及在接受共同体的监督下进行。

29. 如弗里德里克·纽豪瑟（Frederick Neuhouser 2000, 149）注意到这个联系，"尽管自由是人类的本质性的本性，但自由并不是自然而然地就来到我们这的"。

30. 这个相同的观念在《法哲学原理》中得到更加清楚地表述，在那里，黑格尔主张，在其"绝对的规定"（Bestimmung）中，教化"是解放以及更高层次解放的工作，……绝对地过渡到一个不再直接和自然的，而是一种精神伦理的实体性上"。对于个体来说，这个过程意味着"努力反对纯然的主体性行为，反对直接性的欲望，以及反对主观虚荣的情感以及适合自身的任意性"（PR §187R）。

31. 根据狭隘解释的教育来解释黑格尔的教化概念，参见 Munzel（2003，尤其 120-2, 124-6）。即使是伽达默尔（Gadamer 1989, 9-12），也倾向于这个误解。

参考文献

Burbidge, J. W. (2006) *The Logic of Hegel's Logic. An Introduction*. Peterborough, Ont.: Broadview.

Bykova, M. (1991) "Einige Gedanken zum Geheimnis der Subjektivität bei Hegel," in B. Tuschling et al. (eds.), *Psychologie und Antropologie oder Philosophie des Geistes* (pp. 462–89). Stuttgart: Klett-Cotta.

Bykova, M. (2008) "Fichte's Doctrine of Self-Positing Subject and Concept of Subjectivity," *Fichte-Studien* 32: 129–39.

Düsing, K. (1984) *Das Problem der Subjektivität in Hegels Logik. Systematische und entwicklungsgeschichtliche Untersuchungen zum Prinzip des Idealismus und zur Dialektik*. Bonn: Bouvier.

Fulda, H. F. (1990) "Spekulatives Denken und Selbstbewußtsein," in K. Cramer, H. F. Fulda et al. (eds.), *Theorie der Subjektivität* (pp. 444–79). Frankfurt am Main: Suhrkamp.

Gadamer, H.-G. (1989) *Truth and Method*, tr. J. Weinsheimer and D. G. Marshall. New York: Crossroad.

Habermas, J. (1999) "From Kant to Hegel and back.—The Move towards Detranscenden-talization," *European Journal of Philosophy* 7.2: 129–57.

Harris, H. S. (1997) *Hegel's Ladder: A Commentary of Hegel's Phenomenology of Spirit.* Cambridge, Mass.: Hackett Publishing Co.

Hegel, G. W. F. (1994) *Vorlesungen über die Philosophie des Geistes. Berlin 1827/1828. Nachgeschrieben von Johann Eduard Erdmann und Ferdinand Walter*, ed. F. Hespe and B. Tuschling, in Hegel, *Vorlesungen. Ausgewählte Nachschriften und Manuskripte*, vol. 13. Hamburg: Meiner.

294   Henrich, D. and Horstman, R.-P., eds. (1984) *Hegels Logik der Philosophie: Religion und Philosophie in der Theorie des absoluten Geistes.* Stuttgart: Klett-Cotta.

Horstmann, R.-P. (1990) "Gibt es ein philosophisches Problem des Selbstbewußtseins?," in K. Cramer, H. F. Fulda et al. (eds.), *Theorie der Subjektivität* (pp. 220–50). Frankfurt am Main: Suhrkamp.

Hösle, V. (1998) *Hegels System. Der Idealismus der Subjektivität und das Problem der Intersubjektivität*, 2 vols. Hamburg: Meiner, 2nd ed.

Laurentiis, A. de (2000) "Silenced Subjectivity. Remarks on Hegel's View of Plato's World," *Studies in Practical Philosophy: a Journal of Ethical and Political Philosophy* 2.1: 64–79.

Löwith, K. (1991) *From Hegel to Nietzsche: The Revolution in Nineteenth-Century Thought*, tr. D. E. Green. New York: Columbia University Press.

Munzel, G. F. (2003) "Kant, Hegel, and the Rise of Pedagogical Science," in R. Curren (ed.), *A Companion to the Philosophy of Education* (pp. 113–39). Oxford: Blackwell.

Neuhouser, F. (2000). *The Foundations of Hegel's Social Theory: Actualizing Freedom.* Cambridge, Mass.: Harvard University Press.

Pinkard, T. (2000) *Hegel. A Biography.* Cambridge: Cambridge University Press.

Pippin, R. (1999) *Hegel's Idealism. The Satisfactions of Self-Consciousness.* Cambridge: Cambridge University Press.

Pippin, R. (2005) *The Persistence of Subjectivity. On the Kantian Aftermath.* Cambridge: Cambridge University Press.

Rosen, S. (1974) *G. W. F. Hegel: An Introduction to the Science of Wisdom.* New Haven, CT: Yale University Press.

Schmidt, E. (1974) *Hegels System der Theologie.* Berlin: deGruyter.

Schmidt, K. A. (1884–1902) *Geschichte der Erziehung von Anfang an bis auf unsere Zeit*, 6 vols. Stuttgart: J. G. Cotta.

Seigel, J. (2005) *The Idea of the Self: Thought and Experience in Western Europe since the Seventeenth Century.* Cambridge: Cambridge University Press.

Smith, A. (1904) *An Inquiry into the Nature and Causes of the Wealth of Nations*. London: Methuen.

Taylor, M. C. (2000) *Journeys to Selfhood: Hegel and Kierkegaard*. New York: Fordham University Press.

Theunissen, M. (1970) *Hegels Lehre vom absoluten Geist als theologisch-politisher Traktat*. Berlin: deGruyter.

Westphal, K. R. (1993) "The Basic Context and Structure of Hegel's Philosophy of Right," in F. C. Beiser (ed.), *The Cambridge Companion to Hegel* (pp. 234–69). Cambridge: Cambridge University Press.

Westphal, K. R. (1994) "Community as the Basis of Free Individual Action," in M. Daly (ed.), *Communitarism* (pp. 36–40). Belmont, Cal.: Wadsworth.

Westphal, K. R. (1998) *Hegel, Hume und die Identität wahrnehmerer Dinge. Historisch-kritisch Analyse zum Kapitel "Wahrnehmung" in der Phänomenologie von 1807*. Frankfurt am Main: Klostermann.

Westphal, K. R. (2003) *Hegel's Epistemology: A Philosophical Introduction to the Phenomenology of Spirit*. Cambridge, Mass.: Hackett Publishing Co.

Westphal, K. R. (2006) "Spirit," in J. Protevi (ed.), *The Dictionary of Continental Philosophy* (pp. 555–6). New Haven, CT: Yale University Press; also published as: The Edinburgh Dictionary of Continental Philosophy. Edinburgh: Edinburgh University Press.

Wolff, M. (1977) *Der Begriff des Widerspruchs. Eine Studie zur Dialektik Kants und Hegels*. Bodenhain: Hain Verlag.

Zöller, G. (2000) "German Realism: the Self-limitation of Idealist Thinking in Fichte, Schelling and Schopenhauer," in K. Ameriks (ed.), *The Cambridge Companion to German Idealism* (pp. 200–18). Cambridge: Cambridge University Press.

延伸阅读

Kaufmann, W. A. (1965) "The Preface to the Phenomenology: Translation with Commentary on Facing Pages," in W. A. Kaufmann, *Hegel: Reinterpretation, Texts, and Commentary* (pp. 363–459). London: Weidenfeld & Nicolson. 295

Kaufmann, W. (1966). *Hegel: Texts and Commentary*. New York: Double Day. (Self-stand-ing edition of Kaufmann 1965.)

Schacht, R. (1975) "A Commentary on the Preface to Hegel's Phenomenology of Spirit," in R.

Schacht, *Hegel and After* (pp. 41–68). Pittsburgh: University of Pittsburgh Press.

Stepelevich, L. S., ed. (1990) *Preface and Introduction to the Phenomenology of Mind*. New York: Macmillan, London: Collier Macmillan. (Includes extensive editorial introduction, pp. 1–56.)

Yovel, Y. (2005) *Hegel's Preface to the Phenomenology of Spirit*. Princeton, NJ: Princeton University Press. (Translation with extensive annotations.)

一般文献

~~~~~~~~~~~~~~~~~~~~~

这个简单的参考文献包括了英语世界里近期的主要研究。在这一章的参考文献中，可以找到黑格尔《精神现象学》的具体章或者节的参考资料。综合性的参考书目在下文第 7 节列出。（原文页码）

1. 黑格尔的导论

Beiser, F. C. (2005) *Hegel.* London: Routledge.

Burbidge, J. (2007) *Hegel's Systematic Contingency.* Basingstoke: Palgrave Macmillan.

Fulda, H.-F. (2003) *Hegel.* Munich: Beck.

Hartnack, J. (1986) *From Radical Empiricism to Absolute Idealism.* Lewiston, ME: Mellen.

Houlgate, S. (2005) *An Introduction to Hegel: Reason, Truth and History.* Oxford: Blackwell.

Pinkard, T. (2000) *Hegel: A Biography.* Cambridge: Cambridge University Press.

Plant, R. (1973) *Hegel.* London: Routledge (rpt. 2007).

Taylor, C. (1979) *Hegel and Modern Society.* Cambridge: Cambridge University Press.

2. 黑格尔《精神现象学》导论

Lauer, Q. (1993) *A Reading of Hegel's Phenomenology of Spirit*, 2nd rev. ed. New York: Fordham University Press.

Marx, W. (1975) *Hegel's Phenomenology of Spirit*, Its Point and Purpose: A Commentary on the Preface and Introduction. New York: Harper & Row.

Shklar, J. N. (1976) *Freedom and Independence: A Study of the Political Ideas of Hegel's Phenomenology of Mind.* Cambridge: Cambridge University Press.

Stern, R. (2001) *Hegel and the Phenomenology of Spirit.* London: Routledge.

Westphal, K. R. (2003) *Hegel's Epistemology: A Philosophical Introduction to the Phenomenology of Spirit.* Cambridge, Mass.: Hackett Publishing Co.

3. 黑格尔《精神现象学》的英语译本

Baillie, J. B. (1949) *The Phenomenology of Mind.* London: George Allen & Unwin; New York: Humanities, 2nd rev. ed.

Miller, A. V. (1977) *The Phenomenology of Spirit.* Oxford: The Clarendon Press.

Pinkard, T. (forthcoming) *Hegel's Phenomenology of Spirit.* Cambridge: Cambridge University

Press.

Walker, N. (in preparation) *Hegel's Phenomenology of Spirit.* London: Routledge.

也参见：

Hegel, G. W. F. (1978) "The Phenomenology of Spirit (Summer Term, 1825)," German transcript with English translation in M. J. Petry (ed. and tr.), *Hegel's Philosophy of Subjective Spirit* (pp. 271–357). Dordrecht: Reidel.

Hegel, G. W. F. (1981) *The Berlin Phenomenology*, ed. and tr. M. J. Petry. Berlin: Springer. (English edition of previous item.)

部分翻译：

Kainz, H. (1994) *Hegel's Phenomenology of Spirit: Selections.* College Park, PA: Pennsylvania State University Press.

Kaufmann, W. A. (1966) "The Preface to the Phenomenology: Translation with Commentary on Facing Pages," in W. A. Kaufmann, *Hegel: Reinterpretation, Texts, and Commentary* (pp. 363–459). London: Weidenfeld & Nicolson.

Rauch, L. and Sherman, D. (1999). *Hegel's Phenomenology of Self-Consciousness.* Albany: State University of New York Press.

Shannon, D. E., ed. (2001) *Spirit*, tr. The Toronto Translation Group. Cambridge, Mass.: Hackett Publishing Co.

Stepelevich, L. S., ed. (1990) *Preface and Introduction to the Phenomenology of Mind.* New York: Macmillan; London: Collier Macmillan. (Includes extensive editorial introduction, pp. 1–56.)

Yovel, Y. (2005) *Hegel's Preface to the Phenomenology of Spirit.* Princeton, NJ: Princeton University Press.

4. 黑格尔《精神现象学》的高阶研究

Forster, M. (1998) *Hegel's Idea of a Phenomenology of Spirit.* Chicago: University of Chicago Press.

Harris, H. S. (1997) *Hegel's Ladder*, 2 vols. Cambridge, Mass.: Hackett Publishing Co.

Hyppolite, J. (1974) *Genesis and Structure of Hegel's Phenomenology of Spirit*, tr. S. Cherniak and J. Heckman. Evanston, IL: Northwestern University Press.

Kojève, A. (1969) *Introduction to the Reading of Hegel*, ed. A. Bloom, tr. J. Nichols. New York: Basic Books.

Pinkard, T. (1994) *Hegel's Phenomenology: The Sociality of Reason.* Cambridge: Cambridge University Press.

Stewart, J. (2000) *The Unity of Hegel's Phenomenology of Spirit: A Systematic Interpretation.* Evanston, IL: Northwestern University Press.

Westphal, K. R. (1989) *Hegel's Epistemological Realism.* Dordrecht and Boston: Kluwer.

5. 黑格尔的《逻辑学》

Burbidge, J. (2006) *The Logic of Hegel's Logic.* Peterborough, Ont.: Broadview.

Butler, C. (1996) *Hegel's Logic: Between Dialectic and History.* Evanston, IL: Northwestern University Press.

Hartnack, J. (1998) *An Introduction to Hegel's Logic*, ed. K. R. Westphal, tr. L. Aagaard-Mogensen. Cambridge, Mass.: Hackett Publishing Co.

Houlgate, S. (2005) *The Opening of Hegel's Logic: From Being to Infinity.* West Lafayette, IN: Purdue University Press.

298

6. 手册

Burbidge, J. (2008) *Historical Dictionary of Hegelian Philosophy*, 2nd rev. ed. Lanham, MD: Scarecrow Press (Rowman & Littlefield).

Cobben, P. G., Cruysberghs, P., Jonkers, P., and de Vos, L. (eds.) (2006) *Hegel-Lexikon.* Darmstadt: Wissenschaftlichen Buchgesellschaft.

Inwood, M. (1992) *A Hegel Dictionary.* Oxford: Blackwell.

7. 综合文献

Harris, H. S. (1997) *Hegel's Ladder* (op. cit.), 2:784–868.

Steinhauer, K. (1980) *Hegel Bibliographie*, vol. 1. Munich: K. G. Saur. (Lists editions of Hegel's works and secondary materials world-wide from 1802 to 1975, with indices.)

Steinhauer, K., with H.-D. Schlüter and A. Sergl (1998) *Hegel Bibliographie*, vol. 2. Munich: K. G. Saur. (Lists editions of Hegel's works and secondary materials world-wide from 1980 to 1989, with indices.)

8. 其他文献

Beiser, F. C. (ed.) (2008) *The Cambridge Companion to Hegel and Nineteenth-Century Philosophy.* Cambridge: Cambridge University Press.

Houlgate, S., and Baur, M. (eds.) (2009) *The Blackwell Companion to Hegel*. Oxford: Blackwell.

Kainz, H. (1986) "Some Problems with the English Translations of Hegel's Phänomenologie des Geistes," *Hegel-Studien* 21: 175–82.

Malabou, C. (2004) *The Future of Hegel: Plasticity, Temporality and Dialectic*. London: Routledge.

Moyar, D., and Quante, M. (eds.) (2008) *Hegel's Phenomenology of Spirit: A Critical Guide*. Cambridge: Cambridge University Press.

Riley, P. (1981) "Introduction to the Reading of Alexandre Kojève," *Political Theory* 9.1: 5–48.

Rockmore, T. (1995) "Hegel as a 'French' Master Thinker," in T. Rockmore, *Heidegger and French Philosophy: Humanism, Anti-Humanism and Being* (pp. 27–39, 200–6). New York: Routledge.

专名索引

主题索引

304　在本书中有几个关键的主题（例如，"意识""自我""世界"）反反复复地被讨论。在这样的情况下，索引条目指的是具体的问题或者不属于指定部分的讨论，遵循黑格尔《精神现象学》相关部分的参考。黑格尔的章节标题是大写的。对黑格尔《精神现象学》章节部分的讨论的索引在其他索引表中进行的。如果指出了不止一个部分，就按照黑格尔《精神现象学》的顺序列出，而不会按照字母顺序列出的。（原文页码）

agency 116, 136–48, 176, 239, 266, 281　　行为

　　constitutive standard of, 139, 140–4 passim, 147–8　　构成性标准

　　see also autonomy; collectivism; individual;　　也参见自律，集体主义个体的，主
　　　intersubjectivity; morality; practice; subjectivity　　体间性道德，实践，主体性
　　　agere bellum 227, 230

　　gratis 227, 230; see also thanksgiving　　无偿的，也参见感恩

agoghé (way of life) 63　　生活方式

alienation 181, 182　　异化

　　ancient Greece 164, 234　　古希腊

　　cognitive 27　　认知的

　　Modern 190, 195–6, 205n15, 207n37, 211, 251　　现代的

　　religious 235, 251　　宗教的

　　self-alienation 27, 255　　自我异化

　　and skepticism 27　　以及怀疑主义

　　of spirit 251, 255; see also spirit　　精神的，也参见精神　　305

　　social 141　　社会的

　　unhappy consciousness 75　　不幸的意识

amour-propre 224　　自尊心

analysis　　分析

　　chemical 102, 117n4, 120n37　　化学的

　　mathematical 18　　数学的

anatomy 97, 106, 107, 115; see also physiology　　解剖学，也参见生理学

angel(s) 215; see also will, holy　　天使，也参见意志，圣洁

anthropology 112, 116, 126n100, 262　　人类学

antinomy see freedom　　二律背反，参见自由

antiquity, classical 58–64, 172–87 passim, 192, 242–　　古代，古典的也参见古希腊，罗马
　　3, 292n25; see also Greece; Rome

Appearance　　现象

　　manifestation of force 21　　力的表现

　　mere 1, 184　　纯然的

　　realm of 30　　的领域

　　vs reality 23–4　　实在性

　　of spirit 197; see also spirit　　精神的，也参见精神

　　of transcendent 184, 238　　先验的

　　see also nature; observation; Plato;　　也参见自然，观察，柏拉图

311

其他索引

译后记

〰〰〰〰〰〰〰〰〰

　　黑格尔的《精神现象学》无论在黑格尔的哲学体系中，还是在哲学史的发展历程中，都是一种神奇的存在。这本书令人叹为观止的广度和深度，使得它一直以来都是黑格尔研究和哲学研究的重心之一。无论是黑格尔之后的黑格尔主义者，还是当代黑格尔研究的复兴，都把《精神现象学》放到独特的地位上。无论是黑格尔的研究专家，还是哲学史的很多重要的哲学家，都专门研究过《精神现象学》。后者如海德格尔、马克思等。马克思甚至认为黑格尔哲学秘密和诞生地就在《精神现象学》之中。

　　在这本著作的接受史中，大致有几种研究路径：首要的当是对"承认"的研究，也是一种（准）哲学人类学的研究路径，代表人物有马克思、科耶夫、伊波利特、西普、哈贝马斯和霍耐特等人。其次是海德格尔、伽达默尔、冯克、伯格勒的现象学——释义学的研究路径也影响深远。与德法的自上而下式的研究路径不同，英美更多地呈现出一种自下而上式的、分析为主的研究路径，这成为国际黑格尔研究，特别是《精神现象学》研究的重要力量。其中也呈现出多面向的、复杂的态势，如匹茨堡学派黑格尔主义者麦克道尔和布兰顿的语义学、实在论和理性社会性的解读路径，皮平和平卡德等人的建构主义的、理性社会性的以及后康德主义的研究路径等。德国哲学家亨利希和富尔达等实际上也坚持后康德主义的路径。

　　除了黑格尔主义者的解读和重要哲学家的解读外，各大国际出版机构也多次出版过《精神现象学》的解读、指南、专著以及文集。比如，劳特里奇出版社的《黑格尔的〈精神现象学〉》，剑桥大学出版社的《〈精神现象学〉批判指南》，还有本书《布莱克维尔〈精神现象学〉指南》等。本书是为纪念《精神现象学》出版200周年而作，与其他解读和指南不同的是，布莱克维尔的这本指南是多国的（包括英国、加拿大、美国、意大利、德国等）以及不同领域的黑格尔研究专家共同撰写的一部文集。其中，不乏一些黑格尔研究名家，比如平卡德、韦斯特法尔、纽豪瑟、拜塞尔等。但是，这样的多人多问题的研究方式，难免引起人们的质疑，即，面对一部这么复杂的著作，是否能够取得某种一致或者共识。在翻译完这部著作后，我发现这种担忧是多余的，尽管人数众多，主题广泛，诚如编者在本书"导论"中所言，集体的论述对黑格尔的文本和问题的完整性达成了重要共识。而且，一方面，由于黑格尔的《精神现象学》涉及的哲学主题实在太过于广泛，有认识论的、实践论、科学哲学、理性、精神、宗教等一系列的重大主题，单个人的研究虽然可以保证研究的完整性，但可能由于个人研究的主题过于狭隘而无法把握这部著作的整体。从而，集体的研究，各个不同领域的专家学者的共同研究似乎更能够把握这部著作的精髓。另一方面，本著作还有一个特点，就是基本上以亨利·哈里斯（他的三大部黑格尔研究著作影响一代一代的学者）对黑格尔研究的精神为榜样而进行，实际上，这就可以避免由于人数过多而导致研究结果的不完整性。同时，由于黑格尔的这部著作涉及的问题不仅仅局限于欧洲或者西方的学术背景和现实问题，更是一种世界性的、国际性的关注。国际性研究似乎更符合这种国际关注，不同国家的学者，不同领域的学者之间似乎可以发挥某种互补、互惠的优势。故而，以文集形式出版似乎更具有优势。

正是出于以上考虑以及受到上述吸引，我把这本文集纳入"黑格尔研究译丛"中，以期望为国内黑格尔研究提供另一种视野、另一种思路。近些年，国内黑格尔的《精神现象学》研究出现了新的进展，这对本人翻译本书以及理解黑格尔哲学，特别是《精神现象学》，提供了非常有益的帮助，也特别感谢这些前辈学者们的辛苦付出。首先，翻译上，新增了邓晓芒和先刚的《精神现象学》译本，这两个译本都比较优秀，值得参考。其次，也出现了新的解读版本，有邓晓芒的详细的多卷本、大部头的句读本，还有庄振华的《〈精神现象学〉义解》等。本人在翻译过程中，也参考了贺麟《精神现象学》译本。涉及的黑格尔的其他著作，分别参考了贺麟翻译的《小逻辑》《哲学史讲演录》，邓安庆的《法哲学原理》译本和范扬等《法哲学原理》译本。涉及的康德著作参考了邓晓芒翻译的《纯粹理性批判》《实践理性批判》《判断力批判》等译本，以及李秋零编译的《康德著作全集》。在此特别感谢。部分译文稍有改动，如有错译、漏译等情况，责任全在本人。

另外，本书的翻译以及本人的"黑格尔研究译丛"计划得到江西师范大学马克思主义学院的大力支持和鼓励，特别感谢。这个译丛计划始于疫情之初，多年来，本人一直为之努力，如今译丛第二部顺利出版，甚是高兴。但是，也有遗憾。译丛第一部《黑格尔的康德批判：从二分到同一》于2023年出版后，得到学界同仁的关注、支持和鼓励，计划扩大原计划的出版书目，但是，由于经费受到限制，最终无法实现。另外，本译著是江西省社会科学基金项目"黑格尔的康德批判研究"（22ZX03）的部分成果，一并感谢支持。

最后，特别感谢妻子徐淑英女士长期以来的支持、帮助和鼓励，她一直是我学术道路上的坚固后盾。另外，本书出版之际，两个孩子都进入了不同的学习阶段，大孩曦木进入初中阶段，学习任务和压力也随之增加；小孩曦文从幼儿园迈进小学阶段，即将开始漫长的、枯燥的学习生涯。但是，我想，在"内卷"处境中，压力、枯燥、不安、焦虑等情节似乎并不是时代的附属品和伴随物，我们需要不被数据裹挟，怀揣理想。尽管功利主义对当今世界的影响，对个人行动的影响，可能是最大的，但是，正义的理想从来都不会远离世界，远离我们。理想仍然是时代的明灯，理想可以清除无意义的消耗。感谢妻子和孩子们的陪伴。与其说，是我们作为家长在抚养孩子，不如说，是孩子们作为世上最亲密之人陪伴着我们。

图书在版编目(CIP)数据

布莱克维尔《精神现象学》指南 ／（美）肯尼斯·韦斯特法尔（Kenneth R. Westphal）编；胡传顺译.
上海：上海人民出版社，2025. --（黑格尔研究译丛）.
ISBN 978-7-208-19004-7

Ⅰ. B516.35

中国国家版本馆 CIP 数据核字第 2025QQ0688 号

责任编辑　任健敏　赵　伟
封面设计　胡　斌　刘健敏

黑格尔研究译丛
布莱克维尔《精神现象学》指南
[美]肯尼斯·韦斯特法尔 编
胡传顺 译

出　　版　上海人民出版社
　　　　　（201101　上海市闵行区号景路 159 弄 C 座）
发　　行　上海人民出版社发行中心
印　　刷　上海商务联西印刷有限公司
开　　本　635×965　1/16
印　　张　32.25
插　　页　4
字　　数　415,000
版　　次　2025 年 4 月第 1 版
印　　次　2025 年 4 月第 1 次印刷
ISBN 978 - 7 - 208 - 19004 - 7/B·1765
定　　价　128.00 元